도해로 이해하는

해상보험

| 조현정 지음 |

계명대학교 출판부

머리말

국제무역시장을 향한 무역은 무엇보다도 실무에 적용되는 법과 규칙 그리고 관습을 더욱 강조하고 이에 대한 내용을 이해하여야 거래를 할 수 있다. 기업적인 측면에서 무역거래는 수출입상 간의 무역계약에서 출발하여 그 계약에 따른 이행이라는 후속 절차를 수행하여야 하는데 그러기 위해서는 무역운송과 해상보험 그리고 무역결제에 관한 전문적인 지식이 필요하다. 그리고 국가적인 측면에서는 무역거래에 관한 전문적인 지식과 경험이 많은 인력을 필요로 하고 그러한 인력이 갖추어졌을 때 그 국가는 어느 다른 국가보다 경쟁력이 높아 국제무역 시장에서 무역을 주도해 나갈 수 있다.

따라서 무역 전문인력을 양성하기 위해서는 무역실무를 전공하는 학자들이나 또한 무역 관련 기관에 종사하시는 분들이 무역실무에 관한 지식과 경험을 담은 좋은 서적들이 많이 공급되어야 한다. 이에 따라 저자도 무역실무를 전공하는 학생들과 무역기업들의 실무자들에게 도움이 되기 위해 무역실무의 중요한 영역인 해상보험에 관한 책을 집필하게 되었다.

해상보험은 일반보험이론, 영국해상보험법, 보험약관으로 구성하면서 무역실무 등 여러 분야를 근거로 해상보험의 법적 이론과 무역실무에 관한 종합적인 지식을 필요로 한다. 특히 법과 약관은 이해하기 어려운 내용이라 지금까지 해상보험에 관해 연구하시는 국내외 여러 학자들이 노력하여 이에 관해 잘 설명한 좋은 저서들이 많이 출판하였다. 저자도 이 책의 참고문헌에 표시한 대로 이러한 저서들을 참고하여 오랫동안 대학 강단에서 무역실무와 해상보험을 강의하면서 얻은 경험을 토대로 해상보험에 관한 내용을 나름대로 체계성을 세워서 보다 쉽게 정리하고 설명하고자 노력하였다.

또한 이 책의 특징이라고 할 수 있는 것은 해상보험에 관한 다른 책과 달리 도해(표와 그림)를 많이 수록하였다. (몇 가지의 도해는 박성철의 해상보험실무를 참고하였음) 그렇게 한 이유는 그림을 통하여 해상보험에 관한 내용을 이해하고 표를 통하여 내용을 일목요연하게 정리하게 함으로써 해상보험을 공부하는 대학생들과 무역업계나 보험업계에 종사하시는 실무자들, 무역과 보험 관련 자격증 취득을 위하여 공부하는 수험생들이 이해하고 정리하는데 도움이 되게 하기 위해서이다. 그리고 보충학습과 연습문제를 통해서 보다 깊이 이해할 수 있게 한 점도 이 책의 장점이라고 할 수 있다.

이 책은 11장(Chapter)으로 구성되어 있다. 제1장과 제2장은 해상보험의 기초내용으로서 위험과 보험에 관한 개념과 분류 그리고 해상보험과 무역과의 관계와 역사에 관하여 설명하였고 제3장에서 제5장까지는 해상보험에 관한 계약과 이에 따른 보험료와 피보험이익에 관한 내용을 설명하였다. 제6장과 제7장은 해상위험과 해상손해에 관한 주요 내용을 설명하였고 제8장과 제9장은 해상보험증권과 해상보험약관에 관해서 살펴보고 제10장은 해상보험계약 체결과정을 중심으로 해상보험실무에 관한 내용을 설명하였다. 마지막 제11장은 자격증 취득을 준비하는 수험생들에게 도움이 되도록 해상보험에 관한 객관식 문제를, 부록에서는 영국해상보험법 원문을 해석한 내용과 해상보험에 관한 우리나라 개정 상법을 수록하였다.

이 책이 출판되면서 해상보험에 관한 내용이 충분하지 못하고 미비한 점들도 있고 저자가 의도한 목표에 이르지 못하는 아쉬운 점이 많음을 인정하지 않을 수 없다. 또한 그림과 표를 보다 이해하기 쉽게 그리지 못하고 정리하지 못한 점도 있지 않나 하는 걱정도 있다. 앞으로 이 책을 통하여 강의하면서 부족한 부분을 계속 수정 보완하여 개정판에는 보다 충실한 책을 출판할 것을 약속드린다.

이 책의 출판을 허락한 계명대학교 출판부와 관계 직원에게 감사를 드린다.

2015년 9월

저자 씀

차 례

차 례

차 례

Chapter Ⅰ 위험과 보험

1. 위험의 개요

1-1 위험의 개념

위험(risk)이라는 용어는 보험에서 불가결한 개념임과 동시에 중심적인 개념이다. 위험이란 불어의 단어인 'risque'에서 나온 것으로 1600년대 중엽에 등장한 개념이며 영국에서는 1830년 보험계약에서 처음 사용되었다. 그 후 20세기 들어서 'risque'는 다른 의미로 사용되었고 이 용어가 등장하기 전에는 'hazard'라는 단어가 가장 가까운 의미로 사용되었는데 셰익스피어의 베니스 상인에서 "Men that hazard all do it in hope of fair advantages."라는 문구가 등장한다. 여기서 'hazard'는 손실의 기회와 이득의 기회를 포함한다고 볼 수 있다.

위험은 두 가지 측면에서 설명될 수 있는데 어떤 사건이 발생할 수 있는 확률(probability) 또는 기회(chance)를 의미하거나 어떤 사건으로부터 얻을 수 있는 가치(value)나 이득(gain) 또는 손실(loss)의 의미를 갖고 있다. 예를 들면 위험이 크다면 그에 따른 이득이 클 수도 있지만 동시에 손실의 가능성 또한 매우 높다는 것을 의미한다.

"위험이 없는 곳에는 보험도 존재하지 않는다." (No risk, no insurance)는 말처럼 보험이 대상으로 하는 것은 위험이다. 보험에서 사용하는 위험은 재산이나 경제적 손실, 신체상의 손실 등이 발생할 가능성(chance of loss)을 의미하며 이러한 사건의 발생 가능성에 대한 불확실성(uncertainty)이 내포되어 있다. 위험을 손실 발생의 가능성으로 보는 견해는 주로 독일과 미국의 위험관리론에서 제기되고 있다. 대부분의 독일학자들은 위험(Risiko)을 손실과 가능성이라는 두 개념을 결합하여 설명하고 있다.

그리고 위험을 손실 발생의 불확실성(uncertainty concerning the occurrence of a loss)이란 미래에 관해 예측이 확실하지 않은 상태를 말하는 것으로 만약 앞으로 일어날 일에 대해 100% 확신한다면 그것에 대해 완전대비를 할 수 있고 위험이란 존재하지 않는다. 따라서 위험은 곧 불확실한 것을 의미하고 이러한 불확실성과 관련하여 위험을 정리한다면, "위험이란 손실 발생에 대한 불확실성"이라고 정의할 수 있다. 위험을 손실에 관한 불확실성으로 보는 견해는 미국의 보험관리론에서 주장하고 있다.

〈도해 1-1〉 위험의 개념

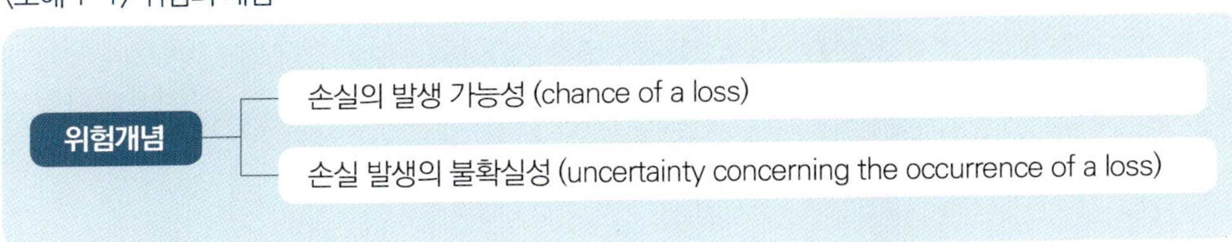

1-2 위험과 그 관련 개념

위험과 관련된 개념으로 위험과 혼동하지 말아야 할 것이 위태(hazard)와 손인(peril)이다. 이것은 위험의 개념을 명확하게 이해하기 위하여 설명할 필요가 있는 용어이다. 즉 위태와 손인의 개념에 대한 구분은 손실을 줄이기 위하여 어떤 것을 먼저 관리하고 통제해야 하는지에 대해 이해할 수 있게 한다.

(가) 위태

위태란 손실의 발생 가능성이나 손실의 규모를 증가시키는 조건을 의미한다. 즉 위태가 클수록 손실의 발생 확률이나 손실의 규모는 더욱 커진다고 할 수 있다.

① 실체적 위태(physical hazard)

실체적 위태란 손실의 발생 가능성을 새로이 창조하거나 증가시키는 객관적이고 실체적인 상태를 말한다. 예를 들어 안전하지 못한 제동장치를 그대로 방치하는 경우 사고의 위험은 새로이 생겨날 수 있고, 주유소 등에 인화성 물질이 흩어져 있는 경우 화재의 위험은 새로이 생겨나거나 증가된다. 이 경우에 있어서 안전치 못한 제동장치, 인화성 물질의 방치는 실체적 위태에 해당된다. 또한 도로의 결빙이나 작업장이나 계단의 어두운 조명, 전선의 노후화 등 주변의 손실 발생 가능성이나 손실의 규모를 증대시키는 제반 조건이 포함된다.

② 도덕적 위태(moral hazard)

도덕적 위태란 손실의 발생 가능성을 새로이 창조하거나 증가시키는 개인의 주관적이고 고의적인 정신적 상태를 말한다. 다시 말하면 손실을 고의로 만들어 내거나 우발적으로 발생한 손실의 정도를 증대시키는 부정직성을 말한다. 예를 들어 보험금을 노려 공장에 불을 지르는 행위는 도덕적 위태의 한 예라고 할 수 있다. 이러한 도덕적 위태는 여러 종류의 보험에서 여러 가지 형태로 존재할 수 있고 통제하기가 매우 어려우나 보험자로서는 공제조항(deductibles), 유예기간(waiting period), 예외조항(exclusions) 등 여러 가지 규정을 만들어 통제하고 있다.

③ 정신적 위태(morale hazard)

정신적 위태란 손실의 발생 가능성을 새로이 창조하거나 증가시키는 개인의 무관심 또는 부주의를 말한다. 예를 들어 자동차에 키를 그대로 두고 주차해 놓았다가 차를 도난당하거나, 침대에서 담배를 피우다 그대로 잠이 들어 화재가 발생하는 경우는 개인의 무관심 또는 부주의가 가져다주는 손실이라고 할 수 있다. 일반적으로 이러한 무관심과 부주의는 자기

자신의 재산이나 생명이 보험에 가입되었다고 안심하는 상태에서 비롯하는 경우가 많다. 또한 이러한 정신적 위태가 도덕적 위태와 다른 점은 도덕적 위태는 고의성이 그 주된 요인으로 작용하나, 정신적 위태는 고의성은 없고 단순히 무관심과 부주의를 그 주된 요인으로 하고 있다는 사실이다.

〈도해 1-2〉 위태의 개념과 종류

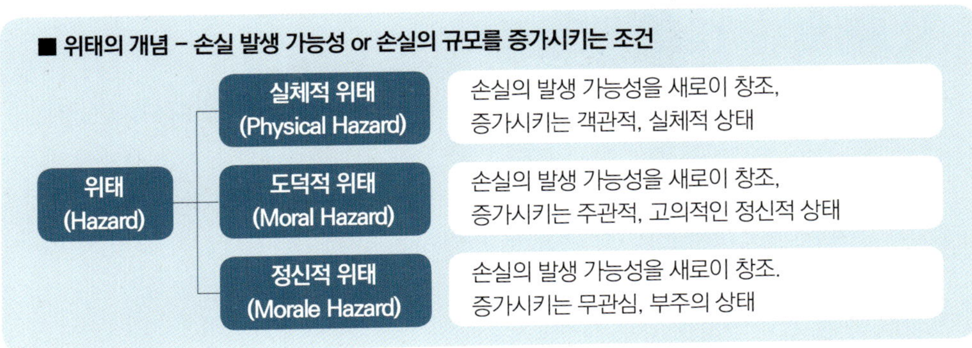

(나) 손인

손인(peril)이라 함은 손실의 원인을 말한다. 예를 들어 화재로 인해 건물이 손상되었다고 하면 이러한 손실의 원인인 화재가 곧 손인이 될 것이고 홍수나 태풍에 의해 가옥이 파괴되었다면 홍수와 태풍이 손실의 원인, 즉 손인이 될 것이다. 일반적으로 손인은 자연적 손인(natural peril)과 인위적 손인(human peril) 그리고 경제적 손인(economic peril)으로 구분한다. 자연적 손인은 예를 들어 태풍, 화산 폭발, 지진, 낙뢰 등과 같이 손실의 원인에 대해서 인간의 통제력이 거의 미치지 못한다. 반면 인적 손인은 손실의 원인이 개인의 통제 하에 있는 경우로 예를 들어 자살, 사기, 절도, 전쟁 등을 들 수 있다. 그러나 불경기, 파업, 기술의 진보, 정부나 여러 단체의 행동 같은 손인의 경우에는 인간의 통제 하에 있는 손실의 원인이지만 경제 전체에 미치는 영향이 큰 손실의 원인에 대해서는 경제적 손인으로 구분한다.

〈도해 1-3〉 손인의 종류

손인 (Peril)	종류	내용
손인 (Peril)	자연적 손인 (Natural peril)	폭풍, 지진, 홍수 등 그 발생 여부를 인간이 통제할 수 없는 손인
	인위적 손인 (Human peril)	자살, 사기, 절도 등 손실의 원인이 개인 통제 하에 있는 손인
	경제적 손인 (Economic peril)	집단행동 또는 정부의 정책, 규제 등을 의미 불경기, 파업, 단체 행동 등 인간의 통제 하에 있는 손인 경제 전체에 미치는 영향이 큰 손인 대체적으로 보험의 대상이 될 수 없음

(다) 손실

일반적으로 손실(loss or damage)은 가치의 상실이나 감소를 의미하지만, 보험에서 인식하는 손실의 개념은 일반적 의미의 손실보다 그 범위가 좁다. 만약 미래의 손실 발생이 확실하면, 그것은 손실로 인정되지 않는다. 또한 가치의 상실이 금전적으로 계산될 수 있어야만 손실로 인정된다.

예를 들어 감가상각비는 경제적 가치의 감소이지만 이러한 손실은 사전에 예상할 수 있기 때문에 위험 발생으로 인한 손실로 인정되지 않는다. 또한 예상할 수는 없더라도 정신적 가치의 감소는 금전적으로 계산될 수 없기 때문에 손실의 개념에서 배제된다.

따라서 보험에서 의미하는 손실은 반드시 예상할 수 없다는 점과 경제적 가치라는 두 요소를 동시에 충족시켜야 한다. 그러므로 손실은 예상하지 못한 경제적 가치의 감소나 소멸을 의미한다고 볼 수 있다.

그리고 손실은 먼저 부보가능손실과 부보불능손실로 분류될 수 있으며 부보가능손실은 다시 인적 손실과 재산손실 그리고 배상책임손실로 분류할 수 있다.

〈도해 1-4〉 손실의 의미

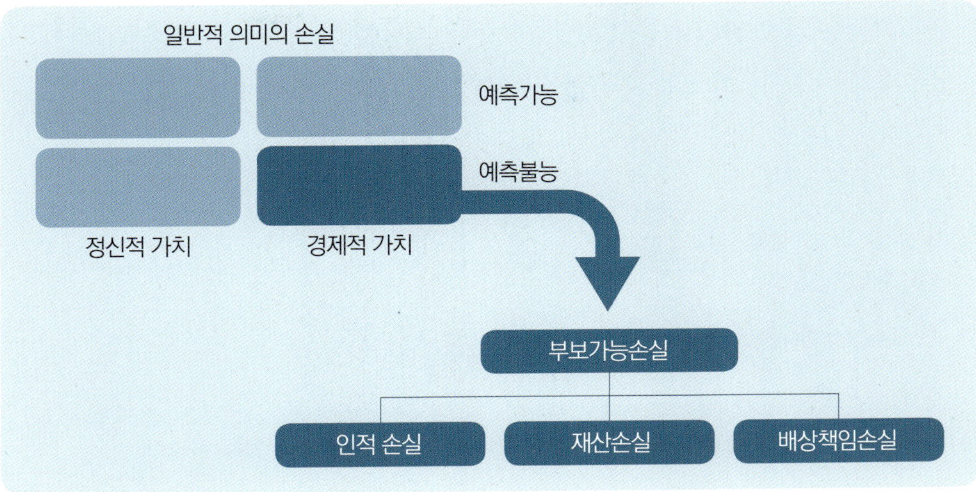

부보가능손실과 부보불능손실

보험관리의 대상 여부로 부보가능손실(insurable loss)과 부보불능손실(uninsurable loss)로 손실을 분류할 수 있다. 사영보험이나 정책보험은 보험계약체결이 가능한 부보가능손실이고 손실의 성격상 원천적으로 보험의 대상이 되지 않거나 또는 보험제도가 발전되어 있지 않아서 보험관리가 현실적으로 불가능한 손실은 부보불능손실이다.

부보가능손실은 다시 인적 손실·재산손실·배상책임손실로 세분할 수 있다. 이는 손실 발생의 근원인 위험을 인적 위험·재산위험·배상책임위험으로 분류한 것에 기인한다.

인적 손실(personal loss)은 인적 위험으로 인하여 인간의 생명과 관련되어 발생하는 생명손실과 건강손실을 의미한다. 구체적으로는 경영자의 사망 또는 질병으로 인한 경영능력 상실, 신체장애에 의한 취업불능손실 등이 여기에 해당한다. 사망손실은 그 발생 여부는 확실하지만, 발생시기가 불확실하기 때문에 위험 발생으로 인한 경제적 손실로 간주된다.

재산손실(property loss)은 금전적 가치로 평가되는 재산이 위험의 발생으로 감소하는 것이다. 재산손실의 범위는 매우 광범위하여 여기에는 재산의 소유권을 상실한다든지 그 가치가 감소되는 것이 포함된다. 또한 소득이 감소된다든지 반대로 비용이 증가되는 것도 재산손실에 해당된다. 한편 재산손실은 사고와 손실의 인과관계에 따라 직접재산손실과 간접재산손실로 구분된다. 전자는 위험 발생의 직접적인 결과에 따른 손실이고, 후자는

간접적으로 영향을 받음으로써 2차적으로 발생하는 부수적 손실(consequential loss)이다.

배상책임손실(liability loss)은 과실이나 계약위반으로 제3자에 대하여 법적으로 배상책임을 부담함으로써 발생하는 손실이며, 이에는 대인배상과 대물배상이 있다.

〈도해 1-5〉 손실의 종류

■ 손실(Loss)의 종류

인적손실 (Personal Loss)	- 인적 위험으로 인하여 발생. - 인간의 생명과 관련되어 발생되는 손실 - 생명 손실, 건강 손실
재산손실 (Property Loss)	- 금전적 가치로 평가되는 재산이 위험의 발생으로 감소하는 것 - 직접재산손실, 간접재산손실
배상책임손실 (Liability Loss)	- 과실이나 계약위반으로 제3자에 대하여 법적으로 배상책임을 부담함으로써 발생하는 손실 - 대인배상, 대물배상

1-3 위험의 분류

위험의 성격에 따라 여러 가지로 분류될 수 있으나 주관적 위험과 객관적 위험, 순수위험과 투기위험, 정태적 위험과 동태적 위험으로 분류할 수 있다.

(가) 주관적 위험과 객관적 위험

주관적 위험(subjective risk)은 개인의 정신적·심리적 상태에 따른 위험이다. 이러한 주관적 위험은 개인에 따라 종류와 크기를 달리하는 관계로 통계를 이용한 측정이 불가능하다. 예를 들면 서로 친구사이인 A, B, C 세 사람이 오랜만에 만나 술을 함께 하였다고 하자. 이때 A라는 사람이 술에 취한 상태에서 운전을 하려고 하는데, B라는 사람은 사고의 위험을 심각하게 느껴 운전을 하지 말 것을 A에게 종용하고, C라는 사람은 사고의 위험을 대수롭지 않게 생각하여 A에게 아무런 만류도 하지 않았다고 하자. 이런 경우, B와 C의 위험에 대한 느낌이 서로 다르다고 할 것이다. B가 평소 위험을 싫어하고 매우 조심성 있는 태도를 보이는 사람이라면 C는 B에 비해 위험을 대수롭지 않게 여기는 사람일 것이다. 이와 같이 주관적 위험은 개인의 정신적·심리적 상태에 따라 달라지고, 이를 통계적 방법으로 측정하기란 매우 힘들 것이다.

객관적 위험은(objective risk)은 통계적으로 측정될 수 있는 위험으로서 기대손실과 실제손실의 차이이다. 예를 들면 어떤 보험회사의 화재보험에 가입된 10,000채의 집이 있다고 하자. 그리고 과거의 여러 가지 자료를 통계적으로 분석한 결과 1년에 평균 100채 정도의 집이 화재에 의해 피해를 입을 것이라고 예상 된다. 이때 통계적으로는 예상피해가 100채(100/10,000=1%)라는 숫자가 정확하게 산출되더라도 실제로는 90채가 불에 탈 수도 있고 110채가 불에 탈 수도 있을 것이다. 따라서 이러한 경우에 기대손실(100채)과 실제손실(90채 또는 110채)의 차이는 10개가 될 것이다. 이와 같이 예상했던 기대손실과 실제로 나타난 실제손실과의 차이를 객관적 위험이라고 한다. 그리고 이러한 객관적 위험은 일정한 통계적 방법(예를 들면 표준편차 또는 coefficient of variation)으로 표시될 수 있는 관계로 보험경영이나 위험관리 측면에서 매우 유용한 개념으로 받아들여지고 있다. 실제로, 대수의 법칙(the law of large numbers)에 의하면 관찰위험의 수가 많으면 많을수록 실제손실과 기대손실의 차이는 줄게 되고 손실에 대한 예측이 보다 정확해짐을 알 수 있다.

(나) 순수위험과 투기위험

순수위험(pure risk)은 이익의 발생 가능성은 없고 손실의 가능성만 있는 위험으로 위험 자체가 이미 존재해 있는 위험이다. 예를 들면 질병이나 사고로 인한 사망, 화재 및 홍수로 인한 재산피해 등 개인이나 사회적으로 손실만 가져다주는 위험을 순수위험이라고 한다. 이러한 순수위험은 보험에 가입될 수 있으며 일반적으로 대수의 법칙을 쉽게 적용할 수 있어 손실의 정도를 미리 예측할 수 있다.

투기위험(speculative risk)은 손실의 가능성과 함께 이익의 가능성도 내포한 위험이다. 예를 들면 주식투자의 경우에 있어서 주식 값의 하락에 따른 손실의 가능성도 있지만 반대로 주식 값의 상승에 따른 이익의 가능성도 있는 것이다. 이외에도 부동산 투자, 새로운 사업의 시작, 경마권의 구입 등은 손실과 이익의 가능성을 모두 내포한 투기위험의 좋은 예라고 할 수 있다. 이러한 투기위험은 특수한 경우를 제외하고는 보험의 대상이 될 수 없으며 일반적으로 대수의 법칙 적용도 쉽지 않은 것으로 알려져 있다. 또한 이 위험은 인위적으로 만들어질 수 있는 위험인 관계로 인위위험이라고도 한다.

순수위험은 다른 위험과는 달리 유일하게 보험의 대상이 되는 관계로 좀 더 자세히 살펴보기로 한다. 순수위험은 일반적으로 인적 위험, 재산위험, 배상책임위험으로 분류된다.

인적 위험(personal risks)은 인간과 관련된 위험으로서 사망과 관련된 위험, 노령과 관련된 위험, 건강과 실직에 관련된 위험 등이 있다. 재산위험(property risks)은 각종 재산의 피해를 수반하는 위험으로 재산위험에 수반되는 손실은 직접손실(direct loss)과 간접손실(indirect loss)로 구분된다.

직접손실은 손실의 원인과 직접적으로 관련된 손실을 의미하고 간접손실은 손실의 원인과는 직접적으로 관련되지는 않으나 직접손실로 말미암아 간접적으로 입힌 손실을 말한다. 예를 들면 어떤 식당이 화재에 의해 소실되었다고 하면 화재로 인한 건물의 손실은 직접손실에 해당될 것이고, 또한 피해복구를 위해 장기간 영업을 중단할 경우 이에 따른 손실은 간접손실에 해당된다.

배상책임위험(liability risks)은 과실이나 계약위반 등으로 제3자에게 손해를 입힌 경우 이로 인한 경제적 손실을 말한다.

(다) 정태적 위험과 동태적 위험

정태적 위험과 동태적 위험의 구분은 위험의 특성이나 발생의 빈도가 시간의 흐름에 따라 변하는 여부에 따라 구분하는 것이다. 정태적 위험은 화산의 폭발, 지진, 사고와 같이 그 성격이나 발생의 정도가 시간의 흐름에 따라 크게 변하지 않을 것으로 예상되는 위험이다. 정태적 위험은 개별적으로는 우연적이고 불규칙적이지만 장기간에 걸쳐 관찰해 보면 일정한 규칙성을 발견할 수 있고 대수의 법칙 적용이 가능한 위험이다. 이에 대해 동태적 위험은 소비자 기호의 변화, 시장의 가격변동성, 기술의 변화 등과 같이 시간의 흐름에 따라 그 성격이나 발생의 정도가 변하여 예상하기 어려운 위험들이 포함된다. 즉 변화하는 사회의 발전 상태에 응하여 발생하는 위험이다.

정태적 위험과 동태적 위험의 구별은 매우 중요하다. 왜냐하면 이것은 위험정책이나 위험관리의 대상을 결정함에 있어서 좋은 자료가 되기 때문이다. 양자의 차이는 첫째, 정태적 위험은 대체로 자연의 사고를 원인으로 하는 재화의 물리적 손해 위험임에 대하여 동태적 위험은 경제적인 변동, 특히 가격변동을 원인으로 하는 재화의 가치상실에 따른 위험이다. 둘째, 정태적 위험은 일반적으로 재화의 한 단위 또는 소수단위에 대해서만 작동하는데 대하여 동태적 위험은 일정종류의 재화의 전 단위에 대해서 동시에 작용한다. 셋째, 정태적 위험은 개별적으로는 우연적이고 불규칙적이지만 이것을 집단적으로 관찰해 보면, 일정한 규칙성을 발견할 수 있는데 대하여 동태적 위험은 개별적으로도 집단적으로도 우연히 작용하고 규칙성을 발견하기가 곤란하다.

〈도해 1-6〉 위험의 분류

■ 손실(Loss)의 종류

위험의 분류	구분	내용
위험의 분류	주관적 위험	개인의 정신적 심리적 상태에 따른 위험
	객관적 위험	통계적으로 측정 가능한 위험, 기대 손실과 실제 손실 차이
	인적 위험	인간과 관련. 사망, 건강
	재산 위험	재산 피해 수반
	배상책임 위험	과실, 계약 위반으로 제3자에게 손해를 입힘
	정태적 위험	위험의 성격과 발생 정도가 변동가능성이 적음
	동태적 위험	위험의 성격과 발생 정도가 변동가능성이 큼

2. 보험의 개요

2-1 보험의 개념

사람이 각각 생활의 안정을 추구하는 것은 인간의 기본적인 본능이다. 보험은 이 같은 사람의 기본적 본능을 만족시켜 주는 하나의 수단이라 할 수 있다. 그런데 개인이든 기업은 언제 어떠한 위험이 발생하여 경제적으로 위기로 말미암아 예측할 수 없는 상황에 직면할 수 있기 때문에 잠시도 안심할 수 없다. 즉 예상할 수 없는 미지의 재해로 인하여 가계나 기업이 위기나 파멸을 초래될 수 있다. 가계는 가장의 불행으로 인하여 가정이 완전히 곤궁에 처해 질 수도 있고 가옥의 소실로 인하여 일생동안의 고생이 일순간 잿더미로 변해 버리는 경우가 있다. 무역이나 해운기업의 경우에도 운송 중에 선박이나 화물이 위험을 당하여 곤경에 처할 수도 있다. 따라서 이러한 여러 위험을 극복하고 급변하는 사회에서 안정적인 생활을 유지하기 위하여 경제주체들은 어떤 대책이 강구되어야 한다.

그런데 오늘날의 경제제도는 사유 재산제도를 기초로 하는 교환의 원칙에 의해서 통제되고 그것에 의해서 질서가 유지되고 있다. 즉 개별경제주체의 일체의 경제적 책임하에 각 개인이나 기업이 자기 책임 하에서 모든 것을 부담해야 한다. 또한 사유재산제도와 자기의 책임원칙에 입각하여 수입과 지출의 균형을 유지함은 물론 그 계획을 수립할 필요도 있다. 그러나 일반적인 경제활동에는 예상할 수 없었던 위험이나 사고가 발생함으로써 수입이 감소와 지출의 증가에 따른 수지의 불균형이 발생하는 때가 많이 일어난다.

이 같은 경우에 예측 가능한 것도 있지만 예측 불가능한 것도 있다. 전자를 확정적인 사고라고 하고 후자를 우연적인 사고라고 할 수 있다. 확정적인 사고는 미리 정해져 있는 사고를 말하고 우연적인 사고는 언제 발생할지 모르는 것으로 사고를 의미한다. 그러나 확정적인 사고이든 우연적인 사고이든 일단 발생하면 개인이나 기업의 경제는 영향을 받으며 그 결과 경제의 불안정이 되거나 심지어 파탄에 이를 수 있다.

이에 대해 일반적으로 경제주체들이 취할 수 있는 수단으로 대표적인 것이 보험이다. 보험은 우연적 사고에 대처하는 방법으로 위험 발생에 대해서 그 영향을 완화하거나 해소 또는 경감하여 경제적 안정을 확보하는 경제제도이다. 즉, 보험이란 다수의 사람들이 소액의 보험료를 갹출하여 일종의 공동기금을 마련한 후 소수의 사람들이 우연한 손실을 당하였을 경우, 이 공동기금에서 보상하여 주는 사회적 제도라고 말할 수 있다. 다시 말하면, 보험은 동질적인 위험의 결합(즉 pooling)을 통해 실제손실(actual loss)을 평균손실(average loss)로 대체하는 제도라고 할 수 있다. 보험의 개념에 관해 여러 가지의 관점에서 살펴보면 경제적 관점에서 보험은 다수의 동질적인 위험을 결합함으로써 위험을 감소시키는 경제 제도이다 즉, 경제체제 내에서 위험을 전가하거나 신용 또는 금융을 제공함으로써 불확실성을 줄이는 장치이다. 개인이나 다수 개인의 위험을 전가함으로써 불확실한 손실에 대응하기 위하여 자본을 축적하는 사회적인 수단이 보험이라 할 수 있다. 따라서 보험은 위험의 결합을 통하여 불확실성을 확실성으로 전환시키게 된다. 즉, 보험계약자 100명이 있으면 각자 자기한테 언제 우연한 사고가 발생할지 모르는 불확실한 상태이지만 보험에 가입함으로써 설령 사고가 나더라도 보상을 받을 수 있기 때문에 확실한 상태가 된다.

법적인 관점에서 보험은 보상계약을 통하여 손실을 보상하는 법률적 제도이다. 즉 보험자는 보험계약자와 보험계약을 체결하고 만약 손해가 발생하게 되면 이를 보상할 것을 약속한다. 그리고 보험계약자는 이러한 손해보상의 약속을 받는 대가로 보험료를 지급하게 된다.

또한 보험은 불확실하지만 거대한 손실을 확실하고 적은 손실과 서로 교환하는 법적 계약이라 할 수 있다. 여기서 불확실하지만 거대한 손실은 피보험이익이나 신체상에 입을 수 있는 큰 손실이고 확실하지만 상대적으로 적은 손실은 보험계약자가 부담하게 되는 보험료이다.

사회적 관점에서 보험은 다수의 위험을 그룹으로 묶을 수 있도록 허용함으로써 손실의 통계적 예측을 가능하게 하며 다수가 지불한 적은 금액으로 대규모 손실을 부담할 수 있도록 하는 사회적 제도라 할 수 있다.

따라서 보험은 장래 어떤 손실이 발생할 경우 그 손실을 회복하는데 드는 비용을 같은 종류의 위험에 직면한 여러 사람들의 공동으로 부담하는 제도적 장치이며, 다른 한편으로 위험에 처한 당사자가 장래 발생할 수 있는 손실위험을 일정한 대가를 지불하고 제3자 또는 보험회사에 전가하는 계약이다.

수리적 관점에서 보험은 확률의 원리와 통계적 기법을 이용하여 손실을 예측하고 분배하는 수리적 제도이다. 보험은 요행이나 사행이 아니고 확률의 원리와 통계적 기법을 사용하여 미래에 발생하는 손실의 규모와 빈도를 예측하고 보험계약자가 각각 부담해야 할 몫을 계산하는 과학적 제도이다.

〈도해 1-7〉 보험의 개념

보험의 개념	
경제적 관점	다수의 동질적 위험 결합 → 위험을 감소시키는 경제제도
법적인 관점	보상계약 → 손실 보상하는 법률적 제도
사회적 관점	위험을 그룹화 → 통계적 예측(적은 보험료) → 대규모 손실부담가능(사회적 제도)
수리적 관점	확률과 통계적 기법 → 손실예측 분배하는 수리적 제도

Tip 보험의 용어

보험에 관한 외래어는 영어의 insurance(assurance), 독일어의 Assekutanz, 프랑스어의 aaurance, 이탈리아어의 Assicuranza, 포르투갈어나 스페인어의 Seguro, Aseguracion 등 각각 동일한 의미를 갖고 있으며 라틴어에서는 Securitas 즉 '보증' 또는 '담보'라는 의미를 갖고 있다.

여러 국가의 보험에 관한 어휘 중에서 "안전한, 신뢰할 수 있는, 확실한"이라는 의미를 갖고 있는 것이 공통적이다. 이를테면

2-2 보험의 기본원리

① 위험의 전가

위험의 전가(risk transfer)는 보험의 필수적인 요소라고 할 수 있다. 자가보험의 경우를 제외하고는 보험은 피보험자가 일정한 보험료를 내고 순수위험의 부담을 보험자에게로 전가하는 행위라 할 수 있다. 예를 들면 화재보험의 경우, 피보험자가 일정한 보험료를 내고 화재로 인한 손실부담을 보험자에게로 전가하는 것이고 생명보험의 경우도 마찬가지로 사망에 따른 손실부담을 피보험자로부터 보험자에게로 전가시키는 것이다.

② 위험의 결합

위험의 결합(pooling of risks)은 보험원리의 핵심적인 요소를 구성하는 것으로 손실이 발생하였을 경우 발생된 손실을 보험가입자 모두에게 분산시키는 효과를 갖는다. 다시 말하면 수많은 보험가입자들이 평소 소액의 보험료를 내고 일종의 공동기금을 만들어 두었다가 소수의 사람들이 사고를 당하게 되면 손실을 보상해줌으로써 소수의 사람들이 입는 막대한 손실을 수많은 보험가입자에게 분산시키는 것이다. 예를 들면 어느 지역에서 100채 집이 화재보험에 가입하였다고 하자. 집 1채당 평균가격은 5,000만 원이라고 하고 1년에 평균 100채당 1채꼴로 화재로 소실된다고 하자. 만약 보험이 없으면 화재가 발생하였을 경우 주택 소유자 1인에게 돌아가는 최대 손실액이 5,000만 원이 될 것이다. 그러나 보험가입을 하게 되면 피보험자 1인당 부담액은 50만 원(5,000만 원/100)이 될 것이다. 결국 보험이라는 것은 위험결합을 통해 실제손실 5,000만 원을 1인당 평균 손실 50만 원으로 대체하는 손실분산효과를 가진다. 이와 같은 손실분산효과는 가입자가 많으면 많을수록 크다고 할 것이다.

③ 확률의 원리

보험은 우연히 발생하는 사고를 대상으로 하지만 그 이면을 보면 확률의 원리(theory of probability)에 의해 과학적으로 운영된다. 보험자가 위험을 인수할 수 있는 것은 확률의 원리에 의해 손해발생률을 구할 수 있기 때문이다.

보험에서는 확률을 통해서 특정 현상의 발생 가능성을 추정할 수 있기 때문에 보험료를 산정할 수 있고 보험 사업을 안정적·지속적으로 운영할 수 있다. 보험의 요건에서 위험의 동질성과 다수성을 강조하고 있는 이유는 과거에 일어났던 동질적인 다수의 위험을 결합하여 확률을 얻기 위해서이다.

④ 대수의 법칙'(The law of large number)

확률의 원리를 보험에 적용시키기 위해서는 다수의 경험 자료가 있어야 한다. 다수의 경험 자료를 결합시켜야만 대수의 법칙(law of large number)에 따라서 보다 나은 평균치를 얻을 수 있기 때문이다. 대수의 법칙은 어떤 위험에 대해서 그 관찰대상을 늘리면 늘릴수록 실제 결과(actual results)는 예상 결과(expected results)에 가까워지는 통계학상의 법칙을 말한다.

예를 들어 동전 던지기에서 앞면과 뒷면이 나올 확률은 각각 1/2이다. 그렇지만 실제로 10번 동전을 던져보면 앞면이 8번 뒷면이 2번 나올 수도 있다. 심지어 모두 앞면이나 뒷면이 나오는 등 여러 결과가 나올 수 있다. 그러나 동전을 십만 번 정도 던져보면 앞면과 뒷면이 각각 5만 번 정도 나오게 되는데 이것을 대수의 법칙이라고 한다.

대수의 법칙에 따라 관찰대상으로 삼은 위험의 수가 많으면 많을수록 보다 정확하게 그 위험의 발생 가능성을 측정할 수 있다. 관찰대상을 다수 놓고 측정하면 그 현상의 발생을 예측할 수 있게 된다. 실제로 이 대수의 법칙은 보험에서 미래의 손실에 대한 예측에 많이 사용되는 것으로서 보험자의 입장에서 보면 어떤 위험의 동질성이 높으면 높을수록, 또한 이러한 동질적인 위험이 많으면 많을수록 손실에 대한 예측이 정확해지고 이에 따른 보험료 측정이 정확해진다고 할 수 있다.

따라서 우연히 발생하는 개별적인 위험도 오랜 기간 대량으로 관찰하게 되면 규칙적이고 정기적으로 발생하는 것을 알 수 있다. 보험자는 관찰결과를 바탕으로 사고발생을 예측하여 보험료를 산정하고 위험의 인수 여부를 결정한다. 대수의 법칙이 적용될 수 있는 위험집단이 아니면 보험은 성립되지 않게 된다.

〈도해 1-8〉 보험의 기본원리

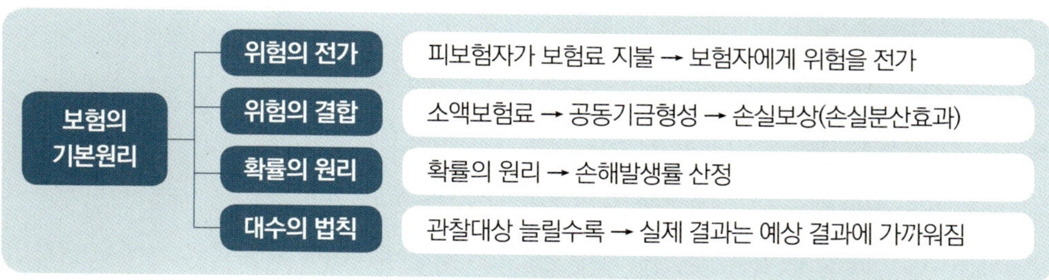

2-3 보험의 요건

일반적으로 보험은 순수위험만을 그 부보대상으로 삼고 있으나 실제적으로는 순수위험이라도 일정한 조건을 갖추어야만 보험의 대상이 된다. 그 조건을 다음과 같다.

① 다수의 동질적 위험

위험의 속성이 같거나 유사하며 손실 발생이 서로 관련되어 있지 않은 독립적인 위험이 다수 존재해야 대수의 법칙을 적용하여 손실을 예측할 수 있으며 또한 보험료도 계산할 수 있다. 만약 동질성과 다수성 중에 하나라도 충분하지 못하게 된다면 손실에 대한 예측 및 보험료 산출에 대한 정확도는 떨어지게 된다. 또한 위험이 어느 정도 동질적이어야 하고 얼마나 많은 수가 있어야 하는 문제는 위험의 종류에 따라 달라진다. 그러나 위험이 동질적이면 동질적일수록 또한 동질적 위험이 많으면 많을수록 손실예측 및 보험료 산출에 대한 정확도는 증가하게 된다.

② 우연적인 손실발생

보험대상이 될 수 있는 손실이란 반드시 우연적(indemnification of fortuitous losses)이어야 하고 손실 발생의 장소 및 시간을 예견할 수 있어서는 안 된다. 이것은 보험계약자가 고의로 손실을 발생시키거나, 발생한 손실을 고의로 확장시키거나, 과장시키는 것을 방지하기 위한 것이다. 만약 손실이 고의적으로 발생되고 확대·과장된다면, 이는 도덕적 위태(moral hazard)에 해당되는 것으로서 보험의 대상이 될 수 없다.

우연한 손실은 개인이나 조직(보험계약자)의 입장에서 예기치 못한 우연한 손실을 의미하는 것이며 보험회사의 입장에서는 우연한 손실이 아니어도 된다. 예를 들어 거액의 보험에 가입한 사람이 운전을 하다가 중앙선을 침범하여 마주 오는 화물트럭과 충돌하여 사망하였다면 보험회사의 입장에서는 고의적인 사고일 수 있는 개연성이 충분히 있다. 그러나 개인의 입장에서는 졸음운전이나 부주의한 운전으로 인한 우연적인 손실일 수도 있으므로 운전자의 고의성에 대해서는 보험회사가 입증을 해야 한다. 만약 보험회사가 고의성을 입증하지 못할 경우에는 우연한 손실로 간주된다.

③ 비재난적 손실

손실의 규모가 재난적일 만큼 과도하여 보험회사의 능력으로 도저히 보상할 수 없을 정도의 위험은 보험회사가 인수할 수 없다. 천재지변과 같은 대이변적(catastrophic)손실 등이 이에 해당된다. 예를 들면, 국가경제의 전체적인 불경기로 인하여 대량 실업사태가 발생하였다면 이러한 실업현상은 보험으로 처리하기가 매우 힘들 것이다. 또한 태풍, 홍수, 지진 등 천재지변에 가까운 이례적인 사고도 마찬가지의 경우가 될 것이다.

그러나 이러한 위험을 전혀 취급하지 않는 것은 현실적으로 불가능하다. 따라서 이러한 대형위험을 취급하기 위해서는 재보험(reinsurance)을 효율적으로 이용하거나, 지역적으로 이러한 대형위험을 적절히 분산함으로써 대처할 수 있을 것이다.

④ 손실의 측정 가능성

보험이 가능한 손실은 그 발생규모나 발생횟수를 계산하여 그 예측이 가능하여야 한다. 이러한 확률적 계산이 가능해 짐에 따라 충분하고 정확한 보험료 계산이 가능하다. 그러나 홍수, 지진, 전쟁, 대량실업 등은 그 발생규모나 발생횟수 면에서 불규칙적이고 일정치 못하기 때문에 통계적인 자료를 가지고 확률적인 계산이 불가능하다. 또한 투기적인 위험의 성격을 지닌 것에 대한 보험 상품이 존재하기 어려운 이유도 바로 예측이 불가능하기 때문이다. 따라서 이렇게 예측이 불가능하고 규모가 큰 위험은 일반적으로 보험의 대상이 될 수 없고 정부의 정책적인 도움 없이는 처리하기가 힘들다.

⑤ 경제적인 보험료

여러 가지 요건을 고려하여 계산된 보험료는 보험가입자들이 부담 없이 지불할 수 있을 정도로 시장성이 있고 경제적이어야 한다. 또한 보험계약금액에 비해 보험료가 상대적으로 비싸다면 보험가입자들이 보험가입 자체를 꺼려할 것이다. 예를 들어 위험의 크기가 너무 크거나 발생확률이 너무 높아 전체 수입의 10%나 그 이상을 보험료로 지출하게 될 경우 보험가입이 어려울 것이다.

따라서 보험료는 일반계약자들이 큰 부담 없이 보험에 가입할 수 있도록 시장성이 있어야 하고, 보험계약금액보다 충분히 적은 경제적인 보험료가 되어야 한다.

〈도해 1-9〉 보험의 요건

보험의 요건		
	다수의 동질적 위험	위험의 다수성과 동질성이 존재 → 대수의 법칙에 적용 손실예측 가능, 보험료 계산 가능
	우연적 손실	보험의 대상은 우연적인 손실
	비재난적 손실	대이변적인 손실은 제외. 보험자의 위험인수불능
	손실의 측정가능성	손실의 발생규모와 횟수를 예 → 예측가능
	경제적인 보험료	시장성과 경제적이어야 함

2-4 보험의 분류

(가) 공 보험과 사 보험

공 보험(public insurance)은 그 본질이 사회보장의 성격이 강하고 국민의 최저생활 확보에 그 목적이 있는 관계로 주로 국가나 지방 공공단체에 의해 운영되고 있다. 이에 비해 사 보험(private insurance)은 공보험이 목적으로 삼고 있는 국민의 최저생활 이상의 개인의 갖가지 위험을 제거 또는 완화 시키는데 그 목적이 있는 관계로 주로 개인 기업의 형태로 운영되고 있다. 이러한 사 보험과 공 보험의 차이점을 살펴보면 다음과 같다.

① 보험료와 보험혜택의 관계에 있어서 사 보험은 보험료와 그에 따른 혜택이 정확히 과학적으로 비례관계에 있으므로 보험료가 많으면 많을수록 그에 따른 혜택도 비례적으로 많아진다. 그러나 공 보험은 보험료와 보험혜택의 관계에 있어서 정확히 비례한다고 볼 수 없다. 비례하여 정해지는 것이 아니라, 오히려 소득수준이 낮을수록 보험혜택을 많이 받는 경우가 있다.

② 공 보험은 강제적 성격이 많은 반면, 사 보험은 대부분 보험계약자 개인의사에 따라 결정된다.

③ 보험료 부담에 있어 공 보험에 있어서는 정부가 일부 부담하나, 사보험은 보험료 부담을 보험계약자가 완전히 부담하고 있다.

④ 보험료 산출에 있어서도 공 보험은 보험 외적인 영향, 즉 사회보장적 성격으로 인해 보험료 산출을 과학적인 통계자료에 의해 산출한다고 볼 수 없으나, 사보험은 일반적으로 순수한 과학적 통계자료에 의해 보험료가 산출된다.

공 보험은 전체 경제적 관점에서 행하여지는 공영보험이고, 사 보험은 사경제적 관점에서 행하여지는 사영보험이다. 의료보험, 산업재해 보상보험, 무역보험 등은 사회 정책적 또는 산업 정책적 측면에서 행하여지는 공 보험이며, 해상보험은 보험회사나 무역회사의 사경제적 관점에서 행하여지기 때문에 사 보험에 해당된다.

(나) 인 보험과 물(재산) 보험

보험의 목적에 따라 인 보험과 물 보험으로 나눈다. 인 보험은 사람을 보험목적으로 하며, 물 보험은 물체 또는 재산을 보험목적으로 한다. 인 보험은 사람의 생명을 대상으로 하는 생명보험이 인 보험이다. 생명보험은 원칙적으로 피보험자가 사망하였을 경우, 보험수혜자(일반적으로 배우자 또는 가족)에게 보험금을 지불하는 보험이다. 사망 시 보험금은 정기적으로 보험수혜자에게 지급될 수 있고 장례비용도 포함되는 경우도 있다.

이 밖에도 생명보험에는 은퇴 후 연금의 형태로 보험금을 지불하는 연금보험 또는 양로보험의 형태가 있다. 건강보험은 피보험자가 아프거나 부상을 당하였을 경우 치료비를 지급하는 보험이다. 또한 일시적인 불구(disability)로 인해 수입이 중단될 경우 일정 금액을 정기적으로 지불하는 형태의 건강보험이 있다.

재산보험은 우연한 사고의 발생으로 인하여 재산상의 손실을 입었을 때 보상해주는 보험이다. 이에 해당하는 보험으로는 화재 및 이와 관련 보험을 들 수 있다. 화재, 천둥, 번개, 폭풍, 우박 등에 의한 재산상의 피해를 보상하는 것 이외에 이것이 원인이 되어 발생한 직접손해뿐 아니라 기업중단(business interruption)으로 인한 수입 감소, 비용발생 등 간접손해도 보상하는 경우가 있다.

또한 자동차운행과 관련하여 발생한 손실을 보상해 주는 자동차 보험도 재산보험이다. 자동차 보험은 자동차 차체의 손실을 보상해 주는 자동차차체손해보험과 과실로 인한 제3자에 대한 손실을 보상해 주는 자동차 배상책임보험이 있다. 또한 대인(對人)보험으로서 치료비를 보상해 주는 경우와 무보험운전자로부터 손실을 보상해 주는 경우가 포함된다.

육상과 항공운송 중에 있는 재산을 대상으로 육상운송보험과 항공운송보험도 물론이고 해상보험도 선박·화물 등을 보험목적으로 하기 때문에 재산보험에 해당된다.

(다) 실손보험과 정액보험

실손보험과 정액보험의 분류는 보상방법(보험급여)에 따른 것이다. 실손보험은 실제로 생긴 손실액만큼을 보상하는 보험이며, 정액보험은 보험사고가 발생할 경우 보험계약에서 약정된 금액을 지급하는 보험이다. 따라서 실손보험의 경우는 보험사고가 발생해야만 보상받는 금액을 알 수 있지만, 정액보험은 보험계약을 체결할 때 이미 보상금액을 알 수 있게 된다.

생명보험은 보험계약자가 사망하거나 보험만기가 되면 약정금액을 지급하는 정액보험이며, 해상보험은 손실액을 보상하는 실손보험이다.

〈도해 1-10〉 보험의 분류

보험의 분류		
	공보험	사회 보장적인 성격. 국가나 공공단체에서 운영(공영보험)
	공보험	영리를 목적으로 하면서 기업의 운영(사영보험)
	인보험	사람의 생명을 대상으로 하는 보험(생명보험)
	물보험(재산보험)	재산상의 손실을 보상
	실손보험	실제 발생한 손실액만큼 보상
	정액보험	보험계약에서 약정된 금액을 보상

(라) 상법상의 분류

우리나라의 현행 상법(제665조~제739조)에서는 보험을 〈그림〉과 같이 분류하고 있다. 상법에서 분류하고 있는 손해보험과 인 보험은 상호 대립되는 개념이 아니다. 앞에서 설명된 바와 같이 손해보험은 재산보험, 그리고 인 보험은 정액보험이다. 따라서 보험을 손해보험과 인 보험으로 분류하는 것은 각기 다른 기준을 가지고 분류한 결과이다.

우리나라 상법에서 이와 같이 분류하고 있는 이유는 구 상법(1962년 상법이 제정되기 전에 우리나라에서 사용된 일본의 상법)의 영향을 받았기 때문이다. 우리나라는 보험의 역사가 일천하고 손해보험·생명보험·해상보험 등 몇 가지종목만 한정적으로 발전되어 왔기 때문에 구 상법에서는 특별한 분류기준을 제시하지 않고 보험을 손해보험·생명보험 및 해상보험으로 분류하였다. 그러나 손해보험과 생명보험으로 나누는 것은 손해와 생명을 비교하는 것이 되어 불합리한 비교가 되고, 또한 손해보험과 해상보험은 그 성질이 같기 때문에 분류될 성질이 아니다.

새로운 상법을 제정할 때 구 상법의 관행에 따라 생명보험을 인 보험으로 바꾸고 해상보험을 손해보험에 포함시켜 보험을 손해보험과 인 보험으로 크게 분류하였다. 손해보험은 다시 화재·운송·해상·책임보험 및 자동차보험으로 분류하고, 인 보험은 생명보험과 상해보험으로 분류하고 있다.

이러한 분류의 취지에 따라서 우리나라의 보험회사는 손해보험과 생명보험을 함께 취급할 수 없게 되어 있다. 그래서 손해보험업무를 취급하는 보험회사의 상호는 대부분 화재해상보험회사 또는 해상화재보험회사로 표현되고, 인 보험을 취급하는 보험회사의 상호는 생명보험회사로 표현되고 있다. 우리나라는 화재·해상보험과 생명보험의 겸업이 금지되어 있지만 보험이 발달한 선진국의 경우는 겸업이 허용되고 있다.

〈도해 1-11〉 한국상법상의 보험의 분류

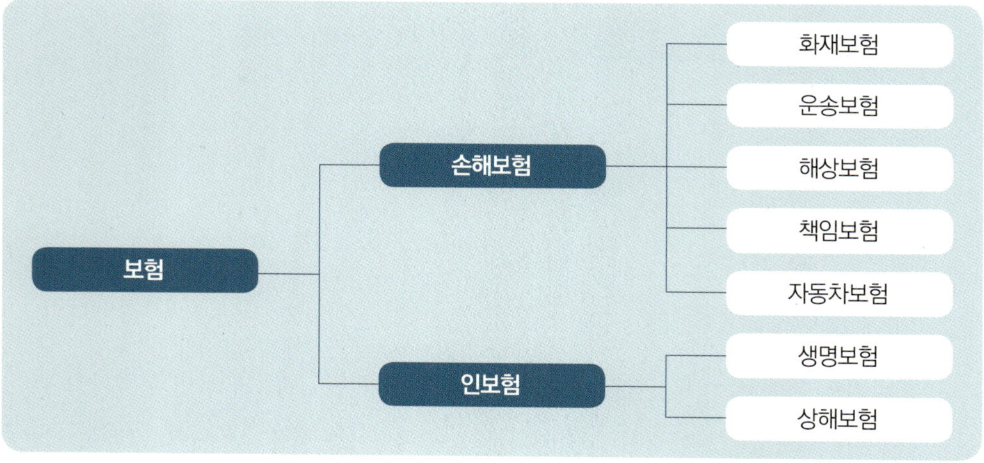

Chapter Ⅱ 해상보험의 개요

무역실무는 수출상과 수입상간의 무역계약을 주 계약으로 하고, 수출상으로부터 수입상에게 화물의 이동에 따른 운송과 운송 중의 위험을 담보하는 보험 그리고 대금결제로 구성되고 있다. 따라서 해상보험(marine insurance)은 이러한 무역계약의 이행을 위한 주요한 영역 가운데 하나로서 해상위험으로 인하여 발생하는 손해를 보상하는 것을 목적으로 하는 손해보험의 일종이다.

1. 해상보험의 의의

1-1 해상보험의 개념

해상운송에 수반되는 위험은 육상운송에 비하여 그 발생률도 높고 손해액도 크다. 이러한 손해에 대한 불안을 제거하기 위해 그리고 해상사고에 의하여 입은 손해의 경제적 보상을 위하여 화주나 선주는 해상보험에 부보 한다. 해상보험은 근대 보험제도의 원조로서 항해에 관한 사고로 발생한 손해를 보상하는 것을 목적으로 하는 손해보험의 일종이다.

해상보험에 관한 개념으로 먼저 법적인 측면에서는 영국해상보험법(Marine Insurance Act:

MIA 1906)에서는 "해상보험계약은 보험자가 보험계약자(피보험자)에게 합의된 방법과 범위 내에서 해상손해, 다시 말해서 해상사업에 수반하여 발생하는 손해를 보상해 줄 것을 약속하는 계약이다."라고 규정하고 있다. 즉 보험자는 피보험자에게 장래에 손해가 발생할 경우 이를 보상해 줄 것을 약속하고 보험계약자는 이러한 손해보상의 약속을 받는 대가로 보험료를 지불하게 된다. 이와 같이 보험자와 보험계약자간에 체결되는 일종의 손해보상계약(contract of indemnity)에 의해서 구체적으로 시행되는 것이 해상보험이다.

우리나라 상법에서도 "해상사업에 관한 사고로 인하여 생길 손해를 보상할 것을 목적으로 하는 보험이다". (상법 제693조 참조)라고 규정하고 있다.

또한 경제적인 측면에서는 해상보험이란 개념을 정의한다면 "항해에 관한 사고를 당할 우려가 있는 재산권을 가진 다수인이 위험의 정도에 따라 합리적인 갹출을 부담하여 공통준비재산을 형성하고 그중 누군가가 사고를 당하여 손해를 입었을 때 이를 보상함으로써 경제상의 불안정을 제거 또는 경감하는 경제시설이다."라고 할 수 있다.

따라서 해상보험은 항해 사업에 부수하는 항해 및 화물의 멸실, 손상 등의 위험을 담보하는 것으로서 해상사업과 관련하여 발생하는 손해를 보상하는 경제적 제도라고 할 수 있다.

1-2 해상보험의 특징

(1) 국제적 성격

해상보험은 서로 다른 국적의 당사자가 참여하는 국제적인 성격을 가지고 있다. 그러나 이것은 보험 업무에 걸림돌이 될 수 있다. 왜냐하면 각각의 국가가 자국 나름대로의 보험약관이나 법률의 규정을 가지고 있다면 이로 인한 분쟁의 해결은 쉽지 않기 때문이다. 따라서 해상보험 관련 규정의 국제적 통일을 꾀하기 위하여 각국마다 해상보험증권에는 영국법을 준거법으로 하고 영국보험자협회에서 제정한 보험약관을 사용하고 있다.

(2) 담보위험

해상보험은 해상위험을 담보하는 보험이지만 특약 또는 상관습에 따라서(by its express terms, or by usage of trade) 담보하는 범위를 확장하여 항해에 부수하는 내수 또는 육상 위험(inland waters or on any land risk)도 담보한다. 적하보험에서 창고 간 약관(Warehouse to Warehouse Clause)이 적용되어 해상·육상혼합위험(Mixed Sea and Land Risks)을 담보하게 된다.(영국해상보험 제2조 1, 2항 참조) 육상운송뿐만 아니라 항공운송까지도 하나의 해상보험증권으로 일괄 담보하고 있다.

(3) 기업보험

보험료가 가계에 의해서 부담되느냐 혹은 기업에 의해서 부담되느냐에 따라 가계보험(Family Insurance)과 기업 보험(Business Insurance)으로 나눌 수 있다. 해상보험은 무역, 해운 등의 해상 기업을 대상으로 하고 있고 그 기업위험 중 해상위험을 담보하는 것이므로 완전한 기업보험이라 할 수 있다. 즉 오늘날 선박보험의 주된 이용자는 선박회사 또는 해운업자이며, 적하보험의 대부분은 무역업자에 의해서 이용되고 있다. 이같이 해상보험이 선박회사, 해운업자, 무역업자에 의해서 이용되고 있기 때문에 해상보험은 기업 보험적 성격이 있는 보험이라고 할 수 있다.

〈도해 2-1〉 해상보험의 특징

해상보험의 특징		
	국제적 성격	상이한 국적의 당사자가 참여 영국해상보험법(MIA)이 준거법, 영국보험자협회제정 보험약관 이용
	담보위험	해상위험뿐만 아니라 육상위험까지 확장담보
	기업보험	무역회사, 선박회사 등이 이용. 기업보험의 성격

1-3 해상보험의 기능

해상보험은 손해보험의 일종이므로 그 수행하는 기능도 일반 손해보험의 기능과 큰 차이가 없다. 그러나 해상보험은 일반적인 손해보험과 다른 몇 가지 특이한 기능이 있다.

(1) 신용증대

해상보험은 국제간의 화물의 수출입에 수반하는 위험을 보험자에게 전가시켜 줌으로써 무역당사자가 서로 믿고 안정성을 가지고 거래를 할 수 있도록 도와주는 기능이 있다. 따라서 해상보험은 신용거래를 원활히 하게 하는 기능이 있다. 예를 들면, 무역거래에서는 수출상이 수입상 앞으로 환어음을 발행하는데 이때 은행이 환어음을 매입하는 것은 담보화물이 보험사고에 의하여 손해를 입었을 경우에는 반드시 손해의 보상을 받을 수 있다는 보장이 있기 때문이다.

(2) 국제수지개선

해상보험은 국가 간의 무역과 운송을 전재로 하는 보험이기 때문에 국제수지와 관련성을 가지고 있다. 만약, 수출의 경우에 CIF 조건을 이용한다면 보험료 상당액의 외화를 획득할 수 있기 때문에 무역외수지(Balance of Invisible Trade)의 증대를 통하여 국제수지를 개선할 수 있다. 만약 수입의 경우에 FOB 조건을 이용한다면 보험료 상당액의 외화를 절약할 수 있으므로 역시 국제수지에 큰 영향을 미칠 수 있다. 그러나 이 같은 기능은 국내에서 무역화물이나 선박을 위해 충분히 부보할 수 있는 해상보험시장이 있을 때에만 가능하다. 만약 그렇지 못한 경우에는 해외보험시장에서 외화를 사용하여 직접 재보험함으로써 상당한 보험료가 외화로 유출됨으로 국제수지개선에 부정적 영향을 줄 수 있다.

(3) 투자금융

해상보험은 그 자체로서 금융 기능을 수행하고 있다. 이것은 보험기업이 보험계약자로부터 보험료를 수취하고 보험사고가 발생한 경우에 보험금을 지급하는 보험업무의 수행과정에서 나타나는 기능 중의 하나이다. 즉 보험료선불(premium prepaid)에 수반하는 보험료수입과 보험금지급과의 시간적 간격을 이용하여 거대한 보험자산의 운용으로부터 파생하는 것이라 할 수 있다. 이들 보험자산은 주요산업에 재생산을 위한 투자금융자금으로 이용되어 국민경제 발전에 기여하고 있다.

(4) 가격안정

해상보험은 국제간의 무역거래에 따른 불확실한 위험에 대한 경제적인 보상뿐만 아니라 이를 통하여 무역상품의 가격을 안정시켜주는 기능도 행하고 있다. 만약, 해상보험이 없다면 해상기업은 기업에 발생하는 불확실한 위험에 대비하기 위하여 자산 가치에 상응하거나 그 이상의 거액의 위험준비금을 적립해야 할 것이다. 이것은 필연적으로 무역상품의 가격안정성을 해칠 것이다. 그러나 해상 보험은 이 같은 위험을 보험료라는 소액의 확정적 비용으로 대응 가능하도록 해주기 때문에 위험에 대한 비용을 소액의 경상비로 처리하고 이를 무역상품의 가격에 반영시켜 상품의 소비자에게 안정적인 가격을 제공할 수 있도록 만들어 주고 있다.

(5) 손해방지와 경감

해상보험은 간접적이지만 재해를 방지하는 기능도 가지고 있다. 영국해상보험법과 우리나라 상법 그리고 해상보험약관에는 손해의 방지와 경감에 대해 보험계약자나 피보험자에게 의무를 부과하고 있으며, 한편으로 해상보험회사는 사고의 예방과 손해방지 경감을 위한 각종의 활동을 수행하고 있다. 예를 들면, 해난구조체계의 정비, 기상 또는 운송관련 정보의 제공, 항해사업과 관련한 각종 자료의 제공 등이 그것이다.

〈도해 2-2〉 해상보험의 기능

해상보험의 기능	기능	내용
	신용증대	무역당사자의 신뢰 → 신용거래 원활
	국제수지 개선	보험료 수입 → 국제수지 개선
	투자 금융	보험료 수입과 보험금 지급과의 시간적 간격 → 보험자산 운영
	가격 안정	위험에 대한 보험료로 대응 → 무역상품의 안정적 가격
	손해방지와 경감	손해방지의 경감의무 부과

2. 해상보험의 분류

보험은 사업의 형태와 목적에 따라 여러 가지 형태로 분류할 수 있지만, 법률상으로 분류할 때는 손해보험과 생명보험으로 구별된다. 우리나라의 상법과 보험업법에서는 우연적인 특정사고에 의해서 발생하는 손해를 보상하는 손해보험 (Insurance against Loss or Damage)과 사람의 生死와 관련하여 일정한 금액을 지불하는 생명보험 (Life Insurance)으로 구분하여 규정하고 있으며, 이것을 기초로 보험사업도 손해보험사업과 생명보험사업으로 분류되어 있다.

손해보험은 다시 담보하는 위험에 의해서 손해가 발생되는 대상이 무엇이냐에 따라서 화재보험 (Fire Insurance), 해상보험 (Marine Insurance), 항공보험 (Aviation Insurance), 자동차보험 (Automobile Insurance), 등으로 나눌 수 있다. 다라서 해상보험은 손해보험의 하나로서 기본적으로 손해보험 관련법규의 적용을 받는다.

해상보험은 해상위험에 의해서 발생한 손해를 보상함을 목적으로 하는 보험이지만, 보험의 목적에 따라 적하보험과 선박보험으로 분류할 수 있다.

(1) 적하보험

적하보험은 화물을 보험의 목적으로 하는 것으로, 주로 화물의 소유이익이 중심이 되고 있다. 화물보험은 그 운항구역이 외국이냐 국내이냐에 따라서 외항적하보험(Ocean Cargo Insurance) 과 내항적하보험(Local Cargo Insurance)으로 구별할 수 있다.

(2) 선박보험

선박보험은 선박을 보험의 목적으로 하는 것으로, 그 소유 또는 운항에 수반하여 발생하는 각종의 이해관계를 피보험으로 하는 보험을 말한다. 따라서 선박보험은 선박의 선체를 담보하는 보험을 의미하지만 선비보험, 선박불가동 손실보험, 선박수선보험, 선박건조보험, 선박수선자보험, 선박수선비보험 등도 포함한다.

〈도해 2-3〉 해상보험의 분류

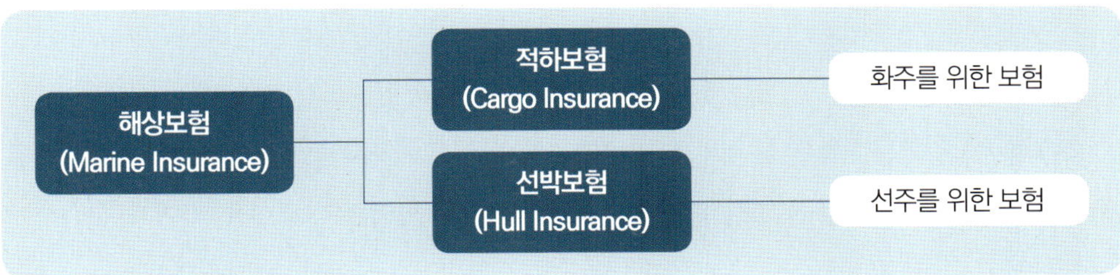

3. 해상보험과 무역

3-1 무역계약조건과 해상보험

해상보험계약은 주계약인 무역계약의 형태에 따라 그 내용이 달라진다. 즉, 무역계약의 형태에 따라 계약당사자, 보험료부담자, 피보험자, 보험기간 등이 달라질 수 있다.

무역계약과 관련해서 살펴보면 FOB 조건에서는 수입상이 보험계약자인 동시에 피보험자이며 수입상이 보험료를 부담한다. 한편, CIF 조건에서는 운송 중의 위험을 수입상이 부담하므로 수출상이 수입상을 피보험자로 하여 보험을 부보한다. 또한, FCA, CIP, CPT 등의 복합운송에 사용되는 계약조건에서는 담보구간도 해상구간에 제한하지 않고 육지까지 확장한다.

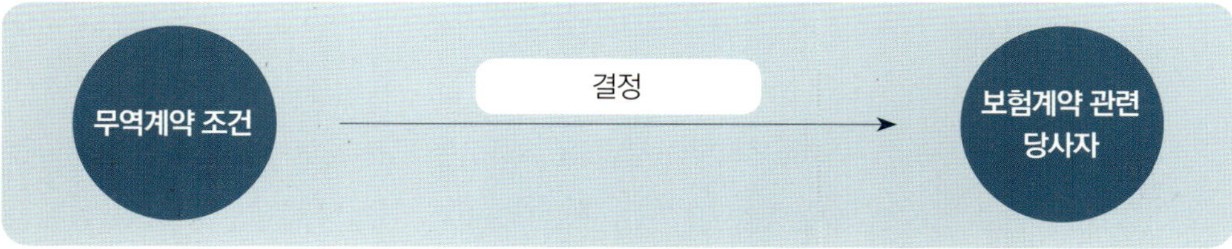

3-2 무역운송과 해상보험

무역운송과 해상보험은 불가분의 관계로 "상호보완"의 역할을 하고 있다. 운송계약을 체결한 운송인이 운송 중에 화물이 입은 손해에 대하여 전적으로 책임을 지면서 신속하게 보상을 해 준다면 보험계약을 체결할 필요가 없다. 그러나 운송인의 책임에 관해서는 B/L의 이면약관 등을 통하여 일정한 제한을 두고 있으므로 화주는 보험계약을 체결할 필요가 있다. 즉 운송인의 면책사유로 인한 손해에 대해서는 운송인으로부터 손해보상을 회수할 수 없고 운송인이 책임을 부담할 경우에도 책임한도액의 제한을 받기 때문에 화주 입장에서 실제의 손해액만큼 보상받지 못하게 된다.

따라서 화주는 별도의 해상보험에 부보하게 된다. 피보험자인 화주의 입장에서 보면 운송계약과 보험계약을 동시에 체결하기 때문에 운송 중에 화물이 입은 손해에 대하여 운송인과 보험자에 대하여 이중의 배상 및 보상청구권이 있지만 실제로는 보험자에게 청구하고 운송계약에 따른 운송인에 대한 권리를 대위하게 된다. 물론 이러한 피보험자의 배상청구권의 취득 및 보험자의 대위권의 취득은 화물에 발생한 손해가 운송인의 귀책사유에 해당되는 경우이다.

화주의 해상보험 가입 필요성과 손해배상청구권 그리고 보험자의 대위권 등에 관한 내용을 이해하기 위해서는 운송인의 책임에 관한 규정과 내용을 알아야 하는 것이다.

3-3 대금결제와 해상보험

대금결제와 해상보험도 깊은 관련이 있다. 오늘날에는 화환신용장에 의한 결제방법을 이용하기 때문에 CIF 계약에서는 선적서류에 보험서류가 필요하고 FOB 계약에서도 매수인이 신용장을 발행할 때 부보증명서를 첨부하도록 요구하는 경우가 있다.

보충학습 Incoterms 하의 운송에 따른 보험계약

무역거래에서는 오래전부터 매매당사자들의 비용부담 및 책임한계가 상관습적으로 표준화된 FOB, CIF 등과 같은 용어들이 사용되어 왔는데 이를 Incoterms (International Commercial Terms: 국제상거래조건)라 한다.

〈도해 2-4〉 Incoterms의 명칭

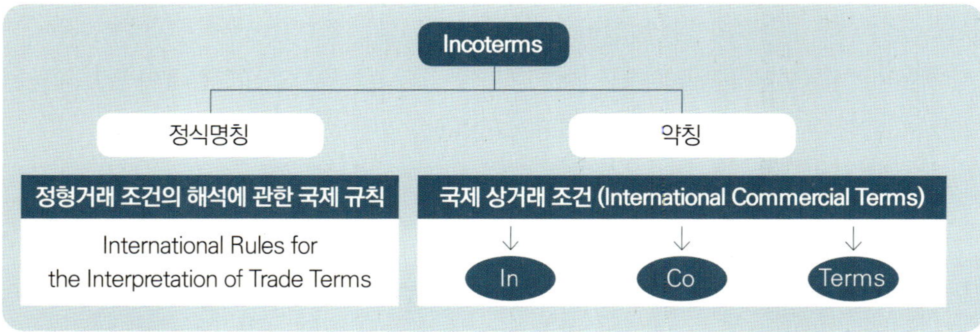

무역거래의 경우는 국내거래와는 달리 물품의 운송기간 동안 물품의 멸실, 손상의 위험에 대비하여 물품에 대하여 책임이 있는 자는 반드시 보험에 부보하게 된다.

따라서 무역거래는 Incoterms에 의해 이루어지고 있기 때문에 CIF와 CIP의 경우는 매도인의 당연의무로 자신의 책임 하에 보험에 부보하게 되어 있고, 기타 조건들의 경우는 인도지점이나 장소에서 물품에 대한 당사자들의 책임한계로 하기에 상대방에 대한 부보의 의무는 없으나, 매수인의 필요에 따라 자신이 부보 하고자 할 경우 매도인은 매수인의 요청에 따라 보험계약에 필요한 정보를 당연의무로 제공하여야 한다.[1]

물품인도를 위한 운송조건 그리고 인도에 의한 운송에 따른 보험계약에 대하여 현실적으로 가장 많이 활용되고 있는 FCA, FOB, CFR, CIF, CPT, CIP 하의 운송과 보험에 관한 규정을 살펴보면 다음과 같다.

1 Incoterms, CIF, CIP, A. 3.(b)

1. FCA

㉮ 운송계약

매도인은 매수인에 대한 운송계약을 체결할 의무가 없다. 그러나 매수인에 의한 요청이 있거나 매도인이 운송계약을 체결하는 것이 상관행이고 매수인이 적기에 반대의 지시를 하지 아니한다면, 매도인은 매수인의 위험과 비용부담으로 통상의 조건으로 운송계약을 체결할 수 있다. 어느 경우든 매도인은 계약체결을 거절할 수 있으며, 매도인이 거절할 경우, 그는 이에 따라 즉시 매수인에게 통지해야 한다.

㉯ 보험계약

매도인은 매수인을 위한 보험계약을 체결할 의무가 없다. 그러나 매도인은 필요하다면 매수인의 요청, 위험 그리고 비용으로 매수인이 보험계약을 체결하는데 필요한 정보를 제공하여야 한다.

2. FOB

㉮ 운송계약

매도인은 매수인에 대한 운송계약을 체결할 의무가 없다. 그러나 매수인에 의한 요청이 있거나 매도인이 운송계약을 체결하는 것이 상관행이고 매수인이 적기에 반대의 지시를 하지 아니한다면, 매도인은 매수인의 위험과 비용부담으로 통상의 조건으로 운송계약을 체결할 수 있다. 어느 경우든 매도인은 계약체결을 거절할 수 있으며, 매도인이 거절할 경우, 그는 이에 따라 즉시 매수인에게 통지해야 한다.

㉯ 보험계약

매도인은 매수인을 위한 보험계약을 체결할 의무가 없다. 그러나 매도인은 매수인에게 그의 요청에 따라 매수인이 보험계약을 체결하는데 필요한 정보를 제공하여야 한다.

3. CFR

㉮ 운송계약

매도인은 인도장소에 합의한 지점이 있다면 합의한 인도지점으로부터 지정된 도착지항구까지 또는 지정된 도착지 항구에 합의한 지점이 있다면 그 지점까지 물품의 운송을 위한 계약을 체결하거나 확보해야 한다. 운송계약은 자신의 비용으로 통상조건으로 체결되어야 하며 매각된 물품형태의 운송을 위해 통상적으로 활용되는 선박에 통상경로 편으로 운송을 위한 것이어야 한다.

㉯ 보험계약

매도인은 매수인을 위한 보험계약을 체결할 의무가 없다. 그러나 매도인은 필요하다면 매수인의 요청, 위험 그리고 비용부담으로 매수인이 보험계약을 체결하는데 필요한 정보를 제공하여야 한다.

4. CIF

㉮ 운송계약

매도인은 인도장소에 합의한 지점이 있다면 합의한 인도지점으로부터 지정된 도착지항구까지 또는 지정된 도착지 항구에 합의한 지점이 있다면 그 지점까지 물품의 운송을 위한 계약을 체결하거나 확보해야 한다. 운송계약은 자신의 비용으로 통상조건으로 체결되어야 하며 매각된 물품형태의 운송을 위해 통상적으로 활용되는 선박에 통상 경로 편으로 운송을 위한 것이어야 한다.

㉯ 보험계약

매도인은 자신의 비용으로 영국보험자협회가 제정한 협회적하약관상의 「C」약관이나 이와 유사한 약관상에서 규정하고 있는 최저부보조건에 일치하는 적하보험을 취득해야 한다. 보험은 평판이 좋은 보험업자 또는 보험회사와 계약이 체결되어야 하며 물품의 피보험 이익을 가지는 매수인 또는 기타 사람에게 보험자로부터 직접적으로 보험금을 청구할 권리를 부여해야한다.

매수인이 요구할 경우 매도인은 자신이 요청한 모든 필요한 정보를 매수인이 제공하는 것을 조건으로 가능하다면 매수인의 비용으로 협회적하약관 상의 「A」약관이나 「B」약관이나 이와 유사한 약관이 규정한 부보조건과/또는 협회전쟁약관 또는 동맹파업약관이나 이와 유사한 약관에 일치하는 부보조건과 같은 추가부보를 제공해야 한다.

보험은 계약에 규정된 가격에 10%(즉 110%)를 더한 금액을 최소한의 금액으로 하고 계약통화로 부보해야 한다. 보험은 A.4와 A.5규정되어 있는 인도지점으로부터 적어도 도착지의 지정된 장소까지 물품을 부보해야 한다.

매도인은 매수인에게 보험증권 또는 기타 보험부보증거를 제공해야 하고 더욱이 매도인은 필요하다면 매수인에게 매수인의 요청, 위험 그리고 비용으로 매수인이 추가보험계약체결에 필요한 정보를 매수인에게 제공하여야 한다.

5. CPT

㉮ 운송계약

매도인은 인도장소에 합의한 인도지점이 있다면 합의한 인도지점으로부터 목적지의 지정된 장소 또는 지정된 장소에 합의한 지점이 있다면 합의한 지점까지 물품의 운송을 위한 계약을 체결하거나 확보해야 한다. 운송계약은 매도인의 비용으로 통상조건으로 체결되어야 하며 통상 경로편으로 그리고 관례적인 방법으로 운송을 위해 제공되어야 한다. 특정지점이 합의되지 아니하거나 관례에 따라 결정되지 아니한 경우, 매도인은 자신의 목적에 가장 적합한 인도지점과 도착지 지정된 장소에서 지점을 선택할 수 있다.

㉯ 보험계약

매수인은 매도인에 대한 보험계약을 체결할 의무가 없다. 그러나 매도인은 필요하다면 매수인에게 매수인의 요청, 위험 그리고 비용으로 매수인이 보험계약체결을 위해 필요한 정보를 제공하여야 한다.

6. CIP

㉮ 운송계약

매도인은 인도 장소에 합의한 인도지점이 있다면 합의한 인도지점으로부터 목적지의 지정된 장소 또는 지정된 장소에 합의한 지점이 있다면 합의한 지점까지 물품의 운송을 위한 계약을 체결하거나 확보해야 한다. 운송계약은 매도인의 비용으로 통상조건으로 체결되어야 하며 통상 경로편으로 그리고 관례적인 방법으로 운송을 위해 제공되어야 한다. 특정지점이 합의되지 아니하거나 관례에 따라 결정되지 아니한 경우, 매도인은 자신의 목적에 가장 적합한 인도지점과 도착지 지정된 장소에서 지점을 선택할 수 있다.

㉯ 보험계약

매도인은 자신의 비용으로 협회적하약관상의 「C」약관이나 이와 유사한 약관상에서 규정하고 있는 최저부보조건에 일치하는 적하보험을 취득해야 한다. 보험은 평단이 좋은 보험업자 또는 보험회사와 계약이 체결되어야 하며 물품의 피보험 이익을 가지는 매수인 또는 기타 사람에게 보험자로부터 직접적으로 보험금을 청구할 권리를 부여해야한다.

매수인이 요구할 경우 매도인은 자신이 요청한 모든 필요한 정보를 매수인이 제공하는 것을 조건으로 가능하다면 매수인의 비용으로 협회적하약관 상의 「A」약관이나「B」약관이나 이와 유사한 약관이 규정한 부보조건 또는 협회전쟁약관 또는 동맹파업약관이나 이와 유사한 약관에 일치하는 부보조건과 같은 추가부보를 제공해야 한다.

보험은 계약에 규정된 가격에 10%(즉 110%)을 더한 금액을 최소한의 금액으로 하고 계약통화로 부보해야 한다. 보험은 A.4와 A.5규정되어 있는 인도지점으로부터 적어도 도착지의 지정된 장소까지 물품을 부보해야 한다.

매도인은 매수인에게 보험증권 또는 기타 보험부보증거를 제공해야 한다. 더욱이 매도인은 필요하다면 매수인에게 매수인의 요청, 위험 그리고 비용으로 매수인이 추가보험계약체결에 필요한 정보를 매수인에게 제공하여야 한다.

〈도해 2-5〉 Incoterms 2010의 보험계약체결당사자와 위험의 이전시기

거래규칙 \ 의무사항			보험정보 제공의무	보험계약 체결의무	위험이전시기
복합 운송을 포함하는 모든 운송 방식에 적용	EXW	매도인	0		매도인의 영업장소에서 매수인이 임의 처분 하도록 물품을 인도된 때
		매수인		0	
	FCA	매도인	0		매수인이 지정한 운송인에게 물품을 인도된 때
		매수인		0	
	CPT	매도인	0		지정장소에서 매도인이 지명한 운송인에게 물품을 인도된 때
		매수인		0	
	CIP	매도인		0	지정장소에서 매도인이 지명한 운송인에게 물품을 인도된 때
		매수인	0		
	DAT	매도인		0	목적항 또는 목적지의 지정 터미널에 도착한 운송수단에서 양륙하여 매수인이 임의 처분하도록 인도한 때 임의 처분하도록 인도한 때
		매수인			
	DAP	매도인		0	지정 목적지에 도착한 운송수단에서 양륙 하지 않은 상태로 매수인이 임의처분 하도록 인도한 때
		매수인			
	DDP	매도인		0	DAP 조건과 동일
		매수인			
해상 및 내수로 운송방식	FAS	매도인	0		지정 선적항에서 매수인이 지정한 본선의 선측에서 계약물품을 인도한 때
		매수인		0	
	FOB	매도인	0		선적항에서 매수인이 지정한 본선의 갑판에서 물품을 인도한 때
		매수인		0	
	CFR	매도인	0		FOB 조건과 동일
		매수인		0	
	CIF	매도인		0	FOB 조건과 동일
		매수인	0		

4. 해상보험에 관한 법규

4-1 영국해상보험법

해상보험은 그 성격상 2개국 이상이 관여하는 국제성이 매우 강한 보험이기 때문에 보험거래에서 발생할 수 있는 분쟁을 방지하고 이를 해결할 수 있는 준거법이 필요하다. 해상보험은 영국을 중심으로 발전되어 왔기 때문에 전통적으로 해상보험에 관해서는 영국의 법률과 관습이 적용되고 있다. 이에 따라 오늘날 사용되고 있는 해상보험증권에도 영국의 법률과 관습에 따라서 모든 것은 해결한다는 준거법약관이 인쇄되어 있다.

해상보험에 관한 대표적인 법률은 1906년에 제정된 영국해상보험법(Marine Insurance Act, 1906: MIA)이다. 영국해상보험법이 제정되기까지는 거의 대부분이 관습법(Common Law)으로 산재되어 있었고 단편적인 제정법으로 Statute Marine Act 1745, Marine Insurance Act 1778, Policies of Marine Insurance Act 1968 등이 있는데 지나지 않는다. 즉 20세기 초에 해상보험 계약법의 주요한 원리는 2,000개 이상의 판례가운데 산재되어 있었다. 그 당시의 불문법을 수정하지 않고 될 수 있는 대로 정확히 성문법으로 재현하려는 의도 아래 Sir Mackenzie D. Chalmers에 의하여 기초가 된 해상보험법안(Marine Insurance Bill)이 1894년 Lord Chancellor Hersell 대법원판사를 통하여 상원에 처음으로 제안되었다. 그 후 1900년에 상원을 통과하여 1906년 12월 21일에 그 제정을 보기에 이르러 다음 해 1907년 1월 1일부터 실시되었다.

MIA 1906의 소재로 된 2,000개 이상의 판례 대부분은 18세기 중엽 이후에 이루어진 것이다. 즉 Mansfield경이 왕좌법원(Court of King's Bench)의 수석판사로 되었던 1756년 당시의 판례는 겨우 60건에 지나지 않았는데 Mansfield경은 1788년까지 재임 중에 당시의 유럽 대륙법, 특히 프랑스의 해상법을 연구하고 필요에 따라 로마법에까지 소급하여 연구하였다. 국내외 여러 학자들의 의견에 귀를 기울려 무역실무나 관계상관습법을 연구 검토하여 해상계약법의 주요한 원리와 관련된 중요한 판례를 많이 남겼으며 이것이 1906년 영국해상보험법의 기초가 된 것이다. 영국해상보험법은 1906년 이전까지 사용되어 오던 해상보험에 대한 관습이나 판례, 보편적 원리 등을 모두 담고 있어 지금도 영국의 해상보험의 근간을 이루고 있으며 또한 대부분의 국가가 이 법을 모태로 자국의 법률을 정비하거나 이 법을 해상보험의 준거법으로 삼고 있다.

〈도해 2-6〉 영국법과 약관의 체계

특별약관 2007년 협회적하약관 (A)(B)(C)
or 구 협회적하약관 (A/R)(WA)(FPA)

보통보험약관(S. G. Policy/MAR form)

영국해상보험법(MIA 1906)

영국 법 및 판례

〈도해 2-7〉 영국 해상보험법의 구성체계

주요규정	조항	주요규정	조항
1) 상해보험 Marine Insurance	1-3	10) 보험료 The Premium	52-54
2) 피보험이익 Insurable Interest	4-15	11) 손해와 위부 Loss & Abandonment	55-63
3) 보험가액 Insurable Value	16	12) 분　손 Partial Losses	64-66
4) 고지 및 표시 Disclosure & Representations	17-21	13) 손해보상한도 Measure of Indemnity	67-78
5) 보험증권 The Policy	22-31	14) 보험금을 지급한 보험자의 권리 Rights of Insurer on Payment	79-81
6) 중복보험 Double Insurance	32	15) 보험료 환급 Return of Premium	82-84
7) 담보 및 기타 Warranties, etc.	33-41	16) 상호보험 Mutual Insurance	84
8) 항 해 The Voyage	42-49	17) 보　칙 Supplemental	85-94
9) 보험증권의 양도 Assignment of Policy	50-51		

4-2 우리나라의 상법

보험사업은 공공성이 강하고 국민경제 전반에 미치는 영향이 대단히 큰 사업이므로 대부분의 국가들은 상법, 보험업법 등을 통하여 보험사업을 관리, 감독하고 있다. 해상보험도 손해보험의 일종으로서 당국의 행정규제를 받을 뿐만 아니라 해상보험에 관련되는 제반 법규의 제한도 받는다.

이에 따라 각 국가들은 보험사업을 엄격히 감독하기 위하여 상법, 보험업법 등을 제정, 운영하고 있다. 우리나라도 상법, 보험업법, 보험업법시행령 등을 통하여 기획재정부에서 보험사업을 관리, 감독하고 있다.

우리나라의 연안 해상에서의 발생한 위험에 대한 담보는 우리나라의 상법(보험편)이 적용되지만 국제무역에서의 해상보험은 국제성을 띄고 있는 만큼 법의 영역이 상이 하므로 우리나라 상법이 적용될 수 없다. 따라서 우리나라를 비롯하여 대부분의 국가에서의 해상보험증권에 영국의 법과 관습을 따른다는 조항이 삽입되어 있으므로 사실상 해상보험은 영국의 해상보험법이 세계적으로 준거법이 되어 있다.

4-3 요크-앤트워프규칙(York-Antewerp Rules: YAR)

"요크-앤트워프규칙"이란 해상무역에 있어서 공동해손(General Average)을 구성하는 손해 및 비용에 관한 국제통일규칙을 말한다. 공동해손에 관한 세계 각국의 관습과 법이 상이하고 공동해손이 발생할 경우 각 국가별로 이해관계가 상충되는 경우가 많았기 때문에 공동해손에 관한 규칙을 세계적으로 통일하자는 운동이 1800년에 개시되어 1864년9월 요크 (York) 회의에서 "요크규칙"(York Rules, 1864)이라고 하는 총 11개 조항의 국제공동해손규칙을 제정하였으며, 1877년 8월 앤트워프(Antwerp)회의에서 이를 개정하여 총12개 조항의 "요크-앤트워프규칙" (York and Antewerp Rules, 1877) 을 채택하였다.

그 후에 이 규칙은 무역환경 변화에 따라 1890년, 1924년, 1950년 및 1974년에 개정되었으며, 현행 규칙은 1994년에 개정된 요크-앤트워프규칙(York-Antewerp Rules, 1994)이라 한다.

오늘날의 세계 각국의 해상보험증권과 선하증권에 대부분 공동해손은 요크-앤트워프 규칙에 의거하여 정산한다는 조항이 삽입되는 경우가 많다. 그러나 이것은 법령이 아니므로 강제성은 없고 계약서에 본 조항이 삽입됨으로써 효력을 발생하는 것이다.

〈도해 2-8〉 해상보험에 관한 법규

■ **해상보험에 관한 법규**

영국 해상 보험법 (MIA 1906)	해상 보험에 관한 국제적인 준거법으로 적용
상법	연안 해상에서 발생한 위험에 대해 상법의 해상보험 적용
요크·앤트워프 규칙	공동해손을 구성하는 손해 및 비용에 관한 국제 통일 규칙

5. 해상보험의 역사

5-1 해상보험의 기원과 발전

인류의 역사는 위험으로부터 자신을 지키기 위한 끊임없는 투쟁의 연속이었다는 사실은 역사를 통하여 알고 있다. 그리고 이 같은 위험의 대처수단의 하나로써 이용되었던 보험의 기원은 고대문명의 초기시대로 거슬러 올라가 보면 증거는 없지만 고대의 이집트인들이 선박을 재해로부터 지키기 위하여 보험을 이용하고 있었다는 학설이 있다.

또, 기원전 2250년경의 바빌론왕조의 함무라비법전에는 상호부조적인 성격을 가진 단체가 이미 존재하고 있었음을 보여주고 있으며, 기원전 1000년경의 이스라엘에서는 솔로몬 왕이

자국의 해상무역을 보호하기 위하여 수출세와 같은 부금을 납부시켰고 해난을 당한 자에게는 손해보상을 해주었다는 기록이 있다. 그러나 이러한 것들이 사실 오늘날의 해상보험제도와 직접적인 관련을 가지고 있었는지 알 수는 없다. 해상보험이 다른 보험보다도 역사가 오래된 것은 사실이지만, 언제, 어디에서, 어떻게 시작되었는지에 관해서는 불분명하고 다만 여러 가지 학설이 있을 뿐 그 기원은 명확하지 않다.

그러나 대부분의 학자들은 그중에서도 해상보험의 전신을 모험대차라고 보고 있다. 모험대차는 기원전 400년경에 이미 실시되었고, 그 후 기원전 200년경에는 상당히 널리 이용되었으며, 해상보험계약이 처음으로 시행되었던 13-14세기경까지 계속되고 있었다는 사실은 일반적으로 부정할 수는 없다.

기본적으로 모험대차란 선주 또는 화주가 항해를 개시하는 경우에 자신만의 자금으로는 충분한 상거래를 할 수 없기 때문에 선박 또는 화물을 담보로 하고 다른 동업자 혹은 무역에 관심을 가지고 있는 금융업자로부터 돈을 빌리고 항해 중에 만약 선박이나 화물이 해난을 입고 목적지에 안전하게 도착할 수 없는 경우에는 빌린 돈을 변제할 의무를 면제받는다. 그러나 선박이 목적지에 무사히 도착한 경우에는 상당한 이익배당(usura라고 불렀고 1 항해에 대하여 22%에서 33.3%의 고율)을 금융업자에게 지불하는 계약으로 일종의 조건부 채무였다.

역사적인 자료에 따르면 533년 로마의 Justinian 대제가 내린 칙령에는 모험대차의 이자를 12%로, 보통대차의 이자를 6%로 제한하였는데, 이 같은 이자의 차이는 해난 때문에 변제해야 할 채무가 면제되는데 대한 손실의 보상에 해당하는 것으로 모험대차가 해난에 의한 손해를 보상하는 성질을 가지고 있었음을 알 수 있다.

당시 항해의 대부분은 목조범선에 의존하고 있었고, 조선기술 및 항해이론이 유치한 시대였기 때문에 해양항해 자체가 많은 위험성을 안고 있었고 현재의 항해와 비교해 본다면 상당한 모험사업이었기 때문에 시대적인 요구에 응하여 발생한 모험대차가 통상적으로 당사자의 경제적 지위를 안정시키고 해외무역에 종사하는 자의 요구를 충족시켜줌으로써 무역의 발전에 많은 공헌을 하였을 것은 틀림없는 사실이다.

그런데, 모험대차는 1230년의 로마법왕이었던 Gregorius IX의 교회법에 따라 이자징수금지령으로 인하여 금지되었기 때문에 소멸되고 말았다. 그러나 이 제도가 금지되었음에도 실제거래에 있어서는 모험대차에 대한 수요가 완전히 없어졌던 것은 아니고 모험대차의 자금전대와 반환이라는 이중지불을 피하는 방법을 모색하여 무상대차의 형식을 취함으로 이후 로마시대에까지 발전·계승되었다. 초기의 로마황제는 해상보험을 국가 제도로 육성시키려고 시도하였고 로마의 해상보험은 8세기에 플랜더스(Flanders)나 영국의 길드(Guild)에도 영향을 미쳤다. 중세부터 근세 초기에 걸쳐서 유럽에서는 길드라고 하는 제도가 있었으며, 이 길드는 성격적으로 보험과 흡사하였다.

이탈리아인은 상인으로서 그 능력이 뛰어났을 뿐 아니라 은행 업무에 관해서도 독점적인 위치에 있었다. 그들은 교회의 자금원이었고 상업대리인이었다. 로마에 대한 막대한 세금이나 회비는 이탈리아인의 손에 의해서 징수되었기 때문에, 교회가 징수한 금이나 상품은 바티칸으로 무사히 보내는 것도 이들의 특수한 임무 중의 하나였다. 이 임무를 완수하기 위하여 그들은 회사를 만들어 원격조작으로 운영할 수 있는 지점망을 만들고 이를 이용하여 현대의 상업제도의 주된 기반을 만들었다. 그들은 복식부기를 발달시켰으며 1182년에 Lombard에서 처음으로 출현한 해상보험의 원형을 만들어 내었다.

다른 국가에서도 이와 유사한 제도가 만들어졌고 그중에서도 Bruges는 양모거래의 중요한 중심지였을 뿐만 아니라 북해 항에서는 최초로 보험회의소를 설치한 나라였다. Bruges의 주민들의 요청에 의해서 1310년에 Flanders왕은 마을에 보험회의소를 설립하는 것을 허가하였다. Bruges 시청의 고문서실의 1377년 4월 12일 자의 서류에서 상인들은 해상위험에 직면하고 있는 상품에 적은 보험료를 납입함으로써 부보 할 수 있다는 사실이 발견되었고 그 곳에는 견직물 및 모직물의 화물에 관한 보험증권에 대해서 언급한 내용을 발견할 수 있다. 이 회의소의 설립을 해상보험의 기원으로 보는 학자들도 있다.

이같이 해상보험은 14세기 후반 이탈리아에서 성립하여 해상무역의 중심이 이동함에 따라 해상보험제도도 이탈리아에서 스페인, 포르투갈을 거쳐 16세기 초에는 네덜란드, 독일 한자(Hansa)의 여러 도시와 영국 등으로 전해졌다.

영국의 상인이 독자적으로 해상보험계약을 체결하였다는 기록은 16세기 이후부터 발견되고 있다. 초기의 영국의 보험증권은 1523년의 플로렌스법 (Florence Law)에 따른 문언을 사용하였고 오늘날의 로이드 보험증권에서도 이탈리아 문언을 발견할 수 있다. 즉 policy라는 용어자체가 이탈리아어의 ploizza, 즉 약속 (promise) 또는 보증 (undertake)에서 온 것이고 영국 최고의 해상보험증권이라 할 수 있는 1547년의 "Santa Maria di Vinetia"호 보험증권도 이탈리아어로 작성되어 있다. 따라서 영국의 초기의 해상보험이 이탈리아인에 의해서 독점적으로 영위되고 있었음을 알 수 있다.

그러나 1500년대 초기에서 중반에 걸쳐 영국에서는 절대왕정의 확립과 중상주의 정책의 추진으로 국가의 경제적 기반이 서서히 정착되었다. 상품의 유통을 원활하기 위하여 화폐와

도량형이 통일되고 항해법을 발령하여 영국해운의 보호·육성을 꾀하고 나아가 금융제도를 정비하여 외국인에 의한 금융지배로부터 벗어나 여러 외국과의 자유무역을 보증하는 한편 종래로부터 런던의 Steel Yard를 근거로 영국의 무역을 지배하고 있던 한자 상인이나 베네치아 상인에 대해서는 강력한 제재수단을 강구하여 자주권의 획득에 노력하였다. 그 결과 16세기 중엽 이후 영국은 중상주의적 부국강병책에 의해서 세계 제일의 해운강국이 되어 광범위한 식민지를 가지게 되었다.

이 같은 상황 속에서 런던의 Lombard Street를 중심으로 금융업과 해상 보험업을 영위하고 있던 롬바드 상인이 1483년 이후 거듭되는 법적 억압에 견디지 못하고 영국을 떠난 후 해상보험거래는 1568년 Gresham에 의해서 런던의 중심에 설립된 왕립거래소(Royal Exchange)를 중심으로 행해지게 되었다. 1601년에는 Fransis Bacon이 "상인사이에 사용되고 있는 보험증권에 관한 법안(touching Policies Assurancies used among merchants)"을 의회에 제출되어 최초의 보험에 관한 영국법이 법령전서에 기재되게 되었다. 그 후 런던의 대화재(1666년) 당시까지 보험의 인수는 상인이나 은행가나 개개의 금융업자의 부업으로 그들 개인의 사무소에서 거래가 이루어졌다.

보충학습 롬바드(Lombard) 상인과 한자(Hansa) 상인

영국의 보험과 금융은 해외에서 이주해 온 외국상인들에 의해 발전되었다. 금융과 보험은 12세기경부터 이탈리아에서 이주해 온 롬바드 상인, 그리고 무역은 중세기에 결성된 한자 동맹의 상인들이 독점했다. 특히 롬바드 상인들은 해상보험의 발전에 많은 영향을 미쳤다. 17세기 엔트워프의 보험자들이 사용했던 보험증권에는 "런던 롬바드가에서 사용하고 있는 보험증권의 모든 조건과 동일한 것으로 간주한다."는 문언이 삽입되어 있을 정도로 곳곳에서 이의 흔적을 찾아볼 수 있다.

한자 동맹은 14-15세기경 북유럽의 주요 상업도시들이 그들의 정치적, 상업적 목적을 달성하기 위하여 조직한 동맹이다. 영국의 한자 상인들은 발트 해의 국가들과의 양모수출을 독점하는 등 무역독점권을 장악하였다. 그러나 영국의 엘리자베스 여왕시대에 한자 상인이 가지고 있는 양모수출 독점권을 박탈당하고 한자 상인들은 롬바드 상인들과 마찬가지로 결국 영국에서 추방당하였다.

〈도해 2-9〉 해상보험의 역사

해상보험의 역사

보험대차
BC4-12BC

무역업자들이 선박이나 화물을 담보
→ 금융업자로부터 융자 → 항해종료(무사고) → 원리금상환
↘ 항해사고 → 원리금 상환 X

▼

변형보험대차
(보험대차, 소비대차 병행)

이자징수금지법 ⇒(변형) 금융업자 ⇄ 무역업자
보험대차 (융자)
소비대차(융자)

→ 항해종료(무사고) → 금융·무역업자 채권 채무관계 종료
↘ 항해사고 → 보험대차 무효·소배대차 유효

⇒ 금융업자 → 무역업자
상환

▼

가장매매계약

금융업자 ⇄ 무역업자
선박 or 화물매입 (가장매매계약)

→ 항해종료(무사고) → 매매계약 무효
↘ 항해사고→ 매매계약 금액을 금융업자가 무역업자에게 지급

▼

가장매매계약	해상보험
매매예정금액	보험금액
매매대금지급	보험금지급
수수료	보험료

▼

해상보험
14C 이후

보상약속
금융업자 ⇄ 보험계약자 피보험자
보험료

이탈리아 상업도시 (제노아, 피사, 베니스 등)
↙ 스페인(바르셀로나)
↘ 북대서양(독일, 벨기에) → 영국
Lombarel인 해상보험제도 전파

5-2 영국의 Lloyd's 보험

(1) Lloyd's 보험시장의 생성

영국에서의 해상보험은 16세기 초에 롬바드 상인들에 의하여 전해졌으며 시민전쟁의 발발과 함께 선박이나 화물에 대한 보험의 수요가 증가하기 시작하였다. 마침 그때에 영국에서는 커피를 마시는 관습이 생겨나 그것이 시민의 사회생활이나 상업생활에 커다란 영향을 미쳤다. 최초로 런던에 커피점이 생겨난 것은 1652년쯤이었고 찰스 왕 (King Carles)이 왕정복고에 성공한 1660년부터 17세기 말 사이에 수백 개의 커피점이 생겼다. 그리고 이 커피점은 많은 사람들이 상거래에 관한 자료를 주고받는 곳으로 이용되고 있었기 때문에 비즈니스의 거래장소가 되었다. 전통적인 상인들의 회합장소로 이용되고 있었던 Royal Exchange도 쾌적함이나 편리함에 있어서는 커피점에 비교할 수 없었다. 곧 커피점 주변은 개인 간에 보험료를 지급하고 선박이나 화물을 부보하는 장소로 사용되었다.

1688년에 이 같은 상황을 배경으로 Edward Lloyd's Coffee House가 Tower Street에 출현하였다. 이 커피점은 템즈 강 변의 선착장 가까운 곳에 있었기 때문에 당초부터 선장이나 상인, 선주 또는 해외무역에 관심이 많은 사람들이 모여 가장 새로운 정보를 얻기 위해 이곳에 모였고 당시 통신수단이 아직 충분히 발달되지 않았었기 때문에 선원들이 세계 각지에서 가지고 온 최신 정보는 귀중한 것이었다. Edward Lloyd's Coffee House의 해상정보는 가장 신뢰할 수 있는 것으로 평판이 났고 로이드 커피점은 해상보험을 부보하기 위한 최적의 장소로 인정받았다.

그러나 Edward Lloyd's는 보험인수에는 관여하지 않았고 고객이 일을 할 수 있도록 쾌적한 장소와 설비를 제공하는데 만족하였으며 1713년에 단순한 Coffee House 주인으로서 일생을 마쳤다. 오늘날 세계보험시장의 중요한 위치를 차지하고 있는 Lloyd's 보험시장이 바로 Edward Lloyd's가 경영하던 Coffee House에서 비롯되었다.

1720년에 포말회사법이 국회에서 제정되었고 그것이 후에 로이드커피점을 해상보험의 중심지가 되도록 하는 계기가 되었다. 이 법에 의해 Royal Exchange Assurance Co.와 London Assurance Co.의 두 개의 해상보험회사만이 특허회사로서 인가를 받았고 기타의 회사나 기업은 해상위험의 인수가 금지되었다. 그러나 이 법은 개인보험업자가 위험을 인수하는 것을 금지하지는 않았다. 개인보험업자인 언더라이트 (Underwriter)는 지금까지의 오랜 관습에 따라서 클레임이 발생할 경우에 대비하여 "각자가 다른 언더라이트를 위한 것이 아니라 자신이 인수한 위험을 보험금으로 지불하기 위하여" 자기의 전 재산을 담보로 제공하였고 법은 개인을 특별히 규제대상에서 제외하였기 때문에 Lloyd's는 크게 저해 받는 일은 없게 되었다.

따라서 이런 이유로 2개의 보험회사의 탄생이 Lloyd's의 존재를 위협할 만큼 문제가 되지 않았다. 개인보험업자인 언더라이트들은 Lombard Street의 Lloyd's Coffee House를 거래의 중심지로 삼고 해상위험의 인수에 전념할 수 있었는데 당시 개인보험업자들은 런던 해상보험거래의 거의 90%를 인수하고 있었다.

1769년까지는 누구라도 Lloyd's Coffee House에서 보험을 인수할 수가 있었다. 그러나 독일과의 7년 동안 전쟁으로 인한 전쟁위험을 인수하여 단시일에 막대한 부를 축적할 수 있었던 언더라이트들은 해상보험과는 전혀 상관없는 도박보험으로 눈을 돌렸다. 선박을 대상으로 도박보험에 부보하는 행위는 1746년의 법률에서 금지되고 있었지만 저명인사의 생명을 대상으로 도박보험에 부보하는 것은 널리 행해지고 있었다. 군주나 정치가 등 중요한 지위에 있는 사람들이 병에 걸리면 일정기간 내에 사망할 것인가의 여부 또는 강도가 체포되어 교수형에 처해 질 것인지의 여부 등이 도박보험의 대상이 되었다.

Lloyd's Coffee House에는 이 같은 도박보험을 금지하는 내용의 게시가 있었음에도 불구하고 도박은 공공연히 행해지고 있었다. 이 같은 도박은 Coffee House의 신용을 떨어뜨리고 Lloyd's에서 신중하게 보험거래를 하려는 저명한 상인이나 언더라이트들은 근본적인 해결을 강구해야 할 시기가 왔다고 판단하고 뜻을 같이하는 자들이 모여 그들 자신의 새로운 Lloyd's Coffee House을 설립하였다.

수년간 신 구 Lloyd's Coffee House간에 경쟁이 계속되었지만, 결국 구 로이드 Coffee House는 쇠퇴일로에 들어가고 신 Lloyd's Coffee House에는 전문가들이 회합하는 장소로서 멤버십제 (Membership System)로 운영하였다.

멤버들은 자신들이 회합을 가지는 데보다 쾌적하고도 편리한 좋은 장소로 옮길 필요성을 느끼기 시작하였다. 그 같은 장소를 자신들이 가지기 위해서는 무언가 자주적인 조직과 규약을 만들 필요가 있었다. 그래서 1771년에 79인의 상인과 언더라이트, 브로커들이 Coffee House에 모여 Lloyd's협회 (Lloyd's Society)를 탄생시켰다.

1800년대에 들어오면서 Lloyd's의 보험자 단체는 더욱 충실하여졌고 1824년에 The

Alliance와 The Indemnity의 두 회사가 설립되고 해상보험업의 독점이 법률상 폐지되었을 때에는 1000인 이상의 개인보험업자로 구성된 Lloyd's는 해상보험시장에 있어서 부동의 지위를 확보하게 되었다. 따라서 Lloyd's는 옛날이나 현재나 개인보험자들의 집합이지 Lloyd's라고 하는 보험회사가 아니다.

〈도해 2-10〉 Lloyd's 보험시장의 생성

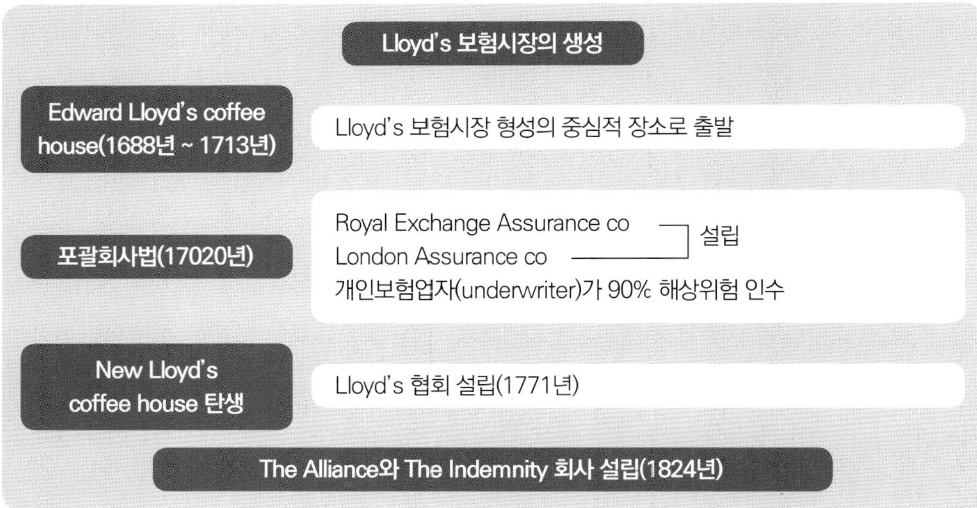

(2) Lloyd's 구성원과 위원회

(가) Lloyd's 구성원

Lloyd's 구성원에는 첫째로 영업회원(Underwriting member)이 있다. 이를 "Name"이라 하며 일반적으로 보험대리인(Underwriting Agent)을 통해 위험을 인수하는 보험자이다. 일반적으로 이 조직에서는 동일한 하나의 위험을 여러 보험자가 분할하여 인수하는 것이 통례이다. 각 개인은 타인의 책임에 대해서는 어떠한 책임을 부담하지 않는다. 영업회원은 편의상 각종 시설의 이용과 영업능률의 향상을 목적으로 자체적으로 Syndicate를 형성하고 각 Syndicate는 반장(Leading Underwriting)을 두어 영업활동을 한다. 또한 각 Syndicate에는 특정한 보험종목에 전문인들로 구성되는 경우가 많다.

영업회원의 선발은 Lloyd's 위원회가 엄격한 심사를 거쳐 입회승인을 하며 입회허가를 받은 회원은 위원회가 요구하는 금액만큼 공탁을 하여야 한다. Lloyd's는 역사가 오래되었지만 그 오랜 역사를 통하여 영업회원인 보험자가 재력부족으로 인한 지불불능의 전례가 한 번도 없었다는 전통을 자랑하고 있다.

둘째로 비영업회원이 있다. 여기에는 Lloyd's 중개인과 외부가입자(Outside Subscribers)를 말하고 외부가입자는 일반적으로 보험회사들이 대부분인데 Lloyd's의 광범위한 정보와 자료들을 활용하고 있다.

셋째로 회우(Associates)를 Lloyd's의 구성원으로 들 수 있다. 이는 보험에 관한 전문지식을 제공하기 위하여 영업회원과 비영업회원 등과 접촉을 하는 법률인, 해손정산인, 회계사 등을 말한다.

〈도해 2-11〉 Lloyd's 구성원

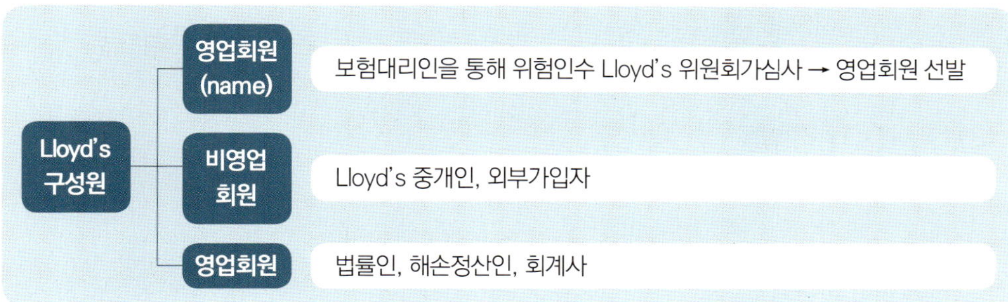

(나) Lloyd's 위원회

Lloyd 보험시장을 운영하는 중심은 Lloyd's 위원회(Committee of Lloyd's)이다. 이 위원회는 Lloyd's 총회에서 영업회원이 선출한 10명에서 20명 내외의 운영위원으로 구성되며 영업업무를 제외한 전반적인 행정업무를 수행한다. 이것은 주식회사의 이사회와 유사한 기능을 가지고 있다. 이 위원회의 주요업무로는 신규 회원의 입회, 영업회원의 개인 담보력을 규제하고 감독하며 사무실의 관리, 각종 규칙의 제정과 운영, 정보의 수집과 발표 등의 업무를 관장한다. 특히 신규영업회원의 입회 시에는 아주 엄격한 재력조사를 하며 이러한 조사를 거쳐 피보험자의 보호를 목적으로 상당액의 보증금을 예탁시킴으로 비로소 회원으로 가입시키며 또한 가입 후에도 각 회원들의 재무상태를 감사하고 이들의 파산을 사전에 방지하는 일을 한다. 또한 Lloyd's 위원회는 보험증권을 심사하고 제작하는 보험증권 발행실 (Lloyd's Policy Signing Office :LPSO)과 손해사정을 하면서 공동해손 잔액과 구상환입금을 회수하여 해외보험금을 지급업무를 하는 손해사정실(Lloyd's Underwriters Claims Office)과 그리고 Lloyd's 보험자들 뿐만 아니라 모든 보험자들을 위하여 용역을 제공하면서 정보수집과 제공 등 보험자들의 이익을 보호하도록 하는 Lloyd's 대리점을 관장한다.

〈도해 2-12〉 Lloyd's 위원회

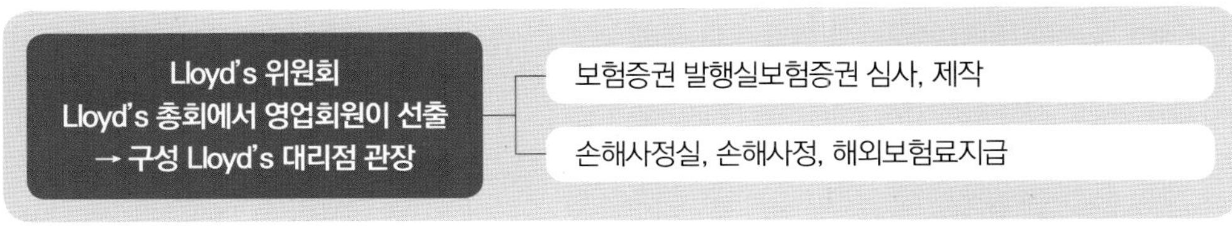

(3) Lloyd's의 간행물

신문이 없었던 당시, Lloyd's coffee house에서는 정보를 신속하게 입수하여 최신의 뉴스를 제공하였다. Lloyd's coffee house은 또 한발 앞선 서비스를 고객에게 제공하였다. 선박이 부두에 정박하면 Lloyd's에 고용되어 있는 직원 (runner)이 이를 알려주었고 중대한 사고와 같은 뉴스가 들어 왔을 때에는 뉴스를 종이에 작성하여 열람될 수 있도록 하였다.

이러한 서비스는 1696년에 인쇄된 신문발간의 형태로 발전하였는데, 그것이 Lloyd's News이다. 이것은 "10.5인치 X 5.25인치" 크기의 종이 앞뒤 양면에 인쇄되어 주 3회 발행되었다. 그러나 Lloyd's News는 게재된 기사가 문제되어 1697년 2월 23일자 제76호로 신문발행이 중단되고 폐간되었다.

1734년 4월에 Lloyd's List가 3대째의 점주인 토마스 제임스에 의해서 발간되었다. Lloyd's List는 Lloyd's News와 똑같은 체제로 일면에는 환율과 주가나 정치정세를 그리고 이면에는 선박뉴스를 게재하였다. 그 후 오늘날까지 Lloyd's List는 발행을 계속하여 오고 있다. 현재

남아있는 가장 오래된 판은 1740년 1월 2일 자의 제560호로 그 후에 발간된 것과 함께 Lloyd's 도서관에 보존되어 있다.

(4) Lloyd's의 특징

Lloyd's는 개별 보험회사가 운영주체로 되어 있는 조합이다. 실제로 Lloyd's는 보험거래소의 역할을 한다. Lloyd's는 각 시대를 거치면서 Lloyd's 특유의 조직과 업무를 개선하여 왔고 오늘날까지 특유의 보험조직 형태와 보험계약의 방법이 유지되고 있다.

① 개인보험자의 중심

Lloyd's는 보험인수 업무를 위해 시설이나 정보의 제공을 할 뿐이며 보험인수 업무 자체는 하지 않는다. 보험인수의 주체는 Lloyd's회원인 개인이지만 각 회원이 개별적으로 직접 보험인수를 하는 일은 하지 않고 있다. 회원들을 대신하여 실제로 보험인수 업무를 담당하는 자는 현직 보험전문가(Active Underwriter)이다.

② 재보험 중심

Lloyd's는 원보험보다는 재보험(re-insurance)을 주로 취급한다. 이것은 Lloyd's는 대외공신력이 매우 높은 이유로 전 세계의 재보험이 집중되고 있다. Lloyd's는 보험인수로 받은 보험료의 75%는 외국으로부터 수입되고 있고 그 중에서 약 40%가 재 보험료이다. 따라서 이것은 Lloyd's가 세계의 보험시장의 중심임을 나타내는 증거라고 할 수 있다.

③ 신디케이트 활용

현재 Lloyd'는 영업회원이 직접 보험인수 활동을 행하지 않고 타인에게 그 인수를 의뢰하거나 영업대리점으로 하여금 인수를 대행하게 한다. 영업회원은 인수하는 보험의 종류에 따라서 여러 사람이 서로 모여 하나의 신디케이트(syndicate)를 조직하여 영업 창구를 일원화하고 있으며 Lloyd's에는 다수의 신디케이트가 있다.

보험계약이 신디케이트의 형태로 위험인수 금액을 정하고 각 가맹자는 각자의 인수비율을 정한다. 영업회원들은 인수한 금액에 대해서는 무한책임을 지며 신디케이트로서의 연대책임은 없다. 따라서 영업회원들은 각자의 책임을 보증하기 위하여 상당한 금액을 공탁해야한다. 이때 각자의 영업회원 수입이 되는 인수보험료의 액수는 공탁되는 금액에 비례한다. 즉 공탁금의 액수가 많으면 많을수록 그에 따라 많은 보험료수입을 얻을 수 있다.

신디케이트의 보험인수 업무는 보험 전문가가 담당한다. 보험 Brokers가 청약 의뢰한 계약에 대하여 보험 전문가가 보험인수의 업무를 담당한다. 따라서 각 영업회원은 Lloyd's에 나타나지 않고 단지 보험증권에 이름만을 기재하기 때문에 그들을 Name이라고 부른다. Lloyd's는 보험계약자와 직접보험을 거래하는 일은 절대 없으며 반드시 자격을 갖춘 Lloyd's Brokers를 통하여 거래를 행한다.

Lloyd's Brokers는 고객으로부터의 조회를 받으면 Slip에 자신이 인수를 의뢰받은 위험에 대한 명세를 기재한다. Broker의 일은 이들 위험에 관심이 많은 보험자들을 물색하여 그중 가장 좋은 조건을 제시하는 보험자와 계약을 체결하지만 Lloyd's는 개개인이 직접보험을 인수하지 않고 신디케이트를 통해서 인수하고 있다.

〈도해 2-13〉 Lloyd's의 특징

개인 보험자 중심	보험 인수의 주체- Lloyd's 회원 개인 실제 보험 인수 업무 - 보험 전문가 (Active Underwriter)
재보험 중심	Lloyd's가 세계 재보험의 중심
신디케이트 활용	보험 계약이 신디케이트의 형태로 위험 인수 금액 확정. 위험 인수 업무는 보험 전문가가 담당.

Chapter Ⅲ 해상보험계약

1. 해상보험계약의 의의

1-1 해상보험계약의 개념

해상보험계약은 해상사업과 관련되는 사고로 인한 선박이나 적하의 손해를 보상하기 위하여 보험계약자가 보험료를 지급하고 보험자는 해상사업과 관련되는 우연한 사고로 인하여 보험의 목적에 입은 피보험자의 재산상의 손해를 보상할 것을 목적으로 하는 손해보험계약이다. 해상보험과 해상보험계약 사이의 구분이 필요하다고 볼 수 있지만 제도로서의 해상보험과 운용방법으로서의 해상보험계약은 상호 동일하게 보아도 될 것이다.

해상보험계약에서 보험자는 피보험자에게 장차 손해가 발생할 경우 이를 보상해 주는 것을 약속하며, 피보험자는 이러한 손해보상의 약속을 받는 대가로 보험료를 지불한다. 해상보험은 해난 또는 항해에 관한 사고에 기인하여 발생하는 손해를 보상하는 손해보험제도로서 보험자가 화물의 해상운송 중에 발생하는 위험을 인수하고 이를 위험에 기인한 손해가 발생하였을 경우 피보험자에게 그 손해액을 보상할 것을 보험계약에 의하여 보험자가 위험을 인수하는 것을 '위험을 담보한다.'라고 말하며 이와 같이 인수한 위험에 기인하여 발생한 손해액을 보상하는 것을 '손해를 보상한다.'라고 한다.

〈도해 3-1〉 해상보험계약의 개념

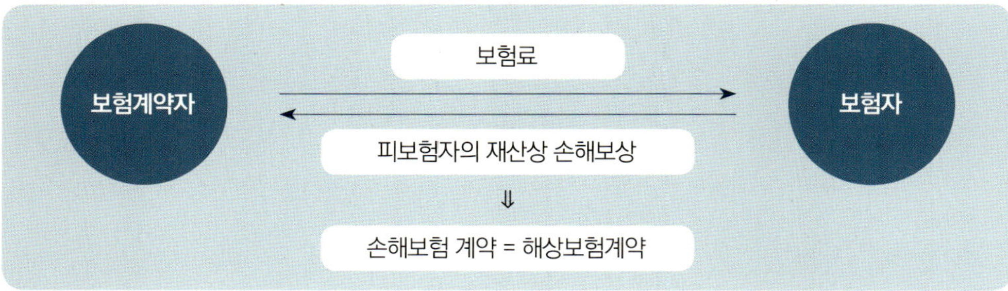

1-2 해상보험계약의 당사자

(가) 보험자(insurer, assurer)

보험계약을 인수하는 자로서 보험계약을 통하여 위험을 담보하고 담보위험에 의한 손해발생시 보상을 약정하는 자를 말한다. 즉 보험회사 또는 보험업자를 말한다. 보험자는 보험계약자로부터 보험료라는 보수를 얻는 대가로 우연적인 사고로 인하여 보험에 부보된 이익에 대한 모든 손해의 보상을 보증하는 의무를 부담한다. 보험자는 일반적으로 회사형태를 갖추지만 영국의 로이즈(Lloyd's)와 같이 보험자가 개인인 경우도 있다. 우리나라를 비롯한 대부분의 국가에서는 보험자가 주식회사의 형태인 것은 보험 사업이 공공의 이익과 아주 밀접한 관계가 있기 때문에 보험자의 자격에 대해서는 일정한 제한을 두고 있다.

보험회사가 대개 주식회사(stock company) 형태를 취하고 있지만, 상호회사 (mutural company)의 형태를 취하는 경우도 있다. 어떤 형태의 기업이든 보험자라는 용어는 법률용어이고, 경제용어로서는 보험기업 또는 보험업자라는 말을 사용한다.

보험자는 한사람인 경우가 보통이지만 하나의 계약을 복수의 보험자가 공동으로 인수할 때 이것을 공동보험계약이라고 하며 보험계약은 상행위이므로 공동보험계약에 참가하고 있는 다수의 보험자는 각각 연대하여 채무를 부담하게 된다.

(나) 보험계약자(policy holder)

보험계약의 청약자로서 보험자와 보험계약을 체결하고 보험료의 지급의무, 중요사항의 고지의무 및 위험변경증가의 통지의무 등을 부담하는 자를 말한다. 보험계약자가 되기 위한 자격에 대해서는 법률상 별도의 제한이 없고 개인이건 법인이건을 불문하며 다수인 공동으로 보험계약자가 될 수도 있다.

보험계약자는 보통 자기를 위하여 보험계약을 하지만, 타인을 위한 보험계약을 체결하는 경우도 있다. 전자의 경우를 자기를 위한 보험계약이라 하고, 후자의 경우를 타인을 위한 보험계약이라고 한다. 그런데 영국에서는 타인을 위한 보험계약을 인정하고 있지 않기 때문에 보험계약자라는 개념이 없고 피보험자가 보험계약의 당사자가 된다.

(다) 피보험자(insured, assured)

보험계약에 의하여 보호되는 자, 즉 보험계약상의 부보위험으로 인한 손해에 대하여 보험자로부터 보상을 받는 자를 말한다. 피보험자는 보험계약의 체결에는 직접적으로 관여하지 않으므로 계약당사자가 되지 않기 때문에 보험자에 대해 손해보상의 청구권을 가지는 것 외에는 권리의무를 지지 않는 것이 원칙이다. 그러나 피보험자는 보험계약상 피보험이익의 주체로서 보험사고로 인하여 생기는 손해보상을 받는 자로서 중요한 지위에 있기 때문에 상법에서는 피보험자에게도 고지의무, 손해방지의무 등과 같은 의무를 부담할 것을 규정하고 있다.

보험계약자와 피보험자는 동일인이 될 수도 있고 서로 다른 사람이 될 수도 있다. 자신을 위하여 보험계약을 체결하게 되면 보험계약자와 피보험자는 동일인이 되지만 타인을 위하여 보험계약을 체결하게 되면 보험계약자와 피보험자는 다른 사람이 된다. CIF계약에서는 수출상이 수입상을 위하여 적하보험을 체결해야 한다. 수출상은 보험계약을 체결하고 보험료를 지불하는 보험계약자가 되고, 사고가 발생할 경우 이에 대한 보상청구는 수입상이 하기 때문에 피보험자는 수입상이 된다. 그러나 대부분 수출상이 자기를 피보험자로 하여 보험계약을 체결한 후 보험증권을 배서하여 수입상에게 양도하는 형식을 취한다. 보험사고가 발생할 경우 수입업자는 보험증권의 소지인으로서 손해보상을 보험자에게 요구한다.

〈도해 3-2〉 보험계약의 주요 당사자

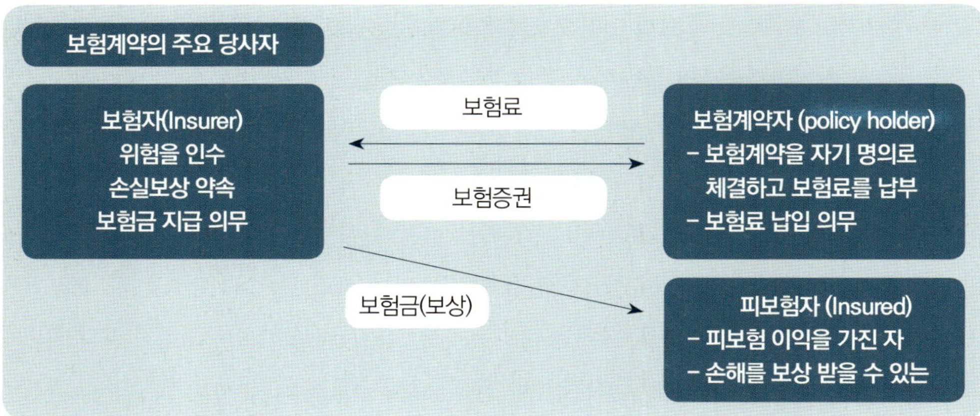

(라) 보험대리점(insurance agent)

일정한 보험자를 위해 계속적으로 보험계약의 체결을 대리하거나 매개하는 것을 업으로 하는 독립된 자이다. 보험대리상은 일정한 보험자로부터 위임을 받아 그를 위하여만 계속적으로 대리 또는 중개한다는 점에서 보험중개인과는 다르고, 보험자부터 위임을 받아 대리 또는 중개를 영업으로 하는 독립된 상인이라는 점에서 보험자의 단순한 사용인과도 다르다.

(마) 보험중개인(insurance broker)

불특정한 보험자를 위해 보험자와 보험계약자 사이에서 보험계약의 체결을 중개하는 것을 업으로 하는 독립된 자이다. 보험중개인이 보험대리상과 다른 점은 특정한 보험자에서 종속되지 않는다는 점이다. 보험중개인은 보험자 또는 보험계약자의 위탁을 받아 계약의 체결을 중개하는 자로서 그 권리, 의무는 중개계약 및 중개업에 관한 규정의 적용을 받는다.

〈도해 3-3〉 보험대리점과 보험중개인의 비교

	보 험 대 리 점	보 험 중 개 인
대리인 계약	각각의 보험회사와 대리점 계약을 체결한다. 복수의 보험회사와 대리점 계약을 체결할 수도 있다.	보험중개인자격으로 어떤 보험회사와도 보험계약을 체결할 수가 있다. 보험중개인은 법률상 계약자의 대리인이다.
보험계약	대리점계약을 맺은 회사만의 보험계약을 취급한다.	취급한 계약을 인수하여 주는 보험회사라면 어떤 회사와도 거래를 행할 수 있다.
계약체결	대리점계약을 맺은 회사의 계약체결권을 가진다.	대리체결권을 가지고 있지 않기 때문에 구두 또는 어떤 보험회사에도 보험을 인수 없다.
보험금의 지급	클레임을 제기할 때에는 어떠한 권한을 가지지 않는다.	보험증권을 담보로 고객과 위임계약을 맺음으로 보험금의 청구에 대해서도 대리권을 가진다.
사업규모	작다.	크다. 보험회사보다 더 큰 경우도 많이 있다.

〈도해 3-4〉 보험계약의 보조당사자

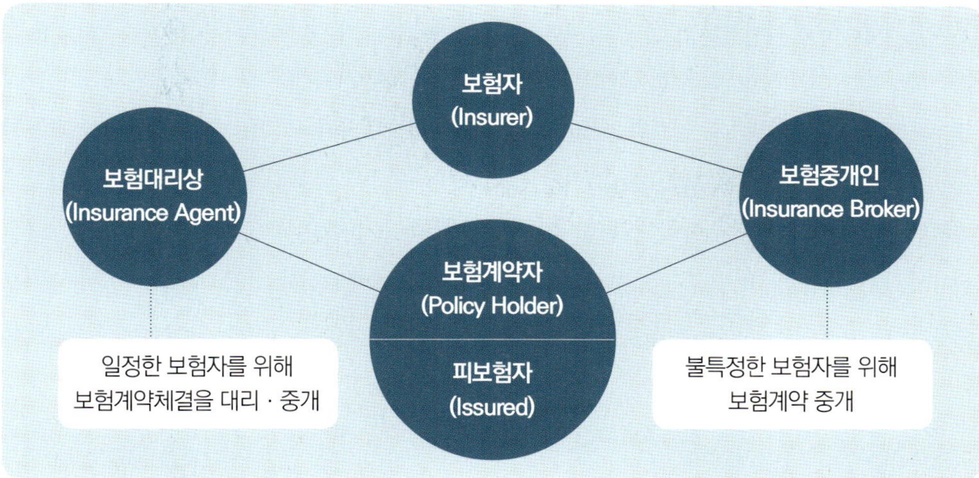

1-3 해상보험계약의 법적 성질

해상보험계약은 손해보험계약의 한 형태이므로 손해보험계약의 일반적인 성질을 가지고 있다고 할 수 있다. 손해보험계약은 우발적인 사고에 의한 손해의 보상을 목적으로 하는 계약이다.

(가) 낙성계약

해상보험계약은 낙성계약(consensual contract)이다. 보험계약은 당사자 쌍방 간의 합의에 의해서 성립한다. 즉 보험계약은 보험계약자의 청약에 대한 보험자의 승낙에 의해서 성립한다. 여기에는 어떠한 형식도 문제되지 않고 구두로 하든지 문서로 하든지 보험계약은 성립한다. 대부분의 보험약관에서는 보험자의 책임은 최초의 보험료가 납입되었던 때로부터 개시한다는 규정을 두고 있으나, 보험료의 납입은 보험자의 책임개시를 위한 요건에 지나지 않으며 보험계약은 보험료의 지급을 그 성립요건으로 하는 요물계약(妖物契約)은 아니다. 또 실무적으로는 보험자는 일정한 양식의 보험계약 신청서를 사용하고 또 보험증권의 교부하라 승낙통지의 방법을 취하고 있지만, 보험계약 신청서는 보험자가 이것을 기초로 필요한 조사를 행하고 위험의 측정이나 보험요율의 결정 등 계약의 승낙에 유용하게 이용하기 위한 것으로 보험증권의 작성 교부는 이미 성립한 계약의 효과로서 발행되는 증거증권에 지나지 않는 것이다. 보험계약은 이 같은 효과로서 발행되는 증거증권에 지나지 않기 때문에 보험계약은 요식계약은 아니다. 신청에 대한 보험자의 승낙이 있으면, 그것으로 계약은 유효하게 성립한다.

(나) 쌍무계약

해상보험계약은 쌍무계약 (bilateral contract)이다. 보험자는 해상보험사고가 발생한 경우에 일정한 조건에 따라서 손해의 보상 또는 약정한 보험금을 지불해야 할 의무를 부담하고, 이에 대하여 보험계약자는 보험료의 지급의무를 지고 있다. 보험계약은 보험자의 보험금 지불의무와 보험계약자의 보험료 지급의무가 있는 쌍방 간의 의무가 존재하는 쌍무계약이라 할 수 있다.

(다) 유상계약

해상보험계약은 유상계약(conditional contract)이다. 이것은 보험자가 해상보험사고가 발생한 경우에 손해의 보상 또는 약정한 보험금을 지불할 것을 약속하고, 그 대신에 보험계약자는 그 보수로서 보험료를 지급하는 상호 간에 급부와 반대급부의 관계(대가관계)에 있다는 것을 의미함으로, 보험계약은 유상계약이다.

(라) 부합계약

해상보험계약은 부합계약(contract of adhesion)이다. 보험계약은 그 성질상 다수의 보험계약자를 상대로 대량의 계약이 체결된다. 이 때문에 개개의 계약에 대해 그 계약의 조항을 각각 정하는 것은 극히 번잡하고도 불가능에 가까운 일이므로 보험자는 미리 보험계약의 표준적인 계약조항이 될 내용을 정한 보험약관을 작성하고 그것을 근거로 대량의 보험거래를 간편하고 신속하게 처리하는 방식을 채용하고 있다. 따라서 보험계약의 체결에는 상호 간의 두 인격체 간의 의사가 일치되어 계약이 체결되는 계약자유의 원칙은 실질적으로 의미가 없고 보험자에 의해서 일방적으로 그 내용을 정한 보험약관을 보험계약자는 그대로 전면 승인하는 형식으로 체결되고 있다.

이 같은 보험계약의 부합성에 비추어 볼 때, 보험계약자의 이익이 부당하게 저해되지 않도록 보험 사업에 대한 행정적 감독은 말할 것도 없고, 보험약관의 작성 및 사용 혹은 내용상의 변경 등에 대해서는 기획재정부장관의 인가를 얻도록 규정하고 있다.(보험업법 제13조 제1항 참조)

(마) 사행계약

해상보험계약은 사행계약(aleatory contract)이다. 사행계약이란 일반적으로 우연에 의한 불로의 이득을 취할 목적으로 이루어지는 행위 등의 의미로 사용되고 있지만, 보험계약에 있어서도 보험사고의 발생여부와는 상관없이 우연적인 사실에 의해서 보험금의 지급이 이루어지는 계약이라는 의미에 있어서는 사행계약의 성격을 가진다고 할 수 있다. 그러나 보험자의 경영적인 측면에서 대수의 법칙에 따라서 산정된 보험료와 보험금이 균형을 이루고 있고 법률상 보험의 사행성을 인정하지 않는 입장을 취하고 있어, 보험계약의 사행성에 대해 특별한 의미가 없다고 주장하는 견해도 있다.

그러나 보험이 사행적 행위에 악용되는 위험을 방지하기 위하여 당사자 간의 신의성실의 원칙을 특히 강조할 필요가 인정되는 측면에서 볼 때 보험계약의 사행성을 인식하는 것은 결코 무의미한 것은 아니다. 보험계약자에게 부과되고 있는 고지의무위반이나 위험의 변동 경우에 보험자에게 계약해제권이 주어지고 있는 것은 보험계약의 사행계약에 그 정당성의 근거를 두는 것으로도 설명되고 있다.

(바) 선의계약

해상보험계약은 선의계약(a contract based upon the good faith)이다. 보험계약의 사행계약과 관련하여, 보험계약의 체결 및 이행에 따른 통상적인 계약 이상으로 보험관계자의 선의의 계약 또는 최대선의(utmost good faith)의 계약을 근거를 두고 있다. 이에 대하여 당사자의 신의성실이 요구되는 것은 계약일반의 원칙이기도 하다.

(사) 상행위

해상보험계약은 보험자에게 있어서 상행위 (business transaction)이다. 상법은 보험을 영위하는 것은 영업적 상행위로 규정하고 있다. 그것은 보험자로서 보험계약을 체결하는 것을 영업으로 간주한다는 의미이다. 따라서 보험자는 상인이고 보험계약에 대해서는 상행위일반에 관한 법칙 및 상인이 행하는 상행위에 관한 규칙이 준용된다.

상호회사는 법률상 상인이 아니므로 그가 영위하는 보험사업도 영업이 아니며 또 상호보험계약은 영업적 상행위가 아니다. 그러나 경제적으로는 영리보험계약과 실제상 동질의 성질을 가지고 있기 때문에 상법은 가능한 한 영리보험계약에 관한 상법의 규정을 상호보험에도 준용할 것을 규정하고 있다.

〈도해 3-5〉 해상보험계약의 성질

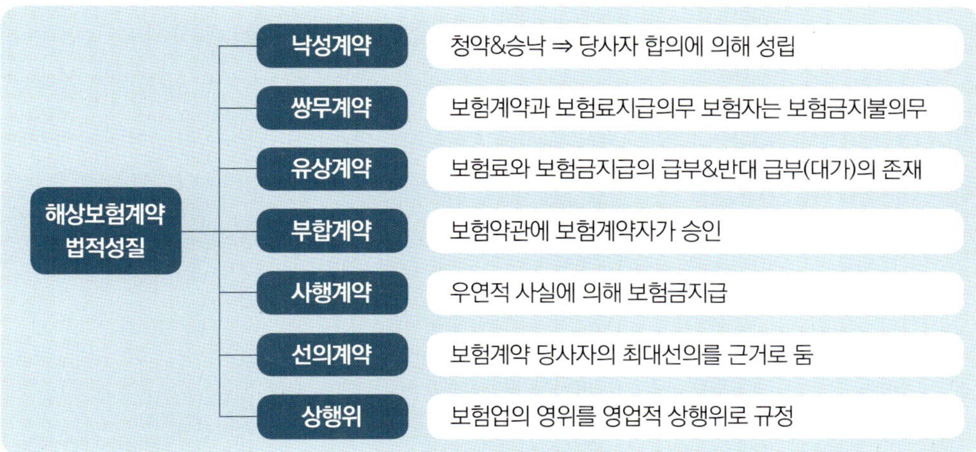

2. 해상보험계약의 기본원칙

(가) 최대선의의 원칙

해상보험계약은 최대선의(utmost good faith)의 원칙에 의해 이루어진다. 보험자는 보험계약을 체결할 때에 보험계약자가 보험목적물에 대하여 알고 있는 중요한 사항(material facts)을 고지하고 진술한 것을 근거로 위험인수 여부와 보험료를 결정한다. 즉 보험자와 보험계약자가 계약의 내용을 거짓 없이 사실 그대로 고지(disclosure) 또는 표시(representation)하여 계약을 체결하여야 하는 것을 최대선의원칙이라고 한다. 이러한 최대선의의 원칙은 보험자와 보험계약자 양자에게 모두 적용되는 것이며, 양 당사자 간에 어느 일방이 이 원리를 지키지 않으면 상대방이 계약을 취소 또는 해지시킬 수 있다.

〈도해 3-6〉 최대선의의 원칙

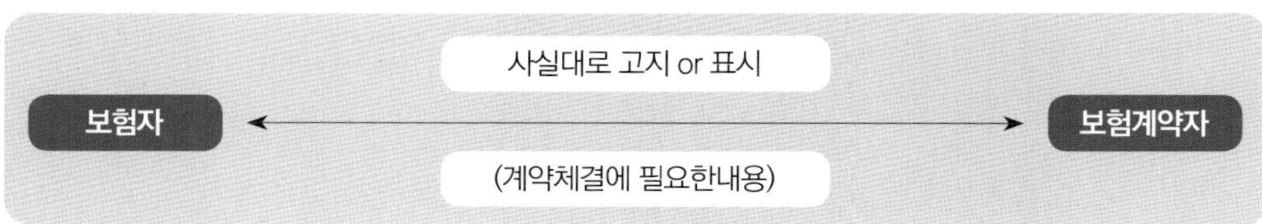

(나) 근인주의의 원칙

보험자는 보험 증권상 담보되는 위험으로 인하여 발생한 손해에 한하여 보상책임이 있는데, 담보되는 위험과 담보되지 않는 위험 등 2개 이상의 위험이 동시에 또는 순차적으로 상호 협력하여 손해가 발생한 경우 보험자의 보상책임 여부를 결정하기 위하여 담보위험이나 면책위험과 손해와의 인과관계를 결정하는 것이 매우 중요한 문제가 된다. 복잡한 인과관계 속에서 진정한 손해의 원인을 가려내는 데 적용되는 원리를 근인주의(proximate cause)라고 한다. 이는 보험자가 보상해주는 손해는 반드시 보험 증권상 담보된 위험이거나 그 위험에 근인하여 발생하여야 한다는 것이다. 여기서 근인은 손해를 발생시킨 가장 지배적이고 직접적이면서 효과적인 원인을 말한다.

(다) 실손 보상의 원칙

실손 보상의 원칙(principle of indemnity)이란 보험목적물에 손해가 발생하였을 경우 실제의 손해만을 보상하여 손해가 발생하기 이전의 상태로 회복시키는 원칙을 의미한다. 즉 피보험자가 손해발생 직 전에 소유 또는 향유하던 것과 동일한 금전상의 지위(pecuniary position)를 되찾을 수 있도록 보험자가 재정적인 지원을 해주는 것을 의미한다.

〈도해 3-7〉 실손보상의 원칙

(라) 소급보상의 허용

일반보험과 다른 해상보험은 소급보상을 인정하는 것이 독특한 특징 중의 하나이다. 보험계약 체결 전에 발생한 손해일지라도 계약 당사자 간 계약체결 시 그 발생여부에 대해서 알지 못했다면 소급보상에 대한 합의가 유효한 것으로 해석되어 보험자가 그 위험을 부담한다.

〈도해 3-8〉 소급보상의 원칙

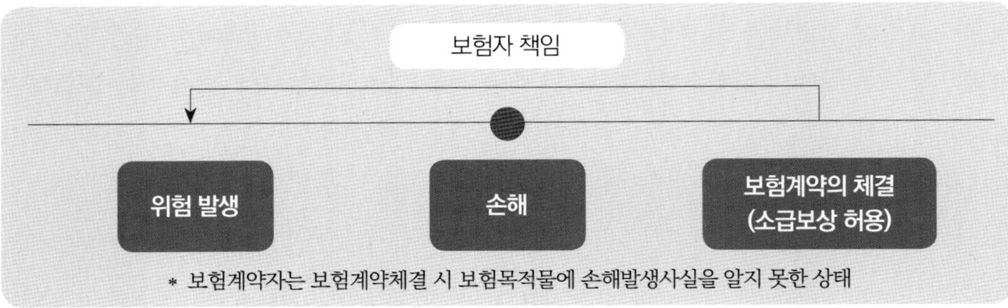

3. 고지와 통지의무 및 담보

3-1 고지의무(duty of disclosure)

(1) 고지의무의 개념

보험자는 보험계약 체결 시 보험목적물의 손해발생 가능성을 측정하고 이를 토대로 합리적인 보험료를 산출한다. 그러나 보험자는 수많은 계약자를 상대로 이를 해야 하기 때문에 모든 보험목적물의 성질이나 특성을 파악하기가 어렵고 또 일일이 실사를 통해 확인하기란 거의 불가능하다. 따라서 위험선택의 자료가 되는 중요한 사실에 대해 보다 사정에 밝은 보험계약자 나 피보험자에게 고지자료의 협력의무를 부여하고 보험제도의 합리적 운영을 꾀하기 위하여 보험자의 보험계약 체결 및 보험료 산출을 위해 피보험자 자신의 보험목적물에 대한 구체적인 사항을 보험자에게 알려 주어야 하는데 이를 고지의무라 한다. 보험자는 이 고지의무의 이행을 강제할 수 있는 위치는 아니고, 다만 보험계약자 및 피보험자가 이 의무를 위반하였을 때는 일정한 조건하에 계약의 해지라는 불이익처분을 줄 뿐, 위반하였다고 해서 손해배상의 의무를 부과하는 것은 아니다. 따라서 고지의무는 진정한 의무는 아니고, 보험계약자 또는 피보험자가 이 같은 불이익을 받지 않도록 하기 위한 전제요건으로 볼 수 있다.

영국의 해상보험법(MIA)은 이러한 고지의무의 존재에 대한 법적근거로 MIA 제17조에서 해상보험계약은 최대 선의(Utmost Good Faith)를 바탕으로 체결되어야 함을 규정하고 피보험자는 자기가 알고 있는 일체의 중요한 사정, 즉 신중한 보험자가 보험료를 정하고 또는 보험의 인수 여부를 결정하는 데 있어서 그 판단에 영향을 미치는 일체의 사정을 계약체결 전에 보험자에게 고지하여야 하며 피보험자가 이를 태만히 했을 때에는 보험자는 그 계약을 취소할 수 있다라고 규정하고 있다.

〈도해 3-9〉 고지의무

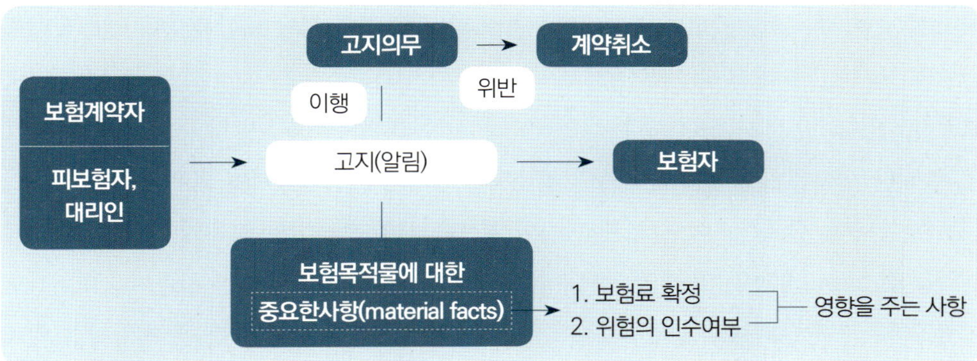

(2) 고지하여야 할 사항

해상보험계약은 최대선의를 바탕으로 성립하는 계약이므로 당사자의 한쪽이 최대선의를 지키지 않는다면 다른 한쪽은 그 계약을 취소할 수 있다. 해상보험계약이 최대선의의 계약이 되게 하는 당연의 결과로서 보험자에게도 최대선의가 요구되며 고지해야 할 의무가 부과되는 것이다. 그러나 위험에 관하여 한층 상세한 지식을 가지고 있는 자는 보험계약자나 피보험자이므로, 최대선의를 지켜야 할 의무는 명백히 이들에게 더 많이 있다고 볼 수 있다.

만약 피보험자를 위하여 그 대리인이 보험계약을 체결하는 경우는, 대리인은 자기가 알고 있거나 알고 있어야 할 일체의 중요한 사항이나 피보험자가 고지해야 할 일체의 중요한 사항을 보험자에게 고지할 필요가 있다.

고지의무의 당사자는 피보험자, 보험계약자 또는 그들의 대리인이며 고지사항은 '모든 사항'을 알리는 것이 아니라 '중요한 사항'을 알려 주는 것이다. 영국해상보험법 18조 1항에서 "피보험자는 보험계약이 성립되기 전 자기가 알고 있는 모든 중요한 사항(material circumstances)을 보험자에게 고지하여야 한다."라고 규정하고 있다. 여기서 '중요한 사항'이란 '보험자가 보험계약을 체결할 당시 보험료를 확정하거나 계약의 인수 여부에 영향을 미치는 모든 사항'을 말한다. 이러한 사항들은 보험계약자가 정상적인 사업과정에서 당연히 알고 있는 것으로 간주되기 때문에 보험계약자가 이를 몰랐다고 항변할 수 없다.

그러나 실제로 보험의 종목마다 중요사항이 다르고 또한 이를 보험계약자가 일일이 아는 것이란 거의 불가능하므로 보험자는 보험계약자가 알려야 하는 고지사항을 청약서(질문서)에 적어 피보험자가 알려야 하는 고지사항을 청약서(질문서)에 적어 보험계약자가 이에 대해 답변하도록 하고 있다. 우리나라의 상법에서도 보험자가 서면으로 질문한 사항을 중요사항으로 추정하고 있다.

중요한 사실을 고지해야 하는 보험계약자의 고지의무는 적극적인 의무이며, 소극적인 의무가 아니다. 중요한 사실에 관한 단순한 침묵은 심지어 선의의 침묵까지도 보험자에게 계약을 취소(avoid)할 수 있는 권리를 부여한다. 청약서에 질문되지 않은 사항이라 하더라도 보험계약자가 중요하다고 판단되는 사항(예 : 보험목적물이 중고품 등)은 청약서 여백에 기술하여 놓는 것이 좋다.(고지의무는 적극적인 의무이다.)

(가) 적하보험의 경우 중요한 사항은

① 갑판적재 다만 상관습에 따라 화물의 갑판적재가 용인되고 있는 경우에는 고지할 필요가 없다. 또한 갑판적재 화물에 대해 보험자가 면책되는 경우, 이를테면 신 약관의 C조건에서 갑판유실은 보험자의 면책사항이므로 고지할 필요는 없다.

② 화물이 보험자 책임개시 전에 이미 손상을 입을 가능성이 있는 여러 가지 사실과

③ 화물이 본선에 적재될 때 부선을 사용한 사실.

(나) 선박보험의 경우 중요한 사항은

① 선박의 성질

② 선급 및 선령

③ 선박이 손상을 입은 사실 다만 보험계약 체결 전에 입은 손상의 수선을 완료한 때에는 손상으로 입어 수선을 완료했다는 사실은 중요사항이 아니다.

④ 선박의 국적

⑤ 선장 명. 선장은 항해에 관한 사고의 발생에 영향이 있는 것이지만, 오늘날에는 중요사항이 되지 않는다.

⑥ 항해개시의 시기.

항해개시 시기는 보험청약서의 기재사항이고 중요사실로 간주되기 때문에 만약 계약체결 후 상당기간이 지나서 항해개시가 예정되고 있는 경우에는 그 시기를 고지하여야 한다.

Tip 고지가 필요 없는 사항(MIA 18조 3항)

1) 위험을 감소시키는 사항

2) 보험자가 알고 있거나 알고 있는 것으로 추정되는 사항(객관적 기준)

3) 보험자가 고지받을 권리를 포기한 사항(선박의 보험증권상에서, 적하의 성질에 관한 보험자의 질문이 없는 경우에는 고지에 대한 권리가 포기된다.

4) 담보가 있어 고지가 필요 없는 사항. 담보에 관련된 사항은 고지의무가 없다. 즉, 담보위반은 면책을 의미한다. 기간 보험증권에는 감항성의 묵시담보가 없기 때문에 선박의 내항성과 관련한 사실들은 고지되어야 한다.

(3) 고지의 시기와 방법

고지의 시기는 보험계약 체결 전이며 계약이 성립되는 시점에서 보험계약자의 고지의무는 종결된다. 계약 성립 시점이란 계약신청 시부터 계약 성립 시까지의 기간, 즉 계약교섭 중을 의미한다. 따라서 청약 당시 고지의무를 완전히 행하지 아니하였어도 계약 성립 시까지 보완·정정할 수 있고, 또 청약 후 계약 성립 시까지 발생 또는 변경할 사항에 대해서도 고지하여야 한다.

재보험계약의 경우에 있어서 고지의무의 시기는 원 보험계약 체결 당시가 아니라, 재보험계약 체결 당시이다. 그러므로 재보험계약의 보험계약자는 원 보험계약 체결 시와 재보험계약 체결 시 사이에 발생하거나 알게 된 중요한 사실은 보험자에게 고지하여야 한다. 고지의 방법에는 별도의 제한이 없으나 정확하게 표시되어야 하므로 서면이나 구두를 통해 명확히 하여야 한다.

(4) 고지의무의 효과

고지의무를 위반할 경우 상대방에 의해서 해당 보험계약은 취소된다. 여기에서 고지의무 위반이라 함은 고지사항을 허위로 고지하거나 부실하게 고지한 경우를 의미한다. 해상보험은 '최대선의의 계약'이다. 따라서 만약 쌍방 중 일방이 이를 준수치 않으면 그 계약은 상대방에 의해 취소될 수 있다. 보험계약자의 고지의무에 대하여 보험자에게 보험계약을 '취소'할 수 있는 권한을 주고 있다. 보험계약자의 불고지 또는 부실고지가 사기, 부주의, 무관심, 착오 또는 판단상의 오류 등 어떤 원인에 기인되더라도 취소될 수 있으며 계약이 취소되면 본 보험계약은 처음부터 무효가 된다.(MIA 20조 1항) 고지의무 위반으로 계약이 취소되면 보험자는 보험료를 반환하며(MIA 제84조) 지급된 보험금은 즉각 회수할 수 있다. 따라서 고지의무 위반이 있으면 사고발생 유무를 불문하고 그 계약은 취소되며 보험금을 받을 수 없다.

그러나 고지의무 위반의 요건을 갖춘 경우라도 다음과 같은 경우에는 고지의무 위반이 성립하지 않는다.

① 보험자가 그 사실을 알고 있는 경우

보험계약자가 고의 또는 중대한 과실에 의해서 중요사실을 고지하지 않았거나 불실의 고지를 했음에도 보험자가 고지되지 않았던 사실을 알고 있었던 경우 또는 고지된 내용이 불실하다는 사실을 이미 알고 있었을 때에는 고지의무 위반은 성립하지 않는다. 이것은 보험자가 사실을 알고 있을 때에는 보험자는 위험 측정상 보험계약자의 불고지 또는 부실고지에 의해서 불이익을 입는다고 볼 수 없기 때문이다.

② 보험자가 사실을 과실에 의해서 모르고 있을 경우

보험자가 중요사실을 자신의 과실로 모르고 있었을 때, 보험계약자가 고지하지 않았거나 부실고지를 하여도 고지의무 위반은 성립하지 않는다. 여기에서 보험자가 과실에 의해 모르고 있었다는 것은 보험자로서 일반적으로 필요로 하는 주의력을 결하고 있었기 때문에 그 사실을 모르고 있었던 것이라 할 수 있다.

영국해상보험법에서는 보험자가 과실에 의해서 모르고 있었던 경우에 고지의무 위반은 성립하지 않는다는 것에서 진일보하여 보험자는 통상의 업무 수행상 당연 알고 있어야 할 사항은 알고 있는 것으로 추정되고 있다

고지의무 위반의 경우에는 보험자는 그 계약을 해지할 수 있을 뿐이며 계약의 무효 또는 이로 이한 손해배상청구 등은 할 수 없다. 보험자의 계약취소 권리는 계약 성립 시부터 존재하며 고지의무 위반을 인식하고 보험계약을 확인하거나 확인한 것으로 간주할 때까지 계속된다. 그리고 보험자가 보험계약자의 고지의무위반의 사실을 충분히 알았을 경우에도 계약을 확인하는데 걸리는 상당한 시간을 누릴 권리가 있다.

보험자는 자신의 이익을 위하여 인정된 계약해지권을 포기할 수 있다. 이를 포기하는 의사표시는 특별한 형식에 따를 필요는 없고 명시적 혹은 묵시적인 방법으로 포기할 수 있다. 이를 테면, 보험자가 해지의 원인을 알면서 이의 없이 고지한 대로 기재한 보험증권을 작성·교부하거나 보험료의 지급을 받는 경우 또는 보험금을 지급 경우 묵시에 의한 포기로 볼 수 있을 것이다.

고지의무 위반으로 인한 해지권의 행사 시기에는 제한이 없다. 보험자의 책임개시의 시기 전후, 사고발생의 전후, 보험금지급의 전후에 관계없이 해지권을 행사할 수 있다.

보험자가 보험계약을 해지한 때에는 계약은 장래에 대하여 그 효력을 상실하기 때문에 보험자는 보험금 지급의무가 면제되고 보험계약자는 장래에 대한 보험료 지급의무가 없다. 보험자는 이미 받은 보험료는 보험계약자에게 반환할 필요가 없고 또 해지 시까지의 미수보험료를 청구할 수 있다. 그러나 영국해상보험법에서는 이미 수취한 보험료의 반환을 명시하고 있다. (MIA 제84조)

한편, 우리나라의 상법 651조는 보험사고 발생을 불문하고 고지의무 위반으로 계약을 '해지'할 수 있도록 규정하고 있다. '해지'는 소급되어 적용되지 아니하고 해지 이후에 대해서만 효력이 생기므로 결국 그 이전 사고는 담보해 주어야 한다.

〈도해 3-10〉 고지의무 위반과 효과

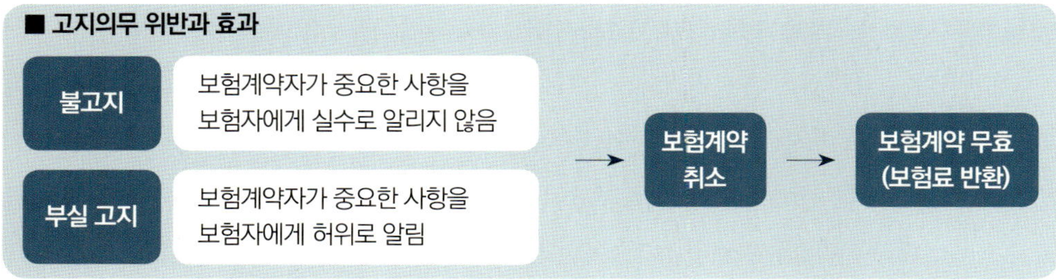

3-2 통지의무(duty of notice)

보험자는 계약의 청약내용 즉, 화물의 종류, 포장, 적재, 선박, 하오, 보험조건, 보험계약 등에 따라 위험도를 측정해서 인수의 가부 및 보험료율을 결정한다. 따라서 보험계약자와 피보험자는 보험계약체결 시에 보험자에게 위험사정에 관하여 고지하고, 보험계약의 성립 후에는 계약내용 주 일부의 변경 또는 증가가 발생하였을 때에는 보험자에게 신속히 그 사실을 통지해야 하는데 이를 통지의무라고 한다. 이것은 보험계약의 사행성으로 인하여 불공정한 사기가 행해질 위험이 많고, 또 보험사정 및 보험사고에 관하여 가장 잘 알 수 있는 보험계약자와 피보험자로 하여금 보험자에게 최대선의에 의한 충분한 협력을 요구한 것이다.

〈도해 3-11〉 통지의무

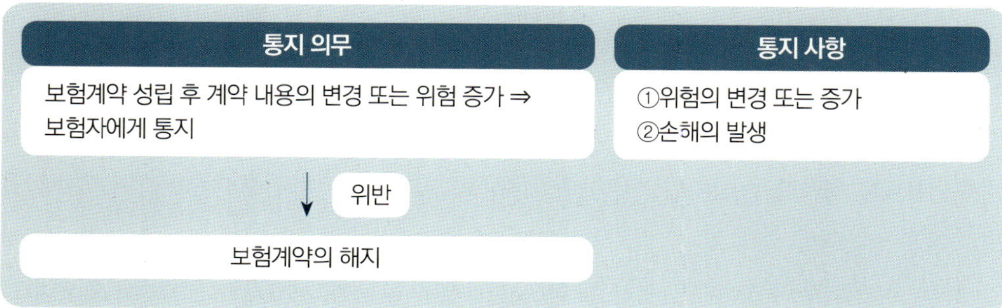

(1) 통지하여야 할 사항

① 위험의 변경과 증가

보험기간 중에 보험계약자 또는 피보험자의 책임으로 돌릴 수 없는 사유에 의하여 위험이 변경·증가한 때는 보험계약자 또는 피보험자는 지체 없이 그 사실을 보험자에게 통지하여야 한다. 위험의 변경이란 위험의 측정에 의하여 불변을 전제로 한 위험사정이 변동하는 것이고, 위험의 증가는 위험률의 양적 변동 또는 증가를 의미한다.

보험기간 중에 위험사정이 변경 또는 증가하는 것은 피할 수 없는 일이다. 보험계약자에게 통지의 의무를 부과하는 것은 모든 위험사정이 변경 또는 증가한 경우가 그 대상이 되는 것은 아니며, 현저하게 위험이 변경 또는 증가한 경우일 때이다. 그리고 현저하다는 정도의 여부는 보험계약 체결 시에 예상되었던 정도를 벗어났는가 그렇지 않은가에 따라 구별된다.

환적의 가능성이 많은 운송경로로 화물수송이 이루어질 때는 실무처리상 환적을 확인하고 보험에 부보하기는 쉽지 않은 부분이 있으므로 이러한 때에는 보험조건에 환적을 일단 추가 부보하고 추후 환적이 되지 않았을 경우에 보험료를 환급받는 방법도 환적과 관련된 통지의무의 불이행에 따른 불이익을 미연에 방지할 수 있는 수단이 된다.

보험계약 내용에 변경이 있을 경우에는 이미 발행된 보험증권을 회수한 후, 보험증권을 재발행하거나 변경사항을 원본에 첨부하여 사용할 수 있다.

② 손해의 발생

보험자가 부담한 보험사고의 발생에 의해서 손해가 발생한 경우에 보험계약자 또는 피보험자가 그 손해가 발생한 사실을 안 때에는 지체없이 보험자에게 이를 통지하여야 한다.

보험계약자 또는 피보험자의 통지의무는 보험자가 부담한 보험사고가 발생하고 보험자가 부담하는 손해가 발생한 때에는 발생한다. 항해에 관한 사고가 발생하여도 보험자가 면책되는 사고일 때에는 통지할 필요가 없다. 또 보험자가 부담한 사고가 발생하여 보험자가 면책되는 손해일 때에는 통지의 의무는 없다.

(2) 통지의무위반의 효과

보험계약자 또는 피보험자는 위험의 변경 또는 증가의 사실을 알았을 때에는 지체 없이 보험자에게 이를 통지해야 한다. 특히 실무처리상 운송방법의 변경은 매우 중요하므로 필히 통지하여야 한다. 보험계약자 또는 피보험자가 이 통지의무를 위반하였을 때에는 계약해지의 사유가 되며, 보험자는 그 사실을 안 날로부터 1개월 내에 계약을 해지할 수 있다. 그러나 보험자가 이 사실을 알고서도 해지하지 않았을 때는 그 변경 또는 증가된 위험을 보험자가 선택한 것이라고 볼 수 있다.

〈도해 3-12〉 통지사항과 의무위반

통지의 의무

보험계약 성립 후 계약내용의 변경 or 위험증가 → 보험자에게 통지

통지 사항

① 위험의 변경 or 증가 ② 손해의 발생

통지 의무 위반

보험계약의 해지

3-3 담보(warranty)

해상보험에서 담보라는 용어가 두 가지 의미로 사용되고 있다. 첫째의 의미는 피보험자가 지켜야 할 약속으로서의 담보(warranty)이다. 둘째의 의미는 보험자가 보험계약에 따라 위험을 부담할 경우의 담보(to cover)이다. 첫째 의미의 담보는 피보험자가 지켜야 할 약속이므로 이것은 어떤 특정한 일이 행하여지거나 행하여지지 않을 것이라는 약속담보(promissory warranty), 또는 어떠한 조건이 충족될 것이라는 약속담보, 특정한 사실상태의 존재를 긍정하거나 부정하는 약속담보를 의미한다. **그러므로 담보는 내용의 중요성에 관계없이**

피보험자에 의해서 반드시 준수·이행되어야 하며, 특정한 사실 상태에 대한 담보사항은 반드시 사실과 일치하여야 하고 피보험자가 담보를 위반할 경우에는 위반시점부터 보험자는 면책된다.

이 담보의 법리는 영미보험법상(MIA 제33조)의 특유한 제도로서 보험계약은 최대선의의 계약으로서 보험계약자는 고지의무를 충실히 이행하여 중요 사실을 보험자에게 고지하여야 하지만 보험자는 계약 당시 불고지 또는 부실고지의 사실이 있음을 입증하기에는 현실적으로 어려움이 있다. 따라서 보험자는 보험계약자, 피보험자에게 엄격히 이행하거나 충족시켜야 할 사항을 보험증권상에 명시하거나 법률에 규정하여 둠으로써 안전장치를 마련하고자 한 것이 담보이다. 담보에서 보험계약자나 피보험자의 진술사항은 절대적인 것이어야 하며, 담보사항은 문자 그대로 위험 측정상 중요한 것이냐 그렇지 않으냐, 또는 보험계약자의 진술이 선의의 것이냐 그렇지 않으냐를 불문하고 충족되어야 한다. 따라서 담보는 보험자에게 있어서 보험계약이 지니고 있는 특징을 확실히 하기 위한 안전밸브라고 할 수 있다.

담보는 원래는 해상보험계약에서 비롯되었으나 오늘날에는 해상보험분야 뿐만 아니라 화재보험 및 도난보험 등의 재산보험 및 생명보험에서도 널리 적용되고 있다.

〈도해 3-13〉 담보의 의미

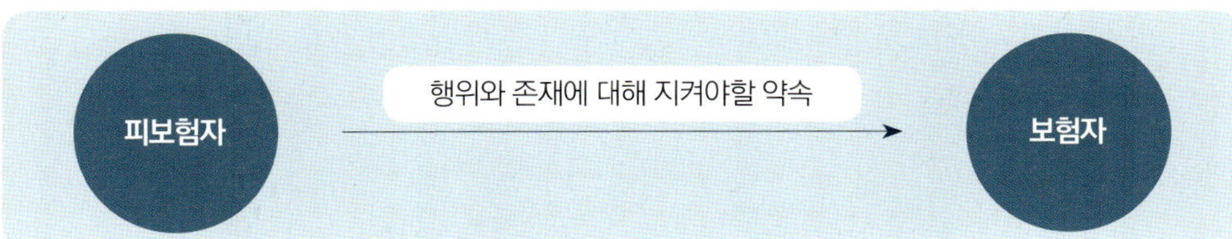

- 보험계약 체결 시 피보험자가 보험계약과 관련된 일정한 조건을 지켜야 할 약속
- 피보험자의 약속이나 입장표명을 모두 포함하는데 담보를 통해 피보험자로 하여금 사고 방지하는데 주목적이 있음.
- 담보는 보험자의 입장에서 일종의 안전장치로 피보험자를 간접적으로 통제하는 행위

(1) 담보의 필요성

해상보험에서 담보를 필요로 하는 이유는 보험계약이 최대선의의 계약으로서 보험계약자는 고지의무를 충실히 이행하여 중요사실을 보험자에게 고지해야 한다. 그러나 보험자가

계약체결 시 부실고지의 사실이 있음을 입증하기에 현실적인 어려움이 있다. 따라서 보험자는 보험계약자가 엄격히 이행, 충족시켜야 할 사항을 보험증권상에 명시하거나, 법률에 규정하여 안전장치를 마련할 필요성이 있다.

(2) 담보의 종류

(가) 명시담보(express warranties)

명시담보란 담보의 내용이 보험증권에 기재되거나 담보내용을 증권에 첨부하는 것이다. 이는 담보의 내용을 육안으로 읽을 수 있도록 보험증권이나 기타 기재되었거나 타이프, 각인 또는 인쇄로 되어 있어야 한다.

영국해상보험법에서는 명시담보는 담보하려는 의사가 추정될 수 있는 것이면 어떠한 형태의 어구를 사용해도 무방하고(MIA 35조 1항) 반드시 보험증권에 포함되거나 또는 기재되거나, 또는 보험증권내의 언급에 의해 보험증권의 일부인 서류에 포함되어야 하고(MIA 35조 2항)

명시담보가 묵시담보와 저촉되지 않는 한, 묵시담보를 배제하지 않는다.(MIA 35조 3항) 예를 들면 유류비축물자를 외항선창에 저장할 경우 "선령 15년 미만의 선박 이어야 할 것" 또는 어획물의 경우 "선하증권이 발행될 것"과 같이 보험증권에 그 담보의 구체적 내용이 명시되어 있는 담보인 경우이거나 50명 이상의 선원이 승선해야 하는 담보, 모든 통조림통에 제조업자가 제조일자의 증명을 위한 부호를 붙인다는 담보인 경우이다.

(나) 묵시담보(implied warranties)

묵시담보는 보험증권에 명시되어 있지는 않지만 피보험자가 묵시적으로 제약을 받아야 하는 담보이다. 묵시담보는 계약당사자가 현실적으로 합의한 것이 아니고, 또한 그렇게 할 필요도 없으며 나아가 합의하였다고 추정될 필요도 없다. 더구나 묵시담보는 보험증권에 명시한 것도 아니며 계약체결의 행위 그 자체로부터 계약내용의 하나라는 법률의 일반원칙에 기인하여 창조되고 계약에 삽입되어 있다는 점에서 명시담보와 다르다. 즉, 법적으로 계약에 포함되어 있다고 간주하는 것을 의미한다.

묵시담보는 엄격하게 충족되어야 할 성질의 계약내용으로서 그 위반으로 인하여 보험자가 손해를 입었든 입지 않았든, 또는 담보의 대상이 위험과 중요한 관계를 가지고 있든 아니하든 일단 묵시담보의 위반이 발생하면 보험자는 선택에 의해 보험계약을 해제할 수 있다.

묵시담보에는 내항성 담보와 적법성 담보가 있다.

① 내항성 담보(warranty of seaworthiness of ship)

내항성 담보는 선박이 항해를 개시할 때에 해당 항해를 완수할 수 있을 정도로, 즉 항해에 적합하도록 내항성이 있어야 함을 정한 담보를 말한다.(MIA 제39조) 모든 항해보험에 있어서 위험이 개시될 때 선박이 특정의 항해 또는 항내의 위험에 견딜 수 있어야 한다는 담보이다. 즉, 선체와 기계와 장비가 견실해야 하고, 피보험 항해를 위해 필요한 것을 구비하고, 적격의 선원, 항해의 어떤 부분에서 도선사(Pilot)가 필요한 경우 선박은 도선사를 확보해야 된다. 또, 식료품(Provision)과 저장품(Stores)등이 적절하여야 하고, 연료 또한 적절하여야 한다.

a. 항해보험

내항성의 확보는 절대적이다. 출항당시 각 해당 항해구간에서 예상되는 통상적인 바다의 위험에 감내할 수 있도록 합리적으로 적합하여야 한다. 영국해상보험법에서는 "화물이 내항이어야 한다는 묵시담보는 없다."(MIA 제40조)고 규정하고 있고 실제 협회적하약관에 감항능력승인약관(Seaworthiness Admitted Clause)을 삽입함으로써 피보험자가 그러한 감항능력 불비에 대해서 알고 있었던 경우가 아니면 보험자는 피보험자에게 일체의 책임을 묻지 않는다. 피보험자는 선박의 상태나 의장의 정도에 대한 지배권이 없으므로 화물의 항해보험에 대하여 선박내항의 담보를 적용하는 것은 화물의 피보험자에게 있어서 매우 가혹한 행위이다.

따라서 이 같은 적용의 가혹성을 완화하기 위하여 신 협회적하약관에서는 보험자와 피보험자인 화주 간에 선박의 내항성을 인정한다는 내항능력승인약관을 삽입하는 것이다.

이 약관은 위험개시 시에 선박이 내항이냐 아니냐를 불문하고 내항성을 가지고 있는 것으로 인정하는 것으로, 보험자는 이 특약에 의하여 선박의 불내항을 이유로 담보책임을 부정할 수 없게 되었다. 따라서 피보험자가 불내항 선박을 이용하였을 경우, 보험자는 이에 의한 화물의 손해를 피보험자에게 보상하고 운송계약에 따라 화주의 대 선주구상청구권을 행사하여야 하며, 선주의 선박보험에 대해서는 담보위반으로 대응해야 한다.

그러나 화물은 그것을 적절하게 적재해야지 과적해서는 안 된다. 특히 특수화물의 경우, 예를 들면, 냉동육과 같은 화물에 대한 보험에 있어서는 냉동설비를 완비한 선박이 아니라면 내항상태라고 할 수 없다. 그리고 내항담보는 일종의 담보이고 그 담보책임의 위반은 일반적으로 보험계약자 또는 피보험자가 선의 또는 무과실의 경우에도 보험자는 면책되기 때문에 선박의 출항 시에 상당한 주의를 기울여야 하며 또는 불감항이 잠재하는 하자에 기인하는 것임을 증명한다 하더라도 담보의 위반을 피할 수는 없다.

b. 기간보험

반드시 또는 항상 내항성을 확보하여야 하는 것은 아니다. 다만 피보험자가 선박이 불내항 상태인 것을 은밀히 알면서(with the privity of the assured)도 출항케 하였을 때에는 그 불내항성에 기인하는 손해에 대해서는 보험자는 책임을 지지 않는다. (불감항성으로 인한 손해에 대해서만 책임을 면함).

예를 들면 선박이 두 가지 점에서 불내항인 상태로 출항하고, 피보험자(선주)가 한 가지는 은밀히 알고 있었으나 다른 한 가지 사실은 알고 있지 않았을 경우에는, 보험자는 피보험자가 은밀히 알고 있는 특정한 불내항성에 기인하여 발생한 손해에 한하여 보상하지 않는다. 즉, 선주가 알지 못한 불내항성으로 인한 손해에 대해서는 보상함을 의미한다.

② 적법성 담보(warranty of legality)

적법성 담보는 피보험자가 지배할 수 없는 경우를 제외하고 모든 해상보험은 그 내용이 합법적이어야 함을 정한 담보를 말한다.(MIA 제41조) 적법한 피보험사업이나 피보험 항해는 적법한 항해 사업이어야 한다는 것을 의미하며 피보험자가 사정을 지배할 수 있는 상태를 조건으로 한다. 예를 들면 선장이 선주의 묵인 하에 밀수한 결과 압류된 선박에 관한 기간보험증권(Institute Time Clauses: ITC)에서 보험자는 보상책임이 없다고 판결한 판례가 있다. 그러나 만약 선주의 묵인 없이 선장이 밀수하는 경우에는 그것은 피보험위험인 선원의 악행에 의한 압류손해에 해당될 것이다.

적법성 담보의 내용에는 두 가지가 있다. 그 하나는 피보험항해가 위법이 아닐 것, 예를 들면 피보험항해가 밀무역 또는 적국과 통상을 하기 위한 항해가 되어서는 안 된다는 것이며, 또 하나는 피보험자가 지배할 수 있는 한, 피보험항해를 합법적으로 행할 것, 예를 들면, 출항허가도 없이 항해를 하지 않을 것 또는 항해금지 해역을 항해하지 않을 것, 또는 선적에 관한 단속규칙에 위반하는 선적을 하지 않을 것 등이다. 적법성 담보는 결국 불법항해는 공익상 허락될 수 없고, 법률상 허락해서는 안 되는 것을 보험의 이익으로 인정하는 것은 부당하기 때문이다. 그러나 피보험자가 지배할 수 없는 불법에 의해 손해에 대해서는 보험자가 보상해야 한다.

영국해상보험법에 있어서 항해의 적법성 판단여부, 항해방법의 적법성 판단여부의 표준은 영국법률에 의거한다. 적법성 담보위반의 사례는 ① 통상조약상 위법이 되는 항해 ② 상법상 위법이 되는 항해 ③ 전시정책에 위반이 되는 항해 ④ 전시해상포획법상 위법이 되는 항해도 해당된다.

내항성 담보와 적법성 담보의 차이점은 내항성 담보는 보험증권의 문언에 의하여 무효화될 수 있다.(불내항 부적합 면책조항) 그러나 적법성 담보는 보험자가 그 권리를 포기할 수 없는 담보라는 것이 차이점이다.

〈도해 3-14〉 담보의 종류

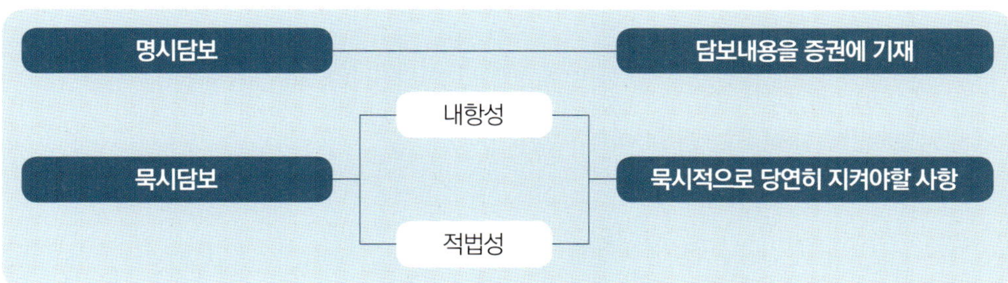

(3) 담보위반

(가) 담보위반의 효과

① 담보위반일 이후의 면책

담보는 중요한 것이든 아니든 관계없이 반드시 엄격하게 충족되어야 한다. 만약 담보가 정확하게 지켜지지 않으면 보험증권에 명시규정이 있는 경우를 제외하고 보험자는 담보위반일로부터 책임을 지지 않는다. 그러나 보험자는 담보위반일 이전에 발생한 손해에 대해서는 보상책임이 있다.(MIA 제33조 3항) 담보위반이 있는 경우 피보험자는 손해 발생일 이전에 그 위반이 교정되어 담보가 충족되었다는 항변을 할 수 없다(MIA 제33조 2항).

담보를 위반하려는 의사는 위반이 아니고 실제적인 위반이 있어야 한다. 담보 위반 후, 피보험자에 의해 담보위반사항이 회복되면 담보위반에 대한 포기(waiver)의 적용으로 다시 담보된다. 담보위반에 대한 거증책임은 보험자에게 있다.

② 경과보험료의 불환급

보험자는 담보위반일 이전에 발생한 손해에 대해서는 책임을 부담했기 때문에 담보위반 시에 보험자의 재량으로 보험계약을 해지할 경우 보험계약의 해지일자 이전의 경과보험료는 사고가 없었더라도 환급되지 않는다.

(나) 담보위반이 허용되는 경우(MIA 34조)

① 사정의 변경

사정의 변경으로 담보가 계약상황에 적용될 수 없게 된 경우, 즉 특정한 사정이 변경되어 그러한 변경된 사정에 대해서 담보의 내용이 적합하지 않을 때 담보위반이 허용된다. (전쟁위험 Warranty=> 평화시) (1항)

② 후발적 위법

담보의 충족이 후속 법률에 의하여 위법이 되는 경우, 즉 관련 법률을 개정함으로써 보험증권상의 담보내용이 오히려 개정된 법률에 저촉되는 경우에는 담보위반이 허용된다.(2항)

③ 보험자의 포기

보험자가 담보위반에 대한 권리를 포기한 경우에는 담보위반이 허용된다.(3항) 담보위반이 발생한 경우 자동적으로 그 계약의 종료하는 것은 아니다. 위반의 결과에 대하여 법률적 효력을 부여할 것이냐 안할 것이냐의 여부는 보험자의 선택에 달려 있고, 보험자는 담보위반에 대한 권리를 포기할 수도 있다. 실무상 낮은 보험료율을 유지하기 위하여 담보가 보험증권에 삽입되어 있는 경우, 보험자는 담보위반에 대하여 적절한 추가보험료를 징수하고 보험자의 책임을 계속 유지하는 것이 보편적으로 인정되고 있다. 그러나 적법성 담보는 보험자가 그 권리를 포기할 수 없는 담보이다.(MIA 제41조)

〈도해 3-15〉 고지와 담보의 비교

고 지(Disclosure)	담 보(Warranty)
· 위험측정의 기초가 되는 중요한 사실, 사정에 관하여 보험계약 체결시점에 즈음하여 보험자에게 행하는 구두 또는 서면진술	· 위험측정을 용이하게 하는 안전장치로서 피보험자에게 특정사항의 존부, 또는 피보험자가 이행하거나, 충족시켜야 할 사항을 명시적으로 담보시킨 것
· 계약의 요소가 아니므로 보험증권상에 기재할 필요가 없다.	· 계약의 요소이므로 보험증권상에 기재하여야 한다.
· 구두, 서면에 의해서 가능하다.	· 반드시 서면
· 엄격하게 충족할 필요없이 실질적으로 충족하면 된다.	· 문자대로 엄격하게 충족하여야 한다.
· 중요사항의 부실고지-〉계약해제 가능 · 경미사항의 부실고지-〉효력에 영향X	· 중요성 여부를 불문하고 엄격히 지켜져야 한다.

4. 보험계약당사자의 의무

4-1 보험자의 의무

(가) 손해보상약정 의무

해상보험계약은 해상보험자가 해상사업에 관한 사고의 발생에 의하여 피보험이익에 발생하는 손해의 보상을 약정할 의무를 지닌다.

(나) 보험증권(insurance policy)교부의 의무

보험자는 보험계약자의 청구에 의하여 보험증권을 교부할 의무가 있는데 이는 주된 의무에 부수되는 부수의무에 불과하다. 따라서 보험계약자는 보험증권을 교부받을 때까지 동시이행의 항변으로 보험료지급을 거절할 수 없다.

보험자는 보험계약이 성립한 때에는 지체없이 보험계약자에게 보험증권을 작성, 교부해야 한다. 단, 이러한 보험증권의 교부의무는 보험계약자가 보험료의 전부 또는 최초의 보험료를 지급한 때에 진다.

(다) 보험료반환의무

a. 보험계약이 무효인 경우

보험자는 보험계약의 전부, 일부가 무효로 된 경우 보험료의 전부나 일부를 반환할 의무를 부담한다. 이는 보험계약이 선의로 이루어진 경우나 보험계약자와 피보험자가 중대한 과실이 없는 경우를 조건으로 하고 있다.

b. 보험사고 발생 전에 보험계약이 해지된 경우

보험계약자가 보험사고의 발생 전에 보험계약을 해지한 경우에도 다른 약정이 없으면 미경과 보험료를 반환하여 줄 의무가 있다.

(라) 보험금(claim amount)지급의무

손해보상약정의무에 따라 보험기간 안에 보험사고가 발생한 경우 보험자는 약정한 보험금을 지급할 의무를 진다. 이는 손해보상약정의무와 더불어 보험자의 기본적인 의무이다.

4-2 보험계약자 및 피보험자의 의무

(가) 보험료(premium)지급의 의무

보험계약은 유상, 쌍무계약을 본질로 한다. 따라서 보험자가 위험을 부담하는 대가로 보험계약자는 계약에서 정해진 보험료를 지급할 의무를 진다. 따라서 보험계약자가 최초의 보험료를 납입하지 않은 때에는 다른 약정이 없으면 보험자의 책임이 개시하지 않는다.

(나) 고지의무(duty of disclosure, duty of depresentations)

보험계약을 체결할 때 보험계약자 혹은 중개인은 보험자에게 보험계약의 인수 여부 또는 계약내용의 결정에 영향을 줄 수 있는 모든 중요한 사실을 고지하여야 한다. 보험계약자에게 고지의무를 부여하는 이유는 보험자자신이 화물의 상태나 성질은 잘 모르고 있고, 보험자가 모든 중요한 사항을 일일이 점검하는 부담을 덜어 주기 위한 것이다.

(다) 통지의무(duty of notice)

보험계약자는 보험계약 체결 전에는 보험자에게 위험 측정상 중요한 사항을 고지해야 하며, 보험계약의 체결 후에는 위험이 현저하게 변경, 증가되거나 보험사고가 발생한 경우 보험자에게 통지해야 한다.

(라) 손해방지, 경감의무(duty of avert or minimize the loss)

보험계약자 등은 화물손해를 가장 잘 보호해야 할 입장에 있다. 따라서 피보험자는 피보험이익의 보호에 상당한 주의와 신의성실의 원칙 및 공익적 차원에 입각하여 손해를 방지하거나 경감하기 위한 합리적인 조치를 강구할 의무가 있다. 보험계약자나 피보험자의 대리권이 있는 대리인도 손해방지 경감의무를 부담해야 한다.

손해방지, 경감의무의 시점은 보험사고가 발생하여 손해가 발생할 것이라는 것을 보험계약자나 피보험자가 안 때부터 이다. 또한 보험계약자 등은 손해방지 경감의무를 고의 또는 중대한 과실로 이를 게을리 한때에는 방지 또는 경감할 수 있었을 것으로 밝혀진 값을 손해액에서 공제한다.

〈도해 3-16〉 보험계약당사자의 의무

보험자의 의무	보험계약자 · 피보험자의 의무
① 손해보상약정의무 ② 보험증권교부의무 ③ 보험료반환의무 ④ 보험금지급의무	① 보험료지급의무 ② 고지의무 ③ 통지의무 ④ 손해방지, 경감의무

5. 해상보험계약의 무효와 소멸

해상보험계약 당사자 간에 해상보험계약의 요소에 관해 합의가 되면 계약이 성립되며, 양 당사자는 보험계약상의 권리의무를 지게 된다. 그러나 보험계약의 일반원칙을 위반하거나 책임의무를 이행하지 않는 경우에는 계약의 종료가 발생할 수 있다. 해상보험계약의 종료를 대별하면 계약의 무효와 계약의 소멸로 나눌 수 있다.

5-1 해상보험계약의 무효

(가) 초과보험에서의 초과부분

보험금액이 보험가액을 초과한 부분에 있어서 보험계약은 무효이다. 그 이유는 보험가액을 초과한 부분에 해당하는 보험계약은 보험적 보호의 대상이 되지 못하기 때문이다.

그러나 초과보험이 보험계약자의 사기로 인하여 체결된 때에는 이 같은 도박행위는 공공질서에 반하므로 그 계약 전부를 무효로 한다.

(나) 보험계약자의 사기로 인한 보험계약

사기에 의해서 보험자가 보험계약을 승낙한 때는 보험자가 계약을 취소할 수 있고 취소된 계약은 처음부터 무효된 것으로 간주된다.

(다) 보험계약당시의 보험사고의 확정

보험계약 당시에 보험사고가 이미 발생하였거나 또는 발생할 수 없는 것인 때에는 보험사고의 요건인 불확실성이 없으면 보험계약은 무효가 된다. 그러나 계약당사자가 보험계약을 소급시킨 경우에는 보험사고가 이미 발생하여도 보험계약은 유효하다.

〈도해 3-17〉 해상보험계약의 무효

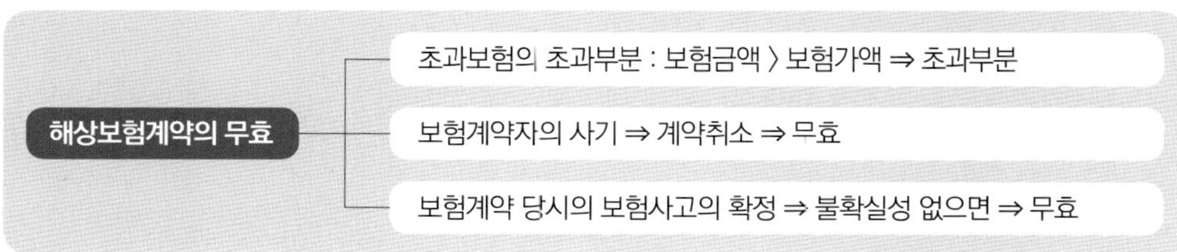

5-2 해상보험계약의 소멸

해상보험계약은 보험계약의 고유 성질 혹은 법률적 규정에 의해 특정의 사실이 발생함으로써 당사자의 의사표시를 기다리지 않고 당연히 종료되는 것과 당사자 일방의 의사표시에 의해 종료되는 것이 있는데, 전자를 실효(losing)라고 하고, 후자를 해지(cancellation)라고 한다.

(가) 해상보험계약의 실효

① 피보험이익의 소멸

보험자가 부담하는 보험사고 이외의 사유에 의해 보험계약의 목적이 소멸한 경우에는 보험계약은 그때로부터 효력이 상실된다. 그 원인 여하와 피보험자의 귀책사유에 관계없이 또 보험자의 책임개시 전후를 불문하고 계약은 실효한다. 이러한 피보험이익의 소멸은 보험적 보호의 목적과 그 존재 이유를 상실하기 때문에 계약실효의 원인 된다.

② 위험의 소멸

보험사고 발생 가능성의 소멸, 즉 보험사고가 발생하지 않는 것이 확정된 때에는 보험존속의 이유를 잃는 것이 되고 보험계약은 소멸한다. 위험의 소멸이 보험자의 책임개시 전후와 위험 소멸의 원인이 무엇인가에 관계없이 보험사고 발생 가능성이 소멸된 때부터 보험계약은 효력을 상실한다.

③ 보험기간의 만료

보험사고의 발생 없이 보험기간이 만료하면 계약은 당연히 소멸된다. 그러나 보험기간을 연장하는 약관으로 계약을 연장시킬 수 있다. 즉 보험계약이 여러 가지 사정으로 목적지 이외의 항구 또는 지역에서 종료되거나, 운송이 중단된 경우에는 보험계약도 종료하지만, 이때 이 사실을 지체없이 보험자에게 통지하고 담보의 계속을 요청하는 경우 보험자로부터 요구가 있으면 추가보험료를 지급하는 조건으로 보험계약을 최종목적지까지 연장할 수 있다.

(나) 해상보험계약의 해지

① 보험계약자가 해지하는 경우

보험계약자가 해지하는 경우로는 보험자의 책임개시 이전의 해지와 보험자가 파산한 때의 해지 두 가지를 들 수 있다. 전자는 보험자의 책임이 개시되기 전에 보험계약자는 임의로 특별한 사유 없이 보험계약을 해지할 수 있는데 이것은 보험자 책임개시 전의 해지는 보험자에게 아무런 손실을 주지 않기 때문이다. 후자는 보험자가 파산선고를 받은 때는 보험계약자는 보험자 책임개시 후에도 계약을 해지할 수 있다. 더구나 파산선고 후 3개월이 경과한 때에는 보험계약 그 자체가 효력을 상실한다.

② 보험자가 해지하는 경우

보험자가 해지하는 경우로는 앞서 언급한 바와 같이 고지의무를 위반한 경우, 피보험자 등이 위험변경, 증가의 통지를 하지 아니한 경우는 물론이고 보험계약자가 보험료를 적당한 시기에 지급하지 아니한 경우에는 보험자는 상당한 기간을 정하여 보험계약자에게 최고하고 그 기간 내에 지급하지 아니한 때에는 계약을 해지할 수 있다. 또한 보험기간 중에 보험계약자 또는 피보험자의 고의 또는 중대한 과실로 인하여 사고발생의 위험이 현저하게 변경 또는 증가된 때에는 보험자는 계약을 해지할 수 있다.

〈도해 3-18〉 해상보험계약의 소멸

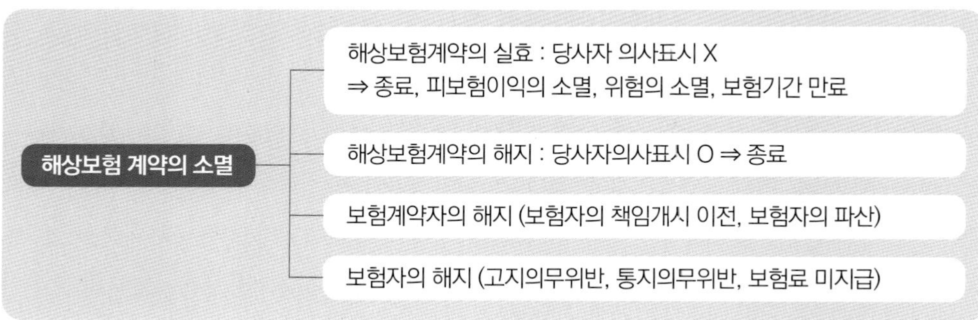

Chapter Ⅳ 해상보험료

1. 보험료의 의의

1-1 보험료의 개념

보험이란 우연적 사고의 발생으로 경제적 손해의 가능성을 제거하기 위하여 다수의 경제주체가 결합하여 합리적으로 계산된 거출에 의해서 공동준비금을 형성하는 경제제도이다. 이 같은 거출을 보험에서는 보험료라 한다. 따라서 보험료(premium)란 보험자가 담보하는 위험에 대한 대가로서 보험계약자가 지급하는 금액이다. 다시 말하면 보험료는 피보험위험으로 인하여 손해가 발생한 경우에 보험자가 피보험자에게 보상할 것을 약속한 대가로 보험계약자가 보험자에게 지급한 금액이라고 할 수 있다. 위험관리 측면에서 보험료는 위험의 전가에 대하여 보험계약자가 보험자에게 지불하는 대가를 말한다.

보험료는 보험금액에 보험요율을 곱하여 결정한다. 해당 위험별 손해율 등을 기초로 산정되어 있는 보험요율을 보험금액에 곱하는 것이므로 보험료는 보험금액에 비례한다고 할 수 있다.

그런데 보험사업의 견실한 경영이 이루어지기 위해서는 합리적인 보험료의 산출이 가장 중요한 전제가 된다. 여기에서 합리적인 보험료란 보험의 대상이 되는 각각의 위험에 대한 정확한 통계자료를 바탕으로 과거의 발생률을 산출하고 대수의 법칙을 적용하여 장래의 이들 위험의 발생률인 확률을 근거로 보험료를 산정한다.

이와 같이 산출된 보험료를 각 보험가입자로부터 징수하면 그 총액에서 실제로 지급에 필요한 충분한 보험금이 과부족없이 산정되고 따라서 보험사업의 경영이 안전하게 이루어지게 될 것이다.

1-2 보험료의 구성

보험료는 보험금 지급에 충당하는 순보험료(net premiun)와 보험회사의 경영상의 비용을 부담하기 위한 부가보험료(loading)로 구성된다.

〈도해 4-1〉 보험료의 구성

<table>
<tr><td rowspan="5">보험료</td><td>순보험료</td><td colspan="2">보험금 + 환급금</td></tr>
<tr><td rowspan="4">부가보험료</td><td rowspan="3">사업비</td><td>인건비</td></tr>
<tr><td>물건비</td></tr>
<tr><td>대리점수수료, 설계사수당 등</td></tr>
<tr><td colspan="2">이 윤(주주배당 + 비상위험준비금)</td></tr>
</table>

(가) 순보험료

순보험료는 보험료 중에서 보험금 지급을 위한 목적으로 책정된 부분을 말한다. 보험급부를 행하고 경제생활의 안정성을 회복하기 위해서 필요한 비용에 충당할 금액(정미보험료)이며 보험의 본래의 기능을 다하기 위해서는 직접 필요한 금액이다. 순보험요율은 보험요율 중에서 보험회사의 사업비 등을 고려하지 않고 보험증권상 보장되는 손해보상에 필요한 금액이 차지하는 비율을 말하고 산출방법으로는 자연보험료방식(natural premium system)과 평준보험료방식(level premium system)이 있다.

자연보험료방식은 보험가입자의 보험금 지급이 매년 변화하는 부보위험의 정도에 따라서 변화하는 보험료 방식이다. 해상, 화재 등 손해보험에서의 보험료는 대체로 이 방법에 의해서 산출된다.

평준보험료방식은 주로 생명보험에서 적용되는 것으로서 보험기간 전체에 해당하는 보험료의 총액을 총 보험료를 불입회수로 나누어 평준화한 보험료 산출방식이다. 따라서 보험료는 보험가입자로부터 보험계약 초기에는 필요이상의 보험료를 징수하게 되고 보험계약 후기에는 필요이하의 보험료를 받아들이게 되기 때문에 초기에 초과 징수한 보험료를 적립하여 놓아야만 후기에 이를 사용하여 보험급부를 이행할 수 있다.

(나) 부가보험료

부가보험료는 보험회사를 경영하는데 필요한 모든 비용을 충당하고 적정한 이윤을 낼 수 있도록 책정된 부분이다. 즉 보험증권 발행경비, 인지세, 여비, 손해조사비, 계약관리비, 자산운용비, 모집인에 대한 수수료, 광고비, 비상시에 필요한 적립기금 등 사업경영에 필요한 제 경비를 조달하기 위해 징수되는 보험료이다. 따라서 부가보험료는 보험회사가 보험금(만기환급금 포함) 지금 이외의 목적으로 사용하는 모든 자금을 마련하는 재원(財源)이라고 할 수 있고 순보험료에 부가해서 계산되는 보험료라는 의미에서 이같이 불리고 있다.

부가보험요율은 보험사업을 확보하고 유지하는데 소요되는 사업비가 차지하는 비율, 즉 보험회사의 사업비, 이윤, 비상위험에 사용하기 위하여 적립되는 금액 등의 비율을 말한다. 부가보험요율은 보험회사의 규모 및 합리화의 정도 또는 보험금액의 정도 및 위험의 내용 등에 따라서 복잡한 산출방식으로 나타난다. 일반적으로 부가보험료는 총 보험료의 30% 정도를 차지하고 있다고 보면 좋을 정도이지만 인플레이션 시기이나 사무기기의 발달과 사업경비의 삭감을 목적으로 하는 사무 관리의 자동화 시대에는 당연히 부가보험료가 차지하는 비율의 변동이 있게 될 것이다.

1-3 보험료의 특성

일반 상품의 시장가격은 수요와 공급량의 균형하에서 결정되는데, 이 균형가격의 원리가 보험상품에는 적용되지 아니한다. 그것은 보험요율이라는 보험상품의 가격이 갖고 있는 다음과 같은 특성 때문이다.

첫째, 보험은 생산과 소비가 동시에 이루어지는 즉시재(instaneous commodity)이므로 '수요의 가격탄력성'이 적은 상품이다.

둘째, 다수 동질의 위험을 결합하여 가격을 결정함으로써 각 보험계약자가 지불하는 가격은 그 상품의 원가와는 직접적인 관계가 없는 이른바 '위험집단(group of risks)'의 분담금이란 성격을 가지고 있다.

셋째, 보험의 제조원가에 해당하는 보험금은 사후에 발생하므로 판매하는 시점에서는 예정원가를 예측하여 산정한 가격을 적용한다. 일반상품의 가격은 상품생산의 종료와 동시에 제조원가가 산정되고 여기에 적절한 이익부문이 첨가되면 하나의 가격으로 산정되며 그 가격이 판매가격이 된다. 일반상품의 판매가격은 예상되는 손실을 기준으로 산정된 가격일 뿐 엄격한 의미의 정확한 상품가격은 보험계약기간의 종료된 후 그 기간 중에 발생한 손실에 따라 정해진다. 이와 같이 보험상품의 정확한 원가는 사후적(事後的) 성질을 갖는다. 따라서 보험가격을 정하는 요율산정 시에는 앞으로 발생할 예상손실을 가급적 정확하게 예측하는 것이 무엇보다도 중요한 일이다.

넷째, 보험상품의 원가에서 가장 큰 비중을 차지하는 보험금은 경제적 방책으로는 좌우할 수 없는 관리 불능 비용이다. 위험관리나 사고방지노력으로 어느 정도 경감할 수는 있으나 어떠한 과학적인 기술로도 인간이 불가항력을 회피할 수 없다.

이와 같은 보험요율의 특성상 적정한 보험요율의 산정이 보험경영의 성패를 좌우하고 있으며, 따라서 보험경영의 중심과제가 어떻게 적정한 보험요율을 산정하느냐에 있다.

〈도해 4-2〉 보험료의 특성

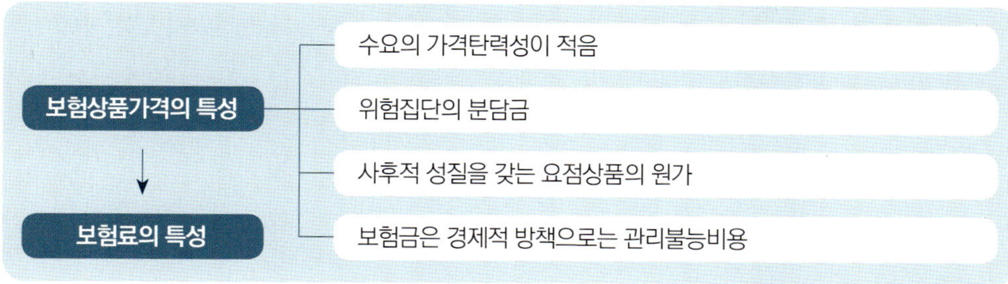

2. 보험요율의 산정

보험요율(premium rate)이란 보험료의 보험금액에 대한 비율을 백분비(%)로 나타낸 것이다. 즉 보험료를 부과하기 위하여 보험금액에 적용되는 비율로서, 과거의 경험을 기초로 미래의 손해율과 사업비율 등을 예측하여 각 위험단위별로 산정한 요율을 말한다. 보험요율은 일반적으로 백분율(%)로 표시되지만 사람의 수나 임금을 기준으로 보험료를 결정하는 특종보험의 경우에는 천분율로도 표시된다.

보험이란 무형상품을 일반 유형상품과 비교하면 보험요율이란 일정한 위험단위에 대한 가격, 즉 보험상품의 단가(unit price)라고 할 수 있고, 보험료는 보험자가 인수하는 위험에 대하여 보험계약자에게 부과하는 가격, 즉 소비자(보험계약자)가 구입하고자 하는 보험상품의 가격(cost of coverage)이라고 할 수 있다.

보험은 사회공공성을 가지고 있어 사회에 미치는 영향이 직접적으로 매우 크기 때문에 보험가격결정이나 보험요율(premium rate)의 산정은 보험자에게 당면하는 가장 중요하고도 어려운 문제의 하나이고 보험요율의 특성상 적정한 보험요율의 산정이 보험경영의 성패를 좌우하고 있으며 보험경영의 중심과제가 어떻게 적정한 보험요율을 산정하느냐에 있다. 이러한 요율산정은 전문적인 지식과 기술을 필요로 하므로 전문 보험계리사(actuary)에 의해서 이루어진다. 보험계리사는 국가에 따라 자격취득요건이 다르지만 일정한 시험을 통해서 자격을 취득하는 것이 일반적이다.

해상보험에서는 각종 사고에 관한 통계자료를 고려한다. 폭풍우, 침몰, 좌초, 화재 등에 관한 자료를 이용하여 요율산정을 한다.

2-1 보험요율의 기본원칙

보험료는 보험금액에 보험요율을 곱하여 결정된다. 따라서 보험요율이 산정되면 보험료는 보험계약자가 가입하는 보험금액에 따라 쉽게 계산될 수 있다. 보험사업은 거의 모든 분야에 대하여 법적 규제를 받고 있는데, 특히 보험요율에 대한 법적 규제가 매우 엄격하다. 이 법적 규정을 준수하고 이행하여야만 비로소 합리적인 보험요율로서 사용할 수 있다.

보험요율의 기본적 요건은 대부분 법률에 의하여 규정되고 있는데 다음과 같다.

(가) 공정성(equity)

보험요율이 보험계약자 간에 부당하게 차별적이 아니어야 한다는 것으로 보험요율이 모든 보험계약자들 간에 공정하여야 한다는 것을 의미한다. 공정성이란 균일성이나 평등성과는 구별되는 개념으로 보험요율은 보험가입자의 위험도에 따라서 정당하게 차별적이어야 한다는 의미이다.

따라서 등급별 보험요율의 차이가 위험도의 차이를 정확하게 반영하고 있는 한, 그 요율의 차별은 정당한 것이며 합리적인 요율인 것이다. 또한 위험에 따라서 보험요율을 공정하게 적용하기 위해서는 위험에 따라서 차별적일 수밖에 없다.

최근에는 공정성 개념에 사회적 공정성(social equity)이라는 새로운 개념이 도입되고 있다. 사회적 공정성의 개념은 각각의 보험계약자들이 그들의 지불능력에 알맞은 보험료를 지급하여야 한다는 것이다.

(나) 적정성(adequacy)

보험자와 계약자간에 약정한 보험료의 산출기초가 되는 보험요율은 보험자가 약정한 사항, 즉 보험사고로 인한 피보험자의 손해액을 지급할 수 있을 만큼 충분하여야 하며, 아울러 약정사항을 이행하는데 소요되는 사업비를 지급할 수 있을 만큼 충분하여야 한다.

이 적정성의 요건은 무책임한 요율경쟁을 방지하여 보험회사의 파산을 방지하는데 그 주요한 목적이 있다. 왜냐하면 보험회사가 파산하게 되면 지급불능이 되어 다수의 보험계약자와 피보험자 등이 피해를 입기 때문이다. 그렇다고 적정한 보험요율이 절대적으로 보험자의 지불불능을 방지해 주는 것은 아니다. 거기에는 투자의 실패 등 경영실책에 따른 파산이 있을 수 있기 때문이다. 그러나 부적절한 보험요율이 장기간 계속해서 사용된다면 그러한 보험회사의 파산은 불가피한 것이다.

일반적으로 보험종목별 총 보험료에 대한 투자소득과 함께 보험요율을 기초로 영수한 보험료의 총액이 그 보험종목에 대한 예상 손해액과 사업비를 지급할 수 있을 만큼 적정하면 그 보험요율은 적정한 것으로 간주된다. 우리나라 보험업법에서는 "보험요율이 보험회사의 재무건전성을 크게 해할 정도로 낮지 아니할 것"을 보험요율 산출의 원칙으로 규정하고 있다. 이는 보험자간의 불합리한 요율경쟁을 방지하여 지급불능사태를 방지하기 위한 것이다.

(다) 비과도성(not excessive)

보험요율은 과도하지 않아야 한다는 것이다. 즉 보험가입자의 입장에서 지나치게 높지 않아야 한다는 것이다. 우리 보험업법은 보험요율이 보험금 및 그 밖의 급부에 비하여 지나치게 높지 아니할 것을 요율산출원칙으로 규정하고 있다.

이는 보험가입자의 과도한 보험료부담을 경감시켜주기 위한 것이다. 이 원칙은 부과된 보험요율로 인수한 보험계약으로부터 보험자가 불합리한 이윤을 얻지 않아야 한다는 것을 의미한다. 손해통계에 비추어 보험자가 과다이윤을 얻고 있으면 보험요율의 인하를 요구받게 된다.

(라) 이용성(availability)

최근에는 새로운 보험요율의 산정원칙으로서 이용성(availability)이 대두되고 있다. 이용성의 요율산정원칙은 누구나 보험을 이용할 수 있도록 보험요율 유지하여야 한다는 것이다.

Tip 보험업법상 보험요율의 기본 원칙

우리나라 보험업법 제129조(보험요율 산출의 원칙)는 "보험회사는 보험요율을 산출함에 있어 객관적이고 합리적인 통계자료를 기초로 대수의 법칙 및 통계신뢰도를 바탕으로 하여야 하며, 다음 각 호의 사항을 준수하여야 한다.

1. 보험요율이 보험금 및 그 밖의 급부에 비하여 지나치게 높지 아니할 것.
2. 보험요율이 보험회사의 재무건전성을 크게 해할 정도로 낮지 아니할 것.
3. 보험요율이 보험계약자간에 부당하게 차별적이지 아니할 것.

〈도해 4-3〉 보험요율의 기본원칙

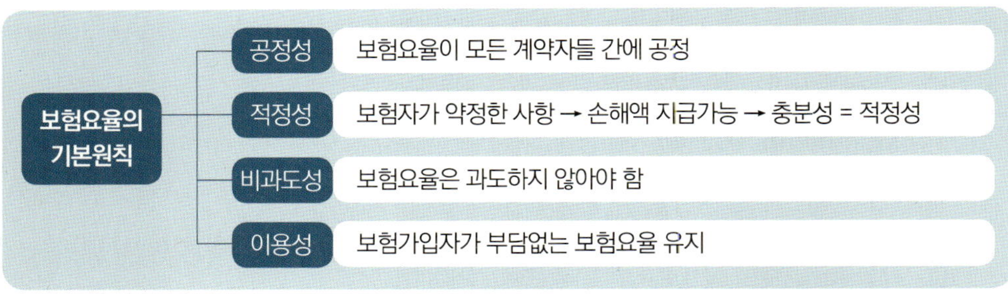

2-2 보험요율의 종류

손해보험요율은 보험요율의 산정방법 및 적용방법에 따라 여러 가지 형태로 분류될 수 있지만 그 대표적인 형태로는 등급별 요율(class rates), 개별요율(individual rate) 및 실적요율(merit rates)이 있다.

(1) 개별요율(individual rate)

개별적인 보험계약의 물건(보험의 목적)에 대하여 각각 위험을 측정하여 산정하는 보험요율이다. 개별요율은 다수 동질위험이 존재하지 않거나 특수한 위험물건에 사용되는 보험요율이다. 등급요율을 사용하기 위해서 다수 동질의 위험이 존재하여야 하는데, 보험종목에 따라서는 다수의 동질위험이 존재하지 않는 것도 있다.

다수의 동질위험이 존재하지 않는 경우에는 각각의 보험의 목적에 대하여 서로 다른 요율을 사용할 수밖에 없는데, 이 경우의 요율이 개별요율로서 긍정적으로는 등급별 요율체계가 세분되어 각각의 요율등급에 하나의 보험의 목적만이 존재하는 개별요율의 일종으로 볼 수도 있다.

여기에는 스케줄요율(schedule rates)과 판단요율(judgement rates)이 있다. 스케줄요율이란 손해의 빈도와 정도에 영향을 미치는 위험의 몇 가지 특정에 따라 요율산정 스케줄을 미리 만들어 놓고 각각의 보험의 목적에 대하여 그 스케줄을 기초로 계산하여 사용하는 요율을 말한다. 미국에서는 대향 산업시설에 대한 화재보험에 스케줄요율이 많이 사용되고 있다.

개별요율은 언더라이터의 경험과 판단에 따라 신축적으로 대응할 수 있다는 장점이 있는 반면, 개별요율의 산정에는 전문 언더라이터나 전문요원이 필요하고 매 계약별로 요율산정에 따라 시간과 비용이 많이 소비된다는 단점이 있다.

개별요율의 주요한 단점은 등급별 요율에 비하여 사업비가 많이 소요된다는 것이다. 판단요율의 적용을 위하여 오랜 세월을 통하여 훌륭한 언더라이터를 길러내야 하며 스케줄요율의 적용을 위해서는 보험의 목적에 대한 기술자의 정확한 조사에 의하여 유율산출표가 만들어지기 때문이다.

(2) 등급별 요율(class rates)

광범위한 동질의 위험집단별로 위험을 측정하여 동일한 요율을 적용하는 보험요율이다. 등급별 요율은 위험을 수 개의 동질의 위험단체별로 구분하여 그 등급에 따라 적용하는 요율을 말하는데, 이 요율은 항상 편람(manual)이나 요율서에 명기되어 있으므로 '매뉴얼 요율(manual rates)'이라고도 한다. 이 등급은 손해의 빈도와 심도에 영향을 미치는 일정한 성질에 따라서 명확하게 구분 되어야 한다.

등급별 요율은 요율적용이 간편하고 관련 비용이 저렴하다는 장점이 있는 반면, 요율체계의 단순성과 경직성 및 역 선택으로 인해 동일 등급에 해당하는 전체 계약자에게 정확한 평준화를 도모하기 어렵다는 단점이 있다.

등급별 요율의 주요한 장점은 요율적용의 단순성과 함께 등급별 요율을 사용하는데 상당히 적은 경비가 소요된다는 것이다. 보험료의 계산이 개별요율이나 실적요율제도에서 보다도 숙련되지 않는 사람에 의해서도 빠르게 쉽게 이루어질 수 있다.

그러나 등급별 요율의 주요한 단점은 경직성(inflexibility)에 있다. 위험의 등급을 완전히 동질의 위험집단으로 분류하는 것은 불가능하므로 해당 등급내의 평균가를 기준으로 요율을 정하기 때문에 그 등급에 해당되는 많은 보험계약자들이 너무 높거나 너무 낮은 요율을 적용받게 된다.

이 결과 다음과 같은 두 가지 문제점을 수반하게 된다. 첫째, 선택인수의 문제인데 요율이 어느 한 등급에 속하는 일부에게는 너무 낮고 또 다른 일부에게는 너무 높은 경우에 보험자는 요율이 비교적 높게 적용되는 피보험자들의 위험만을 인수하고, 요율이 낮게 적용되는 피보험자들의 위험은 인수를 거부하여 높은 수익을 얻으려고 함으로써 소비자들의 불평이 삭제된다.

둘째, 첫째 문제 해결을 위하여 요율의 등급을 점차로 과도하게 세분하게 된다는 것이다. 미국의 개인 승용차보험을 예로 들면 1950년대 중엽에는 자동차배상책임보험에 있어서 단지 세 가지의 요율등급만이 존재하였으나 점차 확대되어 현재는 260등급체계를 갖추고 있다.

(3) 실적요율(merit rates)

실적요율은 등급별 요율과 개별 요율을 혼합한 보험요율로서, 할증·할증요율이라고 부르고 있다. 일정 등급에 소속된 보험계약자의 보험요율 산정 시 해당 등급별 기본요율을 먼저 적용하고 그다음 해당 계약자별로 과거 손해 실적 등을 감안한 개별요율을 적용하는 보험요율이다.

실적요율을 결정하는 세 가지 주요한 형태로는 스케줄(산출표)요율산정, 손해율요율산정 및 소급요율산정 등이 있다. 이와 같은 실적요율체계는 다음 두 가지의 주요한 목적을 갖고 있다. 이와 같은 실적요율체계는 다음 두 가지의 주요한 목적을 갖고 있다. 첫째가 보험계약자가 손해방지와 보험료 간에 직접적인 관계를 알 수 있으므로 보험계약자의 손해방지 노력을 촉진하기 위한 것이며, 둘째는 보험계약자의 위험도에 따라 보다 정확하게 보험료를 부과하기 위한 것이다.

스케줄요율결정방법은 보험자가 보험계약자의 미래의 손해율을 평가하여 보험계약자의 어떤 일정한 위험도에 따라 미리 정해 놓은 요율수저스케줄에 의하여 등급별 요율을 가감하여 결정하는 것을 말한다. 이 경우 가감한도는 보통 보험료의 25%가 된다.

손해율요율방법과 소급요율방법은 정해진 공식에 의하여 피보험자의 실적손해율(actual loss experience)을 기초로 하여 결정한다는 점에서는 유사하지만, 요율결정에 반영되는 실적손해율의 해당기간이 서로 다르다. 손해율요율 결정방법에 있어서는 흔히 손해율수정치가 적용되는 보험계약의 1년 전까지의 3년 동안의 과거 실적손해율을 기초로 하고 있는데 반하여, 소급보험료율 방법에 있어서는 일정한 최저보험료와 최고보험료를 정해 놓고 과거의 손해율이 아닌 해당 보험기간 동안에 발생한 손해율을 기준으로 그 보험기간이 종료된 후에 해당 보험기간의 최종보험료가 정산되는 것이다.

〈도해 4-4〉 보험요율의 종류

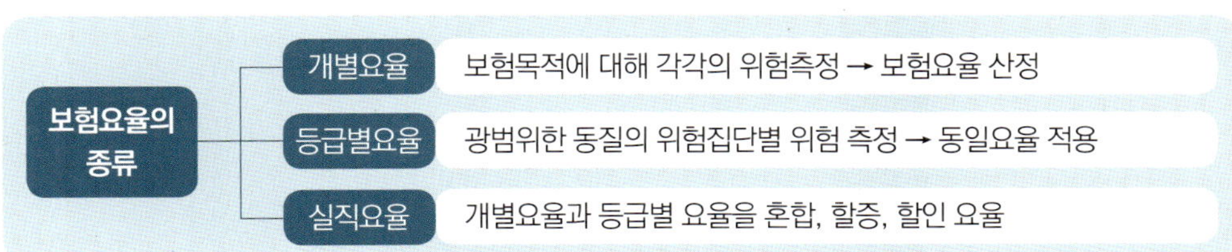

2-3 보험요율의 조정

보험요율은 일반상품의 경우와 같이 제조원가에 의하여 결정되는데, 보험에서 제조원가란 일반상품의 경우와는 달리 정확한 원가계산에 의하여 결정되는 것이 아니고 단지 보험자의 과거의 경험에 의하여 결정되며, 그 과거의 결함이란 주로 일반상품의 제조원가에 해당되는 과거 손해율과 보험자의 사업비 등에 기초를 두고 있다.

이와 같이 보험상품의 생산비는 일반상품과는 달리 보험상품을 판매할 당시에는 정확하게 계산할 수 없다. 보험의 경우에는 다만 과거의 경험에 의하여 앞으로 발생할 보험사고에 대한 가격을 예측하여 결정하게 되므로 만약 과거의 경험을 기초로 한 예측과 다른 결과가 발생하면 보험상품의 가격은 생산비 이상 또는 그 이하가 되어 보험자에게 미치는 영향은 물론 보험소비자에게 미치는 영향도 매우 크다.

이에 따라 보험요율은 일반상품과는 달리 정부의 엄격한 규제를 받는다. 특히 보험료가 정확한 원가 계산이 불가능한 예상가격일 뿐 아니라 장래 손해발생 여부도 불확실하다는 특성 때문에 정부의 통제가 없으면 극심한 보험료 인하경쟁으로 과당경쟁이 발생하여 보험회사의 계약불이행이나 파산을 초래하기 쉽다.

출혈경쟁(cut-throat competition)이라고 부르는 심각한 보험요율의 인하경쟁이 일어날 가능성이 항상 상존하고 있다. 일반상품 가격에 대한 정부의 규제가 담합에 의한 요율인상을 억제하는데 있는 반면에 보험가격에 대한 정부의 규제는 결과적으로 보험회사의 파산을 방지하여 보험금의 지급능력을 유지하도록 과당경쟁에 의한 요율인하를 방지하는데 그 목적이 있다.

우리나라에서는 보험업법상 보험업을 영위하고자 하는 자는 금융위원회의 허가를 받아야 하고, 허가신청서류로서 기초서류 중의 하나인 보험료 및 책임준비금 산출방법서를 제출하여야 한다. 그리고 보험회사가 그 기초서류를 변경하고자 하는 경우에는 미리 금융위원회에 신고하여야 하며, 금융위원회는 기초서로의 변경에 대한 신고의 수리 등을 함에 있어서 필요한 경우에는 금융감독원의 확인을 거치도록 할 수 있다.

2-4 해상보험의 보험요율

해상보험의 보험요율은 일반적인 보험료 산정방법과 마찬가지로 과거의 위험 발생확률을 기초로 한다. 해상보험에서는 그 대상이 되는 보험목적물인 화물, 선박, 운임, 희망이익 등 다양하며 더구나 이들 대상은 정지하고 있는 것은 드물고 끊임없이 이동하고 있고 보험조건도 항해에 기인하거나 부수하여 발생하는 일체의 위험을 포함하고 있다.

선박의 침몰, 좌초, 충돌, 화재 등의 해상고유의 자연적 위험과 도난, 습격, 포획, 투하, 선원의 악행, 폭동, 파업, 등과 같은 인위적 위험 그리고 건조 중의 선박이나 선적전 또는 하역 후의 운송 중의 화물에 대한 위험 등 그 종류가 복잡하다.

그런데 이들 해당 위험에 관한 과거의 통계자료를 완비할 수 있다고 하더라도 근대과학의 발달에 수반하여 조선, 항해기술, 항만설비, 전기통신 그리고 해양기상학 등의 지식기술도 발달하고 있고 새로운 형태의 복잡한 위험도 발생하고 있기 때문에 과거의 해사(海事)에 관한 제반의 통계자료는 해상위험측정의 충분한 기초자료가 될 수 없다. 이 때문에 해상보험의 보험요율의 산정에는 보험자의 경험과 추측에 의한 주관적인 요소에 좌우되어 결정되는 것이 일반적이다.

해상보험의 보험요율은 보험자의 자의적 계산에 의하여 결정된다고 하여도 그 자체에는 한계가 있다. 즉 보험계약자의 보험료 지급능력을 최고 한도로 하고 보험자도 보험급부와 경영비용의 지급을 행한 후에 약간의 기업수익을 부가한 금액을 최저한도로 하여 그 범위 내에서 양 당사자 간의 교섭에 의해 보험요율은 현실적으로 결정되고 있다.

그러나 해상보험은 국제성을 갖는 특성 때문에 국내만이 아니라 국제간에 있어서도 해상보험업자 상호간에 보험요율의 차이가 발생된다. 이것이 동업자 간의 경쟁을 야기하고 보험요율의 인하로 인하여 결과적으로 보험경영의 악화를 가져오는 경우가 종종 있다. 따라서 이 같은 요율경쟁을 회피하기 위하여 보험요율의 협정이 행하여지고 있다.

(1) 적하보험의 요율

적하보험의 요율은 과거의 손해통계나 그것에 기인하는 손해율 이외에 담보위험, 손해보상의 범위, 보험기간도 고려하여 산정되지만 적하보험의 요율은 일반적으로 선박보험보다도 더욱 복잡하다. 즉 그것은 화물의 종류, 성질, 포장, 용기, 적하장소, 항로, 운송구간, 거리, 적재선박, 계절 등 선박보험보다 더 복잡한 위험사정을 고려하여 종합적으로 판단하여 결정하여야 한다.

적하보험에는 외항화물보험과 내항화물보험으로 구별된다. 국제경쟁하에 있는 외항화물보험의 요율정책은 자유요율을 원칙으로 하지만 부당경쟁방지를 위해 제한된 범위 내에서 협정요율이 적용된다. 내항화물보험은 과도한 요율경쟁에 의한 폐해를 막기 위하여 대부분 협정요율을 적용한다.

(2) 선박보험의 요율

선박보험에 관한 요율산정은 객관적 기준과 주관적 기준에 기인하여 각각 적용된다. 객관적 기준은 선박의 종류(구조, 기관, 선령, 트기, 등), 국적, 계절, 및 적하의 종류 등이고 주관적 기준은 선장의 역량 등이다. 이것에 관한 중요한 자료로서 Lloyd 선명록(Lloyd's ship Register)이나 Lloyd 선장명부(Lloyd's captain Register) 혹은 각종의 해난통계와 경험과 각종 자료의 분석을 근거로 종합적으로 보험료가 결정된다.

〈도해 4-5〉 해상보험의 보험요율

해상보험의 보험요율 (보험자의 주관적 요소인 경험 & 추측에 의해 결정)	적하 보험요율	화물의 종류, 성질, 포장, 용기 등 복잡한 위험사정 고려 → 종합적 판단·결정
	선박 보험요율	객관적 기준(선박의 종류, 국적, 계절 등) 주관적 기준 (선장의 역량) → 종합적 판단·결정

Chapter V 피보험이익

1. 피보험이익의 의의

1-1 피보험이익의 개념

피보험이익이란 보험목적물이 멸실 또는 손상됨으로써 손해를 입게 되는 특정인과 그 보험목적물 사이에 존재하는 이해관계로 인한 재산상의 손해를 보상받을 수 있는 이익을 의미한다. 보험은 선박이나 화물 같은 보험목적물 자체를 보호하는 것이 아니라 보험목적물과 재산상의 이해관계를 가지는 이익을 보호한다. 따라서 보험계약자는 보험목적물과 이해관계가 있으므로 불확실한 미래의 사고로 인한 손해를 자신이 입을 가능성이 있게 되므로 이에 대비하여 보험에 가입하는 것이다.

보험의 목적은 특정의 경제주체가 보험목적물에 대하여 갖고 있는 경제적 이해관계, 즉 피보험이익을 보호하는 것이다. 피보험이익의 존재를 부정하는 것은 곧 보험의 목적을 부정하는 것이므로 보험계약이 체결되기 위해서는 피보험자는 반드시 피보험이익을 가져야 한다. 만약 피보험자가 피보험이익을 갖고 있지 않거나 또는 이를 취득할 전망이 없는데도 불구하고 보험계약을 체결한다면 그러한 계약은 무효로 간주된다.

Tip 보험의 목적과 보험계약의 목적

보험의 목적 (subject-matter Insured)이란 보험사고 발생의 객체가 되는 것, 즉 위험의 발생으로 인하여 멸실하거나 손상을 입는 재화를 말한다. 이를 피보험목적물이라고도 한다. 해상보험증권으로 보호받는 보험의 목적에는 ①선박(ship), ②화물(goods), ③운임(freight), ④이윤 및 수수료(profits and commission), ⑤급료(wages), ⑥선주의 화주에 대한 책임(the liability of a shipowener to the owner of the cargo), ⑦대부금, 선대금 및 선비(loans, advances and disbursements) 등이 있다. 이에 대하여 보험계약의 목적(subject of insurance)이란 보험에 의해서 보호를 받는 대상을 말한다. 보험의 목적이 화물이나 선박 등 재산 그 자체를 의미하는 것임에 반하여, 보험계약의 목적은 그 재산에 대해서 가지는 이해관계 즉 피보험이익이라고 할 수 있다.

〈도해 5-1〉 피보험이익의 개념

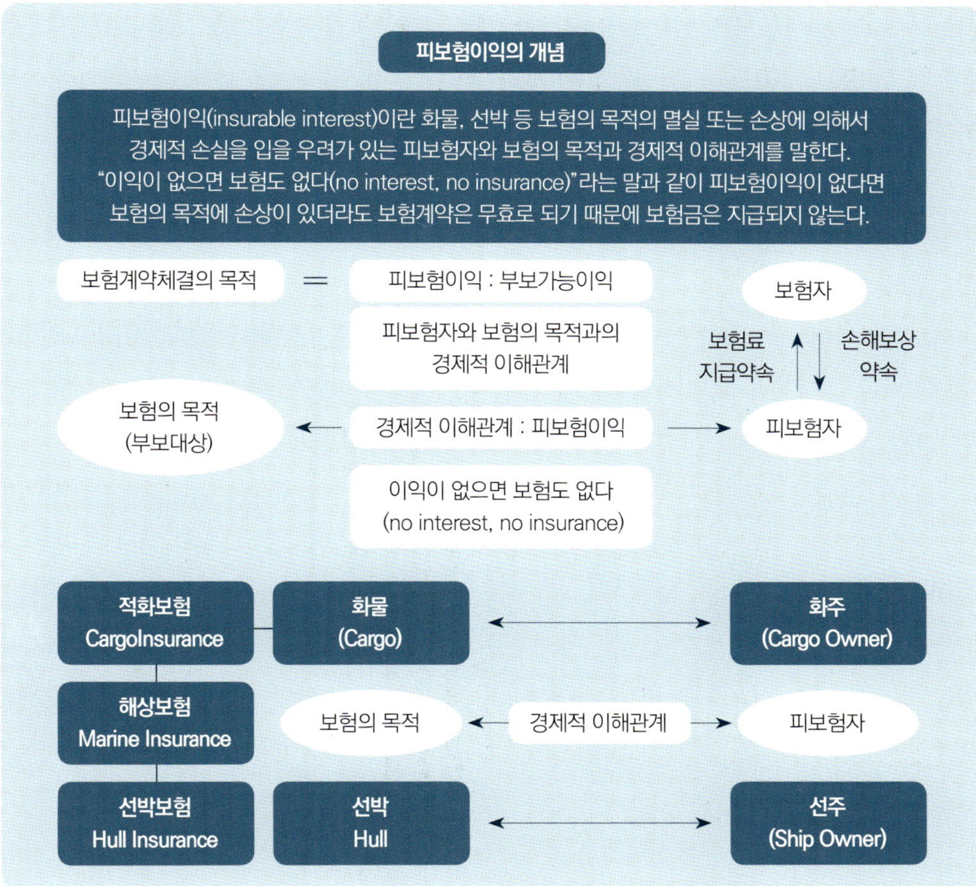

1-2 피보험이익의 요건과 존재시기

(1) 피보험이익의 요건

이익이 없으면 보험이 없다』(No interest, No insurance)라고 하는 법언이 뜻하는 바와 같이 피보험이익의 요건을 충족하지 못하는 보험계약은 무효(void)이다. (MIA 제4조) 보험계약이 유효하게 성립하기 위하여 피보험이익은 반드시 다음의 요건을 갖추어야 한다.

① 경제성

보험사고가 발생한 때에 보험자가 보상하는 급부는 경제적인 급부이므로 보험급부에 의하여 취득할 수 있는 이익도 경제적인 이익이어야 한다. 경제적 이익이란 이익이 객관적인 재산적 가치를 가지는 것으로서 금전으로 산정할 수 있는 이익을 말한다.

② 합법성

피보험이익이 보험계약상의 보호를 받기 위하여 적법한 것이어야 하며, 강행법규정에 위반되거나 공서양속 기타 사회질서에 어긋나는 것이어서는 안 된다. 따라서 공서양속에 위반되는 서적, 밀수행위, 도박, 탈세 등에 관련한 이익은 피보험이익이 될 수 없다.

③ 확정성

피보험이익은 보험사고가 발생할 때까지는 보험계약의 요소로서 확정하거나 확정할 수 있는 것이어야 한다. 즉, 보험사고 시 피보험이익의 존재가 인식되어야 하고 또 그 이익의 귀속주체가 확정되어야 한다. 일반적으로 피보험이익은 피보험자가 보험계약 체결 시에 가지고 있어야 한다.

그러나 해상보험에서는 국제적인 상거래관습에 따라 예외가 발생하므로 영국해상보험법에서는 "보험계약을 체결할 당시에는 이해관계를 가질 필요는 없지만 보험사고가 발생한 시점에서 이해관계를 가지고 있어야 한다." 라고 규정하고 있다. 따라서 해상보험에서는 늦어도 사고발생 시점에는 피보험이익을 가져야 한다.

〈도해 5-2〉 피보험이익의 요건

합법성		경제성		확정성
법규성을 위반하지 말아야 함 Ex) 마약, 밀수 등	▶	재산적 가치를 가지는 것으로 금전적(money)으로 환산 가능해야 함	▶	피보험이익의 존재 및 그 귀속이 확정되어져야 함

(2) 피보험이익의 존재시기

피보험자는 보험계약 체결 시에 보험의 목적에 대하여 피보험이익이 꼭 존재할 필요는 없지만, 최소한도 손해발생 시에는 피보험이익을 갖지 않으면 안 된다. (MIA 제6조 : 피보험이익의 존재시기: When interest must attach) 따라서 보험계약 체결 시에는 피보험이익이 없다 하더라도 적어도 손해발생 시까지 이를 취득할 수 있으면 그러한 손해에 대하여 보험자로부터 보상받을 수 있게 된다.

또한 보험의 목적이 '멸실 여부를 불문함' (lost or not lost)이란 조건으로 보험에 가입되는 경우에는 피보험자는 손해발생 후까지 피보험 이익을 취득하지 않아도 손해를 보험자로부터 회수 할 수 있다. 그러나 보험계약 체결 시 피보험자가 손해발생사실을 알고 보험자가 몰랐을 경우에는 그러하지 아니하다. 피보험자는 손해발생사실을 알고 난 후에는 여하한 행위나 선택에 의해서도 이익을 취득할 수 없다. 한편 보험자가 그 손해의 발생사실을 알고서도 위험을 인수했다면 보험자가 그 손해를 특별히 면책으로 하지 않는 한 보험자에게 책임이 있다.

Tip "Lost or not lost"의 도입취지

선박이나 화물에 대한 확실한 최근의 정보 없이 보험계약이 체결되는 경우에, 보험계약이 체결되기 전에 선박이나 화물이 멸실되었다면, 피보험자의 이익은 존재하지 않게 되므로 피보험자가 손해의 발생사실을 모르는 상태에서 선의로 계약을 체결한 경우에 보험계약에 의해 보상받을 수 없게 된다. 이러한 결과를 피하기 위하여 "lost or not lost"를 해상보험증권에 도입하였다.

2. 피보험이익의 분류

피보험이익은 보험의 목적과 피보험자와의 이해관계의 발생이유와 참여관계여하에 따라 여러 가지로 분류할 수 있다. 그중에서 일반적으로 분류되는 재산의 측면에서 나누면 적극적 재산에 관한 이익과 소극적 재산에 관한 이익으로 나눌 수 있다.

원래 적극적 재산 및 소극적 재산이라고 하는 개념은 부기학에서 사용되는 것인데, 부기학에서 자산과 관계되는 것은 전부 적극적 재산이라고 하고 부채와 관계되는 것은 소극적 재산이라고 하고 있다. 이러한 개념에 의해 해상보험에서 피보험이익의 분류를 시도한 것이 적극적 재산에 관한 이익과 소극적 재산에 관한 이익이다.

적극적 재산에 관한 피보험이익은 재산을 대상으로 하는 것이지만, 그 손해는 현재 소유하는 재산이 해상위험으로 인하여 멸실 또는 감소되거나 또는 장래에 재산을 취득할 기대가능성이 해상위험으로 인하여 저지되는 것으로써 이해관계 발생이유에 따라 소유자이익, 담보이익, 대상이익, 수익이익 등이 있다.

소극적 재산에 관한 피보험이익은 해상보험의 목적에는 참여하지 않고 해상위험의 발생 결과, 피보험자의 전 재산으로부터 실제상 또는 법률상 불가피하게 지출되는 피보험자의 부채로서 손해배상책임부담 또는 비용지출의 형태로 나타나는 책임이익, 비용이익 등이 있다.

2-1 적극재산에 관한 이익

① 소유이익

보험의 목적의 소유권을 가지는 사람의 이익이다. 이를테면 선주가 선박, 속구에 관하여 또 화주가 화물에 관하여 가지는 이익을 의미한다. 다만 이러한 경우의 소유권은 사용, 수익, 처분하는 권리를 모두 포함하는 것은 아니고, 실질적으로 유체물을 처분하여 그 교환가치를 실현하는 처분권을 가리키는 것이기 때문에 소유자 이익을 처분이익이라고도 한다.

보험의 목적이 다른 물권 또는 채권에 의해 제한을 받지 않는 경우에 소유자이익은 가장 명백한 형태를 취하지만 만약 이러한 물권 또는 채권에 의해 제한을 받는 경우가 있더라도 소유권자는 이익을 잃는 것이 아니다. 이를테면 보험의 목적인 선박에 저당권이 설정되어 있을 때 선주가 저당권에 의해 법률상 제한을 받고 있는 경우라 하더라도 선주가 선박에 대하여 소유자이익을 가지는 것은 전혀 지장이 없다. 이 경우 선주와 저당권자는 각각 고유의 피보험이익이 인정되며 하나의 보험의 목적에 서로 다른 이익이 병존하게 된다. 선주가 임대차계약에 의해 선박을 임대한 경우에도 마찬가지로 실제로 선박을 사용 관리할 수 없다고 해도 선주는 소유자이익을 침해 받지 않는다.

그러나 보험의 목적의 소유자는 원칙적으로 소유자이익이 인정되지만 소유자가 반드시 해당보험의 목적에 소유자이익을 가진다고는 말할 수 없다. 보험의 목적의 위험부담은 그 소유자에게 귀속하는 것을 원칙으로 하지만 소유권이 위험부담과 동시에 이전되지 않는 경우가 있다. 이를 테면 정형무역거래조건 중에서 FOB 조건과 C & F 조건에 의해서 화물이 매매되어 위험부담은 화물이 본선에 선적될 때 매도인으로부터 매수인에게 이전되는 것에 반해, 소유권은 선하증권을 포함한 선적서류와 교환하여 대금이 결제된 후에 이전되는 것으로 위험부담과 소유권은 동시에 이전되지 않는다. 이 경우에 위험부담자인 매수인이 그 화물에 대해서 가지는 피보험 이익은 위험부담이익이라고 한다.

화물의 본선선적 이후 위험부담은 매수인에게 이전되는 것이지만 만약 매수인이 운송화물의 인수거절이나 대금지급불능 혹은 대금지급거절을 하게 되면 매도인에게 막대한 손해를 가져다 줄 것이다. 이러한 예측할 수 없는 사태에 대비하는 방법으로 매도인은 미필이익보험 (contingency insurance)를 이용하게 되었다. 미필이익보험이라 함은 매수인이 어음할인의 인수·지급을 이행할 때까지 일단 매수인에게 이전되어 있던 화물의 위험부담을 다시 매도인에게 이전하여 매도인이 보험에 가입함으로써 이 기간 중에 발생하는 위험에 의한 손해를 보험자로부터 보상받는 것이다.

② 담보이익

보험의 목적에 대해 질권, 저당권 등의 담보물권을 가지는 사람이 채권의 변제를 확보하기 위하여 채권자의 선박·화물 기타 해당재산을 담보로 할 때에 담보권자가 이들 해당재산에 대하여 가지는 이익을 담보이익이라고 한다. 이를 테면 선박을 담보로 하여 자금을 대부하여 준 금융기관은 채권액을 한도로 담보이익을 가지는 것이다.

담보권자의 채권이 물적 유한책임의 채무에 관한 담보이익을 가지는 경우, 예를 들면, 항해 중에 공동해손 손해나 해난구조가 행해졌을 경우에 하주 등은 구조된 화물을 근거로 공동손해분담금이나 구조분담액을 지급할 의무가 있다. 따라서 이 경우 하주는 물적 유한책임을 지는 데 불과함으로 공동해손 분담금 또는 구조료분담액을 하주로부터 회수할 수 없는 위험에 대해서 손해를 입은 채권자는 이들의 채권액을 한도로 하여 담보이익을 가진다.

담보권자는 담보이익에 대하여 채권액을 한도로 단독으로 보험에 가입할 수 있지만, 일반적으로 채무자인 보험의 목적의 소유권자가 가지는 보험금청구권을 보험자의 동의를 구하는 방법으로 담보권자에게 양도하여 이를 보호하고 있다. 이런 방법으로 담보권자는 보험료의 지급은 면하기 때문에 그만큼 보험료를 절약할 수 있다. 그러나 소유권자가 체결한 보험계약에 있어서 고지의무위반 또는 보험료지급 불이행으로 인해 보험계약이 해지되는 경우가 있을 수 있기 때문에 이런 위험을 회피하기 위해 담보권자가 직접 계약체결에 의해 보험적 보호를 받을 수 있다. 영국 해상보험법에서도 "저당권자 또는 보험의 목적에 피보험이익을 갖는 기타의 사람은 자신을 위해서나 또는 이해관계를 갖는 타인을 위해서도 피보험이익을 보험에 가입할 수 있다." 라고 규정하고 있다.

③ 사용이익

사용이익은 보험의 목적을 사용하는 사람이 그 목적물을 사용함으로 생기는 경제적 이익에 관한 피보험이익을 의미한다. 이것은 보험의 목적의 소유권이 사용자에게 귀속하는지 여부와 그 사용이 법률적 관계에 기인한 것인가, 아니면 사실관계인가를 문제 삼지 않는다. 보험의 목적이 소유자가 사용이익을 가지는 경우도 있을 수 있으나 대개는 타인의 소유물을 사용하는 자의 이익을 가리킨다. 이를테면, 해상보험에서 선박임차인이 그 사용선박에 대하여 가지는 임차권의 이익이 가장 전형적인 것이다.

④ 수익이익

수익이익이란 보험의 목적으로부터 기대할 수 있는 수익을 대상으로 하는 이익이다. 수익이익은 보험의 목적의 소유자가 스스로 기대할 수 있는 경우와 타인의 소유물로부터 기대할 수 있는 경우 두 가지가 있다. 이를테면 전자에 속하는 수익이익으로는 선박소유자가 항해완료 후 취득하는 운임이나 선박을 제3자에게 빌려주고 그 대가로 받는 임대료, 또는 화주가 화물을 매각함으로써 기대할 수 있는 희망이익 등이다. 후자의 경우는 선박임차인, 하역업자, 화물중개인 등 타인의 소유물을 통해 수익을 기대할 수 있는 것으로, 즉 선박임차인은 재운송계약에 의해 취득하는 운임, 하역업자는 화물의 하역완료 후 기대할 수 있는 하역운임, 화물중개인이나 도매상은 화물이 무사히 도달하는 것을 전제조건으로 하여 취득할 수 있는 보수수수료나 구전에 대하여 각각 수익이익을 가진다. 따라서 수익이익의 피보험자는 보험의 목적에 대하여 운송, 임대, 매매, 중개 등이 이해관계에 따라 운송임, 임대료, 희망이익, 보수수수료 등의 이익을 가질 수 있다.

⑤ 대상이익

대상이익이란 투자적 지출로써 비용을 투입했음에도 불구하고 대상(代償)을 얻지 못하고 낭비된 일정비용에 대한 이익이다. 이를테면, 선주가 연료, 식료품, 소모품 구입비용, 선원의 급료, 선박보험료 등 선비 (disbursements)를 지급했음에도 불구하고 해상위험의 발생으로 착불 운임을 취득할 수 없는 경우 또는 화주가 결정적 선불운임을 지출했음에도 불구하고 해상위험의 발생으로 희망이익을 얻을 수 없는 경우에 이러한 선비와 선불운임에 대해 가지는 피보험이익이 대상이익이다.

그러나 선비 및 결정적 선불운임은 피보험이익 개념으로 대상이익에 해당되며 보험에 부보할 수 있는 가능성이 있지만, 실무적으로는 선박보험과 화물보험에 각각 포함되어 있다. 선비는 선박보험으로 가입되어 선박보험의 일부를 구성하고 또 결정적 선불운임은 화물의 원가를 상승시키는 결과를 가져오기 때문에 화물보험의 가액에 포함시켜 부보되고 있다. 다만 이러한 비용들은 사전에 결정적으로 미리 지급되고 또 사고의 발생여부를 불문하고 지급된다는 점에서 해상위험의 발생에 의해서 사후적으로 지출되는 비용을 대상으로 하는 비용이익과는 다르다.

〈도해 5-3〉 피보험이익의 종류 I

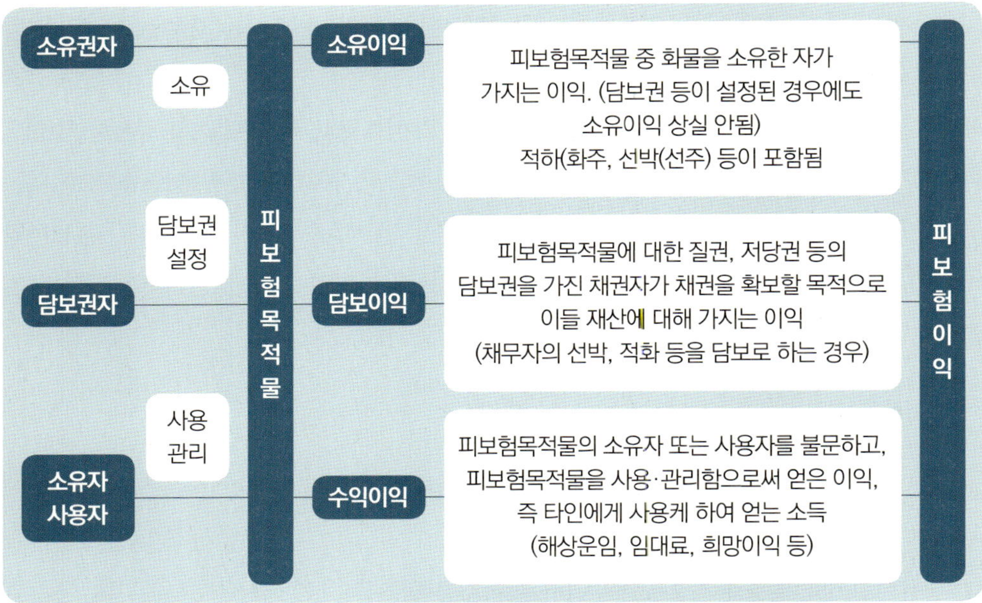

2-2 소극재산에 관한 이익

① 비용이익

보험의 목적에 해상위험이 발생함으로써 피보험자가 부득이 비용을 지출하게 된 경우의 피보험이익이 비용이익이다. 이를테면, 해난 때문에 불가피하게 지급하는 손해방지비용, 구조료, 손해조사비용, 환적을 필요로 하는 경우의 환적 제비용, 항해의 지연으로 말미암아 추가로 더 지출되는 선원의 급료, 식료품, 연료 또한 전쟁이나 스트라이크 발생에 의해 여분으로 지급해야 하는 항해비용 등의 피보험이익이 비용이익이다.

② 책임이익

책임이익은 피보험자가 해상위험의 발생으로 말미암아 제3자에게 손해를 주었을 경우에 손해배상 및 일정한 급부를 부담해야 할 책임의 피보험이익이다. 그 책임의 부담은 법률상의 책임인가, 계약상의 책임인가를 불문한다. 이를테면, 선박이 충돌한 경우 타선박의 선주 또는 화주에 대한 손해배상책임, 공동해손 분담책임의 피보험이익이 책임이익이다.

그런데 책임이익은 손상된 재산의 손해한도액을 예측여부에 따라 일반배상책임과 특정배상책임으로 구별한다.

ⓐ 일반배상책임

일반배상책임이란 손상되는 재산의 손해한도액을 예측할 수 없는 경우의 책임이다. 이러한 종류의 책임이익으로는 선박충돌의 경우, 가해선주가 피해선박의 선주 및 화주에 대하여 부담하는 선박충동 손해배상책임이 이에 해당된다. 일반배상책임은 책임발생의 대상을 특정할 수 없기 때문에 대개 보험가액을 확정하는 것이 곤란하므로 보험가액의 확정을 전제로 하는 일부보험, 초과보험 및 중복보험에 관한 문제가 생기지 않는다.

ⓑ 특정배상책임

특정배상책임은 손상되는 재산의 손해한도액을 미리 예측할 수 있는 경우의 책임이다. 이를 테면 타인의 화물을 보관하는 보관자의 배상책임 또는 공동해손 희생·비용에 의해 보험의 목적을 보존할 수 있었던 공동해손 분담 의무자가 그 희생·비용을 지출한 공동해손 분담 청구권자에 대해 부담해야 할 공동해손 분담책임 등이 여기에 포함된다. 이 경우에는 피보험자의 배상책임한도액의 최고한도가 확정되어 있기 때문에 보험가액도 또한 확정된다. 따라서 보험가액을 전제로 하여 생기는 일부보험, 초과보험 및 중복보험에 관한 원칙의 적용을 받으므로 일반배상책임과는 그 성징이 다르다.

③ 현존이익과 기대이익

피보험이익은 이미 취득되고 있는 재산에 관한 것이냐 아니면 아직 취득 되지 않는 재산에 관한 것이냐에 따라서 분류될 수 있다. 이 때 전자를 현존이익이라 하고, 후자를 기대이익이라 한다. 현존이익이란 현존하는 재산의 가치감소나 소멸에 의해서 손해가 발생하는 경우를 말하며, 기대이익이란 그 손해가 재산의 취득불능 혹은 가치가 감소된 재산의 취득 형태로 발생한다. 기대이익 중에서 재산의 취득이 장래 어떤 조건과 관련되어 있는 이익을 미필이익이라 한다. 예를 들면, FOB조건으로 계약이 성립하여 화물이 선적되었음에도 불구하고 수입상이 어떤 이유로 선적서류를 인수해 가지 않기 때문에 화물의 위험이 선적 시로 소급하여 수출상에게 돌아가고 수출상이 무보험상태에 놓여질 때에 발생하는 피보험이익을 미필이익이라 한다. 이 같은 미필이익을 담보하는 보험을 미필이익보험 (contingency insurance) 이라 한다.

〈도해 5-4〉 피보험이익의 종류 Ⅱ

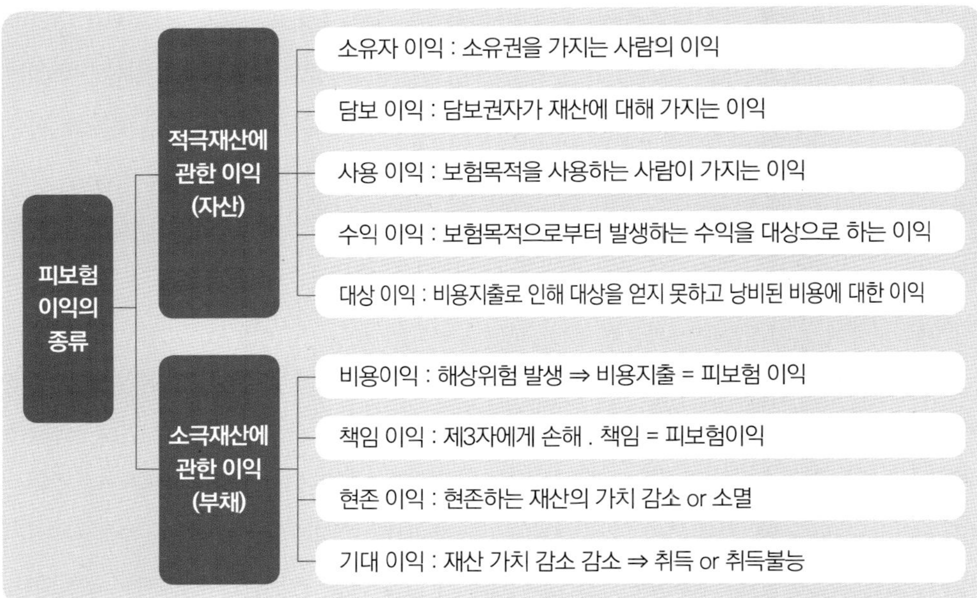

Tip 무역조건과 피보험이익

FOB(Free on Board)& C&F(Cost & Freight)인 경우 Incoterms(무역거래조건에 대한 국제규칙)에 따르면 수출입상간의 화물에 대한 위험분기점을 화물이 본선에 적재한 시점으로 규정하고 있다. 따라서 피보험이익이 이전되는 시점이 본선 적재 이후이다.

따라서 수출상창고에서 본선에 적재 전까지의 위험은 수출상에게 있으므로 사고발생시 피보험이익이 없기 때문에 수입상은 보험에 부보할 수 없다.

수입상은 무역조건을 공장인도조건(Ex Works) 또는 창고 인도조건(Ex Factory)으로 체결하여 수출상의 공장이나 창고를 출발할 때부터 피보험이익을 취득하기 때문에 보험에 부보할 수 있다.

3. 피보험이익의 평가

3-1 보험가액

보험가액(insurable value)은 피보험이익을 금전으로 계산한 가액 또는 경제적 가치로써 사고가 발생할 경우 피보험자가 입게 될 경제적 손실의 최고한도액을 말한다. 손해보험은 이익금지의 원칙에 따라 피보험이익의 가액 이상으로 손해보상을 하는 것이 아니다. 따라서 보험가액은 보험자가 보상할 최대한의 손해액이며 법률상 보험자의 보상책임에 대한 최고한도를 나타내는 것이다 따라서 당사자 간에 약정하는 보험금액은 보험가액을 초과할 수 없음이 원칙이다.

보험금액(insured amount)은 보험자가 보험사고에 대하여 부담하는 보상책임의 최고한도액으로서 보험계약자가 실제로 보험에 가입한 금액을 말한다. 당사자 간에 약정하는 보험금액은 보험가액을 초과할 수 없다.

(가) 법정보험가액

보험가액의 산정은 사고발생시점에서의 객관적인 사실에 기초하므로 보험가액의 평가방법을 손해가 발생한 때와 장소에 따라 그 가액을 산정하도록 법률로 규정한 것을 법정보험가액이라고 한다. 법정보험가액은 보험계약이 체결되어 당사자 사이에 피보험이익의 평가에 대하여 아무런 평가를 하지 아니함으로 미 평가보험이라고 한다.

(나) 협정보험가액

법정보험가액은 법률로 보험가액의 평가방법을 규정하고 있지만 실제로 보험기간의 시기(始期) 또는 선적시의 가액이 얼마인지를 정확히 평가하는 것도 쉬운 일이 아니고 또한 피보험이익인 선박과 적하는 시간적으로 항상 움직이고 있어 보험가액측정이 어렵기 때문에 보험계약을 체결할 때 계약당사자가 상호 협정하여 일정액을 보험가액으로 인정하는데 이를 협정보험가액(agreed insurable value)이라 한다. 협정보험가액으로 체결된 보험계약을 당사자 사이에 미리 피보험이익의 가액에 대하여 합의가 이루어진 보험이라고 하여 이를 기평가보험이라고도 한다. 해상적하보험에 있어서의 협정보험가액은 보통 CIF가격에 10%의 희망이익을 가산한 것으로 한다.

3-2 보험금액

보험금액(insured amount)은 보험자가 보험사고에 대하여 부담하는 보상책임의 최고한도액으로서 보험계약자가 실제로 보험에 가입한 금액을 말한다. 당사자 간에 약정하는 보험금액은 보험가액을 초과할 수 없다.

도해 〈5-5〉 보험가액과 보험금액

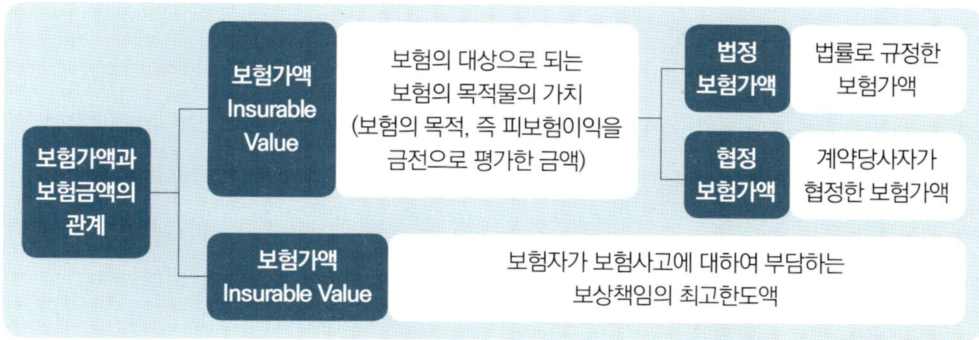

도해 〈5-6〉 피보험이익과 보험가액 및 보험금액의 관계

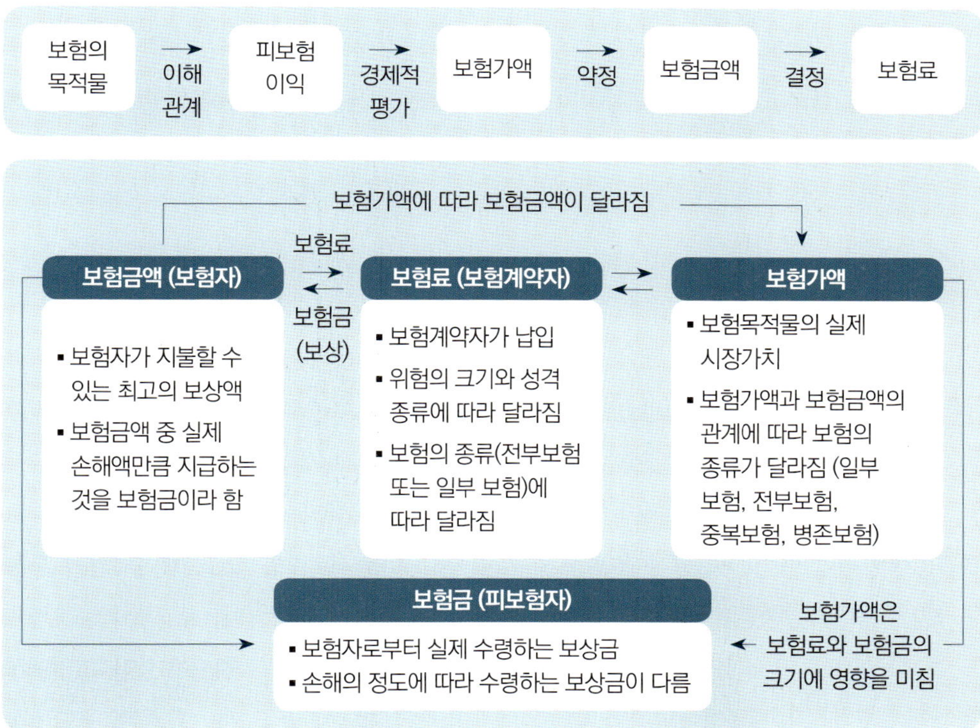

3-3 보험가액과 보험금액의 관계

(가) 전부보험(full insurance)

보험금액이 보험가액과 동일한 경우의 보험을 전부보험이라 한다. 전부보험의 경우가 이상적이며 보험자로부터 실손해를 보상받을 수 있다.

(나) 일부보험(Under insurance)

보험금액이 보험가액보다 적은 경우의 보험을 일부보험이라 한다. 일부 보험의 경우 피보험자는 보험사고로 인한 보험목적의 손해에 대하여 보험금액의 보험가액에 대한 비율에 따라 비례보상을 받게 된다. 보험금 산출은 아래의 공식에 따라 결정된다.

$$\text{보험금} = \text{손해액} \times \frac{\text{보험금액}}{\text{보험가액}}$$

(다) 초과보험(Over insurance)

일부보험과는 반대로 보험금액이 보험가액을 현저하게 초과하는 경우의 보험을 초과보험이라 한다. 초과보험은 보험계약 체결당시에 발생할 수도 있고 계약체결 이후에 물가의 변동으로 발생할 수도 있다.

초과보험이 성립하려면 첫째, 보험금액이 보험가액을 현저하게 초과하여야 한다. 여기에서 '현저하게'란 사실문제로서 사회거래의 통념에 따라 결정하여야 할 문제이다. 둘째, 초과보험 여부를 결정하는 보험가액의 산정 시기는 평가가 필요한 때이다. 그러므로 어느 시점에서 물가의 하락 등으로 보험기간 중에 보험가액이 현저하게 감소하게 되면 그때의 가액을 기준으로 산정한다.

선의의 초과보험이 발생하였을 경우는 보험자 또는 보험계약자는 보험료와 보험금액의

감액을 청구할 수 있다. 그러나 보험계약자의 사기로 말미암아 초과보험계약이 체결된 경우에는 초과부분 뿐만 아니라 계약자체가 무효가 된다. 따라서 계약이 사기에 의해 체결된 경우에는 보험사고가 우연하게 발생했다고 하더라도 보험금은 전혀 지급되지 않는다.

〈도해 5-7〉 보험가액과 보험금액의 관계에 따른 보험의 종류

보험가액 US$ 10,000	보험금액 US$ 10,000	전부보험
	보험금액 US$ 8,000	일부보험
	보험금액 US$ 15,000	초과보험

(라) 공동보험(Co-insurance)

동일한 피보험이익(보험계약의 목적)을 2인 이상의 보험자에게 그 일부씩 보험에 가입함으로써 그 보험금액의 합계액이 보험가액을 초과하지 않는 경우의 보험을 공동보험이라 한다. 이 경우 각 보험자로부터는 일부보험의 원칙에 따라 보상받으나 총 보험금은 전부보험과 동일하게 된다.

(마) 중복보험(Double Insurance)

동일한 피보험이익에 대하여 보험기간을 공통으로 하는 2개 이상의 보험계약을 체결하고 그 보험금액의 합계액이 보험가액을 초과하는 경우를 중복 보험이라고 한다. 중복보험의 경우 피보험자는 자기가 적당하다고 생각하는 순서에 따라 각 보험자에게 보험금을 청구할 수 있으며, 각 보험자는 보험계약상 자기가 부담하는 금액의 비율에 따라 비례적으로 손해를 보상할 의무를 진다.

그러나 여하한 경우에도 각 보험자가 부담하는 보험금의 합계가 보험가액 (보험금액이 아님)을 초과할 수 없다(MIA 제32조)

중복보험의 요건은 첫째, 동일한 피보험이익에 대한 것이고. 둘째, 담보위험이 동일하고

셋째, 보험기간이 동일 또는 중복되어야 하고 넷째, 수 개의 보험계약을 다수인의 보험자와 체결이 이루어지고 다섯째, 보험금액의 합계액이 보험가액을 초과하여야 한다.

공동보험과의 구분은 공동보험은 여러 명의 보험자가 하나의 보험목적에 대해 공동으로 위험을 인수하는 것으로서 계약자체가 하나라는 점에서 여러 명의 보험자와 여러 개의 보험계약이 체결되는 중복보험과 구분된다. 또 중복보험은 보험금액의 합계액이 보험가액을 초과해야 하고 보험자 간의 연결 없이 체결되나 공동보험은 그렇지 않다는 점에서 차이가 있다.

〈도해 5-8〉 공동보험과 중복보험

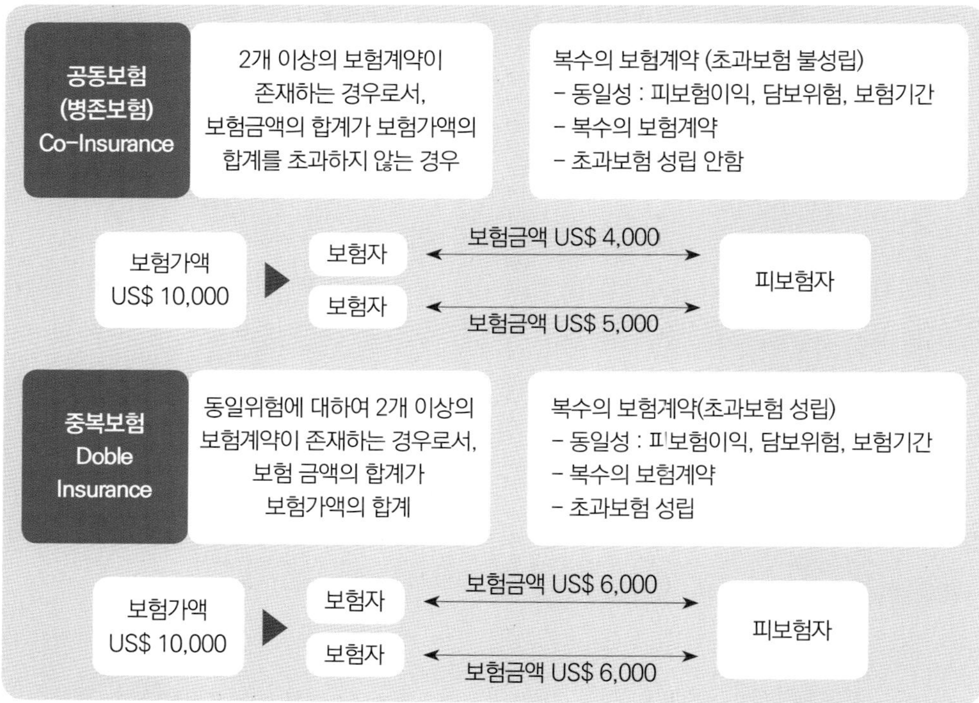

3-4 보험료와 보험금

(가) 보험료(premium)

보험자의 위험부담에 대한 보험계약자가 지급해야 하는 금전적 대가를 말한다. 즉 보험자가 위험인수의 약속에 대한 대가로 받는 약인(consideration)을 보험료라고 부른다. 보험료산출은 보험금액에서 보험요율을 곱하면 된다. 보험요율은 경험적 수치의 통계적 방식에 의하여 확률계산방식에 따라 산정된다. 우리나라의 보험요율의 산정방법은 대체로 법률이나 법령에 따라 결정되기 때문에 공적 협정요율에 따른다.

일반적으로 위험의 크기와 성격종류에 따라 보험료의 차이가 있고 전부보험 또는 일부보험에 따라 보험료가 달라진다.

보험료의 지급의무와 보험자의 증권발급의무는 동시조건이며, 보험자는 보험료의 지불 또는 보험료의 변제의 제공이 있을 때까지는 보험증권을 발급할 의무를 지지 않는다. (MIA 제52조)

(나) 보험금(claim amount)

담보위험에 의한 손해발생시 보험자가 피보험자에게 지급하는 손해보상금액을 말한다. 손해보상은 실손 보상의 원칙에 따라 보험금액을 한도로 보상이 이루어진다.

보험중개인은 보험료의 지불에 대하여 보험자에게 직접책임을 지지만, 보험자는 손해에 대한 보험금 또는 환급보험료에 관해 지급해야 할 금액에 대하여 피보험자에게 직접적인 책임이 있다. 보험료가 환급된 경우에는 직접 피보험자에게 환급된다.

〈도해 5-9〉 보험료와 보험금

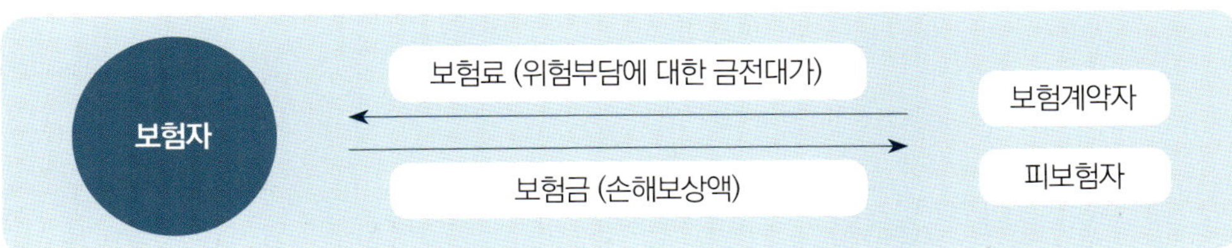

Chapter Ⅵ 해상위험

1. 해상위험의 의의

1-1 해상위험의 개념

영국해상보험법에서는 해상위험(maritime perils)을 일반적으로 항해에 기인하거나 항해에 부수하여 발생하는 위험이라고 규정하고 있다. 즉 해상위험은 항해를 계기로 발생하는 위험이며 항해에 한정되는 것이 아니라 항해에 부수하는 위험도 포함한다. 항해에 기인하는 위험은 해상고유의 위험으로 해상에서만 발생하는 위험을 말한다. 그리고 항해에 부수하여 발생하는 위험은 해상고유의 위험 이외의 위험으로 항해를 하지 않더라도 발생할 수 있는 위험이다. 이를 테면 화재, 선장 또는 선원의 악행, 전쟁, 해적행위, 강도 등의 위험을 말한다.

〈도해 6-1〉 해상위험의 개념

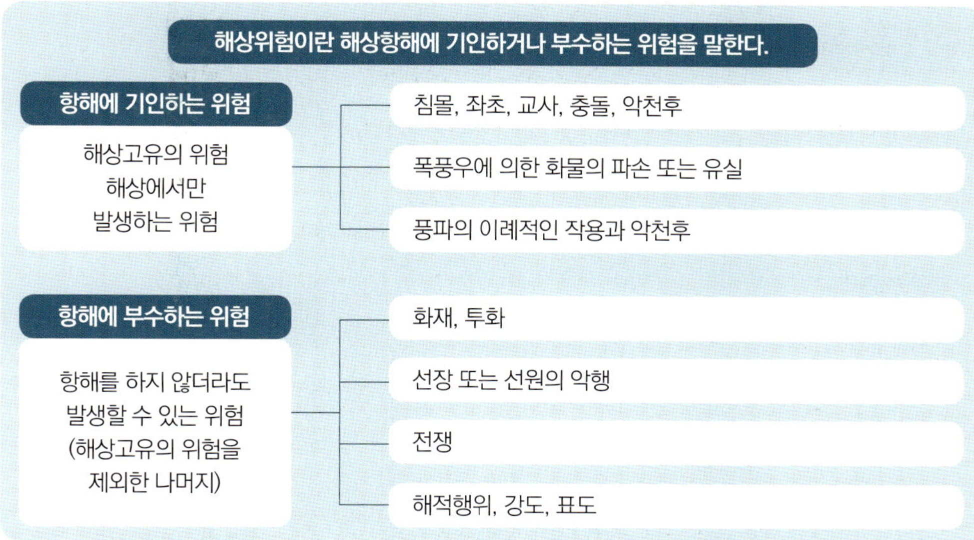

해상위험은 위험 발생의 기회를 항해로 하거나 위험 발생의 장소를 해상으로 하는 것을 원칙으로 하기 때문에 해상보험계약에 있어서 보험자가 부담할 수 있는 위험은 해상보험의 대상이 되는 위험이어야 한다. 해상보험계약에서 실제로 보험자가 담보하는 해상위험의 범위에 관하여는 계약의 내용을 이루는 보험약관에서 정하고 있다.

해상위험은 자연적인 위험과 인위적인 위험으로 구별할 수 있으며 자연적인 위험의 대표적인 것으로 해상고유의 위험(perils of the seas)이 있다. 해상고유의 위험이란 해상에서의 우연한 사고 또는 재난으로 침몰, 좌초, 교사, 충돌, 악천후 등 해상에서만 발생하는 위험을 의미한다. 구체적으로 풍파의 작용에 의한 난파, 침몰, 좌초, 교사(膠沙), 촉초(蜀椒), 충돌, 그 밖에 풍파에 의한 적하의 손해, 적재선박의 행방불명 등과 같이 바다에서만 발생하는 위험이다. 그러므로 물품의 운송 중에 발생한 위험이 해상 이외의 장소에서도 발생할 수 있는 것이라면 해상위험이 되는 것이다. 그런데 해상고유의 위험에 해상의 우연한 사고 또는 재난을 포함시키지만 풍파의 통상적인 작용은 제외한다. 이와 함께 육상에서 일어나는 위험과 달리 해상에서 일어나는 유사한 위험에 대한 특수한 위험형태로서 해상위험도 있다. 예컨대 화재, 해적, 강도, 투하, 억지 및 선원의 악행 등의 경우이다.

1-2 해상위험의 종류

(1) 자연적인 위험

① 침몰 및 전복

해상고유의 위험에 해당하는 침몰(沈沒; sinking)은 선박이 부력을 상실하고 수중에 가라앉아 항해가 불가능한 상태를 의미한다. 이는 우연적으로 발생한 것이어야 하며 선박의 운반능력 이상으로 선적하여 부력을 상실하고 침몰한 것은 예외이다. 또한 선박의 불내항성에 기인한 침몰도 제외된다.

침몰은 심몰과 천몰로 구분된다. 심몰(深沒; foundering)은 심해에 가라 앉아 구조가 불가능한 상태로서 현실전손으로 인정되는 것이다. 천몰(淺沒; submersion)은 천해(淺海), 즉 얕은 바다에 가라앉아 구조가 가능한 상태로서 추정전손으로 인정되는 것이다. 또한 해상고유의 위험에 해당하는 전복(顚覆)은 해상에서 선박이 뒤집혀 선저가 위로 향하는 것으로 항해가 불가능한 상태이다.

② 좌초 및 교사

해상고유의 위험에 해당하는 좌초(坐礁; stranding)는 선박이 암초나 그 밖의 견고한 물체에 얹혀 일정기간 진퇴가 불가능한 상태를 의미한다. 해상고유의 위험에 해당하는 교사(膠沙; grounding)는 모래나 진흙 등과 같이 견고치 않은 물체에 얹혀 있어 일정기간 진퇴가 불가능한 상태를 의미한다. 좌초나 교사는 선박의 항행이 일정기간 불가능한 상태라는 공통점 때문에 영미법에서는 좌초와 교사를 구분하지 않고 혼용하여 사용하고 있다.

촉초(蜀礁; touch and go)는 선박이 암초 등의 물체에 잠시 얹혔다가 자체로 항진하는 힘에 의하여 저절로 이초(離礁; refloating)할 수 있는 상태이다. 촉초는 해상고유의 위험에는 속하지 않는다. 촉초가 좌초로 되기 위한 조건은 15~20분 이상 정지된 상태로 있어야 한다.

③ 충돌

해상고유의 위험에 해당하는 충돌(collision)은 협의의 개념과 광의의 개념으로 구분된다. 협의의 충돌은 선박과 타 선박간의 충돌만을 의미하는 것으로 Lloyd's 보험증권상의 충돌이다. 광의의 충돌은 선박과 타 선박간의 충돌뿐 아니라 난파물, 암벽 등과 같은 일체의 다른 물체와 충돌하는 것인데 다른 물체에는 물이 포함되지 않지만 얼음은 포함된다. 충돌의 원인은 과실기준으로 일방과실에 의한 충돌, 쌍방과실에 의한 충돌, 무과실에 기인하는 불가항력에 의한 충돌, 원인불명의 충돌 등으로 구분한다.

④ 악천후

해상고유의 위험에는 해상에서 발생하는 풍파의 이례적인 작용과 악천후(heavy weather)가 해당된다. 악천후는 폭풍우를 동반한 갑작스러운 기상악화이기 때문에 화물의 해수침손이나 갑판적화물의 풍랑유실 및 악천후에 의한 곰팡이 손해 등을 야기한다. 따라서 악천후에 대한 기상예보가 있었음에도 불구하고 이를 무시하고 항해를 하다가 손해가 발생된 경우에는 보험자가 책임을 부담하지 않는다.

(2) 인위적인 위험

① 화재

화재(fire)는 불에 의하여 발생하는 손실로서 보험목적물 또는 그 부근에 있는 것의 연소를 포함한다. 화재가 발생하여 보험목적물이 소실되거나, 화염에서 발생한 연기나 열로 손해가 발생하거나, 소방수가 화재를 진압하기 위하여 주입한 물로 인하여 손해가 발생하는 경우에는 동족제한의 원칙에 따라 담보된다. 화재는 Lloyd's 보험증권이나 협회적하약관(ICC)에서 보상되는 위험이다. 다만, 화재의 원인이 자연발화나 피보험목적물의 고유의 하자 또는 성질을 근인으로 하는 멸실 혹은 손상의 경우에는 보상되지 아니한다.

② 투하

투하(jettisons)는 항해를 하는 선박에 화물이 적재되어 있던 중 현실적으로 중대한 해상위험이 도래하여 선장이 공동의 이익을 위하여 임의로 화물을 바다에 던지는 행위이다. 투하라 하더라도 화물의 고유 성질이나 하자 때문에 실시한 투하는 공동해손 희생의 대상이 아니다. 투하는 가장 전형적인 공동해손 희생의 형태이다.

③ 선장 또는 선원의 악행

선장 또는 선원의 악행(barratry)은 선주 또는 용선자에게 손해를 줄 수 있는 선장의 부정행위 내지 선원의 반항적 폭력행위 등을 의미한다. 그리고 선원의 악행에 의하여 선주나 용선자에게 손해를 줄 수 있는 선장 또는 선원의 고의에 의한 모든 부정행위를 포함한다. 즉 선박을 밀수목적으로 사용하거나 방화, 사기의 목적을 가지고 화물을 매각처분하는 행위 등이 선원의 악행에 해당한다. 물론 고의가 아닌 단순과실은 선원의 악행에 해당하지 않는다.

④ 해적 또는 강도 및 표도의 약탈

해적(piracy)은 사리사욕을 위해 무차별적으로 약탈을 하는 자를 가리키며, 폭동을 일으키는 여객 및 해안에서 선박을 습격하는 폭도를 포함한다. 즉 자기 이익을 위하여 해상에서 타인의 선박을 탈취하거나 선박에 적재된 화물을 약탈하거나 여객의 소유품 등을 약탈하는 자이다.

강도(thieves)는 폭력으로 타인의 물건 등을 약탈하는 사람이다. 따라서 강도행위를 당했다고 하면 강도로부터 폭력을 동반한 습격을 받아 화물 등을 강탈당하였다는 것과 동일한 개념이다. 강도는 은밀한 절도나 승선자의 절도는 다르다. 그런데 비밀리에 행해지는 절도와 선원이든 선객이든 불문하고 승선한 자에 의한 절도는 강도에 포함되지 않는다.

표도(剽盜; rovers)는 약탈을 하려고 해상을 배회하는 자를 의미하는데 해적과 같은 개념으로 판단하면 된다. 해적도 바다에서 도적을 목적으로 하는 자들이다. 따라서 표도나 해적이 해상에서 약탈을 하는 행위가 발생하면 이것이 해적행위에 해당하는 것이다. 과거에 이러한 위험들이 해상운송 중 만날 수 있는 가장 중요한 위험이었으나, 오늘날에는 선박이 대형화되어 아프리카 해안이나 필리핀해안을 제외하고는 거의 보기 힘든 위험이 되었다.

(3) 전쟁위험

① 포획과 나포

포획(捕獲; capture)은 적국에 의하여 선박이나 적하의 소유권 또는 재산권을 그 소유자 또는 기타 권리자로부터 탈취할 의사를 갖고 이루어지는 점유의 탈취행위이다. 즉 포획은 전시에 전리품을 획득하려는 목적으로 행하는 강제적 탈취이다. 나포(拿捕; seizure)는 포획보다 넓은 뜻으로 일체의 강제적인 점유 탈취행위를 의미한다.

② 강류와 억지

강류(糠類; arrest), 억지(抑止; restraint) 또는 억류(抑留; detainment)는 동의어로서 궁극적으로 소유자에 반환할 의사를 가고 강제적으로 행해지는 재산의 일시적인 유치이다.

③ 적대행위 등

적대행위는 적으로 대하는 행동으로 반드시 군사들이 일으키는 행위는 아니다. 군사적 행동은 선전포고의 유무에 관계없이 국제법상으로 인정되는 전쟁이 발생하여 군사적으로 공격행동을 취하든 방어행위를 취하든 불문하고, 실제적으로 전쟁을 수행하기 위하여 실시하는 모든 행위이다.

④ 내란 등

내란, 혁명, 모반, 반란 또는 이로 인하여 생기는 국내투쟁 등은 한 국가 내에서 이념적으로 국가의 이념과 다른 집단이 정부의 전복 또는 국권을 탈취하려는 목적을 가지고 무력을 동원하여 국권에 반항하는 변란위험이다.

⑤ 기뢰 등

기뢰(mines), 어뢰(torpedoes), 폭탄, 또는 기타의 전쟁무기는 전시나 평화 시를 불문하고 유기된 각종 무기에 의하여 생기는 일체의 위험을 의미한다. 미사일, 폭탄, 포탄 혹은 어뢰, 고정되어 있거나 부유하고 있던 기뢰와의 접촉, 외국에 거주하는 적국인이 선박 내에 장치한 폭탄의 폭발이나 화재 등으로 발생한 손해이다.

(4) 동맹파업위험

① 동맹파업과 직장폐쇄

동맹파업(strike)은 노동자들이 단결하여 노동을 거부하거나 정상적인 노동을 거절하는 것을 의미한다. 직장폐쇄(lock-out)는 동맹파업과 반대로 사용자가 노동자들로 하여금 자기의 조건에 응할 때까지 노동을 하지 못하게 하는 것이다. 공장의 경우는 공장을 폐쇄하는 것이다.

② 소요와 폭동

소요(騷擾; riots)는 사적인 어떤 계획을 실행하기 위하여 이에 반대하는 자에 대항하기로 상호협조를 약속하고 결성한 3인 이상의 집단을 구성하여 일반 대중에게 공포감을 주는 폭력을 사용하여 사적인 계획을 실행에 옮기는 평화를 교란시키는 격렬한 행동인데 그것이 합법적이든 불법적이든 불문한다.

폭동(civil commotion)은 국가권력을 찬탈할 수 있을 정도의 찬탈력(簒奪力; usurped power)을 가지고 있지만 모반(謀叛; rebellion)에는 이르지 않는 일반 집단의 목적을 달성하기 위하여 이루어지는 국민의 반란을 의미한다.

③ 노동분쟁

노동분쟁(labour disturbances)은 동맹파업이나 직장폐쇄보다는 범위가 넓지만 소요, 폭동보다 격렬함이 적은 사용주와 노동자간의 분쟁을 의미한다.

〈도해 6-2〉 해상위험의 종류

- 해상위험의 종류
  - 자연적 위험
    - 침몰 : 선박의 부력상실 → 수중에 가라 앉아 항해 불가능 (심몰 / 천몰)
    - 전복 : 선박이 뒤집힌 상태 → 항해 불가능
    - 좌초 : 선박이 견고한 물체에 얹힌 상태 → 항해불가능
    - 교사 : 선박이 견고치 않는 물체에 얹힌 상태 → 강체 불가능
    - 충돌 : 선박이 견고치 않은 물체에 얹힌 상태 → 강체 불가능
    - 악천후 : 폭풍우를 동반한 기상악화 → 해수침손, 풍랑유설, 곰팡이 손해
  - 인위적 위험
    - 화재 : 블에 의해 발생한 손실·손실, 연소, 열, 소방수의 물 주입 손해
    - 투하 : 공동의 이익을 위해 화물을 바다 던짐 – 공동해손
    - 선장, 선원의 악행 : 선주, 용선자에게 손해를 주는 부정, 폭력행위
    - 해적, 강도. 표도의 약탈 : 사리사욕을 위해 무차별 약탈(해적), 폭력으로 타인의 물건 약탈(강도), 약탈을 하려고 해상을 배회하는 자(표도)
  - 전쟁 위험
    - 포획, 나표 : 불에 의해 발생한 손실·손실, 연소, 열, 소방수의 물 주입 손해
    - 강류, 억지 : 재산의 일시적 유치
    - 적대행위 : 적으로 대하는 행동 → 손해발생
    - 내란 등 : 정부전복, 국권탈취 목적으로 무력동원 – 변란위험
    - 기뢰 등 : 전쟁, 평화 시 유기된 무기에 의해 발생하는 위험
  - 동맹파업위험
    - 동맹파업 : 노동거부, 정상적인 노동 거절
    - 직장폐쇄 : 사용자가 노동자의 노동 거부
    - 소동 : 사적인 계획을 실행에 옮겨 평화를 교란시키는 행동
    - 폭동 : 국가권력을 찬탈할 수 있을 정도의 국민의 반란
    - 노동분쟁 : 사용주의 노동자 간의 분쟁

1-3 담보위험과 면책위험 등

(1) 담보위험

담보위험(perils covered)이란 보험자가 해상위험에 의하여 발생한 손해를 보상할 것을 약속한 위험이다. 따라서 보험자가 보상책임을 부담하기 위해서는 손해가 담보위험과 일정한 인과관계(causation)를 가지는 손해이어야 한다. 담보위험은 그로 인하여 생긴 손해를 보험자가 보상할 책임이 있다고 하는 점에서 보험사고라고 한다.

그러나 실제로는 특정의 위험을 면책사유로 정하고 그 위험에 기인하여 발생한 손해는 보상하지 않는다는 제한을 첨부하는 것이 일반적이기 때문에 아무리 담보위험이라 하더라도 면책위험에 해당되는 경우 보상하지 않는다.

(2) 면책위험

면책위험(excepted or excluded perils)이란 어떤 특정한 대상 위험에 의하여 발생된 손해에 대하여 보험자가 보상책임을 면할 것을 정한 위험을 말한다. 따라서 보험자의 보상책임을 적극적으로 제한하는 효과를 가지는 위험이다. 즉, 면책위험으로 특정하였다면 보상할 책임이 있는 손해에 대해 보상책임을 면하게 하는 것이다.

담보위험과 면책위험이 상충하는 경우 면책위험이 우선한다. 왜냐하면 면책위험은 일단 보험자가 담보위험으로서 부담한 위험의 효과를 일부 또는 전부를 저지하는 목적으로 특정되기 때문이다.

영국해상보험법에서의 면책위험(MIA 제55조)은 다음과 같다.

a, 부보위험에 근인하여 발생하지 아니한 손해

b, 피보험자의 고의적인 불법행위("wilful misconduct of the assured": 피보험자로 한정), 보험증권에 별도로 규정하지 않는 한, 보험자는 피보험위험에 근인하여 발생하는 모든 손해에 대하여는 비록 그 손해가 선장과 선원의 불법행위 또는 과실이 없었더라면 발생하지 않았을 경우에도 그 책임을 져야 한다.(MIA 제55조 2항(a)) 즉, 선장과 선원의

고의적인 행위는 담보위험이다.

c, 지연(delay)에 기인한 경우에도 면책

d, 통상의 자연소모, 누손, 파손 (우연성의 결여)

e, 보험목적의 고유의 하자나 성질에 의한 손해

f, 쥐 또는 해충에 근인한 손해

g, 해상위험에 근인하여 발생하지 않는 기계의 손상

(3) 비담보위험

비담보위험(perils not covered)은 담보위험 및 면책위험 이외의 모든 위험을 의미한다. 즉, 담보위험은 보상하겠다는 뜻을 기재하는 위험이며 면책위험은 면책함을 규정한 위험이지만, 비담보위험은 보상여부에 관해 의사표시를 하지 아니한 위험이다.

비담보위험은 담보위험도 면책위험도 아니기 때문에 보험자의 보상책임에 대하여 적극적 효과를 갖지 못한다. 어떤 손해에 대하여 보험자가 보상책임을 부담하기 위해서는 반드시 담보위험이 원인이 되어야 한다.

〈도해 6-3〉 담보위험, 면책위험, 비담보위험, 부가위험

담보위험	보험자가 보상책임을 약속한 위험
면책위험	보험자가 보험증권상에 책임을 면책할 것을 정한 위험
비담보위험	담보위험 & 면책위험 이외의 모든 위험
부가위험	보험자가 담보하지 않는 위험 중에서 특약에 따라 특별히 담보하는 위험

(4) 부가위험

보험계약을 체결할 때 일정한 보험조건을 선택하고 화물과 수송의 특수사정을 고려하여 일정한 부가위험을 추가하여야 한다. 보험계약의 기본조건 중 규정된 담보위험으로 인하여 발생한 손해에 대해서만 보험자가 보상책임을 부담함으로 담보위험 이외의 위험에 대하여

보험의 보호를 받기 위해서는 특약을 필요로 한다.

이와 같이 보험증권에 열거된 위험은 아니지만, 특약에 의하여 추가보험료를 지급하고 특별히 담보되는 부가위험 (extraneous risks)이라고 한다.

① 도난 발하 불착

도난·발하(拔河)·불착(theft, pilferage and non-delivery: TPND)은 다양한 위험을 복합시켜 놓은 부가위험이다. 도난(theft)은 물품 전체를 포장채로 도둑맞는 것으로 강탈적 의미가 포함되어 있다. 따라서 폭력수단 등을 동원하여 물건을 빼앗기는 경우도 해당된다.

발하(pilferage)는 포장내용물의 일부만을 훔쳐가고 외형적으로는 정상상태처럼 위장하는 행위이다. 즉 상자 속에서 한두 개를 훔치고 포장상태를 감쪽같이 원상태대로 해놓아 외형상으로는 분별할 수 없도록 위장하여 놓은 행위이다.

불착(non-delivery)은 물품이 목적지가 아닌 다른 항구에서 양륙되었거나 분실하여 포장 전체의 물품이 수화인에게 도착하지 않은 상태이다. 물품은 도착했지만 일부가 파손되었거나 기타의 사유로 인하여 내용물의 일부 또는 전부가 분실 또는 유실된 상태인 물품의 부족(shortage)과는 다르다.

② 빗물 또는 담수손

빗물과 담수손(rain &/or fresh water damage: RFWD)은 화물이 바닷물이외의 민물에 젖어 발생한 손해이다. 빗물이 담수(淡水)와 나란히 표기된 경우의 담수는 빗물을 제외한 모든 담수를 의미한다. 그러나 담수만 표기되어 있는 경우의 담수는 빗물을 포함한 모든 담수를 의미한다.

③ 유류 및 타물과의 접촉

유류 및 타물과의 접촉(contact with oil &/or other cargo: COOC)은 선박의 연료 등에 의하여 화물이 입게 되는 유손(猶孫; oil damage), 적재된 다른 화물에 직접 접촉함으로써 피보험화물에 흠이 생기거나 파손 또는 오손되는 등과 같은 위험이다.

타물과의 접촉은 다른 화물과의 접촉손해를 의미한다. 화물을 적재할 때에 화물사이에 충격 흡수장치나 충격 완화장치가 제대로 설치되지 않거나 작동하지 않아 발생하는 손해이기도 하다.

④ 갑판유실

갑판유실(washing over board: WOB)은 갑판에 적재한 화물이 해수나 파도에 의하여 유실되는 위험이다. 갑판에 적재하는 화물은 파도가 심한 경우 해수나 파도에 의하여 유실될 가능성이 높게 된다. 갑판에 적재하는 경우에는 화물의 유실을 방지하기 위하여 설비를 이용하여 고정시키지만 갑판 위에 장치된 설비가 노후화하였거나 설비자재의 강도가 약하여 견인하고 있는 장치가 풀리는 경우에는 화물을 고정시키지 못하여 유실되기도 있다. 따라서 갑판이 적재하는 화물은 갑판 아래의 선창에 적치하는 화물보다는 유실위험이 높게 된다. 따라서 화물을 갑판에 적재하는 경우에는 이러한 유실 위험에 대비하여 갑판적재 자체를 제한하고 있다. 또한 보험에서도 갑판적재를 하는 경우에는 보험요율을 높게 부과하고 있다.

⑤ 갈고리 손해

갈고리 손해(hook & hole)는 하역작업 중 갈고리를 사용함으로써 생기는 손해이다. 즉 화물을 하역하거나 운반할 때 인부들이 갈고리로 마대 등을 찍어 어깨에 올리는 경우에 발생하는 손해이다. 직물이나 잡화 등과 같은 화물을 마대 등으로 포장한 경우에는 이와 같은 위험이 발생할 가능성이 높다.

⑥ 파손

파손(breakage: B'kge)은 도자기나 유리제품 등과 같이 깨지기 쉬운 화물에서 발생하는 위험이다. 따라서 도자기나 유리제품 등과 같이 깨지기 쉬운 화물은 포장의 화인에 주의표지(caution mark)를 하여 포장된 물건을 조심스럽게 다루도록 해야 한다. 또한 화주로서는 내포장과 개포장에 충격완화 포장재를 사용하여 화물이 파손되지 않도록 해야 한다.

⑦ 누손과 부족손

누손(漏損; leakage: L'kge)과 부족손(shortage: S'tage)은 용기의 이음새 또는 파손된 부분으로 용액화물이 누출하여 발생하는 손해로서 내용물의 부족을 초래하는 위험이다. 나무통으로 포장을 하는 주류의 경우에는 누손이나 부족손의 위험이 상당히 크다. 그리고 탱커에 적재하여 운반하는 유류의 경우에도 수분이 증발하는 경우에는 부족손이 발생할 가능성이 높다.

⑧ 습손과 열손

습손과 열손(sweat &/or heating: SH)에서 습손(濕損)은 선박 내와 선박 외의 기온 차에 의하여 선창의 천장 또는 내벽에 응결한 수분이 떨어지거나 또는 그러한 수분에 접촉함으로써 화물이 젖게 되는 손해이다. 화물에 따라서는 기온의 차이에 민감하게 반응하여 화물자체에서 수분을 발산하여 주위에 적치된 화물을 젖게 만들 수도 있다. 열손(熱損)은 항해 중에 기온 등과 같은 온도의 변화에 의하여 가열되어 일어나는 위험이다. 즉 화물이 열에 의하여 변색이 되거나 변질이 되는 위험이다. 화물의 성질에 따라서는 열에 의하여 발화되는 특성을 가진 화물도 있기 때문에 유의해야 한다.

⑨ 곡손

곡손(曲損; denting &/or bending)에서 denting은 움푹 들어가거나 움푹 패인 것, 우그러지는 것을 의미하고 bending은 구부러진 것, 굽어진 것을 의미한다. 곡손은 기계류에 생기는 쉬운 위험이다. 움푹 들어간 것과 패인 것은 어느 일정한 곳이 평면성을 상실한 것을 의미한다. 움푹 들어간 것은 어느 한 곳이 넓고 얕게 그리고 완만하게 들어간 상태이다. 움푹 패인 것은 어느 한 곳이 좁고 기게 그리고 날카롭게 들어간 상태이다. 즉 좌우나 상하로 힘이 몰려 표면자체의 변형이 오는 우그러지는 상태로서 화물의 원형을 상실한 것으로 원형을 복원할 수 없는 상태이다. 구부러진 것은 안으로나 밖으로 굽어 있는 상태이다. 따라서 구부러졌다는 것은 굽어진 것을 펴면 원형으로 복원할 수 있는 상태이다.

그런데 기계류에 곡손이 발생하면 외부 또는 내부에 발생하였는가는 상관없이 기계류가 작동하지 않을 가능성이 높기 때문에 문제가 되는 것이다. 즉 곡손이 외형에 발생하였다고 하더라도 곡손이 기계의 보네를 뒤틀리게 하여 기계류의 작동을 불가능하게 만들 수 있기 때문이다.

⑩ 자연발화

자연발화(spontaneous combustion)는 항해 중 화물 자체의 화학적 변화에 의하여 자연적으로 발생하는 위험이다. 석탄, 성냥, 양모, 화약 등은 항해 중에 화물 자체의 화학적 변화에 의하여 자연적으로 발화하는 성질이 있다.

⑪ 오염

오염(contamination)은 액체화학약품이나 유류 등과 같은 화물에 선창이나 선저 혹은 해치로 해수, 담수 등이 유입되어 화물 고유의 품질을 저하시키는 위험이다. 즉 해수 또는 담수 등이 유입하여 액체화학약품이나 유류 등과 같은 화물의 순도를 저하시키는 위험이다. 다른 화물의 누수로 인하여 유입된 이물질이 화물 고유의 품질을 저하시키는 위험도 오염이다.

⑫ 곰팡이손해

곰팡이손해(mould &/or mildew)는 곰팡이가 피거나 곰팡이 냄새가 나는 손해이다. 화물을 습기가 많거나 환기가 되지 않는 창고에 보관하거나 운송하는 과정 중에 대부분 발생하는 손해이다. 즉 담배에 곰팡이가 피거나 곰팡이 냄새가 나서 판매를 할 수가 없게 되는 경우가 있고, 섬유제품이나 피혁제품 등에 좀이 먹어 구멍이 뚫어지거나 곰팡이가 피어 품질을 훼손함으로써 판매를 할 수 없는 경우도 있다. 곰팡이 손해는 습손과 관계가 있고 화물 고유의 성질이나 하자 등과도 관계가 밀접하기 때문에 화물의 보관이나 운송에 주의가 필요하다.

⑬ 녹

녹(錄; rust)은 기계류, 철물 등과 같은 금속화물이 포장이 불완전하여 포장내부에 습기가 차는 등으로 발생하는 화학적 현상이다. 또한 해수, 담수, 빗물 등이 포장 내부에 유입되어 녹이

스는 경우도 있다. 녹은 철물 등과 같은 금속화물의 표면이 화학작용을 일으켜 부식하는 상태로 파악하면 된다. 그런데 녹은 화물의 특성상 습손과 관계가 있기 때문에 손해의 원인을 규명하는 경우에는 유의해야 한다.

⑭ 서해와 충해

서해(鼠害; rats)는 쥐에 의한 손해이다. 충해(蟲害; vermin)는 벌레에 의한 손해이다. 곡물이나 목재 등을 대상으로 쥐나 벌레가 손해를 입히는 위험이다. 곡물이나 목재는 최초의 선적단계부터 이미 유충이 있어 운송 중에 부화하여 손해를 끼치는 경우가 많다. 목재의 경우에는 좀벌레가 기생하여 제품에 손상을 가하는 수가 있다. 충해는 단지 화물에 가하는 위험이지만 새로운 지역에 벌레가 유입되어 자연환경을 파괴하는 경우가 있기 때문에 유의해야 한다.

〈도해 6-4〉 부가위험

TPND(도난, 발화, 불착) - Theft, Pilferage and Non - Delivery	"Theft"와 "Pilferage"는 물건을 몰래 훔치는 것이고 불착(Non - Delivery)은 포장단위의 화물이 송두리째 목적지에 도착하지 않는 것을 말한다.
RFWD(빗물, 담수에 의한 손해) - Rain &/or Fresh Water Damage	바닷물 이외의 민물에 젖어 발생한 손해로 하역작업 중 비, 눈이 와서 젖거나 선박의 음료수가 선창에 침투되어 화물에 손해가 발생한 경우, 섬유제품이나 잡화 등을 운송하는 경우에 보통 이 위험을 추가로 담보하게 된다.
COOC(유류, 타 화물과의 접촉) - Contact with Oil &/or Other Cargo	선박의 연료유 등에 의해 화물이 입거 되는 유손(Oil Damage), 또는 적재된 타 화물에 직접 접촉함으로써 디보험화물에 흠이 생기거나 파손 또는 오손되는 등의 위험
WOB(갑판유실) - Washing Over Board	ICC(C)조건에서는 보험자가 갑판유실을 담보하지 않는 반면, 갑판적재화물에는 대부분 갑판유실위험이 따르므로 이를 담보하기 위하여 특약할 필요가 있다.
Hook & Hole (갈고리에 의한 손해)	하역작업 중 갈고리를 사용함으로써 상기는 손해로서, 직물이나 잡화 등을 마대 등으로 포장한 경우에는 이 위험을 추가로 담보할 필요가 있다.

Breakage(파손)	도자기나 유리제품 등 깨어지기 쉬운 화물의 경우는 보통, 담보위험 이외의 사유로 인한 파손을 보상받기 위해 특약한다.
Leakage &/or Shortage (누손, 부족손)	용기의 틈 사이 나 파손된 부분에서 화물이 누출하여 누손이나 내용물의 부족을 초래하는 위험
습손 &/or 열손 - Sweat &/or Heating	Sweat"는 선창 내와 선외의 기온 차에 의해 선창의 천정 또는 내벽에 응결한 수분이 떨어지거나 그러한 수분에 접촉함으로써 화물이 젖게 되거나 화물 자체가 수분을 발산함으로써 젖게 되는 위험 열손(熱損)은 항해 중에 기온 등과 같은 온도의 변화에 의하여 가열되어 일어나는 위험이다.
DB(곡손) - Denting &/or Bending	"Denting"은 우그러지는 것이고, "Bending"은 구부러지는 것으로서 보통 기계류에 생기기 쉽다.
Spontaneous Combustion (자연발화)	자연발화는 전혀 우연성이 없는 사고는 아니며 또한 화재원인의 확인이 곤란한 경우도 있으므로 특약에 의해 담보된다.

〈도해 6-5〉 담보위험의 확장

담보위험의 확장

담보위험 중에는 여러 가지 목적 상 담보의 범위를 확장할 수 있다.

위험종류에 따른 확장

- 보험증권 상에서 면책위험으로 분류된 위험을 확장하는 것
- 협회전쟁약관, 동맹파업약관, 추가 위험 등이 있다.

위험 발생의 장소 확장

- 담보위험 발생의 장소 또는 기회가 확장되는 것
- 내륙운송확장담보(ITE : Inland Transit Extension), 항공협회 적하약관(Institute Cargo Clauses(Air)) 등이 있다.

1-4 담보위험의 원칙

영국의 법에 있어서 해상위험의 담보방식을 역사적으로 살펴보면, 해상보험의 기원이 모험대차인데 그 당시 모험대차는 성질상 포괄책임주의의 위험부담이었다. 따라서 초기의

영국의 해상보험증권에 언급된 위험약관들은 여러 위험을 열거한 후 기타 일체의 위험을 분담한다는 취지의 포괄적인 문언이 첨가되어 있었으므로 포괄위험증권이었다.

19세기에 이르러 면책조항의 일반적 사용과 근인원칙의 도입으로 위험조항에 대한 해석이 보다 엄격해지고, 1816년 Cull v. Butler사건에서 Lord Ellenborough경에 의해서 총괄적인 문언(all other perils)의 해석에 동종제한의 원칙이 도입됨으로 인하여 영국의 포괄책임주의 위험부담방식은 열거 책임주의로 전환하게 되었다.

(가) 열거책임주의

열거책임주의는 해상보험계약에서 보험자가 책임지는 위험을 구체적으로 열거하고, 열거되지 않은 위험에 대해서는 이를 부담하지 않는 방식인데, 이를 제한책임주의라고 한다.

열거책임주의는 입증책임이 피보험자에게 있으며, 피보험자는 담보위험으로부터 손해가 발생하였다는 인과관계를 입증하여야 보상받을 수 있다. 특별약관에 의하여 열거위험 이외의 위험을 담보하는 수가 있으며 통상의 경우 상대적으로 포괄책임주의 보다 담보한 위험의 범위가 좁기 때문에 보험료가 싸다. 구 협회적하약관 W.A., F.P.A,조건과 신 협회적하약관 B, C조건이 열거책임주의 방식이다.

(나) 포괄책임주의

포괄책임주의는 해상보험계약에서 보험자가 부담하는 위험을 법정, 면책위험 또는 약정 면책위험 이외의 일체의 해상위험사고로 하는 방식이며, 이를 일반책임주의라고도 한다.

포괄책임주의의 입증책임(burden of proof)은 보험자에게 있으며 보험자가 해상위험으로부터 손해가 발생하지 않았음을 입증해야 면책된다. 따라서 피보험자는 손해의 발생사실만을 입증하면 된다. 보험자가 면책을 주장하기 위해서는 그 손해가 열거된 면책 손해 또는 면책위험으로 인한 손해라는 것을 보험자가 입증해야 한다. 구 협회적하약관 A/R과 신 협회적하약관 A조건이 포괄책임주의 방식이다.

〈도해 6-6〉 해상위험 담보원칙

해상위험 담보원칙	구분	내용
	포괄담보주의 (보험증권에 면책위험을 명시하고 이를 제외한 모든 위험을 담보할 것을 약속)	• 협회적하보험약관 ICC(A)가 해당 • 일반면책, 선박의 불내항성 및 부적합성, 전쟁 및 동맹파업 • 보험자의 거증책임 (면책위험)
	열거담보주의 (보험증권에 명시된 손해만을 보험자가 보상하기로 약속)	• 협회적하보험약관 (B), (C)가 해당 • 협회기간보험약관(ITC-Hulls) 포함(선박보험) • 피보험자의 거증책임

보충학습 동종제한의 원칙(Principle of ejusdem generis)

보험증권에 많은 피보험위험을 열거하고 그 끝에 “all other perils” 또는 “any other perils” 등의 총괄적인 문언의 해석에 대하여 글자 그대로 모든 위험을 의미하는 것이 아니고, 증권에 열거된 위험과 종류가 유사한 (similar in kind)위험으로 제한하여 해석한다는 보험약관 해석원칙이다.

1816년 Cull v. Butler 의 판결로 인하여 MIA의 제1부칙인 RCP 제12조는 모든 기타 위험(all other perils)이란 말은 오직 보험증권에 특별히 기재된 위험과 동종의 위험만을 포함한다고 정의 하고 있다. (“The term “all other perils” includes only perils similat in kind to the perils specifically mentioned in the policy.”)

2. 인과관계

2-1 인과관계의 의의

(1) 인과관계의 개념

인과관계((因果關係, causation)란 일반적으로 원인으로서의 어떤 상태나 사실이 발생한다면 결과로서의 다른 상태나 사실이 생긴다고 하는 원인과 결과와의 관계를 의미한다. 따라서 인과관계의 개념자체는 자연과학은 물론, 철학, 논리학, 법학 등의 여러 분야에서도 논의가 되지만, 법률학 분야에 있어서 인과관계는 자연법칙에서 보는 만큼의 원인과 결과와의 필연적 인과관계를 요구하지는 않는다.

보험법상 보험자가 손해에 대해 보상책임을 부담하기 위해서는 손해가 보험자가 부담하는 담보위험의 결과로서 발생해야 한다. 이같이 어떤 하나의 위험이 손해의 원인이 되기 위해서는 이 위험과 손해와의 사이에 위험이라는 선행 현상이 발생하지 않는다면 손해라는 후행현상이 일어나지 않았을 것 이라는 두 현상간의 관계가 일반적으로 보험법상 인과관계라 한다.

인과관계는 이같이 특정사실이 다른 사실의 원인이 될 수 있다는 관계를 의미하는 것이기 때문에 기본적으로는 특정의 사실이 다른 사실의 발생에 대해서 불가결의 조건을 구성하는 관계라야 한다. 이같이 특정의 사실이 다른 사실의 발생에 있어서 불가결조건을 구성할 때 이들 사실을 모두 결과의 원인으로 보는 인식방법을 조건설이라 부르고 있다. 법률학의 한 분야에 속하는 보험법상의 인과관계 이론으로서는 결과발생에 불가결하다고 여겨지는 조건 중에서 일정한 판단기준에 의거하여 어떤 선택 또는 제한을 행해야 할 것이 특히 요청되고 있다.

그러나 이 같은 조건을 선택 또는 제한하는 방법으로서 오래전부터 여러 가지 학설이 존재하고 오늘날에 이르기 까지 논쟁이 계속되고 있다. 원래 보험법상 인과관계는 사실상의 인과관계가 아니고 사실상의 인과관계를 전제한 뒤에 보험자에게 보상책임을 지게 하는 것이 타당한 것인가 어떤가라는 인간의 가치판단에 의해서 결정되어야 하는데, 기본적으로는 인간의 주관적 판단에 좌우되는 것이 크다. 인과관계에 관한 학설이 다양하게 나누어진 원인의 하나는 바로 이러한 점에 있다.

각종의 인과관계설이 주장되는 또 하나의 이유는 어떠한 인과관계설을 적용해야 할 것인가에 대해 해상보험법상 아무런 명시도 없기 때문이다. 특히 해상보험에 있어서는 현재 사용 중인 영문해상보험증권에는 보험자가 해상위험에 의해서 발생한 손해를 보상하는 규정과 일정 조건하에서는 보상책임을 면제받는 규정이 각각 있다. 따라서 해상위험과 손해와의 사이에 인과관계가 존재해야 할 것을 규정하고 있지만 각종의 인과관계설중에서 어느 학설을 택할 것인가에 대해서는 아직 결정되어 있지 않다.

손해가 담보위험 또는 면책위험 어느 하나의 위험에 의해서 발생한 경우에는 문제가 되지 않는다. 그러나 동일의 보험증권에 대하여 담보위험과 면책위험의 복수위험 협력에 의해서 손해가 발생한 경우에 보험자의 보상책임을 어떻게 결정해야 할 것인가가 문제가 된다.

(2) 인과관계의 형태

① 단순한 인과관계

손해발생의 원인이 하나밖에 없는 경우를 들 수 있다. 이 경우에 해당조건이 담보위험이고, 이 담보위험의 직접적인 결과로서 손해가 발생하고 또한 해당 담보위험과 손해와의 사이에 일정한 인과관계가 인정되는 한 보험자는 보상 책임을 부담한다. 그러나 면책위험에 의해서 손해가 발생하고 이들 위험과 손해와의 사이에 인과관계가 인정된다면 보험자의 보상책임은 없다. 이것은 단순한 인과관계의 형태라서 할 수 있을 것이다.

② 간접적 인과관계

손해발생에 협력한 복수위험이 시간상으로 서로 전후하여 발생하는 것이다. 즉 A위험이 B위험을 발생시키고 B위험이 X라는 손해를 발생시키는 것과 같은 경우이며, 이 경우 A를 간접원인, B를 직접원인이라 하고 A위험과 결과X가 상당한 관계를 갖고 있을 때에 이를 간접적 인과관계라 한다. 즉 손해가 어떤 위험(직접원인)으로부터 발생하였지만 그 위험은 또 다른 위험(간접위험)으로부터 발생하였을 경우이다. 이 같은 경우에 간접원인이 담보위험일 때는 간단하다. 보험자는 담보위험에 의해서 생긴 손해를 보상할 책임을 부담한다.

또 두 원인이 면책위험인 때는 보험자는 보상책임이 없다. 보험자의 책임이 문제가 되는 것은 주로 직접원인이 담보위험임에 반하여 간접원인이 면책위험인 경우이다.

③ 동시 협력적 인과관계

동시 협력적 인과관계의 경우 2개 이상의 위험이 동시에 협력하여 손해를 발생시키고 더구나 그중 하나만으로는 그 같은 손해를 발생시킬 수 없는 경우를 말한다. 해상보험의 경우에, 예를 든다면 폭풍우 때문에 선박의 일부가 파손을 입은 경우에 본래 풍파의 작용만으로는 이 같은 손해를 발생시킬 수 없지만 동시에 그 자연소모로 인하여 선체의 일부가 약화되었기 때문에 그 같은 결과가 야기되었을 때이다. 표류 중의 선박이 짙은 안개 때문에 타선과 충돌한 경우에 짙은 안개의 위험과 선박의 표류위험과의 동시적 협력이 있을 때에 비로소 손해의 결과를 가져오는 경우이다.

이 같은 경우에도 그 각각의 협력원인인 위험이 모두 브험자의 담보위험일 경우에는 인과관계의 문제는 되지 않지만 그 중 어느 하나가 보험자의 면책위험일 때는 그 결과로 발생한 손해에 대해 보상여부를 결정해야 한다. 이러한 경우에 인과관계에 의한 결정의 기준에 관한 학설에 대해 논란의 여지가 있다.

④ 중복적 인과관계의 경우

중복적 인과관계의 경우는 다수의 위험이 동시에 손해의 발생에 영향을 주지만 각 위험이 독자적으로도 그 발생에 대해 원인력이 있는데 결국 중복적으로 손해 발생에 작용한 경우이다. 예를 들면, 폭풍우가 내습한 결과 선박이 침수되기 시작함과 동시에 선내에 화재가 발생한 결과 전손을 입은 경우에 침수·화재 양 사고가 각각 단독으로도 같은 전손을 발생시킬 수 있을 만큼 충분한 원인력을 갖고 있는 것이다. 이 경우는 문제해결이 비교적 용이하다. 즉 보험법상 각 위험은 어느 쪽이나 독립하여 손해를 발생시키는 원인이 되기 때문에, 가령 그중 다른 위험은 보험자의 면책위험이라 하더라도 피보험자는 그 담보위험에 의하여 손해보상의 청구를 할 수 있다.

따라서 이러한 인과관계의 각종형태, 특히 간접적 인과관계, 동시 협력적 인과관계 및 중복적 인과관계에서 담보위험, 면책위험 및 비담보위험의 작용여하에 따라 보험자의 보상책임의 유무가 결정된다.

2-2 주요한 인과관계 학설

(1) 근인설

근인주의를 인과관계(因果關係, causation)에 적용하는 것을 근인설(principle of proxima)이라 하며, 손해의 원인이 다수 관련되어 발생한 경우에도 그중 어느 하나의 원인을 취하여 근인 즉 직접원인으로 규정하고 그 원인이 보험자가 담보하는 위험인가 아닌가에 따라서 보험자의 보상책임의 유무를 결정하는 학설이다. 즉 해상보험에서는 해상위험에 직접 근인한(proximately or directly caused) 손해만을 보상하고 간접으로 원인한 손해는 보상의 대상이 되지 않는다.

해상위험이 발생하고 그것에 수반하여 각종의 손해가 발생한 경우, 각 손해에 대하여 어느 것이 직접의 손해이고 어느 것이 간접의 손해인지를 결정하는 것은 근인설에 의해서도 실제상 쉽지 않다. 하나의 해상위험이 원인이 되어 손해를 발생시킨 경우, 예를 들면, 선박이 좌초하여 수 시간 후에 침몰한 경우는 매우 간단하지만, 그렇다고 하더라고 좌초의 원인이 어디에 있는가를 고려해 볼 때, 불가항력의 경우도 있으며 선원의 고의 또는 중대한 과실에 의한 경우도 있으며 선박의 구조상의 결함에 의한 경우도 있을 수 있다. 이들 실제문제를 취급함에 있어서 여러 종류가 관련된 원인이 연속하여 발생하고 그 결과 손해가 발생한 경우, 그 중 어느 원인을 손해의 직접원인으로 간주해야 할 것인가를 판정하는 법칙이 근인설인 것이다.

따라서 근인설은 손해발생에 대하여 작용한 다수의 조건 중에서 결과에 근접하는 것을 원인으로 보는 설로서 영국해상보험법에서 채택하고 있다.[1] 근인설은 "근인(近因)은 보고 원인(遠因)은 보지 말라."는 법언에서와 같이 손해가 담보위험이 손해에 근인 한 경우에만 보험자가 손해를 보상한다는 것이다 그러나 위험과 손해와 인과관계에 있어서 근인설은 영법 상 원칙론에 불과하고 실제 보험약관에서 위험과 손해 사이에 인과관계를 규정하고 있는 수식어에 따라 그 해석이 달라진다고 할 수 있다. 따라서 "reasonably attributable to"는 "proximately caused by"보다 광의로 해석하여야 하고 이들보다는 "attributable to"또는 "caused by"가 보다 넓은 의미로 해석되어야 한다.

근인(proximate cause)의 의미에 대해 어떻게 해석하느냐에 따라 최후 조건설, 최유력 조건설 등으로 다시 분류된다.

① 최후 조건설

다수의 원인이 존재하고 결과는 하나일 경우에는 어느 것이 근인이고 어느 것이 원인인가를 구별하는 것은 실제 문제로서 매우 어려운 경우가 많다. 또한 근인이란 무엇을 의미하는가에 대해서는 영국재판소도 종래 자주 모순된 판결을 내리고 분명하지 않다. 따라서 손해발생에 불가피한 여러 원인 중에서 시간적 전후관계로 해석하여 손해에 최후로 작용한 위험조건을 손해의 원인으로 보고 기타의 원인을 고려하지 않는 것이다. 즉 손해발생에 시간상으로 가장 가까운 원인을 근인으로 해석하는 것이 최후 조건설이다. 근인설은 본래의 시간상 최후에 발생한 원인을 근인으로 하는 것이기 때문에 최후 조건설에 따를 때에는 개개의 경우에 특정의 손해에 대한 원인을 간단히 확정할 수 있어서 매우 편리하다.

1 영국해상보험법 제55조 제1항에서는 직접손해보상의 원칙에 대해 다음과 같이 규정하고 있다.
(1) Subject to the provisions of this Act, and unless the policy otherwise provides, the insurer is liable for any loss proximately caused by a peril insured against, but subject as aforesaid, he is not liable for any loss which is not proximately caused by a peril insured against.
『이 법률의 제 규정에 따라서 또는 보험증권에 별도의 규정이 없다면, 보험자는 피보험위험에 근인하여 발생한 일체의 손해에 대해서는 책임을 지지만 상술의 조건에 따라서 보험자는 피보험위험에 근인하여 발생한 것이 아닌 일체의 손해에 대해서는 책임을 지지 않는다.』

〈도해 6-7〉 최후 조건설

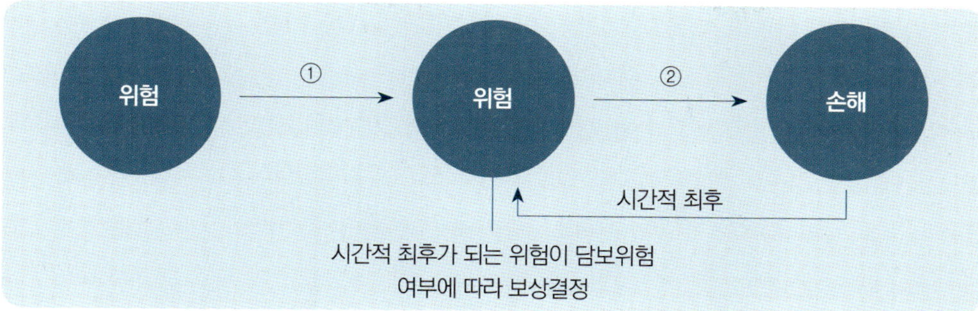

② 최유력 조건설

단순히 시간상의 전후에 의해서 원인의 여부를 결정하는 것은 결국 기계적으로 원인을 정하게 되므로 때때로 상당히 부조리한 결과를 야기하는 것을 배제할 수 없기 때문에 영국에서도 근인설에서 의미하는 바의 근인이란 단순히 시간적 순위만으로 결정될 것이 아니라 오히려 그 효과면에서 결과에 근접하는 것이 아니면 안 된다는 판례도 나오게 되었다. 따라서 최유력 조건설이란 어떤 결과를 생기게 한 조건 중에서 다른 조건보다 힘이 있었던 조건을 그 결과의 근인으로 보는 견해로서 시간적 순서에 관계없이 손해를 발생시키는 데 있어서 유력한(dominent), 직접적인(direct), 결정적인(determining), 효과적인(effective or efficient) 또는 지배적인(predominent) 원인을 근인으로 보는 것이다. 어떤 위험이 손해발생에 의해서 가장 유력한 조건을 가지는 것인가는 여러 가지 조건 중 손해발생에 대해서 필연적 불가피적 직접적이고 결정적인 관계를 가진다고 합리적으로 간주되는 것에 의해서 결정된다.

최유력 조건설의 장점은 여러 가지 조건 중 최유력 조건이 객관적으로 피보험자에 의해서도, 보험자에 의해서도 쉽게 받아 드려지는 경우에는 보험자가 부담하고 면책하는 위험이 원인인지 아닌지를 용이하게 결정할 수 있다는 것이다.

그러나 결점은 가장 유력한 원인을 판단하는 표준이 상식적인 표준에 의지하여 판단자의 주관에 따라 달리 결정될 수도 있다는 점이다. 무엇이 최유력의 조건인가에 대해서 피보험자와 보험자의 주관적 판단이 대립하는 경우에는 최유력 조건의 판단이 곤란하다. 그리고 양측의 주관적 판단이 대립할 때 일어나기 때문에 이것에 객관적 판단을 내려야 할 재판관이 자기의 주관적 판단에 기인하여 판결을 내리지 않을 수 없다. 재판관이 주관적 판단을 내린다고 한다면 재판관에 따라서 상이한 판단이 내려지게 될 것이다.

〈도해 6-8〉 최유력 조건설

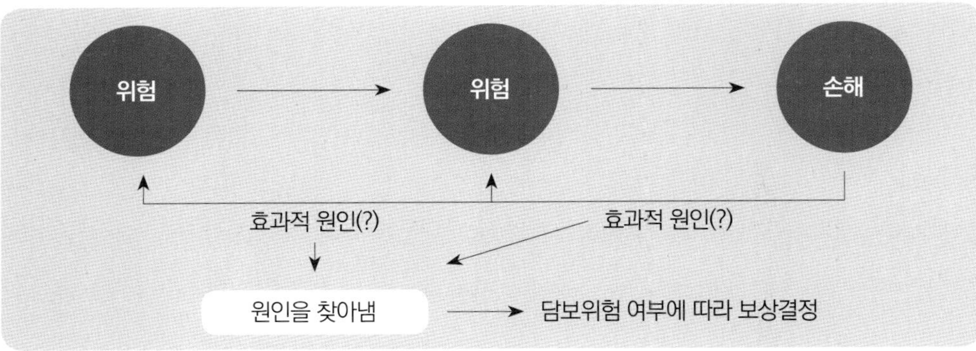

(2) 상당인과관계설

최유력 조건설을 보완하는 입장에서 나온 학설로 오늘날 보편적으로 받아들여지고 있다. 이 학설은 적당조건설이라고도 하며 일정한 사실이 어떤 결과를 발생하게 한 조건을 구성하는 경우 실제 발생한 경우뿐만 아니라 일상적인 경험에서 판단하여 다른 일반적인 경우에도 동일한 결과를 발생시킬 것으로 인정되는 또는 발생시킬 가능성이 있는 조건을 적당조건으로 간주하여 그 적당조건만을 결과의 원인으로 보는 학설이다. 즉 일상적인 경험상으로 같은 결과를 일으킬 가능성이 있다고 인정될 경우에 해당 위험과 그 손해와의 인과관계가 존재하는 것으로 보는 견해이다.

똑같이 적당한 조건을 갖춘 원인이 두 개 이상 존재한다면, 손해는 두 개 이상의 원인에 의해서 발생한 것으로 인정된다. 전쟁 때문에 소등항해하고 있던 선박이 상호 간에 충돌하여 파손을 입은 경우에는 일반적으로도 이러한 상태는 있을 수 있는 것이기 때문에 이 같은 손해는 소등항해(전쟁위험) 및 충돌의 결과로 판단할 수 있다. 위험이 시간상 손해에 근접하여 이것을 발생시켰는가의 여부는 불문하고 또 두 개 이상의 위험이 협력하여 손해를 발생시켰어도 그들이 함께 손해에 대해서 상당인과관계에 있다면 어느 쪽도 그 원인이 될 수 있다고 해석하는 것이다.

그렇지만 해상에서 발생하는 손해의 대부분은 두 개 이상의 원인이 관련되어 있다는 사실과 또는 이들 원인 중에는 보험자가 담보하는 것과 면책되는 것이 동시에 존재할 수도 있다는 사실을 고려해 볼 때, 상당인과 관계설을 적용하는 문제는 그렇게 쉽지 않다. 예를 들면, 두 개 이상의 원인이 모두 보험자가 담보하는 것이거나 면책되는 것일 때는 문제는 없지만, 만약 담보하는 것과 면책되는 것이 함께 작용하여 어떤 손해를 야기하는 경우에는 보험자는 그 손해를 보상해야 할 것인지, 아니면 보상하지 않아도 되는지를 결정하는 문제가 쉽지 않은 경우가 발생한다. 따라서 실제문제의 해결책으로서는 근인설 또는 기타의 학설을 원용해야 하는 경우도 발생한다.

〈도해 6-9〉 상당인과관계설

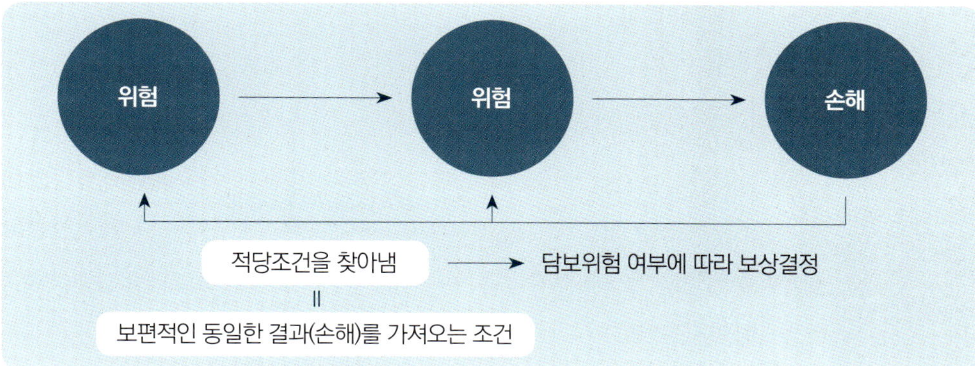

(3) 자연성행설

근인설에 의해서는 근인해석에 대한 객관적 기준을 찾아낼 수 없기 때문에 독일의 Ritter가 이 근인설의 새로운 해석으로서 불가피설을 제창하고 더욱이 불가피설을 수정 보완한 것이 자연 성행설이다.

자연성행설은 다수위험이 시간상으로 전후 연계하여 손해를 발생시킨 경우, 일단 시간상으로 최후에 발생한 위험을 그 원인으로 하지만 손해를 더욱 소급하여 볼 때 다른 위험의 피하기 어려운 결과 또는 자연의 성행(caused in natural course)의 결과로 판단될 때에는 이 위험만을 손해의 원인으로 보는 것이다.

이 경우 만약 이 위험이 담보위험이라면 보험자에게 보상책임이 생기고 반대로 담보위험이 아니라면 보험자는 면책된다. 다시 말하면 원인과 손해와의 사이에 자연성행관계가 존재하기 위해서는 인과관계를 결정할 당시에 알 수 있는 모든 객관적 조건을 고려한, 소위 일상의 경험에 기인하여 손해발생의 가능율이 70%이상에 달해야 한다는 것이다. 따라서 손해발생으로부터 시간상으로 순번에 따라 거슬러 올라가서 그 원인과 손해와의 사이에 이 같은 관계가 인정되지 않는 경우에는 시간상으로 최후에 발생한 위험, 즉 최후조건을 원인으로 보고 손해의 원인으로 결정하는 것이다.

〈도해 6-10〉 자연성행설

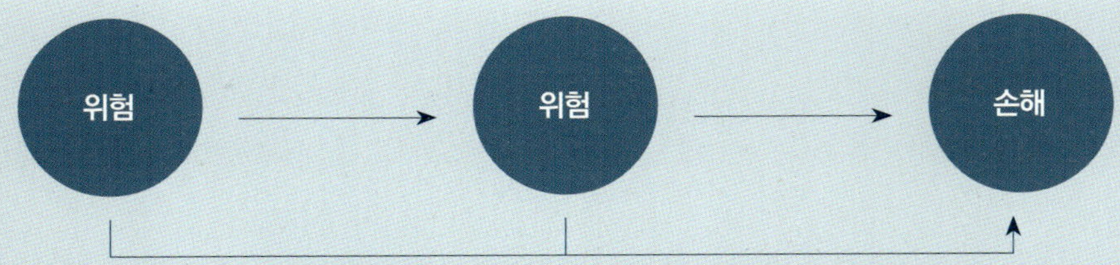

1. 최후의 위험과 손해발생률 70% 이상 = 손해의 원인 ○
2. 최후의 위험과 손해발생률 70% 미만 = 손해의 원인 X
3. ②에 해당하는경우
   다시 시간적으로 거슬러올라감 - 위험과 손해와의 발생
   가능률 70% 이상의 유무를 확인함 = 손해보상여부를 결정

2-3 인과관계의 적용 사례

(1) 선박보험의 경우

① Matiana호 사건(1921년)

평화적 항해를 수행하고 있는 선박은 전시 중에 있어서, 가령 무장호위선의 보호에 의해 항해하고 있는 경우라도 그 평화적 목적에는 아무런 변함이 없다. 즉 호위선의 행동은 군사행동이지만 피호위선인 상선의 행동은 군사적 행동이 아니다.

Matiana호는 전쟁 중 이집트에서 면화를 적재하고 평화적 항해를 하고 있었다. 이 때 본선은 타선과 함께 호위선에 호송되고 있었고 호위선 사령관의 명령에 따라 적의 잠수함 공격을 피하기 위하여 지그재그식으로 항해하고 있었다. 그런데 불행하게도 지중해에서 암초에 걸려 전부 손해를 입었다.

본 사건에 관해서 대법원은 이 손해는 적대행위 또는 군사적 행동의 결과가 아닌 해상위험에 기인한 손해라고 판결하였다. 이 사고는 호위되었기 때문에 발생한 피하기 어려운 결과가 아닌 해상위험에 기인한 손해라고 판결하였다. 이 사고는 무장호위선에 호위되었기 때문에 순수한 우연적 사고에 지나지 않았다는 것이 그 이유였다.

② Gergorios호 사건(1924)

Gregorios호가 철광석을 적재하고 Rhillipeville에서 Tyne를 향하여 항해하고 있던 중 평온한 날씨임에도 불구하고 스페인 앞바다에서 침몰하여 전부 손해를 입었다. 이 선박의 침몰은 선저에 구멍이 뚫려서 일어난 것으로 판명되었다. 즉 선주가 보험금을 사취할 의도를 가지고 선원을 사주하여 선저에 구멍을 뚫고 침수시켜 결국에는 침몰된 것이었다. 이 선박은 이미 선주에 의해 저당되어져 있었다. 저당권자는 선주의 불법행위에 대해서는 완전히 최대선의의 원칙 위반이었다. 그래서 저당권자는 선주의 불법행위로 인하여 저당 물건을 잃고 손해를 입었기 때문에 그 선박에 대해서 가지는 자기의 담보이익에 대해서 이미 체결되고 있던 보험계약에 의거하여 보험금을 청구하는 소송을 제기하였다. 저당권자는 본 사건의 손해 근인은 해수의 현실적 침입이고 해수를 선박에 침입시킨 행위는 아니라고 주장하였다.

대법원은 본 사건에 대해 선박의 손해는 해상고유의 위험으로 인하여 생긴 것이 아니고, 선주의 불법행위에 근인하는 것이므로 보험자는 선주의 불법행위를 담보치 않기 때문에 본 사건의 손해에 대해서는 보상책임이 없다고 판결하였다.

(2) 적하보험의 경우

① Montoya v. London Assurance 사건 (1851년)

담배연초의 화물이 보험에 가입 되었다. 그 담배연초는 수피와 동일선박에 적재되었다.

적재선박이 항해 중 다량의 해수가 덮쳤기 때문에 수피가 해수에 젖어 부패하였다. 담배연초는 직접해수에 접촉되지는 않았지만 부패한 수피의 악취 때문에 손상을 입었다. 피보험자는 연초의 손해는 해상고유의 위험에 의한 손해라고 주장하고 보험자에게 그 보상을 청구하였지만 보험자는 연초 손해의 근인은 수피의 부패이고 해상고유의 위험은 원인에 지나지 않는다고 주장하였다.

재판소는 수피의 손해가 해상고유의 위험을 근인으로 하는 손해임과 동시에 연초 손해의 근인도 해상고유의 위험임으로 보험자에게 보상책임이 있다고 판결하였다.

② Hamilton v. pandorf 사건 (1887년)

쌀을 선적한 선박이 Akyab에서 Bremen까지 운항하고 있었다. 욕실로 통하는 배수연관이 쥐 때문에 구멍이 뚫린 결과, 본선이 항해 중 선체가 동요할 때 해수가 이 구멍으로 침입하여 화물에 손해를 주었기 때문에 화주는 보험회사에게 $1,000의 손해배상을 청구하였다.

재판소는 손해의 원인은 해수의 침입이 아니고 쥐의 행위이므로 보험회사에게 보상책임이 없다고 판결하였다.

3. 해상위험의 변동

3-1 위험변동의 의의

(1) 위험변동의 개념

보험자는 보험계약을 체결함에 있어서 보험사고발생의 확률을 고려한 후 보험인수의 여부를 결정하고 또 이 확률에 기인하여 위험률 및 보험료율을 산출하여 보험계약을 체결하는데 이 위험률을 결정하는 조건을 위험사정이라 한다. 즉 보험자는 계약체결 시에 일반적으로 예측될 수 있는 위험사정을 고려하여 보험계약을 체결여부를 결정하는 것이지만 계약체결 후 계약 시에는 예측할 수 없었던 위험사정이 발생한 경우에는 계약체결의 기본조건이 흔들리고 또 보험자의 위험부담과 그 대상인 보험료와의 균형관계가 파괴되게 된다.

이 같이 위험측정의 기초조건이 변하는 것을 위험의 변동(change of risk)이라 부르고 이를 위험의 변경(variation of risk)과 위험의 변종(alteration of risk)으로 분류할 수 있다. 전자는 위험률 정도의 변경을 수반하는 위험사정의 변경을 의미하고, 위험 정도의 증감이 있어도 위험으로서의 동일성을 가지고 있는 경우의 위험사정을 말하며, 후자는 위험의 정도에 반드시 증감은 없어도 위험의 동일성이 상실되고 계약체결후의 위험사정이 소멸하여 그것과는 전혀 다른 종류의 위험사정이 발생함을 의미한다.

위험의 변경은 보험계약자 또는 피보험자의 책임으로 돌려야 할 사유에 의해서 발생하는 경우와 보험계약자 또는 피보험자의 책임으로 돌릴 수 없는 사유에 의해서 발생하는 경우와의 양자로 구별할 필요가 있다. 전자는 보험계약자 또는 피보험자의 행위에 의해서 위험의 변경(증가)이 발생한 것이기 때문에 보험자는 계약을 해지할 수 있다.(상법 제653조) 반면, 후자는 보험계약자 또는 피보험자의 책임으로 돌릴 수 없는 사유, 말하자면 일종의 불가항력에 의해서 위험의 변경이 생긴 것이기 때문에 보험계약자 또는 피보험자는 보험자에게 위험이 변경 또는 증가된 사실을 통지하였다면 보험자는 그 부담책임을 지도록 하고 있다.(상법 제652조)

위험의 변경은 전술한 바와 같이 위험률 정도의 변경을 발생시키는 위험사정의 변경이다. 이 경우에 있어서 상법은 어느 정도의 위험 변경을 가지면 현저한 위험의 변경(증가)으로 보는가에 대해서는 특별히 명시하고 있지 않다. 그렇지만 그 해석으로는 일반적으로 만약 계약체결 당시 그 같은 위험의 변경이 예상되고 있었다면 당연히 계약을 체결치 않았었거나 동일조건, 동일요율로는 보험계약을 체결하지 않았을 것이라는 관계가 존재하는 경우로서 이해되지만, 실제로는 개개의 사정에 응해서 결정할 수밖에 없다. 따라서 위험의 변경에 대하여 이것을 모두 열거함은 불가능하므로 상법에는 그 대표적인 것으로서 선박의 출발 지연, 항해의 지연 및 항로의 변경(이로) 등이고 위험의 변종은 계약체결시의 내용이 전혀 다른 종류의 것으로 변경되는 위험사정을 의미하며 항해의 변경과 선박의 변경이 이에 해당된다.

위험의 변동이 있는 경우 보험계약자 등은 이를 보험자에게 알릴 의무가 있으며 이 의무를 통지의무라 한다. 이행하지 않으면 법 규정 또는 보험약관에 따라 보험계약이 실효된다.

〈도해 6-11〉 위험의 변동

위험의 변동 (change of risk, 위험측정의 기초 조건의 변동)	위험의 변경 (variation of risk)	**위험 발생확률의 변경** • 갑판적, 환적, 강제하역, 포장불충분, 이로(deviation)
	위험의 변종 (alteration of risk)	**위험의 동일성 상실** • 항해변경, 선박변경

(2) 위험변동의 원인

① 주관적 위험변동

보험계약자나 피보험자의 고의 또는 중대한 과실로 인하여 위험이 현저하게 증가, 변경된 경우를 말한다. 이 경우에 변경된 이후에는 보험자가 면책되지만 위험변경 이전의 사고에 대하여는 보험자가 면책되지 아니한다. (MIA, 상법)

② 객관적 위험변동

보험계약자나 피보험자의 귀책사유 없이 위험이 변경, 증가하는 경우를 말한다. 객관적 위험변경으로 인한 보험자의 책임에 관하여는 MIA에서는 규정이 없으며, 상법에서도 해상보험에 별도로 규정하고 있지 않고 보험일반의 규정을 따르고 있다.

객관적 위험변경이 발생한 경우 보험계약자 또는 피보험자는 위험이 현저하게 변경, 증가된 사실을 지체 없이 보험자에게 통지하여야 한다. 이 통지의무를 이행한 때에는 1월 이내에 보험료 증액을 청구하거나 계약을 해지할 수 있으며, 통지의무를 소홀히 한 경우에는 이 사실을 안 날로부터 1월 이내에 보험계약을 해지할 수 있다. 여기서 주의할 점은 보험계약체결 시부터 의도되어진 것이라면 최대선의 원칙과 고지의무위반이 되어 보험계약이 취소된다.

3-2 해상위험의 변경

(1) 위험변경의 요건

해상보험에 있어서 위험의 변경은 특정의 경우에는 단순한 위험사정의 변경을 의미하고 일반적으로 현저한 위험의 변경 또는 증가를 가리킨다. 위험변경의 요건은 다음과 같다.

① 계약 성립 후 발생한다. 그 이전에는 보험자는 보험계약자의 고지의무에 의해서 보호되고 있다.

② 피보험자의 행위에 의한 것임을 요한다. 이것을 위험변경의 순이론에 의거하여 해석한다면 피보험자의 행위여부를 불문하고 만약에 객관적으로 위험의 현저한 증가가 있다면 보험계약은 항상 그 효력을 잃게 될 것이다. 그런데 해상보험에 한해서 이같이 피보험자에게 관대하게 규정한 것은 필경 상법이 본 보험의 특수사정을 고려한 결과이고 해상보험에 있어서는 항해 도중 보험의 종료가 발생되는 것은 피보험자에게 있어서 가장 염려되는 바이기 때문이다.

③ 위험변경의 경우에는 보험자의 담보위험이 변경 또는 증가하는 것을 요한다. 여기에서 위험이 변경 또는 증가한다고 함은 위험의 감소를 포함하지 않음을 의미한다. 대개 이 경우에는 보험자는 하등의 불이익을 입지 않기 때문이다. 또 위험의 증가와 변경을 동일의 것인가 어떤가는 확실치 않지만 이것을 긍정적으로 해석하는 것이 바람직하다. 결국 이 경우에는 보험자의 담보위험의 발생가능 율이 증가하는 것을 말한다.

④ 위험변경의 경우에는 위험의 증가가 현저한 것임을 요한다. 여기에서 현저한 위험의 증가란 고지의무의 경우와 같은 중요한 사항에 있어서와 같이, 만약 계약당시 이 같은 위험의 증가를 예상하고 있었다면 전연 계약을 체결치 않았거나 적어도 동일조건으로는 체결치 않았을 것이라고 인정되는 경우를 말한다. 그러면 어떠한 경우에 이 같은 사정이 존재하는가는 개개의 경우에 대한 거래의 내용에 따라서 결정하는 수밖에 없다.

(가) 화물에 관한 것

① 화물의 갑판적재(cargo shipped on deck)

이 경우에는 원칙적으로 위험의 변경을 발생한다. 왜냐하면 갑판적재는 일반적으로 선창 내 적재보다 더 위험률이 높고 더구나 화물은 보통 갑판에 적재해서는 안 되기 때문이다.

② 환적(transshipment)

환적은 위험이 증가하게 되므로 위험의 변경이 발생한다. 환적은 항해가 해상위험으로 인하여 중간항구 또는 중간지점에서 중단되는 경우, 해상화물운송계약서의 특약과는 관계없이 선장이 화물이나 기타 동산을 양륙하여 재선적하거나 또는 화물이나 기타 동산을 환적하여 그 목적지까지 운송하는 것이 정당화되는 상황 하에서 보험자의 책임은 그 양륙이나 환적에도 불구하고 계속된다.(협회적하약관 8조 3항)

③ 강제하역(forced discharge)

강제하역도 손해발생의 기회를 증가시키는 것이기 때문에 위험변경의 일례임에는 틀림없다. 그러나 대부분의 경우, 절박한 피보험위험을 피하기 위해 행해지는 것이므로 보험자의 책임에 영향을 주지 않는 것이 많다.

④ 포장의 불완전(defective packing)

이 같은 사실이 계약체결 당시에 존재한다면 고지의무의 대상이 되고 계약성립 후 발생한다면 위험변경의 문제를 발생시킨다. 결국 피보험화물에 대해서 이 같은 사태가 존재한다면 보험사고의 발생에 의해 그 내용물을 손상시키는 원인이 되기 때문이다.

(나) 선박에 관한 것

① 출항의 지연(delay in commencement of voyage)

피보험자가 발항을 지연하였을 때는 위험의 변경을 발생시킨다. 상법은 단지 발항을 함에 있어서 지연이라고 하고 있지만, 위험개시의 경우도 이것에 준하여 해석하여도 상관없다. 예를 들면, 선박항해보험에 있어서 화물의 선적을 태만히 한 경우에도 발항의 지연이 발생된다. 더욱 발항을 지연한다 함은 원래 발항이 가능함에도 불구하고 적당한 때에 발항치 않은 것을 말하지만 그 가능과 불가능은 개개의 경우에 있어서 제반의 사정, 특히 일반적 경제문제를 고려하여 결정해야 할 것이다.

② 항해의 지연(delay in voyage)

보험계약 성립 후 항해가 상당한 기간 내에 개시, 계속, 완료될 것을 전제로 한다. 그러나 정당한 이유 없이 항해가 지연되면 위험의 변경이 발생한다. 이 경우는 출항의 지연도 마찬가지로 항해의 지연이다. 그리고 보험계약상 환적이 허가될 때 항해의 도중 환적 때문에 화물이 일시 양륙되고 또 적당한 기간을 넘기고 유치된 경우도 마찬가지로 항해의 지연이다. 항해의 지연은 반드시 위험변경사고만이 아니라 때로는 위험사고인 것도 있다. 예를 들면, 화물의 부패가 피하기 어려운 결과로서 판단될 때에는 항해의 지연은 위험사고로서 보험자의 손해보상책임이 제기될 수 있다.

③ 항로의 변경(deviation)

항로의 변경이란 피보험항해의 출항항 및 도착항을 변경치 않고 단지 항로를 변경하는 것을 말한다. 출항항 및 도착항을 변경치 않는 점은 항로의 변경을 항해의 변경과 구별할 수 있는 중요한 하나의 표준이 된다. 항로의 변경은 단순히 항로 밖으로 나가는 경우와 정당치 않은 기항을 행하는 경우와 기항의 순서를 변경하는 경우로 나눌 수 있다. 항로가 보험증권에 지정된 때는 그 항로에 따라서 항해함을 요한다. 또 이 같은 정함이 없는 경우, 소정의 확정된 관습적 항로가 존재할 때는 이것에 따르는 것을 요한다. 또 계약에 기항항이 특별히 정해져 있는 때는 다른 항에 기항해서는 안 된다. 또 이 같은 정함이 없는 때는 기항해서는 안 된다. 다만 특정의 항에 기항해야 할 확실한 관습이 있을 때는 이 같은 항에 기항하여도 무방하다.

또한 항로의 변경은 변경할 의사는 중요하지 않다. 즉, 보험자가 계약상 책임을 면하기 위해서는 반드시 실제로 항로의 변경이 있어야 한다.

④ 선박의 내항능력 상실

항해 도중에 선박이 내항능력(seaworthiness)을 잃었을 경우, 선박을 피난항에 입항시켜 수선을 해야 함을 태만히 한 때는 위험의 변경을 발생시킨다.

⑤ 항해의 강행

유빙, 짙은 안개, 등대의 소등 중에 항해할 경우 감속지 않거나 어선이 폭풍우 경보발령이 내렸음에도 이를 무시하고 출항한 경우이다.

⑥ 선장의 변경

선장의 변경은 보통 위험변경의 일례가 될 수 있지만 오늘날에는 일반적으로 선장은 일정한 자격을 갖추어야 하므로 보험계약에서 선장이 지정된 경우에도 선장의 변경은 계약의 효력에 영향을 미치지 아니한다고 규정하고 있다.(상법 제705조)

⑦ 보험의 목적의 양도

보험의 목적의 양도로 위험의 현저한 변경 또는 증가를 발생시키는 경우가 있다(상법 제679조). 예를 들면, 전시 중 선박 또는 화물이 중립국가의 국민으로부터 전쟁교전 당사국의 국민에게 양도되는 경우이다.

(2) 위험변경의 효과

위험의 변경이 발생한 때는 보험자는 원칙적으로 그 이후의 사고에 대해서 책임을 지지 않는다(상법 제702조). 그리고 원상으로 회복한다 해도 보험자의 책임은 부활하지 않는다. 이것은 MIA에 있어서도 마찬가지이다(MIA 제46조 제1항). 그러나 MIA에는 위험변경의 일반적 원칙에 대해서는 특별한 규정을 두지 않고 개별적으로 규정하고 있다.

항해개시의 지연에 대해서는 만약 항해가 상당 기간 내에 개시되지 않는 경우에는 보험자가 계약을 취소할 수 있음을 묵시조건으로 규정하고 있다.(MIA 제42조) 또한, 적법한 이유 없이 보험증권에 정해진 항로 또는 관습상의 항로를 이탈한 경우, 즉 항로변경에 대해서는 보험자는 항로변경이 발생의 때로부터 부담책임이 면제된다고 규정하고, 피보험항해가 특정의 항로에 의해서 수행된 경우에 한하여 보험적 보호를 받을 수 있음을 규정하고 있다.(MIA 제46조)

또한 항해의 지연에 대해서는 만약 적법한 이유 없이 상당히 신속하게 수행되지 않은 경우에는 보험자는 지연이 부당하게 발생되었을 때부터 부담책임이 면제된다는 규정을 두고 있다.(MIA 제48조)

그러나 위험의 변경이 사고발생에 영향을 미치지 않았을 때, 또는 보험자의 부담으로 돌려야 할 불가항력 혹은 정당한 이유로 인하여 생겼을 때는 예외로서 보험자의 책임은 계속된다(상법 제702조). 여기에서 보험자의 부담으로 돌려야 할 불가항력이라 함은 보험사고를 의미할 따름이며 위험의 변경이 이것에 원인한다 함은 보험사고가 피보험자의 위험변경행위의 정당한 동기가 되었던 경우를 말한다. 또 정당한 사유로 인하여 생긴 것이라 함은 보통, 인도적인 이유로부터 나온 경우를 의미한다 해도 무방하다.

위험변경 중 다음과 같은 경우는 항로의 변경 또는 항해의 지연을 허용한다.(MIA 제49조)

① 보험증권상의 명시의 규정에 의해서 인정된 경우.

② 선장 및 그 고용주가 지배할 수 없는 사정에 의해서 발생한 경우.

③ 명시 혹은 묵시의 담보를 충족하기 위하여 당연히 필요한 경우.

④ 선박 또는 보험의 목적의 안전을 위하여 당연히 필요한 경우.

⑤ 인명을 구조하기 위하여 또는 조난선을 구조하기 위하여 필요한 경우.

⑥ 선상에 있는 자에게 내과적 또는 외과적 치료를 행하기 위하여 필요한 경우.

⑦ 선장 또는 선원의 악행이 피보험위험의 하나인 경우, 이들의 악행에 의해서 발생한 경우.

이 같은 이로 또는 지연을 허용하는 사유가 중지되었을 때에는 상당히 신속하게 (reasonable dispatch)원래의 항로로 복귀하여야 한다.(MIA 제49조 2항).

〈도해 6-12〉 위험변경의 종류와 보험자의 책임

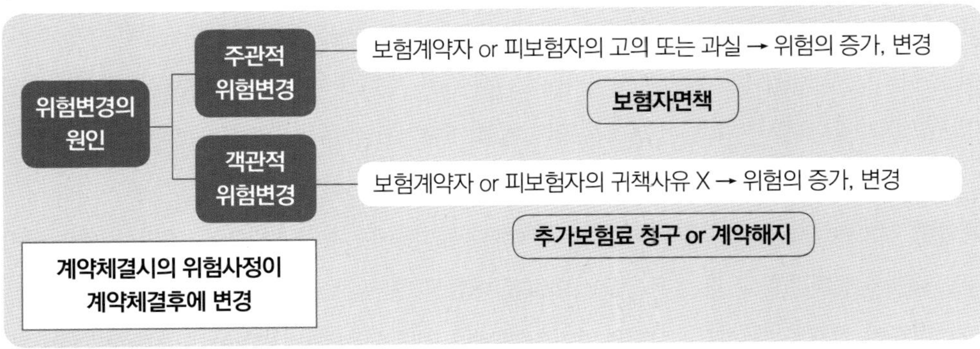

3-3 해상위험의 변종

위험의 변종에 관한 것은 항해의 변경과 선박의 변경 경우뿐이다.

(1) 항해변경

(가) 항해변경의 의미

항해의 변경(change of voyage)이란 선적항이나 도착항 또는 그 양자를 변경함을 의미한다. 항해의 변경은 선적항 또는 도착항이 보험증권에 지정되어 있을 경우에 발생한다. 도착항변경의 경우에는 도착항이 A항 또는 B항이라고 정해져 있을 때는 그 어느 항을 도착항으로 선택하여도 무방하다. 도착항을 정함에 있어 항구가 아닌 특정지역으로 하였을 때는 보험계약자 또는 피보험자는 그 지방의 어떤 항을 도착항으로 선택하여도 좋다.

항해가 단축된 경우 또는 반대로 연장된 경우에도 도착항을 변경한 것으로 간주하여 항해의 변경을 발생시킨다. 도착항의 변경으로 인한 항해변경의 발생 시기는 실행에 착수한 때이다. 항해변경 결의의 실행에 착수한 이상은, 가령 아직 피보험항로를 떠나지 아니한 때라도, 또 항해를 실제 중지하지 아니한 때라도 항해의 변경은 발생한다. 항해의 변경은 기간보험의 경우에도 발생한다. 즉 실제상 선박의 기간보험에 있어서 ??의 항해 또는 항해구역이 정해지는 것이 보통이지만 이 경우에 그 선적항 또는 도착항을 변경하고 또 그 항해구역 이외 지역을 출항항 또는 도착항으로 한 때에는 항해의 변경을 발생시킨다.

(나) 항해변경의 효과

항해변경의 효과는 보험자의 책임개시 전후에 따라서 다르다. 보험자의 책임개시 전에 항해를 변경한 때는 보험계약은 그 효력을 잃는다(상법 제701조 제1항). MIA에서도 똑같은 규정을 두고 있다. (MIA 제43, 44조) 이것은 항해의 변경이 위험변종으로서의 성질을 가진 당연의 효과이다.

보험자의 책임개시 후에 항해를 변경한 때에는 보험자는 그 변경 이후의 사고에 대해서는 책임을 부담하지 않는다(상법 제701조 제2항). 그러나 예외로서 보험계약자 또는 피보험자의 책임으로 돌릴 수 없는 사유로 인한 때는 반드시 그렇지 않다.

즉, 먼저 항해의 변경이 보험계약자 또는 피보험자의 고의 또는 과실에 기인하지 아니하였을 때, 예를 들면, 선장이 임의로 항해를 변경한 때는 보험자의 책임은 계속된다. 이것을 순리에 따른다면 항해변경의 발생과 함께 보험자의 책임은 즉시 종료해야 할 것이지만, 항해 도중 보험자의 책임이 종료하는 것은 실제상 보험계약자 또는 피보험자에게 상당한 불안을 주기 때문에 특별한 경우에 한하여 예외로서 보험자의 책임이 계속된다.

만약 선장 또는 선원에 항해변경을 동의하고 혹은 이 같은 위탁을 행한 경우 또는 화주가 선하증권에 있는 항해변경에 관한 약관에 동의한 경우에 이들의 고의 또는 과실로 인하여 항해변경이 발생한 때는 보험자의 책임은 즉시 중지한다.

그러나 보험계약자 또는 피보험자가 고의로 항해를 변경한 경우라도 그것이 어쩔 수 없는 사유로 생겼을 때, 예를 들면, 도착항이 봉쇄되거나 결빙되었을 때, 도착항에 스트라이크가 발생하여 양륙이 불가능할 때, 항해 도중 전쟁의 발발로 인하여 항해의 계속이 불가능할 때는 보험자는 책임이 종료되지 않는다.

또한 피보험자의 의사에 관계없이 위험개시 전에 선적항 또는 도착항의 변경은 보험계약의 효력이 개시되지 않으며 따라서 이는 추가 보험료의 납부 등으로도 유효한 보험이 되지 않는다. 항해 개시 후 항해의 변경이 있는 때 선박이 보험증권상의 정해진 항로를 실제 떠나지 않았다는 것은 중요치 않고 항해가 변경할 결의가 명백할 때 보험자는 면책된다.(MIA 제45조 2항)

항로의 변경은 실제로 이로가 개시될 때부터 보험자의 책임이 해제되고 항해의 변경은 항해를 변경할 결의가 명백한 때부터 보험자의 책임이 해제되지만 항해의 변경에도 실제 변경이 있어야 한다. 다만 보험자의 책임은 변경된 목적지로 실제로 항로가 변경된 때로부터가 아니라 변경할 의사를 가진 때로 소급하여 해제된다.

(2) 선박의 변경

(가) 선박변경의 의미

선박변경(change of vessel)의 발생에는 선박이 계약으로 특정되어 있을 경우에 발생한다. 보험계약에서 보험목적물을 운송해야 할 선박이 특정되어 있는 경우에는 타 선박에 선적해서는 안 된다. 만약 이를 위반할 때에는 선박의 변경이 된다.

그러나 때때로 계약상 선박이 특정되어 있지 않을 경우, 또는 선박을 특정함과 더불어 타선박의 사용도 허가되어 있는 경우에는 거래의 관습 또는 관념에 의해서 제한되지 않는 한, 선적선박에 제한이 없고 항해 도중 선박의 변경도 자유이며 환적선박에도 제한이 없다.

그러나 MIA에서는 이 같은 경우 한번 특정선박에 선적된 이상 그 변경은 허가되지 않는다.

(나) 선박변경의 효과

선박의 변경이 보험계약자 또는 피보험자의 책임 있는 사유로 인하여 발생하였을 때는 선박의 변경 이후의 사고에 대해 보험자의 책임이 면제된다(상법 제703조). 그러나 보험계약자 등의 책임으로 돌릴 수 없는 사유로 인하여 선박이 변경되었을 경우에는 보험계약자 또는 피보험자에게 있어서 불가항력에 의한 것이기 때문에 이것은 항해에 관한 사고의 하나로 간주되어 보험자의 책임은 계속된다. 이 경우 보험자의 책임이 개시 전인 것과 개시 후인 것을 불문한다. 선박변경의 경우에는 이 같은 구별을 하지 않았던 것은 실제상 보험개시 전에 선박의 변경이 빈번히 행하여지기 때문에 피보험자의 입장을 고려한 것이다.

영국 해상보험법에 있어서는 보험자의 책임개시 후의 선박변경에 대해서는 규정을 두고 있지만 보험자의 책임개시 전의 선박변경에 대해서는 아무런 규정이 없다. 따라서 계약 선박이 해난사고에 조우하여 항해를 중지하였기 때문에 부득이 선박을 변경한 경우에는 보험자의 부담책임이 계속되는 것으로 해석된다(MIA 제59조).

적재선박, 운송용구는 위험측정에 있어 중요한 위험사정이다. 즉, 선박의 내항능력은 위험발생에 중요한 영향을 끼친다. 따라서 증권상의 선박의 명칭과 실제 선박이 다른 경우, 즉 선박이 변경되는 경우 위험의 변종이 발생한다.

〈도해 6-13〉 위험의 변종

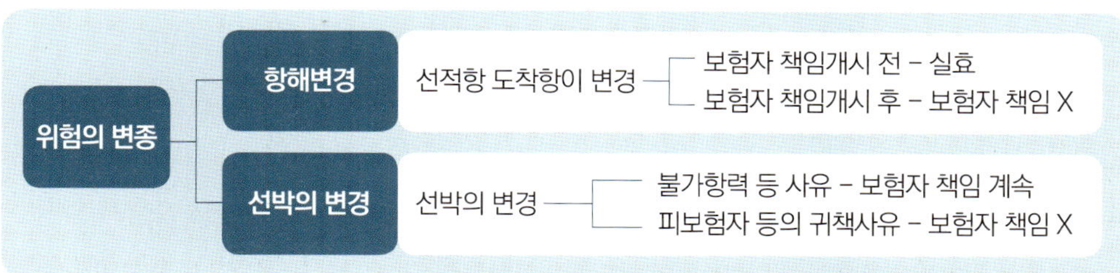

Chapter Ⅶ 해상손해

1. 해상손해의 종류

해상손해(maritime loss & damage)는 해상위험의 발생으로 인하여 피보험이익의 전부 또는 일부가 멸실되거나 손상됨으로써 피보험자가 입게 되는 재산상의 불이익이나 경제상의 부담을 말한다. 그러므로 손해액은 그 손해를 야기한 보험의 목적의 멸실 또는 손상을 원상으로 회복시키는 데에 소요되는 비용으로 결정하게 된다.

해상위험으로 인하여 발생하는 해상손해(maritime loss)는 물적 손해(physical loss), 비용손해 (expense loss) 및 배상책임손해(liability loss) 등으로 크게 구분된다.

〈도해 7-1〉 해상손해의 종류

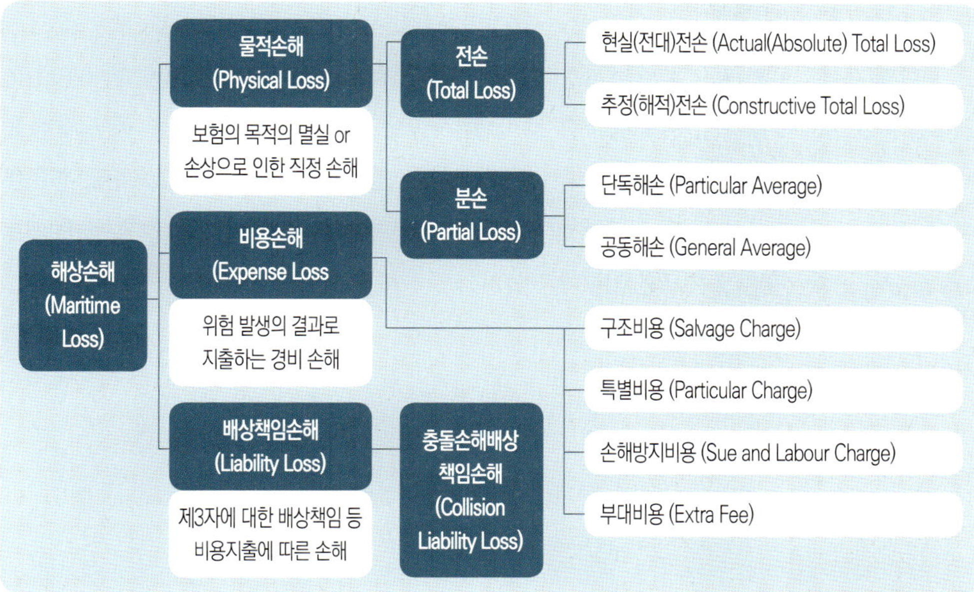

1-1 물적 손해

물적 손해(physical loss)는 실체적 손해라고도 하며, 보험의 목적의 멸실 또는 손상으로 인한 직접손해를 말한다. 물적 손해는 전손과 분손으로 구분한다.

(1) 전손

전손은 보험의 목적물이 실질적으로 멸실되었거나 본래의 성질이 상실되었을 경우의 현실전손(actual total loss)과 보험의 목적이 현실전손으로 될 것이 불가피하다고 인정되거나 보험의 목적물에 대한 회복비용이 회복되었을 때의 화물 가액을 초과할 것으로 예상되는 경우 등 피보험자가 보험의 목적물을 보험자에게 정당하게 위부함으로써 추정전손(constructive total loss)으로 인정되는 경우가 있다.

(가) 현실전손

보험의 목적이 현실적으로 멸실 또는 파괴되었거나(Physical destruction), 보험에 가입한 종류의 물건으로서 존재할 수 없을 정도로 심한 손상을 입은 경우(Alteration of species), 또는 피보험자가 보험목적물을 박탈당하여 회복할 수 없는(irretrievably deprived) 경우를 말한다.(MIA 제57조) 선박의 행방불명(선박출항 후 3개월 이상)도 현실전손에 해당된다. 현실전손의 구체적 형태로는 다음과 같다.

① **실질적인 파괴·멸실(physical destruction)**
선박이 폭풍으로 인하여 심해(深海)에서 침몰할 경우와 같이 실질적으로 복구의 가능성이 전무한 전손을 말한다. 이런 의미에서 현실전손을 절대전손(absolute total loss)이라고도 말한다.

② **성질의 상실(alteration of species)**
피보험목적물이 심하게 손상되어 원래의 성질을 상실해 버린 상태도 현실전손을 구성한다.

③ **회복의 전망이 없는 박탈(irretrievable deprivation)**
피보험자가 피보험목적물을 박탈당하여 회복할 가능성이 없을 경우의 전손을 현실전손이라고 한다. 전시에 적에게 포획되거나, 적대국에 의한 압류, 해적선에 의한 선박의 나포 등을 말한다. 단, 선박이 부정(不正)한 선원(船員)에 의하여 탈취되는 경우는 회복불가능한 점우박탈로 간주하지 않는다.

④ **선박의 행방불명(missing)**
선박이 목적항에 도착하지 않고 상당기간(reasonable time)이 경과하여도 행방에 관한 소식을 들을 수 없는 경우 심해(深海)에 침몰한 것으로 간주하고 보험자는 해상고유의 위험으로 인한 손해로서 책임을 진다(MIA 제50조).

(나) 추정전손

추정전손은 선박 또는 화물을 구조하기 위한 비용과 구조 후의 수리비용이 이들 비용지출 후의 화물의 가액을 초과하는 경우 등과 같이 현실적으로 화물은 존재하고 있어도 경제적으로 전손이라고 인정되는 경우를 말한다.(MIA60조)

적하보험약관(ICC)에서도 현실전손이 불가피하다고 판단될 경우나, 보험목적물의 회복비용과 수선비용 및 목적지까지의 계반비용이 도착 시의 가액을 초과할 경우 추정전손이라고 규정하고 있다.

담보되는 위험에 따른 전손은 모든 보험조건하에서 보상의 대상이 되지만, 추정전손의 경우는 현실적으로 분손이지만 보험자가 지급해야 할 보험금이 보험가액을 초과하는 경우 피보험자가 화물에 대해서 가지고 있는 모든 권리를 보험회사에 위부하면 보험자는 이를 전손으로 추정하고 전손에 해당되는 보험금을 지급한다.

현실전손이 법률적이고 사실적인 전손인 데 비해, 추정전손은 법률적인 전손이지만 사실적인 전손은 아니다. 따라서 추정전손의 경우 보험자에게 전손보험금을 청구할 권리를 가지기 위해서는 위부의 통지를 적절하게 하여 사실적인 전손으로 전환시켜야 한다. 그러므로 위부의 통지 없이는 추정전손이 성립되지 않는다. 추정전손은 해상보험에서만 존재하는 특유한 것이다.

추정전손의 판단시점은 보험금 청구소송이 제기된 때, 영국의 경우 소송영장(writ)이 발행된 때를 기준으로 한다. 추정전손의 구체적 형태는 다음과 같다.(MIA 제60조)

① **선박과 화물의 점유 상실**

피보험자가 보험사고로 인하여 자기의 선박 또는 적하의 점유를 상실하여 이를 회복할 가능성이 없거나, 또는 회복하는데 소요되는 제 비용이 회복하였을 때의 가액을 초과할 것으로 예상될 때 추정전손이다.

② **선박의 손상**

선박이 보험사고로 인하여 심하게 손상을 입었을 경우 그 손상을 수리하는 비용이 수리했을 때의 가액을 초과하리라고 예상될 경우 추정전손이다.

③ **화물의 손상**

화물이 보험사고로 인하여 심하게 손상을 입은 경우 이를 수리하고 목적지까지 계반하는 비용(forwarding charge)의 합계액이 도착 시의 화물가액을 초과하리라고 예상될 경우 추정전손이다. (화물수리비 + 목적항까지 운송비용 〉 도착시의 화물가액) 도착 시의 화물가액이 무엇인가 하는 점이 문제될 수 있는데, 도착 시의 화물가액이란 통관직전까지 발생한 모든 비용을 합산하거나 CIF 금액을 기준으로 하여야 할 것이다.

〈도해 7-2〉 전손의 종류

구분	종류	내용
전손	현실(절대)전손 Actual total loss	• 보험의 목적의 가치가 상품가치가 상실 (예 : 화재로 인한 선박의 전소, 해수로 인해 고체로 변한 시멘트 등) • 피보험자가 보험의 목적의 점유권이 박탈되어 이를 회복할 수 없는 경우(포획, 나포, 몰수 등) • 선박이 행방불명되어 상당기간이 경과한 경우
	추정(해석)전손 Constructive total loss	• 보험의 목적이 현실적으로 전멸하지는 않았으나 그 손해의 정도가 심하여 그 목적물이 가진 용도에 사용할 수 없게 된 경우 • 보험목적의 인수가 물리적으로 하더라도 회복비용이 회복 후 그 목적물이 가지는 시가보다 큰 경우 • 현실전손이 확실하다고 생각되면서 그 증명이 불가능한 경우

(2) 분손

분손은 피보험이익의 일부 멸실이나 손상으로 이는 단독해손(particular average)과 공동해손(general average)으로 분류된다.

〈도해 7-3〉 분손의 종류

구분	내용
공동해손과 단독해손	해상손해(해손)가 발생한 경우, 그 손해를 단독으로 부담할 것인지, 이해관계자가 공동으로 부담 할 것인지에 따라 단독해손과 공동해손으로 구분

구분	종류	내용
분손 Partial Loss	단독해손 Partial average	보험의 목적이 일부 멸실되거나 손상된 부분적인 손해에 대하여 손해를 입은 당사자가 단독으로 부담하는 손해
	공동해손 General average	선박과 화물에 공동으로 위험이 있는 경우, 그 위험을 면하기 위하여 발생한 손해와 비용을 이해관계자에게 분담시키는것 (공동해손의 정산에 사용되는 규칙 : York-Antwerp Rules, 2007(YAR)

(가) 단독해손

피보험목적물의 일부 멸실이나 손상 등의 분손이 담보위험으로 인하여 우연히 발생하고 그 손해를 피보험목적물에 이해관계를 갖는 자가 단독으로 부담하는 것을 의미하며, 공동해손 손해가 아닌 분손을 의미한다.(MIA 제64조 1항)

단독해손의 구분은 동일 보험증권으로 인수된 선박 또는 화물중의 일부가 항해 중에 담보위험에 의하여 멸실, 손상을 입어 일부가 손상을 입어 전체로서의 질적 감가를 발생시킨 전부 또는 일부 손상의 경우이다. 단독해손은 해손 정산인 협회에서 정해진 실무규칙에 따라 해손 정산인에 의해서 그 손해액이 산정된다.

보충학습 단독해손의 구체적 형태

단독해손의 경우는 예를 들면, 선박이 악천후(heavy weather)를 만나 해수가 갑판을 휩쓸고 선체에 심한 압박을 가하여 생긴 손해이거나, 장애물과 충돌하거나 좌초하여 외판·타(舵, rudder) 또는 프로펠러가 입은 손해이거나, 선내의 화재로 인해 선박장비가 멸실되거나 선체구조에 발생된 손해의 경우 등이 있다.

(나) 공동해손

영국해상보험법에서 공동해손의 의미는 공동의 위험(common safety)으로 인하여 적하와 선박을 그 위험으로부터 피하기 위하여 ① 고의적으로(intentionally) ② 합리적으로(reasonably) 취한 행위에 의하여 ③ 이례적으로(extraordinary) 발생한 직접적인(direct consequence) 희생손해(sacrifice) 또는 비용손해(expenditure)를 말한다. (MIA 66조 참조) 모두의 이익을 위해 희생(sacrificed)된 것들은 모두의 분담 (contribution)에 의해 보상되어야 한다는 것이 공동해손의 원칙이다. 공동해손의 분담은 공동해손 행위에 따라 공동해손 희생(고의적인 비상조치에 의해 보험의 목적에 발생한 손해)과 공동해손 비용(보험의 목적에 관하여 정당하게 지출한 비용)이 있는 경우에 그 손해와 비용을 선박 및 적하의 모든 이해관계자가 그들이 받은 혜택의 정도에 따라 공동으로 분담하는 것을 원칙으로 한다. 그러나 체선료, 시장손실, 지연에 의한 손실, 간접적인 손해는 해당되지 않는다.

① **공동해손의 성립요건**

a. 공동의 해상사업이 존재해야 하며 상징적이 아닌 실제적인 위험이어야 한다.

b. 공동해손 행위는 고의적이고 의도적이면서 자발적이어야 한다.

c. 희생이나 비용은 신중한 무보험자가 자기 재산보호를 위해 취하는 행동과 같은 처분의 합리성이 있어야 한다.

d. 희생이나 비용은 그 성질상 이례적이어야 한다.

e. 손해는 공동해손 행위의 직접적인 결과, 합리적인 결과에 따른 직접적인 손해이어야 하며 장래에 발생할 수 있을 것으로 예상되는 손해는 해당되지 않는다.

f. 발생된 위험이 특정의 화주나 선주가 부담하는 개별적인 위험이어서는 안되며 이해관계에 있는 모든 공동체에게 직면하는 공동의 위험이어야 하며 이러한 위험으로부터 회피하거나 벗어나기 위한 비용이나 희생이어야 한다.

〈도해 7-4〉 공동해손의 의미와 성립요건

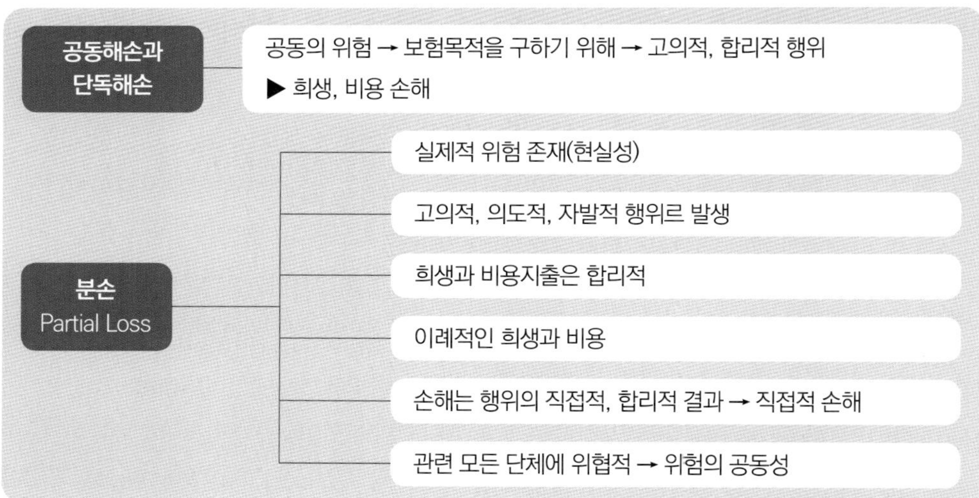

② 공동해손 행위, 공동해손 손해 및 공동해손 분담금

Ⓐ 공동해손 행위

공동해손 행위는 공동의 위험에 처한 재산을 보호하기 위하여 이례적인 희생 또는 비용을 임의로 그리고 합리적으로 발생하게 하는 행위를 의미한다. 즉, 선박이나 화물이 공동의 위험에 놓여 있을 경우에 그 위험을 면하기 위해 선박 또는 화물에 대하여 선장이 고의적으로 비상조치를 취하거나 비용을 지출하는 것을 공동해손 행위라 한다.

Ⓑ 공동해손 손해

공동해손 손해는 공동해손 행위로 인하여 발생한 손해 또는 그 행위의 직접적인 결과로서 발생한 손해를 말한다.

Ⓒ 공동해손 분담금

공동해손 분담금이란 비상조치로 인하여 발생한 손해를 그로 인하여 위험을 면하게 된 자들이 그들이 받은 혜택의 정도에 따라 분담하는 금액을 의미하며, 공동해손의 정산은 준거조항이 있는 경우 York-Antwerp규칙에 의하여 이루어지지만, 계약에 YAR 준거 조항이 없을 경우 목적항이나 피난항법에 의하여 해결한다.

③ 공동해손의 손해

공동해손 손해에는 희생손해와 비용손해가 있으며 그 내용으로는 다음과 같다.

Ⓐ 희생손해

ⓐ 투하(jettison)는 공동해손 희생손해의 가장 전형적인 형태이다. 투하를 위하여 열어 놓은

창구(hatch)로 해수가 침입하여 침수손해가 있으면 역시 공동해손에 포함된다.

ⓑ 선내 화재의 소화(消火)작업 중의 주수(注水) 또는 진화를 위하여 탄산가스, steam 등을 주입함으로써 선박 또는 적하에 생긴 손해는 공동해손이 된다.

ⓒ 선박이 여러 가지의 원인에 의하여 침몰의 위기에 처한 경우, 침몰을 면하기 위하여 해안이나 암초에 고의적으로 좌초(坐礁)시킨 경우에 생긴 손해는 공동해손으로 처리된다.

ⓓ 좌초하여 위험한 상태에 있는 선박을 이초(離礁)시키려고 기관을 과도하게 사용함으로써 생긴 기계 및 보일러의 손해는 공동해손으로 인정된다.

ⓔ 선박이 좌초되어 적하와 선박의 연료 및 저장품이 공동해손 행위로 양륙 및 재 선적되는 경우에는 이로 인하여 입은 손해는 공동해손으로 인정된다.

ⓕ 적하의 손상 또는 멸실이 공동해손에 기인하는 것으로 인정되는 경우는 이로 인하여 생긴 운임의 손실은 당연히 공동해손으로 인정된다. 그러나 운임을 취득 하는데 필요한 제 비용으로서 공동해손의 결과 지출을 면한 경비는 제외된다. 운임은 선불과 후불의 두 종류가 있는데 여기에 해당되는 운임은 후불(freight collect)운임의 경우가 일반적이다.

〈도해 7-5〉 공동해손 희생손해

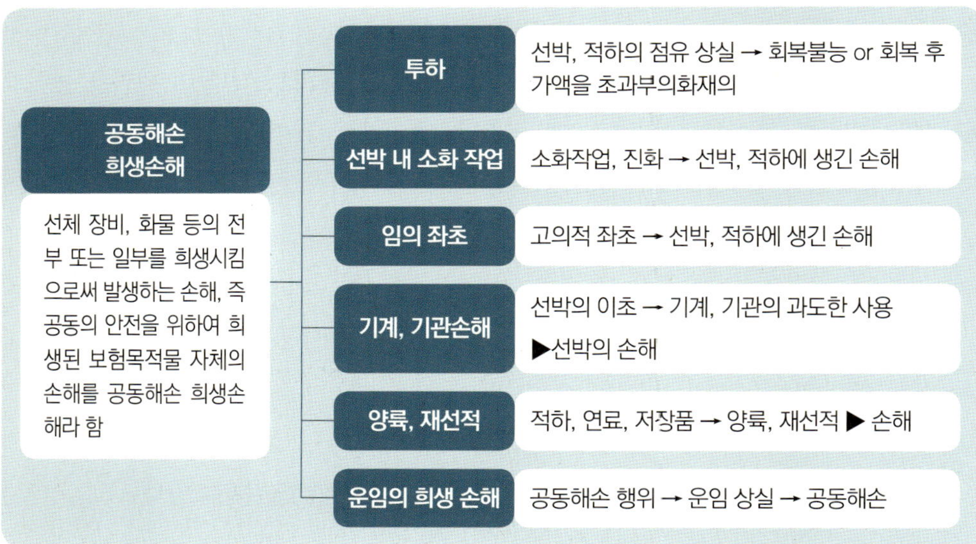

Ⓑ **비용손해**

희생손해는 재물의 손해로서 나타나지만 비용손해(G. A. expenditure)는 비용지출행위로서 금전의 희생으로 나타난다.

ⓐ 구조비(료) : 해난구조 때문에 해사단체의 당사자에 의하여 공동의 안전을 위하여 지출된 비용은 계약에 의한 구조이든, 임의구조이든 불문하고 제3자에게 지불하는 비용은 구조비로서 공동 해손으로 인정된다.

ⓑ 피난항비용 : 선박이 공동의 안전을 위하여 부득이 피난항 또는 피난지로 들어가거나 또는 선적지로 돌아오는 때에는 이와 같은 항구 또는 장소로 들어가는 비용(입항비), 정박비용 및 출항비용은 공동해손으로 인정된다.

ⓒ 임시수리비/대체비용 : 항해단체의 공동의 안전을 위하여 또는 희생손해에 의한 선박 손상에 대하여 임시수리가 필요할 때는 공동해손 비용으로 인정된다.

ⓓ 자금조달비용 : 선주나 선장이 구조비와 같은 공동해손 비용의 자금을 조달하는 경우 2%의 수수료를 공동해손으로 인정한다. 단, 선장, 선원들의 급료와 식량 및 항해 중에 보급되지 않은 연료와 선용품 등의 비용은 공동해손으로 인정되지 않는다.

ⓔ 공동해손 정산비용 : 공동해손 정산비용은 실무적으로 인정되고 있다.

Ⓒ **공동해손의 정산**

해상화물운송계약서에 특별조건을 포함하고 있지 않은 경우에는 공동해손과 구조비용은 해상사업이 종료되는 장소에서 인정하고 있는 법률과 관습에 따라 정산된다. 그러나 해상화물운송계약서에 그와 같이 규정하고 있는 경우에는 그 정산은 Y.A.R.에 따른다.

공동해손의 정산을 위해서는 먼저 공동해손의 손해액 즉, 공동해손 배상액을 결정하고 동시에 이를 분담하는 재산액 즉, 공동해손 분담가액을 결정하여야 한다. 그리고 전자의 총액으로 나누면 공동해손 분담률이 나오고 이를 각 분담가액에 곱하면 각 이익의 분담액이 산출된다.

④ **공동해손 손해에 대한 보험자의 책임**

Ⓐ **공동해손 희생손해**

공동해손 희생의 경우에는 피보험자는 분담의무를 가진 다른 이해당사자에 대하여 분담청구권을 행사하지 아니하고 직접손해의 전액을 보험자로부터 보상받을 수 있다. (MIA 1906 제66조 4항) 공동해손 희생손해의 전액을 지불한 보험자는 다른 이해당사자에 대한 피보험자의 공동해손 분담청구권을 대위한다. 따라서 보험자가 구상이 가능한 것을 조건으로 한다.

Ⓑ **공동해손 비용손해**

피보험자가 공동해손 비용을 지출한 경우에는, 피보험자는 이 비용손해 중 자기부담분에 귀속되는 부담부분을 보험자로부터 보상받을 수 있다.(MIA 1906 제66조 (4)항) 선박보험자는 공동 해손비용 중 선주의 부담분에 대하여만 보상책임이 있다.

③ **공동해손의 소멸시효**

Y.A.R.에는 소멸시효에 대한 아무런 규정이 없기 때문에 특약에 의하여 Y.A.R.에 따라 정산이 되는 경우에 공동해손 정산지가 우리나라인 경우에는 상법 제842조의 규정이 적용되어 1년의 소멸시효가 적용된다. 타국인 경우에는 타국의 국내법상의 소멸시효를 적용시켜야 할 것이다. 영국법(Limitation Act 1980)에 의한 소송을 제기할 수 있는 법률상의 적용시기는 해손정산인의 공동해손 정산서가 보험자에게 발행된 날짜가 아니고 공동해손 손해 발생일로부터 시작된다.

〈도해 7-6〉 공동해손 행위

공동해손 행위 General average act	선체, 장비, 화물 등의 전부 또는 일부를 희생시키는 행위 (선박과 화물이 공동위험에 처한 경우, 그 위험을 면하기 위함)

공동해손 행위로 인해 다음의 손해 및 분담금이 발생함

공동해손 희생손해 General averag sacrificet	공동해손 행위로 인해 발생한 손해
공동해손 비용손해 General average expenditure	공동해손 행위로 인해 발생한 비용의 지출 (구조비, 피난항 비용 등)
공동해손 분담금(액) General average contribution	공동해손이 발생한 경우, 각 당사자들이 자신의 공동해손 부담가액에 따라 실제 부과되는 금액

1-2 비용손해

비용손해(expense loss)라 함은 위험 발생의 결과로 피보험자에 의하여 또는 그를 위하여 지출되는 경비손해를 말한다. 이에는 구조비용(salvage charge), 특별비용(particular charge), 손해방지비용(sue and labour charge) 및 부대비용(extra charge)으로 구분한다.

(1) 구조비용

피보험위험으로부터 보험목적물인 선박을 구조하기 위하여 보험자로부터 보상받을 수 있는 구조비용을 말하는데, 그 중에서 계약상 의무 없이 임의로 구조한 자에게 해상법상 지급되는 보수를 구조료 또는 임의(또는 순수) 구조료(salvage charge)라고 한다. 구조료에는 피보험자, 그의 대리인 또는 그들에 의하여 고용된 사람에 의하여 행하여진 구조행위(계약구조행위)에

대한 보수는 포함되지 않는다. 즉, 순수구조에 대한 비용에 한정된다고 볼 수 있다.(MIA 제65조 2항)

① 임의구조와 계약구조

구조에는 구조자와 피구조자 간에 계약에 의해 행하는 계약구조(contract salvage)와 구조자가 임의로 행하는 임의구조(voluntary salvage)가 있는데, 통신이 발달한 현대에는 임의구조는 거의 없다.

② 보상

임의구조료를 지급한 때에는 보험자에 의해 구조료로 보상되지만 그 보상액은 여타 보상액과 합하여 보험금액을 초과할 수 없다. 한편 계약구조료는 그 성질에 따라 손해방지 비용이나 공동해손으로 처리된다.

보충학습 구조계약의 종류

1. 불성공 무보수(No cure No pay)

문자 그대로 구조업자가 구조행위를 성공하지 못한 경우에는 전혀 보상을 받을 수 없다. 그러나 일단 구조가 성공했을 경우에는 다른 구조계약보다 높은 보수를 받게 되는 것이 특징이다. “No cure No pay”의 대효적인 구조계약은 “Lloyd's Standard Form of Salvage Agreement” 이다. 현재 국제적으로 가장 널리 이용되고 있다.

2. 정액보수(Fixed Amount Compensation) 구조계약

선박의 구조가 거의 100% 확실하고 선박손해가 경미하여 추정전손이 될 가능성이 없을 경우에 사용한다. 따라서 재난에 처한 선박의 상태가 불확실한 경우에는 정액보수방식을 피하여야 한다.

a. Daily Basis : 구조작업의 일당을 미리 정하고 날짜의 경과에 따라 구조보수를 지급하는 방식으로 고의로 일자 지연이 되지 않도록 하기 위해 구조작업 개시 전에 양 당사자는 구조작업에 투입할 선박, 장비 작업자 등을 미리 정하고 작업을 개시한다. 또 구조자가 작업을 고의로 지연할 것을 대비하여 Lumpsum 방식과 Daily Hire를 같이 혼용하기도 한다.

b. Lumpsum Basis : 구조행위를 하기 전에 구조비를 미리 정하는 단순한 구조작업에 이용된다.

(2) 손해방지비용

손해방지비용(sue & labour charge)은 피보험위험이 발생하였을 경우에 이로 인한 보험의 목적의 손해를 방지 또는 경감하기 위하여 피보험자 또는 그의 사용인 및 대리인이 지출한 비용을 말한다. 손해방지비용은 피보험자 또는 그 대리인에 의하여 보험목적물의 이익을 위하여 소요된 비용이어야 한다. 보험증권 본문 중의 손해방지약관(sue & labour clause)에 의해 손해방지비용은 보험자가 부담하게 되지만 이 손해방지약관은 보험계약을 보충하는 별개의 계약으로 되어 있기 때문에 손해방지비용은 기타의 비용과는 달리 손해에 대한 보상액과 합산하여 보험금액을 초과하는 경우라도 그 전액이 보상된다.

피보험자는 그의 보험계약에서 증권상에서 지급되어질 수 있는 손해를 방지하거나 경감하기 위해 합리적인 조치를 취하여야 할 의무가 있다. 전반적으로 그러한 조치를 취하는데 발생된 비용은 선박의 전손보험금에 추가하여 보험자로부터 보상이 가능하다.

① 공동해손 비용과의 관계

손해방지비용은 보험자가 부담하는 손해를 방지 또는 경감하기 위하여 피보험자, 그 사용인 또는 대리인이 지출한 비용이며, 피보험자 자신의 손해를 방지하는 비용에 한하고, 선박과 화물 공동의 이익을 위해 지출되는 비용은 공동해손 비용에 속한다.

② 구조료와의 관계

보험목적물의 구조에 소요된 비용이라 하더라도 손해방지비용에 속하는 것은 계약구조료에 한하며, 임의구조료는 앞서 설명한 구조료에 속한다.

③ 보상

손해방지비용은 손해방지의무에 의하여 지출된 비용이므로 특약이 없어도 보험자는 이것을 부담하고 더욱이 여타 물적 손해 보상액과 합해서 보험금액을 초과하는 경우에도 보상된다. 다만 피보험자 또는 그의 대리인이 합리적으로 지출한 비용에 한한다. 따라서 제3자에 의해 지출된 비용은 손해방지비용이 될 수 없다. 다만 선장의 지출비용은 손해방지비용으로 보상된다. 일부보험인 경우에는 비례 보상한다.

(3) 특별비용

특별비용(particular charge)은 보험의 목적의 안전 또는 보존을 위하여 피보험자에 의해서 또는 피보험자를 위하여 소요된 비용으로 공동해손 비용과 구조료 이외의 비용을 말한다. 즉 해난 때문에 피난항에서 행해진 양륙, 보관 및 그에 계속되는 운반을 위한 비용 등을 말한다.

특별비용의 보상조건은 보험약관에 부보위험으로 인해 발생된 손상과 관련하여 발생된 이례적인 비용이어야 한다. 통상적인 비용의 증가이어서는 안 된다. 지출된 비용은 피해를 입은 손상된 부분 때문에 전적으로 지출되어야 한다. 만약 손상품과 정상품이 혼재되어 있는 경우, 각각의 포장을 열어 손상된 부분을 검사하는 비용은 피보험 위험 때문에 필요한 경우라도 정상품에 대한 비용은 제외된다.

보충학습 특별비용과 손해방지비용과의 관계

특별비용은 손해의 방지, 경감을 위해 지출한 비용인 손해방지비용을 포함하는 광범위한 개념으로서 특별비용에는 손해방지비용과 손해방지비용에 속하지 않는 고유의 특별비용이 있다. 손해방지비용은 목적지 도착 이전에만 지출할 수 있으나 특별비용은 목적지 도착 이후에 지출되는 비용일 수도 있고, 손해방지비용은 보험금액을 초과해도 보상되지만 특별비용은 보험금액을 한도로 하여 보상된다.

〈도해 7-7〉 비용손해

구 분	구조비용	손해방지비용	특별비용(단독비용)
행위주체	제3자	피보험자 및 피보험자의 대리인 (손해방지경감의무자)	피보험자 및 피보험자의 대리인
목적	단독이익(공동이익인 경우 공동해손 손해)	단독이익	단독이익
종류 (예시)	자발적인 지출목적	① 목적지 도착전 비용 ② 소송비용	① 피난항 비용 ② 목적지 도착후 비용 ③ 계약구조비
보상 책임한도	실구조비	전부보상	보험금액한도

보충학습 손해방지비용, 구조비용, 특별비용, 공동해손과 비교

1. 손해방지비용은 단일 이해관계자의 공동위험에 대한 손해를 회피 또는 줄이는 측면에서 공동해손 비용손해와 구별된다.
2. 손해방지비용은 목적지 도착 전에 어떤 손해를 피하거나 경감하기 위해 지출된 비용이므로 협의의 특별비용과 구별된다.
3. 손해방지비용은 손해방지약관에 의해 보상되는 추가계약의 성격을 가진 간접손해인데, 구조비용과 공동해손은 MIA에서 규정한 분손의 일종이다. (MIA 제78조 2항)
4. 보험의 목적이 전손된 경우에 분손인 구조비용이나 공동해손 비용은 전손에 추가 보상될 수 없지만, 보험자가 보상하는 손해를 방지하거나 경감할 목적으로 피보험자나 그 대리인에 의해 취해진 합리적인 조치의 결과로 발생된 비용은 추가계약의 성격상 전손보험금에 추가하여 손해방지비용으로 보상된다.(ITC 1/10/83, 제13조 5항)
5. Particular Charges와 Sue & Labour Charges의 관계를 명확히 규정하고 있는 법률이나 보험약관상 명시규정이 없고, 각각의 정의가 서로 비슷하고 중복되는 부분이 있기 때문에 명확한 구분은 어렵다.
6. 손해방지비용은 피보험자나 그 대리인(선장)이 손해를 방지하거나 경감하려는 합리적인 조치와 관련하여 지출된 비용인 반면, 구조비용은 계약구조가 아닌 구조자에게 피보험자가 지출하는 비용이다.
7. MIA 1906의 구조비용은 제3자에 의한 순수구조행위에 따른 비용인데 반하여, 공동해손 비용은 피보험자(선주)에 의하여 지출된다는 것이 다르다. 따라서 피보험자나 선장의 구조성격의 서비스 및 계약구조의 비용은 Sue &Labour이나 공동해손 비용으로 취급된다.

1-3 배상책임손해

배상책임이라 함은 피보험자가 보험기간 중의 사고로 인하여 제3자에게 배상책임을 지게 되는 경우에 이를 보상하기로 약정한 경우와 보험자가 담보하는 위험으로 인한 보험의 목적의 물적 손해나 비용손해 이외에 선원의 과실에 의하여 피보험선박이 타선과 충돌하여 피보험선박 자체가 입은 물적 손해는 물론 그 충돌로 인하여 상대선박의 선주 및 화주에 대하여 피보험자가 책임져야 할 배상책임까지 보상함으로 지출되는 비용손해이다.

(1) 선박충돌에 의한 배상책임관계

① 충돌선박상호간의 배상관계

㉮ 불가항력 또는 원인불명의 경우 : 선박의 선장 또는 선원 기타 이해관계자의 과실에 기인하지 않음은 물론 누구의 과실도 존재하지 않는 경우의 충돌로서 선박각자가 손해를 부담한다.

㉯ 일방과실의 경우 : 과실이 있는 선박소유자는 피해선박에 대하여 야기된 손해를 배상하여야 하며, 과실 및 손해 발생의 입증은 피해선박이 하여야 한다.

㉰ 쌍방과실의 경우 : 각 선박은 과실의 경중에 따라 손해배상책임을 부담하며, 그 과실의 경중을 판정할 수 없을 때에는 쌍방선박의 소유자가 이를 균등하게 부담한다.

② 충돌선박과 제3자와의 배상관계

㉮ 일방과실의 경우 : 과실이 있는 선박소유자는 피해선박의 적하 및 여객의 손해에 대하여 과실행위에 의한 배상책임을 자기의 선박 및 여객의 손해에 대하여는 운송계약상의 채무불이행에 의한 손해배상책임을 부담한다.

㉯ 쌍방과실의 경우 : 제3자의 사상으로 인하여 발생한 손해에 대하여 쌍방의 소유자가 연대하여 책임을 지며, 재산에 생긴 손해에 관하여는 과실의 경중에 따른 책임분담이 정해진다.

(2) 충돌배상책임손해에 관한 규정

ICC 제3조 쌍방과실충돌약관(both to blame collision clause) 및 ITC Hulls 제8조 3/4충돌손해 배상책임약관(3/4 collision liability clause)은 이에 관해 규정하고 있다.

2. 위부와 대위

2-1 위부

해상보험계약은 손해보상계약이기 때문에 보험계약체결 당시에는 반드시 피보험이익이 있어야 하는 것은 아니지만 보험사고 발생 시점에는 피보험이익이 존재해야 하고 피보험자는 그 손해를 증명해야 보상받을 수 있다.

그러나 사실상 전손의 가능성이 결정적인 경우에도 그 사실을 증명하기가 곤란한 경우가 많다. 특히 선박이 행방불명이 된 경우에는 증명할 방법이 없다. 이와 같은 경우에 전손을 증명할 방법이 없다고 하여 보험금을 장기간 지불하지 않는 경우에는 피보험자는 보험제도을 믿고 이용할 수가 없으며 손해보험의 의의가 없어진다. 그렇다고 하여 보험금을 지불한 후에 행방불명이 된 선박이 돌아오게 된다든지 침몰한 선박을 인양한 경우에 선박의 소유권에 관하여 분쟁이 생길 수 있을 것이다.

이러한 분쟁을 막기 위하여 보험사고를 전손으로 간주하고 보험자는 전손보험금을 지불하고 피보험자는 보험의 목적에 관한 일체의 권리를 보험자에게 이전하는 제도가 생기게 되었다. 이것이 위부제도이다.

따라서 위부(abandonment)는 추정전손의 사유가 발생하여 피보험자가 보험목적에 대한 일체의 권리를 보험자에게 이전하고 그 대신 전손에 해당하는 보험금을 청구하는 의사표시행위를 의미한다. (MIA 제62조 2항) 즉, 추정전손인 경우에 피보험자가 그 손해를 분손으로 처리하지 않고 추정전손으로 처리하기 위한 선행조건이다. 위부는 특정손해를 추정하여 손해보험에서 반드시 필요한 원칙이므로 전손으로 처리하기 위하여 피보험자가 보험의 목적에 대해 자신이 가지고 있는 권한을 포기하겠다는 보험자에 대한 의사표시이기 때문에 추정전손이 통용되는 해상보험에서만 인정된다.

〈도해 7-8〉 위부의 개념

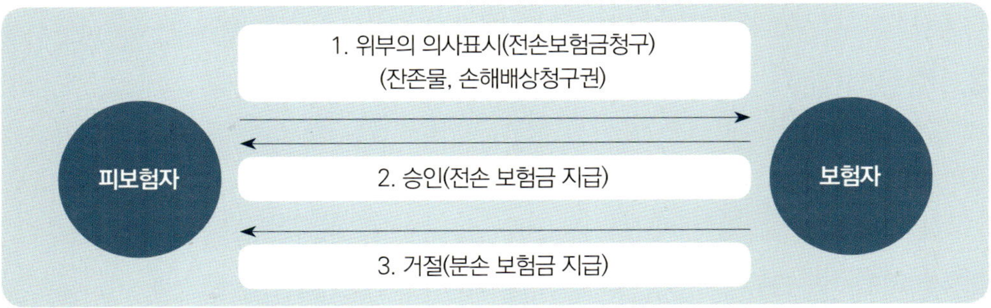

(1) 위부의 사유

해상손해가 추정전손으로 인정받기 위해서는 전손이 불가피하거나 복구비용 혹은 수리비용이 보험금액을 초과할 것이라는 사실을 피보험자가 증명해야 하며 추정전손이 성립되기 위해서는 피보험자가 위부의 통지를 해야 한다.

① 피보험자가 보험사고로 인하여 자기의 선박 또는 적하의 점유를 상실하여 이를 회복할 가능성이 없거나 회복하기 위한 비용이 회복하였을 때의 가액을 초과하리라고 예상될 경우이다.

② 선박 또는 적하가 보험사고로 인하여 심하게 훼손되어 이를 수선하기 위한 비용이 수선하였을 때의 가액을 초과하리라고 예상될 경우이다.

③ 선박 또는 적하가 보험사고로 인하여 심하게 훼손되어서 이를 수선하기 위한 비용과 그 적하를 목적지까지 운송하기 위한 비용과의 합계액이 도착할 때의 적하가액을

초과하리라고 예상될 경우이다.

위부의 원인에 대해서는 MIA에서는 추정전손의 경우라고 규정하고 있고 구체적으로 살펴보면 다음과 같다.

ⓐ 선박이 침몰 된 때

MIA에서는 침몰을 'Foundering'와 'Submersion'으로 구별한다. Foundering은 선박이 해저 깊이 가라앉아 구조의 가망이 없는 침몰이고 Submersion은 선박이 얕은 곳에 잠기어 구조의 여지가 있는 침몰이다. 'Foundering'은 현실전손으로 간주하여 위부를 인정하지 않고 있으며 'Submersion'의 경우에도 인양이 불가능하거나 또는 인양비용이 막대하여 수지가 맞지 않을 경우에 한하여 위부가 인정된다고 해석하고 있으므로 구조될 수 있는 선박은 위부가 성립될 수 없다.

ⓑ 선박이 행방불명인 때

선박의 행방불명은 통신기술이 발달된 오늘날에는 자주 발생되지 않으나 오래전까지만 해도 위부사유의 전형적인 것으로 간주되고 있었다. 행방불명은 선박의 소식이 두절되어 그 존부가 불명한 것을 의미하며 발생시작 시기는 피보험선박의 최후 발신 시 또는 최후동정을 파악한 때이며 즉시 위부가 성립되는 것은 아니며 상당기간이 경과해야 한다. 우리나라 상법에서는 3개월로 규정하고 있으며 MIA에서는 상당기간이 지나면 현실전손이 발생한 것으로 추정한다.(MIA 제58조 참조)

ⓒ 선박이 수선불능인 때

선박의 수선불능에는 실제적 불능과 경제적 불능으로 구분하며 실제적 불능을 다시 절대적 불능과 상대적 불능으로 구분한다. 절대적 불능이란 선박이 항해능력을 회복할 수 없는 상태를 말하고 상대적 불능은 선박이 사고 현지에서 수선받을 수 없으며 또 수리할 장소까지 가지 못할 상태를 말한다.

수선할 가치가 없다는 것은 수선비가 수선 후의 선박가격을 초과할 때를 말하며 수선비가 선박가격의 4분의 3을 초과한 때에는 이미 경제적 불능으로 인정하고 있다.(상법 제778조) 여기서 수선비라는 것은 반드시 선박수선에 직접 필요한 것에 한정하지 않고 실제 수선을 하기 위한 여러 비용을 포함한다.

ⓓ 선박 또는 적학 포획되거나 관공서에 압수되어 6월 이상 환부되지 아니한 때

〈도해 7-9〉 위부의 사유

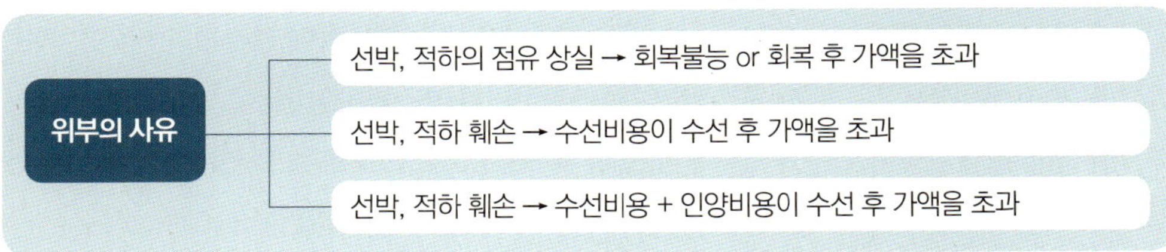

(2) 위부의 요건

① 위부의 통지

위부는 보험금을 청구하기 위한 절차이므로 위부를 하고자 할 때에는 상당한 기간 내에 보험자에게 통지를 해야 하고 위부를 위해 보험자가 보험금을 미리 지급할 필요는 없다. 또한 위부는 무조건적이며, 위부는 철회될 수 없다. 즉, 손해에 대한 책임과 충분한 요건을 갖춘 통지임을 결정적으로 인정하는 것이다.

MIA상의 위부의 통지에 관한 규정(MIA 제62조)

ⓐ 본 조의 별도의 규정이 있는 경우를 제외하고 피보험자가 보험의 목적을 보험자에게 위부할 것을 선택한 경우에는 피보험자는 위부의 통지를 하여야 한다. 피보험자가 위부의 통지를 하지 않으면 손해는 분손으로 처리되어야 한다.

ⓑ 위부의 통지는 서면으로 혹은 구두로 또는 일부 서면, 나머지는 구두로 할 수 있고 보험의 목적에 관한 피보험자의 의사를 표시한 것이면 여하한 같은 언어를 사용하여도 된다.

ⓒ 위부는 손해에 관한 신뢰할만한 정보를 입수한 후 상당한 성의를 갖고 통지하여야 한다. 그러나 정보가 불확실한 점이 있으면 피보험자는 상당한 기간 동안 이를 조사할 권리가 있다.

ⓓ 위부의 통지가 적절히 행하여진 경우 보험자가 위부를 인수하지 않는다는 사실로서 피보험자의 권리가 침해받지 않는다. 즉 추정전손이 성립된다고 판단되면 위부를 인수하지 않고서도 전손보험금을 지불하게 되는 것이다.

ⓔ 위부의 승낙은 보험자의 행위에 의해 명시적 또는 묵시적일 수도 있다. 위부의 통지를 하였는데도 보험자가 단순히 침묵을 지킨다고 해서 위부가 승낙된 것으로 간주될 수 없다.

ⓕ 위부의 통지가 승낙되었을 경우 위부는 취소불능이다. 위부의 승낙은 손해에 대한 책임과 위부의 완전함을 결정적으로 인정하는 것이다.

ⓖ 피보험자가 손해에 대한 정보를 입수할 당시에 이에 대해 보험자에게 통지를 했을 경우 보험자가 아무런 이익을 취득할 전망이 없을 경우에는 위부의 통지가 반드시 필요한 것은 아니다.

ⓗ 보험자가 위부의 통지를 면할 수도 있다.

② 위부의 범위

위부는 불가분적이므로 보험의 목적의 전부에 대하여 하여야 한다. 그러나 위부의 원인이 보험의 목적의 일부에 대하여 생긴 때에는 그 부분에 대하여서만 이를 할 수 있다. 보험가액의 일부를 보험에 붙인 경우에 위부는 보험가액에 대한 보험금액의 비율에 따라서만 할 수 있다.

③ **다른 보험계약 등에 대한 통지**

피보험자는 위부를 함에 있어서는 보험자에게 보험의 목적에 관한 다른 보험계약과 그 부담에 속한 채무의 유무와 그 종류 및 내용을 통지하여야 한다. 보험자는 이에 대한 통지를 받을 때까지 보험금의 지급을 거부할 수 있다. 또한 보험금 지급기간의 약정이 있는 때에는 그 기간은 통지를 받은 날로부터 기산한다.

〈도해 7-10〉 위부의 사유와 특징

구분	내용
위부의 사유	보험목적물에 대한 소유권 박탈로 → 회복불능 or 회복소요비용 〉 보험가액
	보험목적물이 심하게 손상되어 → 수리비용 〉 수리완료 후의 가액
위부의 특징	피보험자의 단독행위 (유리하면 → 선택)
	위부가 성립 피보험자는 전손보험금을 청구할 권리가 생김
	피보험자는 잔존물에 대한 모든 권리를 이전
	보험자: 이익이 없다고 판단되면 → 위부를 거절하고 분손보험금만 지급

(3) 위부의 효과

(가) 위부불승인의 경우

보험자가 위부를 승인하지 않은 때에는 피보험자는 위부의 원인을 증명하지 않으면 보험금의 지급을 청구하지 못한다.

(나) 위부승인의 경우

보험자가 위부를 승인한 경우에는 피보험자는 위부원인을 증명할 필요가 없고 또 후일 그 위부에 대하여 이의를 하지 못한다.

① 직접적 효과(이전효과)

보험자는 위부를 통하여 보험의 목적에 관한 피보험자의 모든 권리를 취득한다. 이러한 권리에는 잔존이익 뿐 아니라 제3자에 대한 청구권도 포함한다.

② 간접적 효과(피보험자의 보험금액 전액청구권)

위부를 통해 추정전손의 형식적 요건을 충족함에 따라 피보험자는 보험자에게 보험금액 전액을 청구할 수 있다.

(4) 취득범위

위부가 성립되면 보험의 목적에 관한 일체의 권리가 보험자에게 이전되기 때문에 배상금 전체를 보험자가 취득한다. 그러나 때로는 보험자가 잔존물을 취득함으로써 불리해지는 경우가 있을 수 있는데 이 경우 보험자가 위부를 거절하고 분손으로 처리할 수 있다.

〈도해 7-11〉 위부의 효과

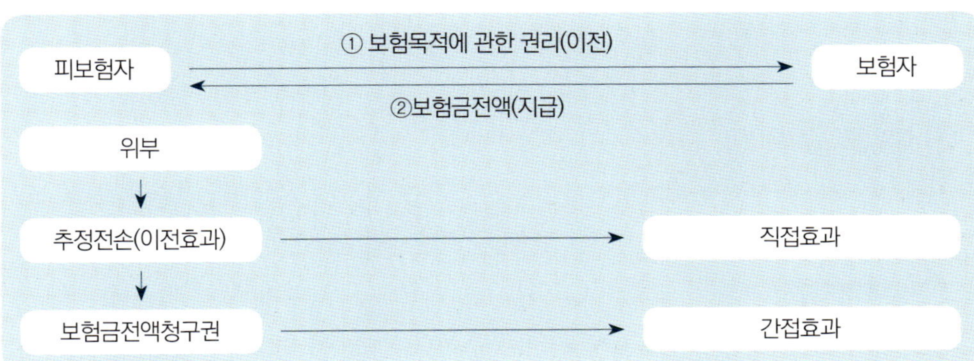

2-2 대위

대위(subrogation)는 보험자가 담보위험으로 인한 손해가 발생하였을 경우 보험금을 지급한 후 피보험자가 보험목적물이나 제3자에 대하여 가지는 권리를 승계받는 것을 의미한다. 대위는 보험자가 보험금을 지급함 으로써 보험의 목적에 관련되는 일체의 권리를 피보험자로부터 승계되는 것을 의미하며, 위부는 피보험자가 전손보험금을 청구하기 위한 추정전손의 성립을 위하여 잔존물에 대한 권리를 보험자에게 포기하는 것을 말한다.

대위는 피보험자가 이중으로 보상받는 것을 방지하고 건전한 보험제도를 육성하기 위해 손해보험에서는 반드시 필요한 원칙이다. 따라서 대위는 해상보험을 비롯한 모든 손해보험에서 인정하는 원칙이다.

〈도해 7-12〉 대위의 의미

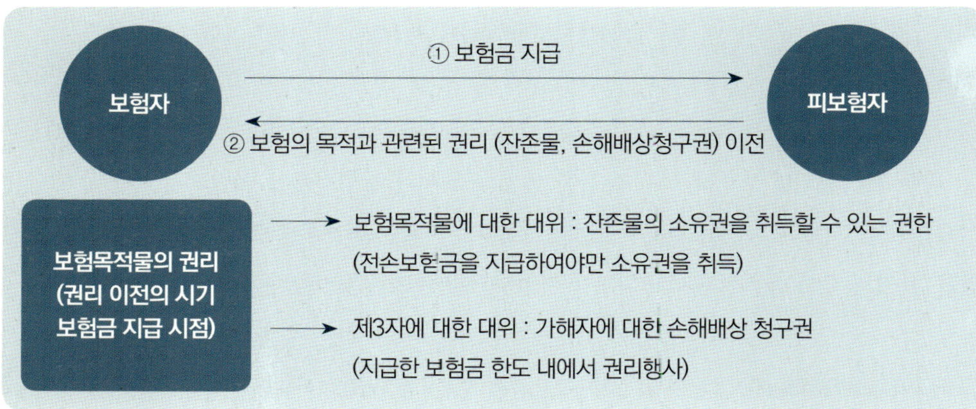

(1) 대위의 요건

① 잔존물대위의 요건

전손이 발생(분손의 경우 현실손해사정이 가능하므로 대위를 인정하지 않음)하여야 하며, 전손보험금이 지급되어 보험자의 책임(보험금지급)이 면제된 후에 대위가 가능하다. 보험자에게 이전되는 권리는 보험의 목적(잔존물)의 소유권에 관한 권리이다.

② **청구권대위의 요건**

제3자에 대한 보험자 대위의 요건으로는 먼저 손해가 제3자의 행위로 인하여 생겨야 하고 제3자에 대한 피보험자의 권리가 존재하여야 하며, 보험자의 책임(보험금지급)이 면제된 후에 대위가 가능하다. 여기서 제3자의 행위라 함은 불법행위뿐 아니라 채무불이행으로 인한 손해배상의무를 부담하는 경우를 포함하고 또 그 밖에 선장의 공동해손 처분처럼 적법행위에 의한 경우도 포함한다. 보험자의 권리취득은 법률이 인정하는 당연한 효과이며 피보험자의 권리이전의 의사표시를 요하지 않는다.

(2) 대위의 효과

피보험자가 보험금을 수령한 후, 제3자에 대한 피보험자의 권리를 보험자가 대위를 함으로써 ⓐ 보험자에게 잔존물에 대한 권리이전, ⓑ 제3자에 대한 배상청구권이 이전된다.

〈도해 7-13〉 대위의 종류

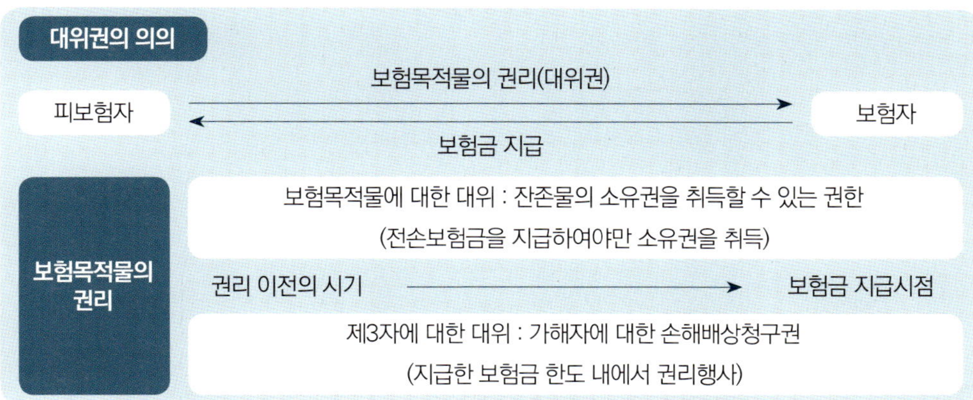

(3) 취득범위와 처분

보험자는 보험금을 지급한 범위 내에서만 대위권을 행사할 수 있다. 따라서 배상금이 보상금을 초과하는 경우 초과 부분은 피보험자에게 돌려주어야 한다.

보험자의 권리취득 시기는 보험금을 지급한 때이다. 그러므로 만일 보험금 지급 전에 피보험자 등이 제3자로부터 손해배상을 받았을 때에는 보험자는 지급할 보험금에서 이를 감액할 수 있고 또 피보험자 등이 제3자에 대한 권리를 포기하거나 처분한 경우에도 보험자는 지급할 보험금에서 이를 공제할 수 있다. 청구권 대위가 이루어진 이후에 보험자가 취득한 권리의 부분을 피보험자가 임의로 처분하게 되면 보험자는 피보험자에 대하여 채권침해에 의한 불법행위책임을 물을 수 있게 된다. 그러므로 이 경우 피보험자가 보험금을 지급받은 후 제3자로부터 다시 변제를 받게 되면 보험자가 가지는 청구권대위 부분은 보험자에게 돌려주어야 한다.

〈도해 7-14〉 대위와 위부의 차이

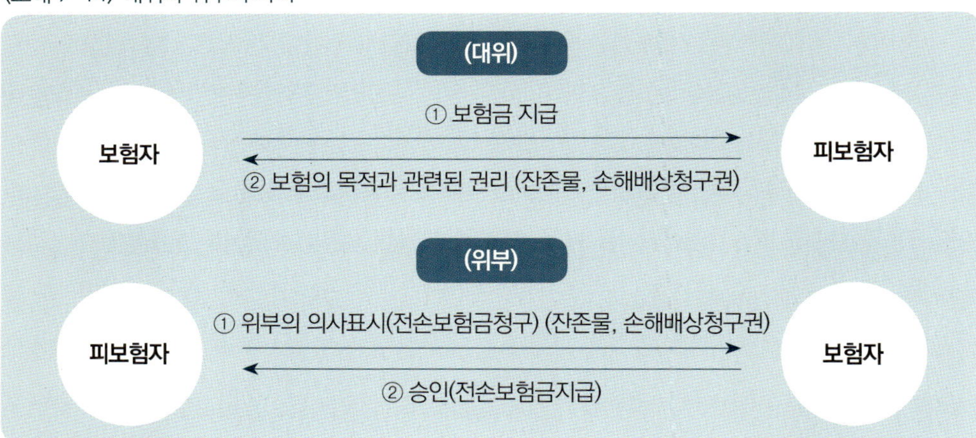

(4) 위부와 대위와의 차이점

대위는 법률상의 효과에 따라 전손보험금을 지불한 후에 보험의 목적에 관한 피보험자의 여러 권리를 보험자가 취득하는데 위부는 추정전손이 존재할 경우에 피보험자의 선택권에 따라 임의로 보험의 목적에 대한 자기의 모든 권리를 보험자에게 이전시키고, 전손보험금을 청구할 수 있는 권리를 취득하기 위한 법률상의 행위이다. 따라서 위부는 대위와 다르게 피보험자의 여러 권리를 보험자에게 먼저 이전한다.

〈도해 7-15〉 대위와 위부의 비교

대위	위부
보험자가 주체	피보험자가 주체
보험금지급에 따른 법률의 효과에 후속되는 권리 (보험금의 지급에 의해 자동적을 효과 발생)	전손보험금 청구권리 취득 위한 법률상의 행위 (위부의 통지와 보험자의 승낙이 있는 경우에만 효과발생)
모든 손해배상계약에 존재	해상보험에만 존재
전손뿐만 아니라 분손에도 적용	추정전손에만 적용
대위권을 포기할 수 있음	위부를 하지 않고 100% 분손 처리 가능
특별한 약정이 없는 경우 피보험자의 이름으로 권리 행사	피보험 목적의 소유권을 가짐 (소유자의 권리 행사)
지급보험금까지 회수 (일부보험인 경우는 비례부분까지)	지급보험금을 초과하여 회수할 수 있음

Chapter Ⅷ 해상보험증권

보험증권(policy)은 보험계약의 성립과 그 내용을 증명하기 위하여 계약의 내용을 기재하고 보험자가 기명날인하여 보험계약자에게 교부하는 증권이다. 그러나 보험증권은 계약 성립의 요건도 아니며 또 보험자만이 기명날인하므로 계약서도 아니다.

보험약관(clauses)은 보험자가 미리 작성한 보험계약의 내용을 이루는 조항(부합계약)을 말하며, 그중 일반적이고 표준적인 것을 보통보험약관이라 하고 별도로 특정한 사항을 약정한 약관을 특별보험약관이라고 한다.

1. 해상보험증권의 의의

해상보험계약이 체결되면 보험자는 보험증권을 보험계약자에게 발행한다. 보험증권은 일반적으로 보험계약의 성립과 그 내용을 증명하기 위하여 계약의 내용을 기재하고 보험자가 서명하여 보험계약자에게 교부하는 증권을 말한다.

오늘날 영국의 로이즈를 비롯하여 세계의 해상보험시장에서 사용되고 있는 보험증권의 모체는 MIA 제1부칙에 규정된 Lloyd's S. G. Policy(1779년 제정)양식이며 우리나라에서 사용하고 있는 영문적하보험증권양식은 런던보험업자협회가 제정한 Companies' combined policy를 모방한 것이며, 이 증권은 Lloyd's S. G. Policy를 선박용과 적하용으로 분리한 것이다.

〈도해 8-1〉 보험증권의 의미

보험증권 Insurance Policy	보험 계약의 성립과 내용을 증명, 계약 내용 기재, 보험자의 기명날인 → 보험 계약자에게 교부

1-1 해상보험증권의 법적 성질

① 증거증권

보험증권은 보험계약의 성립을 증명하기 위하여 보험자가 발행하는 증거증권이다. 따라서 보험계약자가 보험증권을 이의 없이 수령하면, 보험 증권에 기재된 사항은 보험계약의 성립과 내용을 증명할 수 있다.

② 면책증권

보험자는 보험금을 지급할 때 보험증권을 제시하는 자의 자격을 조사할 권리는 있으나 의무가 없기 때문에, 보험증권은 면책증권 또는 자격증권의 성질을 지닌다.

따라서 다른 사람의 보험증권을 제시한 자에게 보험금을 지급하더라도 중대한 과실이 없는 한 보험자의 책임은 면제된다.

③ 유가증권

보험증권의 유가증권성에 대해서는 논란의 여지가 있지만, 몇몇 보험에서는 유가증권성을 인정하고 있다. 국제무역거래에서 화물에 대한 권리의 양도는 선하증권의 양도로 이루어지는데, 이때 첨부되는 적하보험증권은 유가증권성이 인정된다고 보고 있다.

예를 들어 CIF조건에서 수출업자는 적하보험계약을 체결하고 보험증권을 선하증권과 함께 수입상에게 양도한다. 만약 사고가 발생하게 되면 수입상이 보험금을 청구하게 되므로 수출상이 체결하고 교부받은 적하보험증권은 유가증권의 기능을 가지고 있어야 한다.

이러한 취지에서 우리나라의 경우 통상적으로 선박보험증권은 기명식으로 발행하고, 적하보험증권은 지시식으로 발생하여 적하보험증권의 유가증권성을 인정하고 있다.

④ 유인증권

보험증권이 지시식 또는 무기명식으로 발행되어 제3자에게 양도되더라도 보험증권의 유인성에 의하여 보험계약과 관련되는 사항은 증권의 소지인에게도 영향을 미친다. 예를 들어 보험계약자가 중요 사실을 고지하지 않으면 보험자는 보험계약을 취소할 수 있는데, 이때 취소효과는 보험증권을 소지한 자에게도 영향을 미친다.

⑤ 상환증권

대부분의 보험약관에 의하면 피보험자는 보험금을 청구할 때 보험증권을 제시해야 한다. 보험증권은 보험계약의 내용을 증명하는 증거서류이기 때문에 이러한 내용의 약관은 당연한 것으로 간주된다. 그러나 보험증권은 선하증권과 같이 완전한 유가증권이 아니기 때문에, 보험증권을 제출할 수 없을 때는 다른 방법으로 보험계약이 체결된 사실을 증명할 수 있으면 보험금을 청구할 수 있다.

〈도해 8-2〉 보험증권의 법적 성질

증거증권	보험계약성립을 증명
면책증권	보험증권제시자가 피보험자인가를 조사할 의무가 있음
유가증권	선하증권가 마찬가지로 금전적가치가 있고 유통됨
유인증권	보험계약내용이 증권의 소지인에게 영향
상환증권	보험금 청구시 보험증권제시

1-2 해상보험증권의 종류

(1) 피보험이익에 따른 분류

해상보험증권은 피보험이익을 기준으로 선박보험증권(Hull Policy), 적하보험증권(Cargo Policy), 운임보험증권(Freight Policy)으로 분류된다. 영법(MIA)상 피보험재산이란 선박이나 화물 또는 기타 동산을 말한다.

엄밀한 의미에서 해상보험증권의 종류는 피보험이익, 즉 피보험자와 보험의 목적과의 적법한 경제적 이해관계가 무엇이냐에 따라서 달라진다. 즉, 해상보험증권은 해상보험의 주요 피보험이익인 선박소유자이익, 적하소유자이익, 운임이나 이윤 등의 수익이익, 선비나 보험료 등의 비용이익, 배상책임이익 등에 따라 분류될 수 있다.

선박보험증권에서는 소유자이익 뿐만 아니라 운임(수익)이익과 선비와 보험료에 대한 비용이익 및 선박충돌배상책임이익을 포함하고 있으며, 적하보험증권에는 적하소유자이익은 물론 운임(비용)이익과 희망(수익)이익이 포함되고 있다.

(2) 보험기간에 따른 분류

해상보험증권은 보험기간을 기준으로 항해보험증권, 기간보험증권, 혼합보험증권으로 구분된다. 보험기간은 그 기간 중에 발생한 위험으로 인한 손해에 대해 보험자가 보상책임을 부담하는 기간이다.

① 항해보험증권(Voyage Policy)

보험계약이 보험의 목적을 어느 '장소에서부터(at and from)' 또는 어느 '장소로부터(from)' 다른 한 장소나 여러 장소(to)까지 보험인수하는 경우 그 보험증권을 '항해보험증권'이라고 부른다. 보험기간이 특정한 항해, 즉 지리적인 특정한계로 표시된 보험증권이다.

이에 따라 선박은 'at and from Busan to New York' 또는 'from New York to Busan' 등으로 보험에 가입할 수 있다.

화물은 특정지역에서 다른 지역으로 운송되고, 특정화물의 운송은 당해 1회 운송으로 보통 종료되기 때문에 적하보험은 대부분 항해보험증권이다.

② 기간보험증권(Time Policy)

보험의 목적을 일정 기간에 한하여 인수하는 경우 그 보험증권을 '기간보험증권'이라 부른다(MIA 25①). 기간 보험증권은 보험기간, 즉 보험자의 책임 기간의 시기와 종기를 시간상의 일정 기간으로 표시한 보험증권이다. 여기에서 '일정(definite)'이란 말은 그 기간이 반드시 명기되어야(Specified) 한다는 것을 의미한다.

이에 따라 선박이 'for twelve months commencing 1 January 2000'으로 보험에 가입할 수 있다. 선박보험은 특별한 경우를 제외하고 대부분 12개월을 보험기간으로 하는 기간보험증권을 사용한다. 기간보험증권은 일반적으로 위험의 시기와 종기의 특정일시를 기재한다.

③ 혼합보험증권(Mixed Policy)

항해와 기간 모두를 위한 계약이 동일한 보험증권에 포함될 수 있다(MIA 25①). 즉, 혼합보험 증권은 동일한 하나의 보험증권에 항해와 기간에 대한 계약을 포함한 보험증권이다.

이에 따라 선박이 '런던으로부터 부산까지 6개월 동안' 또는 '부산으로부터 뉴욕까지 및 도착 후 30일 동안' 보험에 가입할 수 있다. 그리고 운송조항(Transit Clause)이 포함되어 있는 협회적하 약관이 첨부된 적하보험증권은 혼합보험증권이다.

(3) 보험가액에 따른 분류

보험계약의 체결 시 보험가액의 협정여부에 따라 다음과 같이 분류된다.

① 기평가보험증권(Valued Policy)

기평가보험증권이란 보험목적의 협정보험가액(Agreed Value)을 기재한 보험증권을 말한다. 해상보험에 있어서는 주로 해상에서 손해가 발생하기 때문에 손해가 발생한 때와 장소의 가액을 평가하는 일이 불가능한 경우가 많으므로 보험계약체결 시 계약당사자 간에 보험가액을 협정해 둘 필요가 있다.(MIA 27조)

② 미평가보험증권(Unvalued Policy)

미평가보험증권이란 보험계약체결 시 보험의 목적의 가액을 기재하지 않고 추후(손해발생시)에 MIA 제16조(보험가액의 산정표준)에 따라 보험가액을 확정하는 보험증권을 말한다(MIA 28). 이때의 보험가액을 법정보험가액이라고 한다.

(4) 계약방식에 따른 분류

적하보험계약이 특정한 1회의 운송화물이냐, 선적물품에 관한 것이냐, 또는 연속되는 일련의 운송화물에 관한 것이냐에 따라 다음과 같이 분류된다.

① 개별보험증권

개별보험이란 개별적인 선적물품에 관한 적하보험을 말하며, 보험자는 청약된 위험에 관하여 보험보장에 대한 의무가 없고, 인수 여부를 임의로 결정할 수 있는 선택권을 가지고 있다.

개별보험계약의 피보험자는 화물에 대한 보험계약의 증거로서 공식적인 보험증권을 필요로 한다.

② **포괄보험증권**

동일한 피보험자에게 속하는 상이한 화물이나 동일한 목적지로 가는 동일한 종류의 화물이 계속적 반복적으로 선적이 예정되어 있는 경우, 매 건별로 적하보험계약(임의보험)을 체결한다면 시간과 노력의 낭비가 된다. 이에 따라 피보험자와 보험자가 적재선박, 보험의 목적, 보험금액 등이 확정되지 아니한 상태에서 범위를 포괄적으로 정하여 포괄계약을 약정하고, 추후확정통지(Declaration)에 의해 계약 내용이 구체적으로 확정되는 보험증권이 필요하다.

정기적으로 화물을 수출하거나 수입물량을 확보한 상태에서 운송화물에 대해 포괄적으로 보험 계약을 체결함으로써 지연이나 탈루로 인한 무보험상태로부터 피보험자를 보호하기 위한 보험계약이 포괄보험계약이며, 이때 발행하는 보험증권이 포괄보험증권이다.

〈도해 8-3〉 해상보험증권의 종류

분류	해상보험증권의 종류
피보험이익	선박보험증권, 적하보험증권, 운임보험증권
보험기간	항해보험증권, 기간보험증권, 혼합보험증권
보험가액	미평가보험증권, 기평가보험증권
계약방식	개별보험증권, 포괄보험증권

2. 해상보험증권의 연혁

1523년에 제정된 Florence시 조례부칙 보험증권(Ordinance of the City of Florence, 1523, Concerning Insurances Averages EC. Form of a Policy Prescribed to Insurers)이 세계 최초의 해상보험증권이며, 영국 최초의 보험증권은 1547년의 Santa Maria Di Vinetia호

증권이고 최초로 인쇄된 보험증권은 1680년의 Golden Fleece호 증권이었다. 1779년 1월 12일에 Lloyd's 보험업자 총회에서 과거 오랫동안 사용되고 있던 이들 증권양식을 Lloyd's S. G. Policy로 채택되었다.

2-1 Lloyd's S. G. Policy

(1) Lloyd's S. G. Policy의 의의

보험증권은 오랜 기간 동안 영국의 로이드 보험자(Lloyd's Underwriters)들이 사용한 Lloyd's S. G. Policy Form과 영국의 회사형태의 보험회사들은 런던보험업자협회(Institute of London Underwriters: ILU)의 회사용 ILU Companies' Combined Policy로 구성되는데. 이 ILU Companies' Combined Policy는 원래 개인보험자인 Lloyd's Underwriters가 사용한 양식 Lloyd's S. G. Policy를 선박용과 적하용으로 분리한 것으로 이 보험증권 양식의 모체는 MIA 제1부칙에 규정된 Lloyd's S. G. Policy 양식을 채용하기 때문에 실질적으로는 Lloyd's S. G. Policy와 동일하다. 적하용 보험증권은 청색, 선박용 보험증권은 백색으로 구분되어 사용되고 있고 우리나라는 영국의 회사형태 보험회사들이 사용하고 있는 ILU Companies' Combined Policy 양식을 그대로 사용하여 오고 있다.

Lloyd's S. G. Policy는 1779년에 공식적으로 인정되었지만 그 이전부터 사용되어 온 S. G. Policy를 토대로 제정되었기 때문에 보험증권의 문장이나 단어가 고어체로 된 부분이 많았다. 특히 약관은 당시의 시대적 배경에 따라 성경적으로 서술되어 있어 그 내용이 매우 어려웠던 까닭에 Lloyd's S. G. Policy를 공식적으로 사용되면서부터 많은 비판을 받아왔다. 따라서 그 동안 여러 차례 부분적인 수정과 보완이 있었지만 실질적인 내용은 영국의 보수주의 성향에 따라 1779년 Lloyd's총회에서 승인된 내요 그대로 계승되어 왔다.

Lloyd's S. G. Policy는 보험증권상의 단어가 수많은 판례에 얽매임으로써 새로운 내용의 약관을 제정하여도 기존의 약관을 삭제하지 못하고 함께 사용해 왔다. 따라서 세월이 지나감에 따라 Lloyd's S. G. Policy에는 많은 약관이 첨부되었는데 보험증권이 제정될 당시부터 있었던 약관을 '본문약관(Body Clauses)이라 하고 그 후에 제정된 약관 중에 본문약관과 구분하기 위하여 이탤릭서체로 인쇄된 약관을 '이탤릭서체약관'이라 하였다. 또한 본문약관이 인쇄되고 남은 여백에도 새로운 약관을 표시했는데 이를 '여벽약관' 또는 '난외약관(Marginal Clauses)'이라고 하였다.

이와 같이 기존의 본문약관을 중심으로 새로운 약관이 계속 추가됨으로써 동일한 보험증권에 서로 다른 내용의 약관이 포함되기도 하였다. 예를 들어 본문약관에는 전쟁위험을 보험자가 담보하는 위험으로 규정하고 있는데 그 후에 제정된 이탤릭서체약관에서는 전쟁위험을 면책위험으로 표시하고 있다.

더구나 20세기 들어와서는 이 보험증권의 약관만으로는 적하보험을 인수하기 어려워 1912년 8월 1일에 분손 부담보약관(Free from Particular Average: FPA), 이어서 1921년 6월 7일에 분손 담보약관(With Average: WA)이 각각 제정되었다. 그리고 제2차 대전 이후 1951년 1월 1일 전 위험담보약관(All Risks: A/R) 등의 적하보험약관을 제정하여 보험증권에 첨부하거나 뒷면에 인쇄해서 사용하기 시작하였다. 이때 부터는 단독으로 사용되지 않고 여러 적하보험약관이 첨부되어야만 사용할 수 있게 되었다.

(2) Lloyd's S. G. Policy의 구성내용

(가) 본문약관

(A) 보험계약인증조항(insurance contract clause)

Be it known that ...	…라는 사실을 인증한다.

보험계약을 체결하였다는 사실을 인증한다는 문언이다. Be It Known that … 라는 문언 뒤에는 피보험자, 대리인, 보험중개사 등의 성명을 기재한다. 계약당사자로 하여금 다음에 기재된 사항을 주지하도록 한다는 의미를 포함하고 있다.

(B) 양도조항(assignment clause)

as well in... own name. as far and in the name and Name of all and every other Person or person to whom the same doth may. or shall appertain. in part or in all. doth make assurance, and cause ... and every of them	…는 자기의 명의로서 또한 보험목적물의 일부 또는 전부가 귀속하는, 귀속할지도 모르는, 또는 장차 귀속하게 될 모든 사람을 위하여, 또는 모든 사람의 명의로 보험 계약을 체결하며, … 및 상기의 모든 사람을 위하여 부보된 것으로 하며

보험목적물에 대한 소유권 또는 피보험이익의 일부가 귀속하는 자의 명의 또는 보험목적물의 귀속과 관련된 모든 사람의 명의로 보험계약이 체결된다는 것이다. 그리고 보험계약을 체결할 때에 부보한 보험목적물이 이전되는 경우에는 보험증권도 양도된다는 사항을 명시한 문언이다. 그런데 적하보험증권의 양도는 자유롭지만 선박보험증권의 양도는 일정한 제약을 받는다.

(C) 소급조항(lost or not lost clause)

lost or not lost,	멸실의 여부를 불문하고,

해상보험계약을 체결할 때 보험목적물의 멸실 여부를 불문하고 소급하여 계약을 체결한다는 사실을 명시한 문언이다.

(D) 위험개시 조항(at and from clause)

at and from	…에서 그리고 부터

보험자의 책임개시 시점을 명시한 것으로 계약개시 일자나 출발항을 기재하는 것이다. 적하보험증권에서는 선적항을 기재하고 선박보험증권에서는 출발항을 기재한다.

(E) 보험목적물조항(subject matter of insurance clause)

Upon any kinds of goods and merchandises, and also the body, tackle, apparel, ordance, muntion, artillery, boat and other furniture.	어떠한 종류의 화물, 상품 그리고 선체, 양륙기구, 선구 ,병기, 군수품, 군용담요, 보트 및 기타 의장에 관하여

보험목적물이 화물, 상품, 선체, 양륙기구, 선구, 병기, 군수품, 군용담요, 보트 및 기타 의장 등 임을 표시하는 문언이다.

(F) 선박명조항(named of ship clause)

of and in the good ship or vessel called the ...	…라고 불리는 양호한 선박에

화물을 운송할 선박명을 기재하는 문언이다. 선박명은 보험자의 보험인수 여부에 주는 중요한 정보이다.

(G) 선장성명조항(named of master clause)

where of master under God, for this present voyage... whosoever else shall go for master in the said ship, or by whatsoever other name or name the same ship, or the master thereof, is or shall be names or called;	본 항해에 대하여 · ·을 신의 보호아래 선장으로 하고, 본 선장은 장래 다른 선장으로 대체되어도 무방하며, 또한 본 선박 또는 그 선장은 다른 명칭으로 호칭되거나 또는 장래 호칭되어도 무방하다;

선장의 성명을 기재하는 문언이다. 범선시대에는 선박의 성능이 열악하였기 때문에 선장의 인격, 기량, 경험 등이 위험 측정에 중요한 요소가 되었다. 이에 따라 선장의 이름을 쓸 필요가 있었지만 현재는 자동항법장치에 의한 항해로 선장명은 기재하지 않는다.

(H) 보험기간조항(insurance period clause)

beginning the adventure upon the said goods and merchandises from the loading there of abroad the said ship and so shall continue and endure during her abode there, upon the said ship, with all her goods and merchandises whatsoever, shall be arrived at ... and until the same be there discharged and safety landed;	상기 화물 및 상품에 대한 위험은 상기 선박에 선적될 때 개시되며, 선박의 정박중 계속되고, 화물 및 상품을 적재한 선박이 …항구에 도착할 때까지 계속되며, 그곳에서 하역하게 되고 안전하게 양륙될 때까지 계속된다.

적하보험에서의 보험자 책임기간을 명시한 문언이다. 보험자의 책임은 선적항에서 양륙항까지이다. 선박 보험에서는 보험자의 책임이 목적지에 도착한 후 안전하게 정박하기 위하여 닻을 내리고 24시간이 경과할 때까지로 하고 있다. 선박보험증권에서는 기간보험이면 보험기간이 기재되고 항해보험이면 출발항과 도착항을 기재한다.

(I) 기항정박조항(touch and stay clause)

and it shall be lawful for the said ship etc... in this voyage to proceed and the sail to and touch and stay at any ports and places whatsoever...without prejudice to this Insurance.	또한 본 선박은 어떠한… 항구 또는 장고를 향하여, 항해, 발항, 기항 또는 정박하는 것은 합법적이며 본 보험의 효력에 아무런 영향을 미치지 않는다.

선박이 항해 중 중간 항구에 기항하거나 정박하는 것을 허용한 문언이다.

(J) 보험가액조항(insurable value clause)

the said ship etc.. goods and merchandises, etc... for so much as concerns the assured by agreement between the assured and assurers in this policy, are and shall be valued at..	본 선박, 화물 및 상품은 본 보험증권에 있어서 피보험자와 보험조건의 합의에 의하여 … 금액으로 평가되고, 장차에도 동일한 금액으로 평가되는 것으로 한다.

화물이나 선박과 같은 보험목적물의 가액이 확정되지 않으면 손해가 발생하였을 때 분쟁이 발생하기 쉽기 때문에 이를 피하기 위하여 부보를 할 때 계약당사자 사이에 보험가액을 합의

하고 이를 보험증권에 기재하여 놓도록 하는 문언이다. 보험가액을 기재하는 란이 공란인 경우에는 협정보험가액을 기재한다.

(K) 담보위험조항(perils clause)

touching the adventures and perils which we the assurers are contented to bear and do take upon us in this voyage, they are, of the seas, men-of-war, fire, enemies, pirates, rovers, thives, jettisons, letters of mart and countermart, surprisals, taking at sea, arrests, restraints and detainments, of all king, princes and people, of what nation, condition, or quality so ever, barratary of the master and mariners, and of all other perils, losses, and misfortunes that have or shall come to the hurt, detriment, or damage of the said goods and merchandises, and ship etc.. or any part there of;	본 보험자가 븐 항해에 있어 담보할 것을 약속하는 해상사업 및 위험은 다음과 같다. 즉 해상고유의 위험, 군함, 화재, 외적, 해적, 표도, 강도, 투하, 포획면허장 및 보복포획면허장, 습격, 해상탈취, 국적, 상황 또는 성직의 여하를 불문하고 모든 국왕, 군주 및 국민의 강류, 억지 및 억류, 선장 및 선원의 학행, 상기화물, 상품 및 선박 또는 기타에 대하여 혹은 그들 일부에 대하여 파손, 훼손 또는 손상을 발생하게 하거나 또는 발생하게 할 기타 일체의 위험, 멸실 및 불행으로 한다.

보험자의 담보위험을 열거한 문언이다.

(L) 손해방지조항(sue and labour clause)

and in case of ant loss or misfortune, it shall be lawful to the assured, their factors, servants and assigns, to sue, labour, and travel for, in and about the defence., safeguard and recovery of goods and merchandises and ship etc... or any part there of, without prejudice to this insurance; to the charges whereof we, the assurers will contribute, each one according to the rate and quantity of his sum herein assured.	또한 손해 혹은 재난이 발생한 경우에 피보험자, 그 대리인, 사용인 및 양수인이 본 화물 및 상품 그리고 선박 등의 전부 또는 일부를 방비, 보호 및 회복하기 위한 조치를 추구하고 노력하며 사고 장고를 답사하는 것은 합법적이며, 본 보험의 효력에 영향을 미치지 않는다. 이에 따른 비용은 보험자가 인수금액의 비율과 금액에 따라 각자 부담한다.

보험사고가 발생하였을 때 피보험자 또는 그의 대리인이 손해의 방지를 위하여 합리적인

조치를 취할 것을 규정한 문언이다. 보험사고가 발생한 경우 피보험자, 대리인, 사용인 또는 수화인이 화물, 상품 그리고 선박의 전부 또는 일부에 발생한 손해의 확산을 방지하거나 대비해야 한다는 것이다. 그리고 보험목적물을 보호하거나 원상으로 회복을 위하여 최대한 노력을 하여야 한다는 것이다. 손해방지를 위하여 지출한 비용은 보험자가 부담한다는 것이다.

(M) 포기유보조항(waiver clause)

and it is especially declared and agrees that no acts of the Insurer or Insured in recovering, saving, or preparing insure, shall be considered as a waiver of acceptance of abandonment.	부보재산을 회복, 구조 혹은 보존하기 위하여 보험자와 피보험자가 취하는 어떠한 조치도 그것이 위부의 포기나 혹은 수락으로 간주되지 않을 것을 특별히 선언하고 약속한다.

보험자가 위부의 수락여부를 결정하기 이전에 피보험자가 피보험목적물의 회복, 구조 또는 보존을 위하여 필요한 조치를 취했다고 해서 이를 위부철회의 의사표시로 간주하지 않으며 반대로 보험자가 필요한 조치를 취했다고 해서 위부의 수락으로 간주하지 않는다는 취지의 조항이다. 즉 보험사고가 발생한 경우 손해방지조치를 취하는 것이 보험목적물에 대한 손해보상 청구를 포기하는 것이 아니라는 것이다.

(N) 보험증권 효력조항(force and effect clause)

and it is agreed by us, the Insurers, that this writing or policy of assurance shall be of as much force and effect as the surest writing or policy of assurance herefore made in lombard street, or in the Royal Exchange, or elsewhere in London.	그리고 이 보험의 서면 또는 보험증권은 롬바르드가 왕립거래소 또는 런던에서 작성된 가장 확실한 서면 혹은 보험증권과 동일한 효력을 갖는 것으로 본 보험자가 동의한다.

본 증권이 런던에서 작성된 확실한 보험의 서면 또는 증권과 동일한 효력을 가진다는 것을 명시한 문언이다.

(O) 구속조항(binding clause)

and so we, the assurers, are contended, and do here by promise and bind ourselves, each one for his own part, out heirs, executors, and goods to the assured, their executors, administrators, and assigns, for the true performance to the premises,	본 보험자는 피보험자와 그의 유언집행인, 관리인 및 양수인에 대하여 약속을 진정하게 이행하기 위하여 각각 해당부서에 대하여 본 보험자와 자신과 그 상속인, 유언집행인 및 재산을 구속하는 대에 이의없이 만족하고 확약하며,

구속문언(binding phrase)은 보험자가 보험증권에 규정하고 있는 각종 약속내용을 책임지고 이행하겠다는 의사표시를 명시한 문언이다.

(P) 약인조항(consideration clause)

confessing ourselves paid the consideration due unto us for this assurance by the assured, at and after the rate of...	이 보험에 관해서 피보험자는 …의 비율로 보험료를 지불하였음을 본 보험자는 인정하고

피보험자의 약인인 보험료를 납부함으로써 보험자가 위험을 담보하는 반대급부가 약속되는 사실을 명시한 문언이다.

(Q) 선서조항(attestation clause)

in witness hereof we, the assurers, have subscribed our names and sums assured in London	상기 보험증권으 증거로서 본 보험자가 런던에서 본사의 명의와 부코금액을 기재하였다는 사실을 확인한다.

보험자가 보험계약 체결의 증거로 보험증권에 기명하여 발행함으로써 책임을 진다는 사항을 명시한 문언이다. 즉 보험계약자가 부보하기를 원하는 조건에 대하여 인수하기로 하고 약속하여 서명하고 인수한 부보금액에 대해서는 보험자가 책임질 것을 확인한다는 내용의 문언이다.

(R) 면책비율조항(memorandum clause)

N.B.-Corn, fish, salt, fruit, flour, and seed are warranted free form average, unless general, or the ship be stranded; sugar, tobacco, hemp, flax, hides and skins are warranted free form average, under five pounds per cent: anf all other goods, also the ship and freight, are warranted free from average under three pounds per cent, unless general, or the ship be stranded.	주의-공동해손 혹은 선박이 좌초하는 경우를 제외라고 곡류, 어류, 소금, 과실, 곡분 혹은 종자의 분손에 대하여 일체 담보하지 않으며, 사탕, 연초, 대마, 아마 및 피혁에 대해서는 5%미만, 그리고 기타 모든 화물 또는 선박 및 운임에 대해서는 3% 미만의 해손을 담보하지 아니한다.

보험자가 보험금의 정산비용에도 미치지 못하는 일정비율 미만의 소손해에 대해서는 담보하지 않는다고 명시한 문언이다. 소손해(petty claim)에 대한 보험자의 불배상의 원칙은 보험증서의 뒷면에 인쇄약관으로 규정하고 있다.

면책비율은 상품에 따라 각각 상이한 율로 적용되는데 부패 또는 자연손상의 확률이 높은 품목일수록 높은 면책비율이 적용된다. 이것은 보험경영의 측면에서 담보범위를 소멸 또는 감소시키기 위하여 목적을 가지고 규정한 것이다.

(나) 이탤릭서체약관

(A) 포획 · 나포 부담보조항(Warranted free of capture, seizure, arrest clause)

1. *Warranted free of capture, seizure, arrest, restraint or detainment, and the consequences thereof or any attempt thereat; also the consequences of hostilities or warlike operations. whether there be a declaration of war or not; but this warranty shall not exclude collision, contact with any fixed or floating object(other than a mine or torpedo), stranding, heavy weather or fire unless caused directly (and independently of the nature of the voyage of or service which the vessel concerned or, in the case if a collision, any other vessel involved therein, is performing) power; and for the purpose of this warranty "power" include any authority mainciation with a power. Further warranted free from the consequences of civil war, revolution, rebellion, insurrection, or civil strife arising there-from, or piracy.*	1. 포획, 나포, 강류, 억류 또는 억제와 그 결과 혹은 이상의 행위를 하려고 기도한 위험 그리고 선전포고의 유무를 불문하고 적대행위 포획, 나포, 강류, 억류 또는 억제와 그 결과 혹은 이상의 행위를 하려고 기도한 위험 그리고 선전포고의 유무를 불문하고 적대행위 혹하여(그리고 선박의 운항 또는 취항내용의 성질과는 상관없이) 생긴 경우를 제외하고 선박의 충동, 고장 또는 부동장애물(기뢰 혹은 어뢰제외)과의 접촉, 좌초 악천후 혹은 화재를 면책하려는 것은 아니다. 그리고 본 면책조건상으로 국가라 하는 것은 특정국가와 관련하여 해군, 육군 혹은 공군을 보유하고 있는 모든 정권을 포함한다. 또한 내란, 혁명, 모반, 반란 또는 그러한 사태로부터 발생하는 국내의 소요 혹은 해적의 결과를 책임지지 않는 것을 조건으로 한다.

포획, 나포, 강류, 억류 또는 억제와 그 결과 혹은 이상의 행위를 하려고 기도한 위험 그리고 선전포고의 유무를 불문하고 적대행위 혹은 군사작전의 결과를 담보하지 않는다는 사항을 규정한 문언이다. 포획·나포 부담보조항은 보험자의 면책위험에 대한 사항을 명시한 것이다.

그리고 포획·나포 부담보조항의 면책조건에서 국가라 하는 것은 특정국가와 관련하여 해군, 육군 혹은 공군을 보유하고 있는 모든 정권을 포함하는 것으로 규정한다. 그리고 내란, 혁명, 모반, 반란 또는 그러한 사태로부터 발생하는 국내의 소요 혹은 해적의 결과를 책임지지 않는 것을 조건으로 한다. 포획·나포 부담보조항은 본문약관에 열거된 포획·나포의 위험과 전쟁위험 그리고 해적위험 등을 보험자가 면책하는 소극적인 목적을 가지고 있다. 포획·나포 부담보조항이 보험증권에 삽입되면 본문약관에서 열거된 위험 중 이 문언에 해당하는 위험은 보험자의 책임에서 제외된다.

(B) 동맹파업 · 소요 · 폭동 부담보조항(free from strikes, riots and civil commotions clause)

2. Warranted free of loss or damage caused by strikes, locked-out workman, or persons taking part in labour disturbances, riots or civil commotions.	2. 동맹파업자, 직장폐쇄노동자 또는 노동쟁의, 폭동 또는 소요에 가담한 자로 인하여 발생한 멸실 또는 손상을 담보로 하지 않는다.

본문약관에 열거된 동맹파업·소요·폭동위험을 보험자가 면책하는 소극적 목적을 가지고 있다. 동맹파업·소요·폭동 부담보조항이 보험증권에 삽입되면 본문약관에서 열거된 위험 중 이 문언에 해당하는 위험은 보험자의 책임에서 제외된다.

(C) 항해중단 부담보문언(frustration phrase)

This policy is warranted free of any claim based upon loss of, or frustration of, the insured voyage or adventure caused by arrest restraints and detainments of Kings Princes Peoples Usurpers or persons attempting to usurp power.	국왕 군주, 인민, 정권을 장악한 자 또는 정권을 장악하려고 기도한 자의 강류, 억지 및 억류로 인하여 발생하는 부보항해 또는 해상사업의 멸실 혹은 중단에 기인한 어떠한 클레임도 담보하지 않는다.

국왕, 군주, 인민, 국권탈취자 또는 국권을 탈취하려고 기도하는 자의 강류, 억지 또는 억류에 의해서 발생한 피보험항해 또는 항해사업의 중지 또는 중단에 기인하는 일체의 손해를 담보하지 않는다고 명시한 조항이다.

(다) 난외약관

(A) 협회위험약물조항(institute dangerous drugs clause)

무허가 약물 또는 불법적으로 아편 들을 운송할 때에 발생하는 손해를 면책사항으로 명시하여 본문약관을 제한하거나 보충하는 역할을 하는 난외약관(marginal clause)이다.

(B) 교사문언(grounding clause)

본문약관에서 해상고유의 위험인 좌초나 교사는 담보하지만 특정수역에서의 통상적인 교사나 좌초는 담보하지 않는 문제를 해결하기 위하여 이에 직접 기인하는 손해만은 보험자가 보상할 것을 명시함으로써 본문약관을 제한하거나 보충하는 역할을 하는 난외약관이다.

(C) 타 보험조항(other insurance clause)

보험손해가 발생하였을 경우 해상보험계약이 없었다면 화재보험이나 다른 보험에 부보되었을 것으로 여겨지는 손해는 담보하지 않는다고 명시함으로써 본문약관을 제한하거나 보충하는 역할을 하는 난외약관이다.

(D) 손해통지조항(claim notice clause)

손해가 발생한 경우에 피보험자가 지켜야 할 처리절차를 명시함으로써 본문약관을 제한하거나 보충하는 역할을 하는 난외약관이다.

(E) 인지첨부조항(stamp clause)

외국에서 발행되고 영국에서 보험금이 지급되는 모든 보험증권 또는 보험증명서는 이를 수령한 영국에서 수령한 날로부터 10일 이내에 소정의 수입인지를 첨부해야 한다는 사항을 명시함으로써 본문약관을 제한하거나 보충하는 역할을 하는 난외약관이다.

보충학습 Lloyd's S. G. Policy(1779)가 제정된 이후 신 해상보험증권(1982년)이 제정되기 전까지 수정되고 추가된 약관

① 1850년 본문 약관의 모두문언(冒頭文言)인 "In the name of God, Amen"이 "BE it known that..."으로 수정되었고 착인(錯印)이 찍혔다.
② 1874년에 포기약관(Waiver Clause)이 추가되었다.
③ 1898년 포획·나포 부담보약관(F. C. & S. Clause), 전쟁부담보약관이 추가되었다.
④ 1906년 영국 해상보험법(Marine Insurance Act, 1906; MIA) 제1부칙에 채택됨으로써 표준양식이 되었고 Lloyd's S. G. Policy는 선박, 화물, 운송인 등의 모든 해상보험에 사용되었다. 이 증권은 S. G. Form이므로 화물용으로 사용되는 경우 선박관계문구를 삭제하고 사용되었다.
⑤ 1912년 8월 1일에 분손 부담보약관(Free from Particular Average: FPA)이 제정되었다.
⑥ 1919년에 항해중단 부담보약관(Frustration Clause)이 난외약관으로 도입하였다.
⑦ 1921년 6월 7일에 분손 담보약관(With Average: WA)이 제정되었다.
⑧ 1937년에 국제해상보험연맹(IUMI)의 권고와 영국 국내법에 기초를 둔 협회위험약품 약관(Institute Dangerous Drugs Clause)이 난외약관으로서 추가되었다.
⑨ 제2차 대전 이후 1951년 1월 1일 전 위험담보약관(All Risks: A/R)을 제정하였다.

2-2 신 해상보험증권(1982)

(1) 신 해상보험증권의 의의

신 해상보험증권은 영국의 런던 보험자협회와 Lloyd's 보험자협회가 1982년 새로 제정한 New ILU Marine Policy와 New Lloyd's Marine Policy이다.

UNCTAD(United Nations Conference on Trade and Development) 사무국이 세계 각국의 보험협회로부터 수집한 자료조사에 의하면 선진제국의 약 70% 및 개도국의 약 80%가 영국의 해상보험증권양식을 모방한 영문 해상 적하보험증권 및 런던보험업자협회(ILU) 제정의 협회적하약관(ICC) 등을 사용하고 있으며 또한 클레임에 대해서는 영국의 해상보험 및 관례에 따르고 있다는 것을 확인하고 영국 해상보험법, Lloyd's S. G. Policy, 협회보험약관, 영국의 관례 등 영국식의 보험제도의 문제점을 지적하면서 새로운 국제해상보험법 및 국제적으로 통일된 표준해상보험약관을 제정하여야 한다고 주장하였다.

따라서 UNCTAD의 해운위원회는 Lloyd's S. G. Policy와 그 본문약관 및 1963년 협회적하약관에 관해 가장 역점을 두고 구체적으로 다음과 같이 제안하였다.

① 본문약관에서 전쟁위험담보의 문언을 삭제한다.

② 본문약관 중의 각종 위험조항(전쟁위험 이외의 담보위험)을 협회적하약관에 통합시킨다.

③ 담보방식을 전 위험(All Risks)담보의 포괄적 위험담보방식으로 수정하고 담보하지 않는 위험은 별도로 부 담보 위험으로 열거한다. 따라서 전 위험(All Risks)담보 범위보다 적은 조건의 경우는 '전 위험담보-부 담보 위험'의 방식으로 한다.

④ 담보위험, 기타 약관의 내용을 알기 쉽게 하기 위하여 규정문언을 알기 쉬운 영어로 바꾼다.

⑤ 협회적하약관의 FPA, W/A의 각 제5조 담보위험조항을 간결하고 명료한 내용으로 바꾸고 이를 위한 표준 지연손해담보 특별약관을 새로이 제정하여야 한다.

이에 따라 영국의 런던 보험자협회와 Lloyd's 보험자협회는 합동작업부회인「공동화물위원회」(Joint Cargo Committee)」를 설치하고 해상보험증권과 협회적하약관의 개정작업을 의뢰하였다. 1981년 7월 1일에 새로 개정된 해상보험 증권인 New ILU Marine Policy와 New Lloyd's Marine Policy 그리고 개정 적하보험약관인 A약관, B 약관, C 약관의 초안을 작성하여 세계에 공포하였고 각국의 의견을 들어 수차에 걸친 손질 끝에 New ILU Marine Policy, New Lloyd's Marine Policy 및 5개의 기본 협회적하약관인 A 약관, B 약관, C 약관, 협회전쟁보험약관(Institute War Clauses: IWC), 협회동맹파업보험약관(Institute Strikes Clauses: ISC), 1개의 특별약관(Malicious Damage Clauses)이 확정되어 1982년 1월 1일부터 사용 되었다. 영국에서는 1983년 4월 1일부터 사용하고 있으며 우리나라도 1983년 3월 1일부터 구 증권인 Lloyd's S. G. Policy와 함께 사용하고 있다.

(2) 신 해상보험증권의 특징

신 해상보험증권은 보험계약의 성립을 입증하는 서류에 불과하고 협회보험약관이 해상보험계약의 중심이 되었다. 따라서 보험계약의 증거서류로서 최소한의 필요한 조항만 본문약관에

남기고 보험조건에 관한 조항은 모두 협회보험약관으로 이관되었다. 신 해상보험증권의 특징은 다음과 같다.

① 본문 약관 중에 중세영어로 표현되어 있는 담보위험조항이 증권의 표면에서 모두 삭제되었다.

② 현대의 보험계약에 있어서 이미 필요가 없게 된 제 조항, 예컨대 선장 명 기입사항, 기항정박 조항 등도 삭제되었다.

③ 종래의 소급조항("lost or not lost" Clause), 손해방지조항("sue and labour" clause), 위부포기조항(waiver clause)등의 중요 조항은 영국 해상보험법 관련조문의 규정문언에 따라 현대영어로 고쳐져 알기 쉬운 영어로 협회적하약관(1982년)에 포함시켰다.

④ 보험계약의 증거서류로서 불가결한 최소한도의 조항만을 남긴 간결한 내용의 증권이 되었다. 신 해상보험증권에서 담보조건에 관한 일체의 조항이 없어짐에 따라 협회적하약관 1982는 증권으로부터 독립성을 갖추게 되었다.

⑤ Lloyd's S. G. Policy에서는 보험계약의 주요 사항을 본문약관의 중간 중간에 공란으로 되어 있는 부분에 기재하였으나 신 해상보험증권에서는 계약내용을 집중 기재하는 명세표(schedule)방식이 채택하여 보험계약의 중요사항을 쉽게 알아볼 수 있도록 하였다. 우리나라의 해상보험업계에서는 해상보험증권의 전면에 기재하도록 하고 후면에는 약관을 첨부하고 있다.

⑥ Policy Form은 「Be it known that...」으로 시작되는 고전적이고 난해한 표현에 의한 증권본문을 폐지하는 대신 본문의 일부를 필요에 따라 협회보험약관에 포함시켰다.

⑦ Lloyd's S. G. Policy에서는 담보위험을 증권에 열거하면서 담보위험의 범위를 약관을 첨부하여 제한하거나 확장하는 방식으로 하여 보상범위가 복잡하고 난해하였다 그러나 신 해상보험증권에서는 협회보험약관에서만 담보범위를 명시하여 보상범위가 명확하고 평이하게 하였다.

⑧ Lloyd's S. G. Policy에서 해석상 모호하고 분쟁의 소지가 있었던 '해상고유의 위험(Perils of the Sea)의 용어를 삭제하고 그 대신에 구체적인 위험을 열거하여 담보위험에 관한 개념을 평이하게 하였다.

(3) 신 해상보험증권의 구성

신 해상보험증권에서는 Lloyd's Policy에서 명시하고 있는 위험약관을 포함한 대부분의 약관을 제외시키고 나머지의 약관 내용도 협회적하약관과 중복되지 않도록 기술하고 있다. 즉 신 해상보험증권에서는 증권의 내용에서 담보위험 등과 같은 보험조건에 관한 규정을 제외시키고, 보험조건과 관련한 사항은 협회적하약관에 의하여 약정하도록 하고 있다. 이에 따라 신 해상보험증권은 Lloyd's Policy보다는 그 양식이 단순화되었다.

신 해상보험증권에서 종래의 구 증권의 본문약관에 해당되는 것은 (1)준거법조항, (2)타보험조항, (3)약인조항, (4)선서조항의 네 개 항뿐이다. 나머지 조항은 일부를 개정하여 협회적하약관에 포함시키고, 그 외 대부분의 보통약관은 삭제되었다. 따라서 신 해상보험증권은 반드시 협회적하약관을 첨부하여야 해상보험증권으로서 효력을 가진다.

(가) 본문약관

(A) 준거법조항(Governing Clause)

Notwithstanding anything contained herein or attached hereto to the contrary, this insurance is understood and agreed to be subject to English law and practice only as to liability for and settlement of any and all claims.	본 보험증권의 규정 또는 첨부된 어떠한 반대규정에도 불구하고, 이 보험은 어떠한 모든 보상청구에 대한 책임과 결제에 대해서 영국의 법률과 관습을 따를 것을 합의한다.

협회적하약관(ICC 1982)의 제19조(영국법 및 관례약관)는 「이 보험은 영국의 법률 및 관례에 준거한다.」는 취지를 규정하고 있으므로 이 준거법 조항에서는 "only as to liability for…"라고 명시하여 클레임 청구에만 적용된다는 것을 특히 강조하고, 아울러 첫머리의 규정문언에 의하여 제19조의 규정도 제한하고 있다.

우리나라 표준 영문 해상적하 보험증권에 있어서의 준거법은 모든 클레임에 대한 책임의 유무 및 클레임에 관한 한 영국의 법률, 관례에 의거하지만, 이 이외의 사항에 대하여서는 영국의 법률 및 관례에 의거하지 않는다.

이 규정이 있기 때문에 1982 ICC의 제19조의 규정을 삭제 또는 수정하지 않고 증권 뒷면의 ICC 전문을 규정할 수가 있다. 또한 이 준거법 조항이 있기 때문에 우리나라 보험 회사가 발행하는 해상적하 보험증권일지라도 영국 해상보험제도의 뒷받침을 받아 국제적인 보편성을 가지면서 세계 각국에 유통시킬 수가 있다.

(B) 타 보험조항(Other Insurance Clause)

This insurance does not cover any loss or damage to the property which at the time of the happening of such loss or damage is insured by or would but for the existence of this Policy be insured by any fire or other insurance policy or policies except in respect of any excess beyond the amount which would have been payable under the fire or other insurance policy or policies had this insurance not been effected.	피보험재산의 멸실 또는 손상이 발생한 때에 그것이 화재보험증권 또는 기타의 보험증권으로 부보되어 있는 경우, 또는 본 보험증권이 없었다면, 화재보험증권 또는 기타의 보험증권에 의하여 부보되었을 경우에는 본 보험을 그러한 피보험재산의 일체의 멸실 또는 손상을 담보하지 아니한다. 단 본 보험에 부보되어 있다면 화재보험증권 또는 기타 보험증권에서 지급되었을 금액을 초과한 금액에 대해서는 본 보험에서 지급한다.

타 보험조항은 비 해상보험종목, 즉 화재보험증권에도 삽입되어 있고 종래의 구 해상보험증권의 난외약관에도 삽입되어 있다.

이 조항은 문언 그대로 이 보험증권에 의하여 담보되는 손해가 발생하였을 때에 그 손해가 화재보험증권이든 해상보험증권이든 불문하고 다른 보험증권에 의해서도 중복 담보되어 있거나 또는 이 보험증권에서는 그 손해를 보상하지 않는다. 다만 다른 보험증권에 의하여 보상되어야 하는 금액을 공제하고 잔액에 대해서는 이 보험증권에 의하여 보상된다는 취지의 규정이므로 피보험자에 있어서는 중요한 규정이다. 이 조항은 이 보험계약이 다른 해상보험 또는 화재보험과 중복관계에 있을 경우, 이 보험증권의 보험자가 제1순위의 보상책임을 면하기 위하여 설정된 것이다.

화물이 해상보험증권하의 운송조항(Transit Clause)에 따라 보험에 부보된 경우 그 화물이 육상의 화재위험에 대하여 화재보험증권으로 담보되어 있는 일이 있다. 이러한 경우에는 해상보험과 화재보험이 중복관계에 있을 수 있다. MIA 제32조 2항에는 중복보험의 경우 피보험자는 보험증권에 반대의 특약이 있는 경우를 제외하고는 자기가 적당하다고 생각되는 순서에 따라 각 보험자에 지급을 청구할 수 있다고 규정되어 있고, 적어도 해상보험이 중복보험관계에 있는 한 각 보험자에게 연대책임이 있다는 것을 인정하고 있다. 그러나 이것은 보험증권에 반대의 특약이 없는 경우이므로 「타 보험」 조항처럼 반대의 특약을 하면 이 규정은 적용되지 않는다. 그러나 영국의 관행에서는 이 조항을 관대하게 해석하여 피보험자에 대해 보험금을 지급한 보험자는 지급한 보험금을 보험금액의 비율로 안배하고 다른 보험자가 지급해야 할 보험금을 계산하여 다른 보험자로부터 회수한다.

(C) 약인조항(Consideration Clause)

We,…Co., Ltd. hereby agree, in consideration of the payment to us by or on behalf of the Assured of the premium as arranged, to insure against loss damage liability or expense to the extent and in the manner herein provided.	당…보험주식회사는 피보험자 또는 그 대리인이 정해진 보험료를 당사에 지급함으로써 피보험목적물의 멸실, 손상, 책임 또는 비용을 본 증권에서 규정된 비율과 방법으로 보상할 것을 합의한다.

약인(consideration)이란 계약당사자가 약속에 관하여 받거나 주는 권리, 이익, 손실, 책임 또는 이들의 약속을 말한다. 모든 단순계약(simple contract)에 있어서 그것이 유효하기 위해서는 계약 중에 유가약인(有價約因 ; valuable consideration)을 규정하여야 한다. 해상보험계약에서 이 약인은 보험자에 대하여 보험료를 지급하는 것을 의미하고 보험자는 그 대상(代償)으로 위험을 부담하는 것, 즉 피보험위험의 발생에 의하여 손해가 발생하면 그 손해를 피보험자에게 보상하는 것을 약속한다. 약인이란 영미법에 있는 특유한 법제로서 「약속에 대한 대가(代價)」를 말한다.

영국에서는 보험중개인(broker)제도가 있으며 해상보험계약이 보험중개인에 의해 피보험자를 위하여 체결되는 경우에는 보험료에 대해서 보험중개인이 보험자의 채무자가 된다는 원칙이 있다. 이 원칙은 보험 증권상에 약인 조항이 있든 없든 불문하고 우선 적용된다는 관습으로 되어 있다. 게다가 이 원칙의 정당성은 판례에 의해서도 확립되어 있다.

따라서 이번의 우리나라 영문 해상적하보험증권을 제정할 때 첫머리 문언에 약인조항을 채용하였는데, 그 내용이 영국의 신 해상보험증권과 동일하더라도, 우리나라에는 보험중개인 제도가 없고 또한 전술한 보험료에 관한 관례상의 원칙이 없으므로 우리나라에서 체결되는 보험계약에는 우리나라 상법이 적용된다.

영국처럼 보험중개인제도가 있는 미국의 경우를 보면 미국에는 전술한 바와 같은 보험료에 관한 영국의 관례는 없고 보험중개인을 통하여 체결된 보험계약에 있어서 약인조항이 보험증권에 삽입되어 있어도 피보험자는 보험자에게 보험료를 지급하는 의무가 있다는 판례가 있다.

우리나라의 신 해상적하보험증권 중에 채용된 약인조항에 대해서는 보험계약 성립의 유효에 관한 보험료의 채권, 채무의 문제는 계약지법에 준거하여 우리나라의 법률 및 관례에 따라야 한다고 해석한다.

(D)선서조항(Attestation Clause)

In witness whereof, I the Undersigned of... Co., Ltd. on behalf of the said Company have subscribed My Name in the place specified as above to the policies, the issued numbers thereof being specified as above, of the same tenor and date, one of which being accomplished, the others to be void, as of the date specified as above.	이에 본인, 즉…보험주식회사의 아래 서명자는 동 회사를 대신하여 상기장소에서 동일문언 및 일자의 보험증권에 서명하였음. 이 보험증권 중 1통에 대하여 손해 보상의무가 이행되었을 때에는 남은 보험증권은 그 효력을 상실하는 것으로 한다.

선서조항은 종래의 Lloyd's S. G. Policy의 조항과 동일한 문언이고 이 조항의 끝 부분에 보험회사의 담당 책임자가 서명함으로써 보험인수의 증거가 되고 보험증권이 효력이 발생한다는 것을 규정한 것이다.

우리나라 상법은 보험자는 보험계약자의 청구에 의하여 보험증권을 작성하여 보험계약자에게 교부해야 한다는 것을 규정하고 있다. 동시에 보험증권에 기재해야 하는 법정기재 사항과 보험자의 서명을 필요로 한다는 것을 규정하고 있다. 이 법정기재 사항은 보험의 목적, 보험사고의 성립, 보험금액, 보험료 및 그 지급방법, 보험기간의 시기 및 종기, 보험계약자의 성명, 상호, 보험계약의 연 월 일, 보험증권의 작성지 및 작성 연월일로 구성되어 있다.

이에 대하여 영국 법에서는 해상보험계약을 해상보험증권으로 표시하고 증권이 계약의 존재를 입증하는 증거가 된다는 취지를 규정하고 있다. 증권상의 기재사항은 5개 항목으로 나누어 규정되어 있는데, 1959년 재정법(Finance Act, 1959)에 의거하여 '피보험자의 성명 또는 피보험자를 위하여 보험계약을 체결하는 자의 성명'만이 현재까지 존치되어 있다.(MIA 제23조) 또한 보험증권은 보험자 자신에 의하거나 보험자 대리인에 의하여 서명되어야 하고, 보험자가 법인의 경우에는 법인의 인장 날인으로 서명에 대신할 수도 있다.(MIA 제23조)

최근에는 무역서식의 간소화, 합리화가 국제적으로 추진되고 있다, 예컨대 각종 운송증권의 서명에 대해서는 자필 사인 외에 기계에 의한 각종 방법도 인정하고 있다. Hamburg Rules의 UN 선하증권 조약이나 UN국제 물품복합운송조약 등의 관계조항도 자필 사인 이외에 기계에 의한 각종 방법을 규정하고 있다.

우리나라에서는 보험회사의 해상보험부서의 책임자가 서명하고 그 약관 끝 부분에 효력에 관하여 언급하고 있다.

영문 해상적하보험증권은 주로 외국무역품에 대하여 사용되고 있는데 원본 한 통만 발행되는 경우는 드물고 보통 두 통 또는 세 통이 발행된다. 따라서 그 한통에 대하여 보험회사가 채무를 이행하였을 때에는 다른 보험증권은 무효가 되는 것을 이 조항에서는 규정하고 있다.

Chapter IX 해상보험약관

1. 적하보험약관

1-1 적하보험약관의 의의

보험약관 (Policy Conditions, Insurance Clause) 이란 보험계약에 관해서 보험자가 미리 정한 정형적인 계약조항을 말하며, 대부분 보험증권의 이면에 인쇄되어 있다. 이는 보험계약이 다수의 보험계약자를 상대로 체결되는 계약이기 때문에 대량의 계약을 인수하고 신속하게 처리할 수 있도록 하기 위함이다. 개개의 보험계약은 일반적으로는 보험약관을 계약 내용으로 해서 체결된다.

(1) 보험약관의 종류

보험약관에는 개개의 보험계약에 획일적으로 적용되는 보통보험약관과 특별한 합의나 할증보험료의 납부 등에 의해서 특별하게 사용되어지는 특별보험약관이 있다.

보통보험약관 (general policy conditions)은 주로 보험계약의 내용을 합리화하고 계약

수속을 간소화하기 위하여 취해진 정형화되고 제도화된 표준적 조항이 보통보험약관이다. 즉 모든 보험계약에서는 보험자가 다수의 보험계약자의 동종의 보험사고를 동일의 기술적 기초하에서 인수하기 때문에 개개의 보험계약의 내용이 같아야 할 필요가 있다. 또한 동종의 보험사고를 다량으로 계속적으로 인수하기 위해서는 그 인수에 관한 사무수속을 간소화하고 채산의 기초를 합리화할 필요가 있다. 이렇게 하여 개개의 보험계약체결 때마다 그 계약조건을 정하는 번거로움을 피하고 합리화된 채산의 기초 위에서 균일한 내용의 표준적 조건을 정해 놓고 별도의 합의가 없는 한, 이에 따라서 개개의 보험계약을 체결할 수 있다. 이 계약조건이 보통보험약관이다.

특별보험약관(special policy conditions)은 개개의 보험계약에서 특정의 경우에 대하여 계약당사자의 특별한 요망에 의해서 협정되는 계약조항이다. 일반적으로 특별보험약관은 보통보험약관의 내용을 보완 또는 수정한 내용의 조항을 정한 약관으로 원칙적으로 특약에 의해서만 적용된다. 특별약관에는 보험자의 단체가 수시 필요에 응하여 제정하고 혹은 개개의 계약의 경우에 필요에 응하여 계약당사자가 합의하는 조건으로 특별히 작성되는 특별약관도 있다.

〈도해 9-1〉 보험약관의 종류

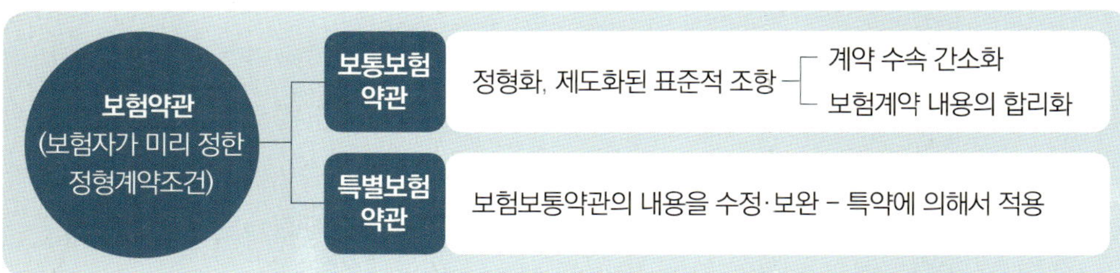

(2) 약관의 존재 이유와 효력

약관의 존재 이유는 단체성에서 비롯되는 부합계약의 특성에서 찾을 수 있다. 즉 보험계약은 보험자가 일방적으로 만들어 놓은 계약조건에 보험계약자는 따를 수밖에 없는데 이때 미리 만들어 놓은 계약조건이 바로 약관이며 그래서 약관이 필요하게 된 것이다.

보험약관은 보험자가 작성한 것으로서 계약을 체결할 때 당사자 간에 약관의 조항을 계약 내용으로 한다는 합의가 있으면 약관은 계약 내용으로서 당사자를 구속한다. 따라서 보험약관은 그 자체가 하나의 계약조항으로서 당사자를 구속하는 것이므로 계약과 관련된 당사자의 권리 의무 등 최소한도의 사항을 규정하여야 한다.

(3) 보험약관의 해석원칙과 적용순위

(가) 보험약관의 해석원칙

보험약관은 보험자가 일방적으로 만들기 때문에 당사자 간의 각 조항의 해석을 둘러싼 다툼이 일어날 수 있다. 따라서 약관문헌을 어떻게 해석할 것인가에 대해 보험약관의 해석 원칙을 두어야 한다.

(A) 해석의 일반원칙

① 약관은 객관적 보편적으로 해석되어야 한다. 즉 개개의 보험계약자는 위험집단의 구성원으로 취급되어야 한다.

② 약관은 신의성실의 원칙에 따라 공정하게 해석되어야 하며 고객에 따라 다르게 해석되어서는 안 된다.

③ 약관은 계약당사자의 의사가 우선적으로 고려되어야 한다.

(B) POP 원칙

약관의 문언은 보험자에 대한 상대편, 즉 보험계약자의 입장에서 그들이 일반적으로 이해하고 있는 통상적인 의미 (ordinary meaning) 로 해석되어야 한다. 따라서 약관의 문언은 엄격한 철학적 또는 학문적인 의미에 따라서 해석되어서는 안 되며, 평범하고 (plain), 통상적(ordinary) 으로 그리고 통속적(popular)으로 해석되어야 한다.

(C) 동종제한의 원칙

보험약관을 포함한 법규와 증언 등에 특정적이고 구체적으로 열거한 사항 다음에 일반적이고 개괄적인 문언이 부가되어 열거사항을 확장하고 있는 경우에 일반적 총괄적 부가문언을 해석함에 있어서는 앞에서 구체적으로 열거한 모든 사항을 의미하는 것이 아니고 같은 종류의 것으로 한정하여 해석하여야 한다는 원칙이다. 즉 약관 중의 일반문언은 그것에 선행하는 열거사항과 동종의 사항만을 가리키는 것으로 해석되어야 한다.

(D) 작성자 불이익의 원칙

일반적인 원칙을 모두 적용하여 보아도 여전히 약관상 문구가 애매모호하여 판단하기 어려운 경우 그 문언의 의미를 작성자 즉 보험자에게 불이익하게 해석하여야 한다는 원칙이다.

〈도해 9-2〉 보험약관 해석원칙

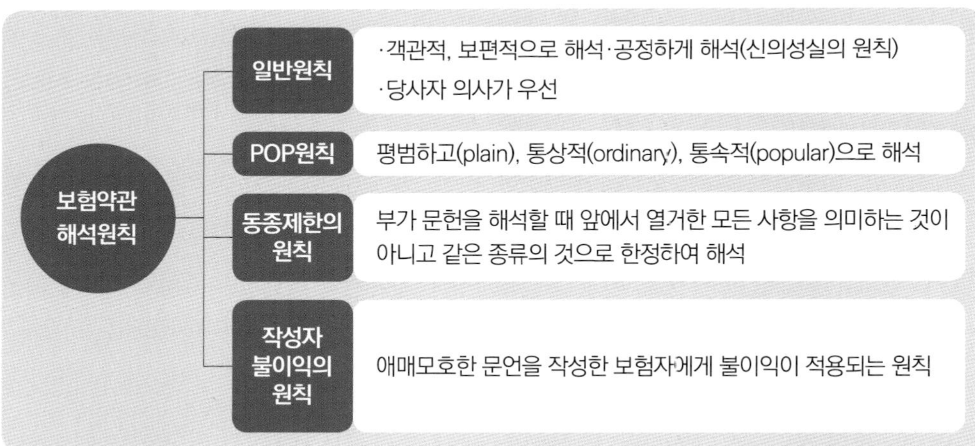

(나) 보험약관의 적용순위

① 보험계약에 관한 법규는 그 대부분이 임의규정이기 때문에 이것과 보험약관이 상충하는 경우에는 보험약관이 법규에 우선한다.

② 보통약관과 특별약관이 상충하면 후자가 전자에 우선한다. 이것은 특별법이 일반법에

우선한다는 법규일반의 원칙과 같은 법칙이다.

③ 먼저부터 있던 약관의 내용과 나중에 삽입된 약관의 내용이 서로 상충할 경우는 나중에 삽입한 약관의 내용이 우선적으로 효력을 가진다. 이를 최근문언의 우선효과(The Latest Added, The Most Effect)라 한다.

④ 선후의 차이가 없는 것은 정형화의 정도가 약한 것이 우선한다.

⑤ 보험증권의 본문약관에는 개개의 계약에 응하여 각종 특별약관이 증권의 표면여백에 추가인쇄, 타이프, 또는 압인되거나 혹은 약관기재의 슬립 (slip)이 첨부되기도 한다. 이 경우 각종 약관 상호 간에 접촉하는 부분이 발생하면 그 적용 우선순위는 다음과 같다.

제 1 순위 수기 문언
제 2 순위 타이프기입 또는 고무인의 압인에 의한 약관.
제 3 순위 증권작성시의 추가인쇄 또는 슬립의 첨부에 의한 약관.
제 4 순위 증권에 미리 서식으로서 활자 인쇄되어 있는 약관.

이외에도 본문약관 내에 이태릭서체 약관이 인쇄체약관을 우선하고, 난외약관이 본문약관을 우선하고, 증권에 첨부된 특별약관은 본문약관이나 난외약관에 우선한다. 그러나 인쇄의 색, 고무인의 색에 대해서는 어떤 우선순위도 없다. 따라서 예를 들면 적색인쇄나 붉은 잉크 등은 단순히 주의환기의 효과 외에는 아무런 우선순위도 없다.

1-2 협회적하보험약관의 제정과 개정

협회적하보험약관(Institute Cargo Clause: ICC - 이하 ICC로 표기)은 영국의 런던 보험자협회(Institute of London Underwriters: ILU)와 Lloyd's 보험자협회가 제정한 약관이다. 런던 보험자협회는 1884년 영국 정부로부터 설립인가를 얻어 발족된 회사 형태를 갖춘 보험자의 단체이다. 이 협회는 보험회사 상호 간의 협의와 공동행위를 통해 영국해상보험을 발전시키며 나아가 해상보험자 전체의 이익을 도모하기 위해 설립되었다. 한편 Lloyd's의 개인보험업자들은 이 협회에 가입하지 않고 별도로 Lloyd's 보험자협회를 조직하여 운영하고 있다.

런던 보험자협회와 Lloyd's 보험자협회는 서로 공통되는 이해관계를 많이 가지고 있기 때문에 합동위원회를 설치하여 공동보조를 취하고 있는데 대표적인 위원회가 기술 및 약관 위원회(Technical and Clauses committee)이다. 이 위원회는 로이즈 및 보험회사를 대표하는 보험자와 해손 정산인으로 구성되어있으며 , 해상보험에서 사용되는 표준약관을 제정하거나 개정한다. 그리고 이 기술 및 약관위원회에서 제정한 약관을 모두 협회약관이라 하며 적하보험에 적용되는 약관을 협회적하보험약관 이라 한다.

협회적하보험약관으로 처음 제정된 것은 1912년 런던 보헏자협회가 채택한 협회적하보험약관 분손 부담보약관(Free from Particular Average clauses: FPA)이며 이 약관의 주요 내용은 보험자가 분손·소손해 등을 부담하지 않는 것이다. 1921년에는 분손을 담보하는 협회적하보험약관 분손 담보약관(With Average clauses: W/A)이 제정되었으며 그 후 보험자들이 담보범위를 확장하는 추세에 발맞추어 1951년에 협회적하보험약관 전위험담보약관(All Risks clauses: A/R)이 제정되어 이 세 가지가 협회적하보험약관의 기본약관으로 사용되기 시작하였다.

협회적하보험약관은 화물의 종류 및 담보범위에 따라 여러 가지가 있으나 다수의 화물에 공통되고 전형적이며, 기본적인 것으로써 1963년 1월 1일부터 사용한 협회적하보험약관(이하 구 약관으로 표기)의 기본약관으로는 FPA, W/A, A/R 세 가지 종류가 있으며 모두 14개 조항으로 구성되어 있다. 각각의 보험조건, 즉 담보위험과 보상범위를 나타내고 있는 제5조가 다르다는 것을 제외하면 다른 조항은 동일한 내용으로 되어있다.

그렇지만, 유엔무역개발회의 (UNCTAD)가 무역해운관계서류를 검토한 결과, 구 약관의 내용이 전문가 이외에는 이해하기 힘들고 시대에 뒤떨어진 문언이 다소 사용되고 있음을 이유로, 보다 간결하고 쉬운 보험증권으로 개정되어야 한다는 요망이 강하게 제기되었다. 영국보험자협회는 이 같은 움직임을 받아들여 즉시 협회적하보험약관을 각각 A, B, C 약관으로 개정하고 1982년 1월 1일부터 이를 실시하였다.(이하 1982 약관으로 표기) 그러나 영국 이외의 여러 나라에서는 아직도 종래의 구 약관과 1982 ICC와 함께 병행하여 사용되어 왔다.

그러나 그동안 영국에서 협회약관을 주도적으로 제정해 왔던 런던보험자협회는 1998년 런던 국제보험 및 재보험시장연합과 합병하여 런던 국제 언더라이팅협회(Intemational Underwriting Association of London: IUA)로 새로 탄생하게 되었다. 따라서 국제 언더라이팅협회는 ICC 1982가 사용된 지 거의 30여 년이 지나는 동안 테러리즘, 해상사기 등 새로운 위험이 등장함에 따라 이의 개정이 불가피하다는 판단에 따라 로이즈시장협회와 합동적하위원회를 구성해서 ICC 1982를 개정하여 2009년 1월 1일부터 사용하도록 하였다.(이하 2009 약관으로 표기)

현재 우리나라의 경우에도 아직도 구 약관과 ICC 2009를 병행하여 사용하고 있다. 2009 약관(1982 약관 포함)은 구 약관에 비해 보험약관의 단순화, 독립성, 보험범위를 보다 명확히 하였다.

(1) 1963년 협회적하보험약관 (구 약관)

Lloyd's S. G. Policy 본문약관의 위험조항에는 보험자가 담보하는 위험이 열거되어 있다. 그리고 보험자는 여기에 열거된 위험만을 부담하고 그 이외의 위험에 의해서 발생한 손해에 대해서는 원칙적으로 책임을 지지 않는 열거책임주의를 취하고 있다. 그러나 실무적으로 Lloyd's S. G. Policy는 그대로 사용되는 것이 아니라, 적하보험에서는 반드시 구 약관의 기본약관인 A/R, W/A, FPA 중에서 필요에 따라 첨부하여 사용되었다.

FPA나 W/A 약관은 본래 위험부담에 관한 조항이 아니고 손해보상에 관한 조항이다. 즉 FPA 약관은 원칙적으로 분손을 보상하지 않고, W/A 약관은 분손을 담보하나 일정비율에 미달하는 소 손해는 각각 보상하지 않는다.

A/R 약관은 보험자가 포괄책임주의에 따라 보험자는 열거된 위험의 대부분을 원칙적으로 담보하지만, 보험증권 속의 이탤릭서체 약관에는 전쟁위험 및 동맹파업위험이 면책되는 것으로 되어 있고, 또한 협회적하약관의 제12조 FC & S Clause가, 제13조에 FSR & CC Clause가 각각 삽입되어 전쟁위험과 동맹파업위험이 면책되고 있다. 그 결과 보험자가 담보하는 위험은 해상고유의 위험(perils of the seas), 화재(fire), 강도(thieves), 투하(jettisons), 선원의 악행(barratry), 이상의 위험과 동종의 위험(similar risks) 6가지 종류로 한정되어 있다.

이들 담보위험 중에서도 중심이 되는 것은 해상고유의 위험이다. 이 위험은 해상의 우발적인 사고(accidents) 또는 재해(casualties)를 의미한다. 즉, 바다의 작용을 원인으로 하는 우발적인 사고를 말하며 구체적인 내용으로는 침몰(sinking), 좌초(stranding) 또는 교사(grounding), 촉초(touch and go), 충돌(collision), 악천후(extraordinary actions of winds and waves)등의 위험을 들 수 있다.

(가) 단독해손 부담보약관(Free from Particular Average : FPA)

Lloyd's S. G. Policy의 위험약관상 열거위험 중에서 FPA의 FC & S Clause 와 FSR & CC Clause에 의한 면책위험을 제외하면, 해상고유의 위험(perils of the seas), 화재, 도적, 강도, 투하 선장과 선원의 악행 및 이와 동종의 기타 모든 위험이 피보험위험이며, 이들 위험에 근인한 전손과 공동해손이 보상된다.

담보위험 기간 중에 선박의 좌초(stranding), 침몰(sinking), 대화재(burnt)가 있는 경우에는 단독해손 부담보자체가 적용되지 않으므로, 이 같은 3종류의 위험에 근인하지 않고, 다른 부보위험에 의하여 사고발생으로 분손이 발생하였을 지라도 그 분손에 대하여 보상한다. 다만 사고 당시에 화물이 적재되어 있어야 한다.

비록 전손은 아니지만, 선적, 환적 또는 양하 시에 발생하는 여하한 포장 당 전손에 대하여 보상한다. 그리고 화재(Fire), 폭발, 선박이나 부선 또는 운송용구의 여하한 충돌과 접촉(얼음포함, 물 제외)인 경우에 근인하여 발생된 손실과 손상도 분손 부 담보에 관계없이 손해액 전액을 보상한다.

중간 기항항이나 피난항에서 양하, 창고보관 및 계반을 위한 특별비용이 발생한 경우에, 비록 FPA 약관에서 보험자의 부담손해를 방지 경감하는 특별비용이 아닐지라도, 마치 W/A 약관에서 보험자가 부담하는 손해를 방지하기 위하여 정당하게 지출된 특별비용도 보상한다.

또한 이에 추가하여 공동해손 분담금, 구조비용, 손해방지비용 등이 약관상 보상된다. (담보위험에 기인한 경우에 한함)

(나) 분손 담보약관(With Average : W/A)

침몰, 좌초, 화재가 발생하지 않은 경우의 단독해손으로서는 현실적으로 악천후(heavy weather)에 의한 적하의 풍랑손해는 보상한다. 일반적으로 W/A와 FPA와의 차이는 풍랑에 의한 단독해손을 보상하는가 그렇지 않은가로 구분할 수 있다.

분손은 그것이 공동해손이 성립되었을 때 혹은 선박 또는 부선이 좌초되거나 침몰 되거나 또는 대화재를 입었을 경우를 제외하고는 담보 증권에 기재된 소손해(면책비율)인 경우에는 이를 담보하지 않는다. 그러나 면책비율에 불구하고, 보험자는 선적, 환적, 혹은 양하 시에 전손이 될 수가 있는 화물 1포장 당 보험금액을 보상하고, 다시 화재, 폭발, 선박 간의 충돌 혹은 선박 및 부선 또는 운송 용구와 물 이외의 타 물체(얼음 포함)와의 접촉 혹은 조난항에서의 양하 작업에 기인된다고 정당하게 간주될 수 있는 보험목적의 멸실 또는 손상에 대해서도 보상한다.

Lloyd's S. G. Policy의 위험 약관상 열거위험 중에서 FPA의 FC & S Clause와 FSR & CC Clause에 의한 면책위험을 제외한 해상고유의 위험(perils of the seas), 화재, 도적, 강도, 투하 선장과 선원의 악행 및 이와 동종의 기타 모든 위험이 피보험위험이며, 이들 위험에 근인한 전손과 공동해손은 전액 보상된다.

침몰, 좌초, 화재, 공동해손인 경우에는 면책율에 관계없이 전액 보상된다. FPA 와 같이 사고 당시에 적재된 손상화물은 사고와 직접관계가 없어도 전액 보상된다. 침몰, 좌초, 화재가 발생하지 않은 경우의 단독해손은 현실적으로 악천후(heavy weather)에 의한 적하의 풍랑손해는 보상한다. 일반적으로 W/A와 FPA와의 차이는 풍랑에 의한 단독해손을 보상하는가 그렇지 않은가로 구분할 수 있다.

화재, 폭발, 충돌에 기인하는 모든 손상을 전액 보상된다. 공동해손 분담금, 구조비, 단독비용, 피난항비용과 제반비용, 손해방지비용 등이 약관상 보상된다.(담보위험에 기인한 경우에 한함)

〈도해 9-3〉 구 협회적하보험약관

보충학습 W/A와 FPA의 차이점

W/A는 Lloyd's S. G. Policy 상의 열거 위험에 의한 단독해손을 원칙적으로 부담하고 선박이나 부선의 좌초, 침몰 또는 대화재인 경우를 제외하고는 면책비율을 적용하여 그 비율 미만의 단독해손을 부담하지 않고 있다. 이에 반하여 FPA는 단동해손을 원칙적으로 부담하지 않고 선박이나 부선의 상기사고인 경우에만 단독해손을 부담한다는 점이 다를 뿐이다.

다만 이 조항 말미에 W/A에는 규정하지 않은 특별비용에 관한 규정이 삽입되어 있다. 이 특별비용은 MIA상의 단독비용에 해당되는 것이다. 단독비용이란 단독해손에 포함되지 않은 것으로, 보험의 목적물의 안전이나 보존을 위하여 피보험자가 지출한 비용 또는 피보험자를 위하여 지출한 비용으로서 공동해손과 구조비용이 아닌 것을 말한다. 물론 W/A 약관에서 이에 관한 명시규정이 없어도 그 약관에 의해서 부담하는 손해와 관련한 특별비용은 보상되는 것이다.

그리고 FPA 약관에서도 Lloyd's S. G. Policy 상의 열거위험으로 인한 전손 또는 선박이나 부선의 좌초, 침몰, 대화재로 인한 단독해손 등 FPA 약관상의 담보위험과 손해에 관련한 특별비용은 이 규정이 없는 경우에도 보상된다. 즉 MIA 제76조 제2항의 규정에 따라 보험의 목적물이 W/A 약관이나 FPA 약관으로 보험에 가입된 경우에도 피보험손해(loss insured against), 즉 보험자가 부담하는 손해를 피하기 위하여 손해방지조항의 규정에 따라 정당하게 지출한 단독 비용과 기타 비용은 보상받게 되는 것이다.

그러므로 보험자가 부담하지 않는 손해를 방지하거나 경감하기 위하여 지출된 특별비용은 보험자로부터 보상받을 수 없다. 그런데 FPA 약관의 담보손해는 너무 한정되어 있고, 특히 중간의 피난항에 입항하지 않으면 안 되는 주요 원인인 단독해손인 경우에 선박의 좌초, 침몰, 대화재로 극히 제한되어 있어 손해방지조항의 실질적인 효과를 기대하기가 어렵다. 따라서 이 특별비용의 적용손해를 FPA 약관상 부담손해에서 악천후 등을 포함하는 W/A 약관상의 부담손해까지 확대하기 위한 목적으로 이 규정을 삽입한 것이다.

W/A약관에서는 FPA 약관에서 담보하는 선적, 환적, 양하 시의 화물포장 당 전손, 화재, 폭발, 충돌이나 접촉 및 피난항에서의 화물의 양하에 상당한 인과관계가 있는 여하한 멸실이나 손상, 좌초, 침몰, 화재로 인한 특정 분손에 추가하여 특정분손 이외의 분손, 주로 악천후로 인한 손해에 대하여도 면책비율 이상인 경우에 보상한다. 따라서 W/A 약관과 FPA 약관의 대표적인 차이점은 악천후 위험에 따른 풍랑손해의 보상여부이다.

〈도해 9-4〉 W/A와 FPA 차이점

구분	담보위험과 손해	W/A	FPA
물적손해	① S. G. Form 상 열거위험(면책위험 제외)에 근인 한 전손	○	○
	② S. G. Form 상 열거위험(면책위험 제외)에 근인 한 공동해손 위험	○	○
	③ 선박 등의 좌초, 침목, 대화재(면책비율과 인과관계불문) 시의 단독해손	○	○
	④ 하역 중의 전부 멸실된 매포장의 협정보험가액	○	○
	⑤ 화재, 폭발에 정당하게 기인한 멸실이나 손해	○	○
	⑥ 선박 등의 외부물질과의 충돌, 접촉에 정당하게 기인한 멸실이나 손해	○	○
	⑦ 피난항에서 적하의 양하에 정당하게 기인한 멸실이나 손해	○	○
	⑧ 해상고유의 위험(perils of the seas), 강도 등 S. G. Form 상의 열거위험(면책위험제외)에 근인 한 단독해손(면책·비율적용)	○	×
비용손해	⑨ 공동해손 분담금(GA Comtribution)	○	○
	⑩ 구조비용(Salvage Charges)	○	○
	⑪ W/A 약관하의 피난항에서 양륙, 보관, 계반을 위한 특별 비용(Special Charge)을 포함한 단독비용(Particular Charges)	○	○
	⑫ 손해방지비용(Sue and Labour charges) *	○	○
	⑬부수비용 (Extra Charges)	○	○

(다) 전 위험 담보약관(All Risks: A/R)

보험목적의 멸실 또는 손상의 모든 위험을 담보한다. 그러나 여하한 경우에도 a. 지연 또는 b. 보험목적물의 고유 하자 혹은 성질을 근인으로 해서 생기는 멸실, 손상 또는 비용까지도 확장 담보하지 않는다. 이 보험에 의거 청구할 수 있는 보상금은 손해율에 관계없이 지급된다.

전 위험 담보조건이므로 법상 면책위험 및 보험요율서상에서 제외된 특별위험 이외의 일체의 손해를 보상하여 주는 조건이며 영국해상보험법상 면책위험(MIA 제55조)으로는 ⓐ 피보험자의 악의적 비행(피보험자로 한정) ⓑ 화물고유의 성질이나 하자로 기인된 손해(포장불완전 손해 포함) ⓒ 통상의 손해 또는 지연소모(우연성이 결여) ⓓ 항해의 지연에 근인한 손해 또는 비용(피보험위험에 기인한 경우라도 보상 안 됨)이다.

〈도해 9-5〉 구 약관의 약관별 담보위험

	FPA 약관 (단독해손부담보)	W/A 약관 (단독해손담보)	A/R 약관 (전위험담보)
전손	○	○	○
하재, 폭발, 선박 등의 자초, 침몰, 본선, 부선의, 기타 운송용구와 물이외의 타물과의 충돌에 의한 손해	○	○	○
선적, 환적, 양하 중의 포장 1개당의 전손	○	○	○
공동해손	○	○	○
해수누손	△	○	○
도난, 발하 또는 불도착	△	△	○
부족, 누손	△	△	○
파손, 곡손	△	△	○
오손	△	△	○
우수, 담수에 의한 수손	△	△	○
상기 이외의 일체의 위험에 의한 손해	×	×	○
피보험자의 고의적인 위법행위	×	×	×
통상적인 누손, 중량, 부피의 감소, 자연소모	×	×	×
화물고유의 결함 또는 성질	×	×	×
지연	×	×	×
포장 적부의 불충분 부적합	×	×	×

구 약관을 정리하면 적하보험계약에서는 보험증권의 본문과 협회적하약관인 FPA, W/A, A/R 약관 중에서 하나를 선택하여 함께 사용한다. FPA약관이나 W/A약관을 선택한 경우, 담보위험은 먼저 보험증권 본문약관의 위험조항(perils clause)에 열거된 모든 위험이 그 대상이 되지만, 이들 위험 중 면책약관인 이탤릭서체 약관 혹은 FPA 또는 W/A약관의 제12조 포획나포 부 담보약관(FC & S Clause) 및 제13조 동맹파업 소요폭동 부 담보약관 (FSR & CC Clause)에 의해서 전쟁위험 및 동맹파업위험이 면책된다.

A/R 약관을 선택한 경우에는, 담보위험은 열거책임주의에서 도괄책임주의로 바뀌고, 구 약관 제5조의 전 위험담보조항에 의해 일체의 위험이 원칙적으로 담보되게 된다. 그러나 예외로서 면책약관인 제12조 및 제13조에 의해 전쟁위험과 동맹파업위험, A/R 약관의 단서 및 영국해상보험법 제55조 제2항에 의해 피보험자의 고의적인 불법행위(wilful misconduct of the assured), 항해의 지연 (delay of voyage), 보험의 목적의 고유 하자 또는 성질(inherent vice or nature of the subject-matter insured) 등이 면책 된다.

(2) 2009년 협회적하보험약관(2009 약관)

구 약관에서 FPA약관과 W/A약관은 손해의 형태에 따라 구분된 것이어서 그 내용이 애매모호한 점이 많았고, A/R약관은 약관의 명칭과 실제 내용이 일치하지 않는 부분도 있었다. 이에 따라서 UNCTAD에서 영국의 구 약관이 이해하기 어렵고 중세영어로 작성되어 있어 보다 간결하고 쉬운 보험증권 및 협회적하보험약관을 작성해야한다는 비판이 일어나자 런던보험업자협회와 Lloyd's보험업자협회는 Lloyd's S. G. Policy의 본문약관의 위험조항과 영국해상보험법(MIA)와 구 약관을 참조하여 1982년에 새로운 협회적하보험약관으로 ⓐ Institute Cargo Clauses(A): A 약관 ⓑ Institute Cargo Clauses(B): B 약관 ⓒ Institute Cargo Clauses(C): C 약관을 제정하였다. 1982년 ICC 약관은 구 약관에 비해 그 명칭과 내용이 알기 쉽게 대폭 정비하여 A/R 약관은 A 약관으로, W/A 약관은 B 약관으로 FPA 약관은 C 약관으로 각각 명칭이 변경 간소화되고 그 내용도 획일성을 갖도록 정비되었다. 그러나 보험자의 위험담보 범위는 거의 변동이 없다.

1982 약관의 기본약관은 A ,B, C약관으로 구성되었고 그 구분은 보험자의 담보범위에 따른 것이다. A 약관이 보험자의 담보범위가 가장 넓은 조건으로서 다른 조건들에 비해 보험요율이 높다. B 약관과 C 약관은 보험자가 담보하는 위험이 구체적으로 열거되어 있고 B 약관이 C 약관보다 보험자가 담보하는 위험이 더 많이 열거되어 있기 때문에 보험요율은 B 약관이 더 높다.

1982 약관의 A, B, C 약관은 각각 19개의 조항으로 구성되어 있고 구 약관의 14개 조항으로 구성되어 있는 데 비하여 5개의 조항이 더 신설된 셈이다. 구 약관에서 제5조(FPA, W/A, A/R 담보약관)만 다르고 나머지 약관은 내용이 동일한 것과 달리 1982 ICC에서도 A, B, C 기본약관에서 제1조 담보위험조항(Risks Clause)과 제4조 일반면책조항만 제외하고 나머지 제2조부터 제19조까지 17개 조항은 내용이 동일하다.

1982 약관에 기본적인 A, B, C 약관 이외에 협회전쟁보험약관(Institute War Clauses, IWC)과 협회동맹파업보험약관(Institute Strikes Clause: ISC), 1개의 특별약관(Malicious Damage Clause) 등으로 구성되어 있다.

2009 약관은 A약관 B약관 및 C약관을 기본으로 하는 체제는 1982 약관과 동일하지만 테러리즘에 대해 새로운 정의를 포함하였고 그동안 애매모호했던 표현을 분명하게 하였다.

전쟁면책조항에 A 약관에는 해적행위 제외라는 용어가 있으나 B, C 약관에는 이 용어가 없다는 것이다. 그리고 보험자를 지칭하는 'Underwriter' 표현이 'Insurer'로 대체하는 등 1982 약관보다도 현대식 영어로 표현되었다.

(가) 보험자의 담보약관

담보약관으로 위험조항(제1조) 공동해손 조항(제2조), 쌍방과실충돌조항(제3조)로 구성된다. 위험조항이외에 A, B, C 약관의 내용이 동일하다.

① A 약관

구 약관의 A/R 약관에 상응되는 것으로 'covers all risks of loss or damage'로 규정되어 있는 약관이다. 보험자가 면책조항에서 규정한 위험 이외에 모든 손상, 손실위험을 담보하는 약관이다. A/R 약관과는 달리 면책위험을 열거하여 표시하고 있다.

② B 약관

구 약관의 W/A 약관에 상응하는 약관으로 화재, 폭발, 좌초, 지진, 분화, 낙뢰, 해수·호수·강물의 침입 등 열거된 주요 위험에 의해 생긴 손해를 보상하는 열거책임주의를 취하고 있다. A 약관과 같이 면책위험도 열거하여 명기하고, 클레임은 분손, 전손의 구분 없이 보상하며 면책률(franchise)의 적용이 되지 않는다. B 약관에서 담보하는 위험은 다음과 같다.

ⓐ 다음 위험에 정당하게 기인된 보험의 목적의 멸실 또는 손상

a. 화재 또는 폭발

b. 선박 또는 부선의 좌초, 교사, 침몰 또는 전복

c. 육상운송용구의 전복 또는 탈선(국제복합운송에 대응해서 담보)

d. 선박, 부선 또는 운송용구와 물 이외의 타 물체와의 충돌 또는 접촉

e. 조난항에서의 적하의 양하

f. 지진, 분화 또는 낙뢰 (C 약관에서는 부담보)

ⓑ 다음 위험으로 인한 보험의 목적의 멸실 또는 손상

a. 공동해손 희생

b. 투하 또는 파도에 의한 갑판상의 유실

c. 선박, 부선, 선창, 운송용구, 컨테이너, 리프트 밴 또는 보관소에 해수, 호수 또는 하천수의 유입(국제물류의 변혁, 발전에 대응해서 담보: C 약관에서는 부담보)

ⓒ 선박 또는 부선에 선적 또는 양하 작업 중 해수면으로 낙하하여 멸실 되거나 추락하여 발생된 포장 당 전손

③ C 약관

구 약관의 FPA 약관에 상응하는 약관으로, B 약관과 마찬가지로 열거된 위험에 의한 손해를 분손, 전손의 구분 및 면책률(franchise) 적용 없이 보상한다.

구 약관의 FPA 약관에서는 추락한 매 포장당 전손과 지진, 분화, 낙뢰 등의 위험이 담보되지만 C 약관에서 제외함으로써 구 약관의 체제보다도 2009 약관의 체제에서 B와 C약관의 보상 범위의 차이가 더욱 확대되었다고 할 수 있다. C 약관에서 담보하는 위험은 다음과 같다.

ⓐ 다음 위험에 정당하게 기인된 보험의 목적의 멸실 또는 손상

a. 화재 또는 폭발

b. 선박 또는 부선의 좌초, 교사, 침몰 또는 전복

c. 육상운송용구의 전복 또는 탈선

d. 선박, 부선 또는 운송요구와 물 이외의 타물체와의 충돌 또는 접촉

e. 조난 항에서의 적하의 양하

ⓑ 다음 위험으로 인한 보험의 목적의 멸실 또는 손상

a.공동해손 희생

b. 투하

(나) 보험자의 면책약관

면책약관에서는 일반면책조항(제4조), 불내항성 및 부적합 면책조항(제5조), 전쟁면책조항(제6조), 동맹파업면책조항(제7조)으로 구성된다. 일반면책조항 이외에 A, B, C 약관의 내용이 동일하다.

(A) 일반면책(제4조)

① 피보험자의 고의적인 위법행위(MIA 55. (2) a.)

② 통상적인 손실 및 자연소모(MIA 55. (2) c.)

③ 포장의 불량 또는 부적합(포장이라 함은 피보험자 또는 그의 대리인에 의해 행해진 컨테이너 또는 리프트 밴에의 적재도 포함) (4조 3항)

④ 보험 목적물의 고유 하자 또는 성질로 인한 손해(MIA. 55. (2) c.)

⑤ 지연(담보위험으로 인하여 발생된 경우라 하더라도)을 근인으로 한 손해(MIA 55. (2) b.)

⑥ 선박소유자, 용선, 관리자의 지불불능 및 재정상의 채무불이행(제4조 6항)으로 기인된 손해는 전부 면책된다. 만약 운송인이 파산으로 이하여 화물의 멸실이나 손상은 물론 중간항에서 보관비용, 재선적비용, 계반비용 또는 전송이나 반송 비용 등이 보상되지 아니한다. 만약 운송인의 파산이나 채무불이행으로 인해 채권자가압류, 보관 중에 화재가 발생하여 화물이 멸실된 경우일지라도 A조건에서도 보험자의 면책이다.

⑦ 보험목적에 대한 어떤 자의 불법행위에 의한 고의적인 손상, 파괴는 B, C약관에서는 보험자가 면책되나 A 약관에서는 보험자의 담보위험이다.(방화, 고의의 침몰 등 악의에 의한 손해)

⑧ 원자력 및 기타 유사한 방사능 사용 (4조 8항) 원자핵 무기의 적대적인 사용에 대한 손해는 신. 구 약관 모두 전쟁면책조항에 의해서 면책되고 있지만, 신 약관상의 원자핵 무기에 대한 면책규정을 신설한 것은 적대적이든 아니든 불문하고 원자핵무기의 사용에 기인하는 모든 손해를 면책한다는 취지를 추가한 것이다.

⑨ B 약관의 일반면책약관은 C 약관의 일반면책약관과 동일하다.

(B) 선박 불 내항 및 운송기구의 부적합 면책 (제5조)

① 선박 불 내항 및 운송기구의 부적합인 경우 보험자의 면책이다. 다만 보험목적물을 적재할 때 피보험자 또는 그 사용인이 그와 같은 불 내항 또는 부적합을 알고 있는 경우에만 한한다. 피보험자나 그 사용인이 불 내항 또는 부적합한 사실을 알고 있는 경우에 한하여, 이것으로 인하여 발생한 손해에 대하여서만 면책하는 것이지 담보위반일로부터 모든 계약상 보험자의 책임이 면제되는 것은 아니다. 구 약관과 MIA에는 없는 규정인데 내항성에 관해서는 부선까지 확대 적용하고 있으며, 화물운송의 적합성에 관하여는 선박뿐만 아니라 운송에 있어서 모든 종류의 운송수단, 즉, 부선, 운송용구, 컨테이너 또는 리프트 밴 등의 부적합으로 인하여 발생한 손해까지도 면책으로 확대하고 있다. 이것은 당해화물의 고유의 결함을 구성한다는 것으로 보고 있다.

② 내 항성에 관한 묵시담보를 보험자가 포기한 경우도 보험자의 면책이나 다만 피보험자가 인지하지 못한 경우에 한한다.

Tip 컨테이너와 리프트 밴의 차이

컨테이너는 ISO(International Standardization Organization : 국제표준화기구)의 규격에 의거한 대형의 외항 화물용 컨테이너를 말하고 리프트 밴은 규격 이외의 컨테이너 유사용기를 뜻한다.

(C) 전쟁위험면책 (제6조)

① 전쟁(war), 내란(civil war), 혁명(revolution), 모반(rebellion), 반란(insurrection) 또는 이로 인해 발생하는 국내투쟁(civil strife), 또는 교전세력(belligerent power)에 의한 또는 교전세력에 대한 일체의 적대행위(any hostile act)

② 포획(capture), 나포(seizure), 억지(restraint) 또는 억류(detainment)(해적행위는 제외) 및 그러한 행위의 결과(consequence)나 그러한 행위의 기도 (any attempt thereat)

③ 유기된 기뢰(derelict mines), 어뢰(torpedoes), 폭뢰(bombs) 또는 기타 유기된 전쟁무기 (weapons of war)

전쟁약관에 언급된 면책위험에 직접기인하지 않는 좌초, 화재, 충돌 등에 의한 손해는 보상이 된다.

"유기된(derelict)"이란 단어가 추가됨으로 인하여 구 약관에서 전쟁이 종료되고 상당한 기간이 경과한 후 유기되었던 전쟁무기에 의한 손해는 화재나 폭발위험에 의한 손해로서 보험자가 부담할 수 있는 성질의 손해였으나, 2009 약관에서는 명확히 전쟁위험으로 취급하고 있다.

1982 약관 제6조에서는 전쟁과 내란 등 구체적인 열거위험으로 열거하고 "교전세력에 의한 또는 교전세력에 대한 모든 적대행위에 기인하는 멸실이나 손상 또는 비용을 부담하지 않는다고 규정하고 있다.

구 약관에서 해적행위(piracy)는 면책이나 1982 약관에서 해적행위가 전쟁위험에서 해상위험으로 변경되었다. 따라서 2009 약관에서도 B, C 약관에서 해적행위는 열거되어 있지 않으므로 보험자의 면책이다. 구 약관에서는 포획 나포 면책조항이 삭제되면 자동적으로 협회 전쟁약관이 해당 보험의 일부를 구성한 것으로 간주되었으나 전쟁위험을 담보하기 위해서는 협회전쟁약관(Institute War Clause: IWC)을 첨부하여야 한다.

(D) 동맹파업면책(Strikes Exclusion Clause) : 제7조

어떤 경우에도 보험자는 다음 사항의 멸실(loss)이나 손상(damage) 또는 비용(expense)을 부담하지 않는다.

① 동맹파업자(strikes), 직장폐쇄근로자(locked-out workmen), 또는 노동쟁의(labour disturbances)나 폭력(riots) 또는 민간소요(civil commotions)에 가담한 자에 기인한 손해.

② 스트라이크(strikes), 직장폐쇄(lock-outs), 노동쟁의(labour disturbances), 폭동(riots) 또는 민간소요(civil commotions)의 결과로 발생한 손해

③ 테러리스트(terrorist) 또는 정치적 동기(political motive)에 의해 행동하는 자에 기인한 손해. 1963 ICC 13조의 "스트라이크 소요 폭동 면책조항(FSR & CC Clause)"에 추가하여 테러리스트 또는 정치적 동기에 의해 행동하는 자에 기인한 손해를 제3항에 신설하였다.

동맹파업으로 인한 손해만을 면책으로 하는 것이 아니라 "비용"까지도 면책으로 하고 있다. 따라서 1982 약관의 제12조 계반비용조항에서 스트라이크로 인한 계반비용인 경우 보험자가 부담하지 않고, 그 외 계반비용과 관련된 하역비용, 보관비용, 재선적비용동도 부담하지 않는다.

또, 제3자의 고의적인 손상을 부담하기 위해 B약관과 C약관에 첨부하는 악의 손상약관(malicious damage clause)에 의해서도 동맹파업자나 테러리스트 등에 의한 의도적인 손상이나 파괴는 보험자가 보상하지 않는다.

〈도해 9-6〉 2009 약관에서 담보위험과 면책위험의 비교

	○ 하기 사유에 합리적으로 기인된 보험목적의 멸시 또는 손상	A약관	B약관	C약관	약관번호
담보위험	1. 화재 또는 폭발	○	○	○	1조
	2. 본선 또는 부선의 좌초, 교사, 침몰, 전복	○	○	○	
	3. 육상 운송용구의 전복, 탈선	○	○	○	
	4. 본선, 부선, 운송용구의 타물체와의 충돌, 접촉	○	○	○	
	5. 피난항에서의 화물의 양하	○	○	○	
	6. 지진, 화산의 분화, 낙뢰	○	○	○	
	○ 하기의 사유로 생긴 보험목적의 멸실, 손상				
	1. 공동해손 희생손해	○	○	○	
	2. 투하	○	○	○	
	3. 갑판유실	○	○		
	4. 본선, 부선, 선창, 운송용구, 컨테이너, 리프트밴 또는 보관 장소에 해수, 호수, 강수의 침입	○	○		
	5. 선적, 하역 중 포장 당 추락전손	○	○		
	6. 해적행위	O			
	○ 상기 이외의 보험목적에서 발생한 일체의 멸실, 손상	○			
	○ 공동해손, 구조료(면책위험과 관련된 것 제외)	○	○	○	2조
	○ 쌍방과실 충돌	○	○	○	3조
면책위험	1. 피보험자의 고의의 위법행위	○	○	○	4조
	2. 통상의 누손, 통상의 중량과 용량의 부족 또는 자연소모	○	○	○	
	3. 포장불완전 또는 부적합(이 경우 포장은 컨테이너, 리프트밴에 적재 하는 것 포함. 단, 이 적재는 위험이 개시되기 전에 행하여지거나 피보험자 혹은 그 사용인에 의해 행해진 것에 한함).	○	○	○	
	4. 피보험목적의 고유의 하자, 성질	○	○	○	
	5. 담보위험에 의한 지연이라도 지연을 근인으로 한 멸시, 손상, 비용	○	○	○	
	6. 선주, 관리자, 용선자, 운항자의 파산 또는 재정상 채무불이행	○	○	○	
	7. 피보험목적에 대한 어떤 자의 불법행위에 의한 고의적인 손상, 파괴		○	○	
	8. 원자력, 핵무기의 사용	○	○	○	
	9. 선박, 부선의 불내항 및 부적합	○	○	○	5조
	10. 전쟁위험(특약으로 부보 가능)	○	○	○	6조
	11. 동맹파업위험(특약으로 부보가능)	○	○	○	7조

(다) A 약관, B 약관, C 약관에서 공통적으로 동일한 내용인 보험기간약관(제8조-10조), 보험금청구약관(제11조-14조), 보험이익약관(제15조), 손해경감약관(제16조-17조), 지연방지약관(제18조), 법률 및 판례약관(제19조)은 2009 약관의 구성에서 살펴보기로 한다.

(4) 구 약관과 2009 약관의 비교

(A) 총괄적 비교

구 약관은 Lloyd's S. G. Policy가 중심을 이루고 협회적하약관은 이를 보완하는 특약의 성질을 지니고 있다. 따라서 구 약관에서 담보위험을 결정하기 위해서는 보험증권, 약관, MIA를 모두 고려해야 했다. 그러나 2009 약관은 Lloyd's S. G. Policy의 주요 조항과 MIA에서 필수적인 조항을 발췌하여 2009 약관에 포함시킴에 따라 보험증권은 보험계약의 증거로서의 역할을 하게 되었고 협회적하약관을 중심으로 보험계약을 체결할 수 있게 되었다. 구 약관과 2009 약관(1982 약관 포함)을 총괄적인 측면에서 비교하면 다음과 같다.

① 2009 약관은 해독하기 쉬운 규정형식과 「자기완결성」을 갖춘 약관으로 구성되어 있다. 그러나 구 약관은 Lloyd's S. G. Policy의 내용과는 별도로 제정된 특별약관에 의거하여 적하의 종류나 특성에 따라 담보범위를 확장 또는 제한할 수 있도록 구성되어있다.

② 구 약관은 보험증권의 본문약관, 1906년 영국 해상보험법 및 관례의 2중, 3중의 기반에 입각하고 있지만, 이들의 중요 사항이 구 약관의 조항에 흡수 또는 규정되어 있지 않았다. 이로 인하여 보험계약자 또는 피보험자는 구 약관을 보는 것만으로는 당해 보험 계약상의 권리, 의무를 충분히 파악할 수 없어 보험증권의 본문 약관이나 영국 해상보험법 등을 함께 보지 않으면 안 되었다. 이에 대하여 2009 약관은 보험증권의 본문약관으로부터 이탈하여 독립성을 갖추었고 영국해상보험법 중의 중요 규정을 각 관련 조항 중에 흡수되어 있어 관계 법률을 함께 보아야 하는 번잡성을 없애버렸다.

③ 약관의 명칭을 A/R, W/A, FPA에서 A, B, C로 단순화 하였고 구 약관에서의 약관 명칭으로 인하여 보험자의 담보위험을 오해하는 경우를 방지하고 불식하기 위함이다.(1982 약관에서 개정)

④ 구 약관은 14개와 개별조항으로 구성되어 있으나 2009 약관은 모두 19개의 개별조항으로 구성되어 조항 숫자가 증가되었고 각 조항마다 명칭이 붙어 있으며 19개 조항을 8개 그룹, 즉 ⓐ 담보위험 ⓑ 면책위험 ⓒ 보험기간 ⓓ 보험금청구 ⓔ 보험이익 ⓕ 손해경감 ⓖ 지연방지 ⓗ 법률 및 관례 등으로 분류하고 있다.

⑤ 2009 약관은 열거책임주의를 채택하고 있다. B 약관 및 C약관은 구체적인 담보위험을 각각 제1조에 열거하고 있으므로 구 약관의 W/A, FPA의 각 약관보다 이해하기 쉽다. 구

약관도 기본적으로는 보험증권의 본문약관의 열거책임주의에 기초를 두고 있지만 2009 약관이 더욱 간결한 열거책임주의를 채택하고 있다.

⑥ 2009 약관은 손해의 발생 원인이 되는 담보위험을 열거하고 그 기준에 따라 보상여부를 결정하고 있다. 따라서 열거위험에 기인하여 발생한 경우에는 전손이나 분손이든, 공동해손이든 단독해손이든 손해의 형태에 구분 없이 보상한다. 구 약관은 W/A, FPA 약관에서와 같이 손해의 형태를 담보의 기준으로 하고 있어 담보의 범위가 명료하지 않고 혼란을 야기할 수 있는 문제가 있다.

⑦ 2009 약관은 보험증권의 본문약관을 축소하고 복잡하고 애매한 '해상 고유의 위험'의 개념이나 소손해면책의 규정을 폐지하고 이것에 기초를 둔 특정 분손의 개념에서 탈피하고 있다. 즉 FPA에서는 침몰, 좌초, 대화재 등의 발생을 전제로 하는 특정 분손 만을 담보하되 일반적인 분손은 담보하지 않고 W/A 약관에서는 일반적인 분손을 담보한다는 규정이 없어졌다. 또한 W/A 약관에서는 일정률 이하의 소액을 담보하지 않음으로써 각각 보상범위에 차이를 두고 있다.

⑧ 2009 약관에서는 계반비용조항(제12조)과 증액보험조항(제14조)이 있고(1982 약관에서 신설) 준거법조항(제19조)이 구 약관의 본문약관에서 협회적하약관의 조항으로 이관되었다. (1982 약관에서 개정)

〈도해 9-7〉 약관의 비교

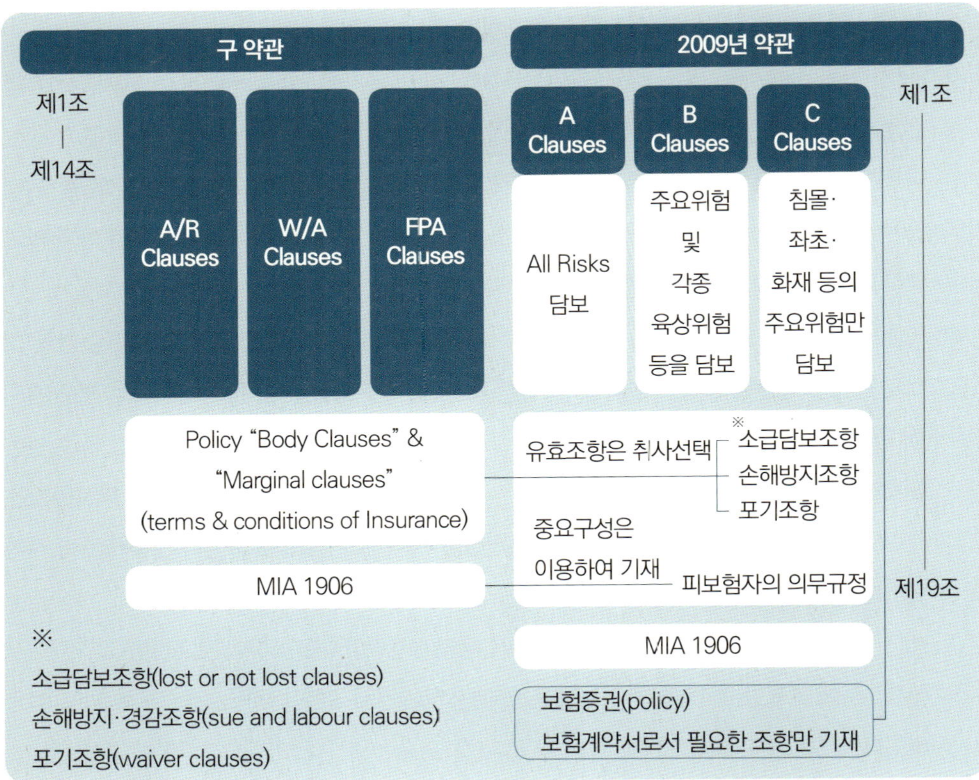

(B) 약관별 담보위험과 면책위험의 비교

① A/R 약관과 A 약관의 비교

담보위험에 관한 규정은 거의 동일하다. 즉 A 약관에서는 피보험 목적물에 발생한 멸실, 손상의 일체의 위험을 담보한다. A/R 약관에서는 피보험 목적물에 대하여 멸실 혹은 손상을 야기 시키는 모든 위험을 담보한다. 그러나 면책위험(Exclusions 4-7조)에 관한 규정에서는 중요한 차이가 있다. 구 약관의 제5조에서는 ①지연(delay)이나 ②보험의 목적물의 고유하자 또는 성질만을 면책위험으로 규정하였으나, 1982 ICC에서는 MIA 제55조 제2항의 면책위험들을 제4조의 일반면책조항에 상세히 규정하고 있다. 또한 일반면책조항에서는 ⓐ

포장의 불충분 ⓑ 선박회사 등의 채무불이행 ⓒ 원자력, 핵무기의 위험도 추가하여 명확히 규정되어 있다.

비록, 해적행위(piracy)가 구 약관에서는 전쟁위험의 일종으로 간주되어 면책되었으나, 2009 약관에서는 전쟁면책조항에서 제외됨으로써 부담위험에 해당되어 그만큼 보상범위는 확대되었다고 볼 수는 있지만, 전반적으로 면책위험이 확대되어 A 약관의 담보위험과 보상범위는 결과적으로 A/R 약관보다 축소되었다고 볼 수 있다.

② W/A 약관과 B 약관의 비교

구 약관이 보험 증권상의 열거위험 중 좌초, 침몰, 화재에 기인한 소위 특정 분손을 제외한 단독해손이나 면책율 이하의 분손을 보험자가 면책할 것을 담보(warranty)로 규정하였으나, 2009 약관에서는 보험증권상의 일부 위험을 구체적으로 열거하여 그러한 열거위험에 기인한 멸실이나 손상은 손해의 형태나 면책비율에 상관없이 보상하도록 규정하였다.

B 약관의 제4조 일반면책위험조항에는 제3자에 의한 고의적인 파괴 또는 손상을 면책으로 추가하여 규정하고 있다. 따라서 손해의 형태나 면책비율에 관계없이 열거위험에 기인한 모든 멸실과 손상이 보상된다는 점과 구 약관에서 부담하였던 특정 분손의 위험에 좌주(grounding)와 전복(capsizing)이 추가 된다는 점에서는 B 약관의 보상범위가 W A 약관보다 확대되는 결과를 가져왔다.

그러나 면책위험이 추가되었다는 점이나 전손이나 공동해손의 경우 "해상고유의 위험" 또는 그 위험과 동종의 위험에 해당되는 위험이 매우 제한적으로 적용된다는 점, 예를 들면 열거된 위험으로 한정되는 것뿐만 아니라, 가장 흔히 발생하는 악천후의 경우에도 W/A 약관에서는 해수침은 물론 악천후로 인한 선박의 진동으로 인한 손해까지도 보상되었으나 B 약관에서는 해수침 위험만 부담된다는 것과 그리고 Lloyd's S.G. 보험 증권상의 해상위험 중에서 thieves(강도), 해적, takings at sea(해상에서의 점유탈취) 등의 위험은 B 약관에서 사라지게 되었다는 점에서 W/A 약관에서보다도 보상범위가 축소되었다고 할 수 있다.

③ FPA 약관과 C 약관과의 비교

FPA 약관에서는 결과적으로 구 약관의 열거위험 중에서 전손과 공동해손의 경우를 제외하고는 좌초, 침몰, 화재, 폭발, 충돌이나 접촉 등으로 제한되었으나, C 약관에서는 그러한 위험 외에 좌주(grounding), 전복 등의 위험이 추가되고 있다. 그러나 C 약관에서는 자연소모(wear and tear)를 제외한 모든 우연한 사고를 의미하는 "perils of the seas"와 동종제한의 원칙이 적용되는 일반적 문언인 "all other perils"가 삭제됨으로써, ~~육상운송용구~~의 전복, 탈선, 충돌, 접촉 등의 위험이 추가되긴 하였지만 전손이나 공동해손인 경우에는 부담위험과 보상범위가 그만큼 축소된 결과를 가져왔다고 할 수 있다.

〈도해 9-8〉 신 · 구 보험증권 및 협회적하보험약관의 비교

구분	구 증권 및 1963 약관	신 증권 및 2009 약관
명칭	· Lloyd's S.G. Policy · ICC(A/R) · ICC(W.A.) · ICC(F.P.A.)	· New Lloyd's Policy · ICC(A) · ICC(B) · ICC(C)
체계	① 보험증권의 중심 -〉 보험증권은 본문약관, 이탤릭서체 약관, 낙외약관으로 구성 ② 협회적하약관 -〉 보험증권의 보완역할 -〉 14개 조항 ③ MIA -〉 보험증권 문헌에 대한 판례의 집대성으로서 증권해석의 기준이 됨 ④ 담보의 기준이 손해 ⑤ 협회전쟁약관 및 협회스트라이크약관 -〉 보험증권의 본문약관이나 난외약관을 보완	① 보험증권 -〉 보험계약인수 사실확인 ② 협회적하약관이 중심 -〉 보험증권의 본문약관, MIA 주요 조항을 수용 -〉 19개 조항 ③ MIA -〉 보험증권의 본문약관의 폐지로 인해 참고자료로 전락 ④ 담보의 기준이 위험 ⑤ 협회전쟁약관 및 현회스트라이크약관 -〉 보험증권이나 협회적하약관으로부터 독립
담보위험	① ICC(W.A.)와 ICC(F.P.A)의 담보범위가 유사 ② 담보하는 손해에 관하여 규정하여 담보위험이 불명확함 ③ "해상 고유의 위험"(Perils of the Sea) 및 "모든 기타위험"(All Other Perils)을 규정 ④ 해적(Piracy)위험을 전쟁위험의 하나로 간주 ⑤ 담보기간이 "Port to Port"를 원칙으로 함 ⑥ 면책률약관(Memorandum Clause)이 있어 소손해에 대하여 면책	① ICC(B)와 ICC(C)의 담보범위의 격차 ② 담보위험을 제1조에 열거하고 면책위험은 제4조에 열거하여 담보 및 면책위험이 명확해짐 ③ "해상고유의 위험"(Perils of the Sea) 및 "모든 기타위험"(All Other Perils)을 삭제하고 구체적인 위험을 열거 ④ 해적(Piracy)위험을 전쟁위험으로부터 제외하여 담보위험에 포함 ⑤ 담보기간이 "Warehouse to Warehouse"를 원칙으로 함 ⑥ 면책률약관(Memorandum Clause)이 삭제됨

〈도해 9-9〉 구 약관과 2009 약관의 담보위험 비교

담보위험	A/R약관	A약관	W/A약관	B약관	FPA약관	C약관
전손	○	○	○	○	○	○
공동해손	○	○	○	○	○	○
구조료	○	○	○	○	○	○
특별비용	○	○	○	○	○	○
손해방지비용	○	○	○	○	○	○
좌초, 침몰, 화재, 충돌로 인한 단독해손	○	○	○	○	○	○
피난항에서의 하역중의 손해	○	○	○	○	○	○
하역 또는 환적 작업 중 적하품 한 개의 포장단위의 전손	○	○	○	○	○	○
투하	○	○	○	○	×	○
갑판유실	○	○	○	○	×	×
악천후로 인한 해수 침손	○	○	○	○	×	×
기타의 분손	○	○	×	×	×	×

1-3 협회적하보험약관의 구성(2009 ICC)

2009년도부터 사용되고 있는 2009 ICC의 기본약관은 A약관·B약관 및 C약관으로 구성되어 있어 ICC 1982의 약관과 동일하다. 각 약관은 〈표〉에서처럼 8개의 그룹약관으로 구성되어 있고 이들은 다시 19개의 개별조항으로 나누어져 있다.

A약관 B약관 및 C약관은 각각 19개의 개별조항으로 구성되어 있지만 A약관과 B약관은 제1조의 위험 제4조 및 제6조만 서로 다르고 나머지 조항은 모두 동일하다. C약관은 제1조 위험조항만 제외하고 나머지 개별조항은 B약관과 동일하다.

(1) 담보위험약관(Risks Covered Clauses)

(가) 일반위험

A 약관

위험(Risks)	
Risks This insurance covers all risks of loss of or damage to the subject-matter insured except as excluded by the provisions of Clauses 4,5,6 and 7 below.	**위 험** **1.** 이 보험은 보험목적물의 멸실 또는 손상과 관련된 모든 위험을 담보한다. 단 아래의 제4조. 제5조. 제6조 및 제7조의 규정에 의해 제외되는 위험은 제외한다.

위험약관은 보험자의 담보범위를 규정하고 있는 약관이다. 협회적하보험약관의 A약관은 포괄책임 주의의 원칙이기 때문에 위험약관에는 보험자의 면책위험(excepted peril)이 열거되어 있다.[1] 즉 보험자는 제4조 일반면책위험, 제5조 선박의 불내항 및 부적합위험, 제6조 전쟁위험 및 제7조 동맹파업위험을 제외한 모든 위험에 근인하여 발생한 손해를 보상한다. 만약 사고의 원인이 네 가지 면책위험에 속하면 보험자는 보상하지 않지만 그러한 사실을 입증할 책임은 보험자에게 있다.

1 2009 ICC에서는 위험약관이라는 약관명칭은 사용하지 않지만 이해를 돕기 위해 구식 표현을 그대로 사용하고자 한다.

〈도해 9-10〉 협회적하약관의 분류

구 분	조항명(1982년)	조항명(2009년)
담보위험약관 (Risks Covered)	1. 위험조항 2. 공동해손 조항 3. 쌍방과실충돌조항	1. 위험 2. 공동해손 3. 쌍방과실충돌약관
면책약관 (Exclusions)	4. 일반면책조항 5. 불내항성 및 부적합면책조항 6. 전쟁면책조항 7. 동맹파업면책조항	4. 명칭이 없음 5. 명칭이 없음 6. 명칭이 없음 7. 명칭이 없음
보험기간 (Duration)	8. 운송조항 9. 운송계약종료조항 10. 항해변경조항	8. 운송약관 9. 운송계약종료 10. 항해변경
보험금 청구 (Claims)	11. 피보험이익조항 12. 계반비용조항 13. 추정전손조항 14. 증액조항	11. 피보험이익 12. 계반비용 13. 추정전손 14. 증액
보험이익 (Benefit of Insurance)	15. 보험이익불공여조항	15. 명칭이 없음
손해경감 (Minimizing Losses)	16. 피보험자의무조항 17. 포기조항	16. 피보험자의무 17. 포기
지연의 방지 (Avoidance of Delay)	18. 신속조치조항	18. 명칭이 없음
법률 및 판례 (Law and Practice)	19. 법률 및 관례조항	19. 명칭이 없음

※ 1982 ICC에는 각 조별로 조항의 이름이 있었지만 2009 ICC에서는 조항 명칭이 혼란을 초래할 수 있다는 이유로 그 이름을 삭제한 조문이 많고, 특히 면책조항과 관련된 조항에서는 모두 이름을 삭제하였다.

구 약관에서는 이 약관을 전위험담보약관이라고 했는데, 실제로는 모든 위험을 담보하는 조건이면서도 전쟁위험(war lisk)과 동맹파업·폭동 및 소요위험 (strikes, riots and civil commotions risk)은 담보하지 않았기 때문에 전위험담보약관이라는 명칭은 보험조건으로서 걸맞지 않았다. 따라서 단순히 명칭만 보고 담보위험을 오해하는 경우도 생기고 보험자의 담보범위도 분명하지 않아 1982년 ICC를 개정하면서 불합리한 명칭을 피하고 보험자가 보상해 주는 범위를 명확하게 명시하였다.

B 약관

Risks I. This insurance covers, except as excluded by the provisions of Clauses 4,5,6 and 7 below, **1.1.1** fire or explosion **1.1.2** vessel or craft being stranded grounded sunk or capsized **1.1.3** overturning or derailment of land conveyance **1.1.4** collision or contact of vessel craft or conveyance with any external object other than water **1.1.5** discharge of cargo at a port of distress **1.1.6** earthquake volcanic eruption or lightning,	**1. 위험** 이 보험은 다음의 손해를 담보한다. 단 아래 제4조 제5조·제6조 및 제7조의 규정에 의해 면책되는 위험은 제외한다. **1.1** 다음 위험에 정당하게 기인된 보험목적물의 멸실 또는 손상 **1.1.1** 화재 또는 폭발 **1.1.2** 선박 또는 부선의 좌초. 교사. 침몰 또는 전복 **1.1.3** 육상운송용구의 전복 또는 탈선 **1.1.4** 선박. 부선 또는 운송용구와 물 이외 타물체와의 충돌 또는 접촉 **1.1.5** 조난항에서 적하의 양하 **1.1.6** 지진 . 분화 또는 낙뢰
1.2 loss of or damage to the subject-matter insured caused by **1.2.1** general average sacrifice **1.2.2** jettison or washing overboard **1.2.3** entry of sea lake or river water into vessel craft hold conveyance container or place of storage, **1.3** total loss of any package lost overboard or dropped whilst loading on to, or unloading from, vessel or craft.	**1.2** 다음 위험으로 인한 보험목적물의 멸실 또는 손상 **1.2.1** 공동해손 희생 **1.2.2** 투하 또는 파도에 의한 갑판상의 유실 **1.2.3** 선박. 부선·선창. 운송용구. 컨테이너 또는 보관 장소에 해수. 호수 또는 하천수의 유입 **1.3** 선박 또는 부선에 선적 또는 양하 작업 중 해수면으로 낙하하여 멸실되거나 추락하여 발생된 고장단위당 전손

제1항 위험약관에는 B약관에서 보험자가 담보하는 위험이 열거되어 있다. A약관은 포괄책임주의이기 때문에 면책위험을 명시하고 있지만 B약관 및 C약관은 열거책임주의이므로 담보위험을 명시하고 있다. B약관은 과거의 분손 담보약관을 정비한 것이다.

C 약관

위험	
1. Risks Clause This insurance covers, except as excluded by the provisions of Clauses 4,5,6 and 7 below, **1.1** loss of or damage to the subject-matter insured reasonably attributable to **1.1.1** fire or explosion **1.1.2** vessel or craft being stranded grounded sunk or capsized **1.1.3** overturning or derailment of land conveyance **1.1.4** collision or contact of vessel craft or conveyance with any external object other than water **1.1.5** discharge of cargo at a port of distress, **1.2** loss of or damage to the subject-matter insured caused by **1.2.1** general average sacrifice **1.2.2** jettison.	**1. 위 험** 이 보험은 다음의 손해를 담보한다. 단 제4조·제5조·제6조 및 제7조의 면책조항에 규정된 손해는 제외한다. **1.1** 다음 위험에 정당하게 기인된 보험목적물의 멸실 또는 손상 **1.1.1** 화재 또는 폭발 **1.1.2** 선박 또는 부선의 좌초. 교사. 침몰 또는 전복 **1.1.3** 육상운송용구의 전복 또는 탈선 **1.1.4** 선박. 부선 또는 운송용구와 물 이외 타물체와의 충돌 또는 접촉 **1.1.5** 조난항에서 적하의 양하 **1.2** 다음 위험으로 인한 보험목적물의 멸실 또는 손상 **1.2.1** 공동해손 희생 **1.2.2** 투하

협회적하보험약관 C약관은 B약관과 마찬가지로 열거책임주의 원칙이기 때문에 보험자의 담보위험이 열거되어 있는데 그 수가 B약관보다 적다. 따라서 이 약관은 A약관·B약관 및 C약관의 기본약관 중에서 보험자의 담보범위가 가장 좁다.

B약관에서 담보되는 위험 중 C약관에서는 담보되지 않는 위험은 다음과 같다.

① 지진·분화 또는 낙뢰

② 파도에 의한 갑판 상의 유실

③ 선박·부선·선창·운송용구·컨테이너 또는 보관 장소에 해수·호수 또는 하천수의 유입

④ 선박 또는 부선에 선적 또는 양하작업 중 해수면으로 낙하하여 멸실 되거나 추락하여 발생된 포장단위당 전손 C약관은 과거의 분손 부 담보 약관을 정비한 것인데, 그렇다고 하여 분손을 담보하지 않는 것은 아니다. 현재 사용되는 약관은 보험자의 담보범위에 따라 구분한 것이므로 담보위험에 근인하여 발생한 분손은 보험자가 모두 보상 한다.

(나) 공동해손(General Average)

General Average	공동해손
2. This insurance covers general average and salvage charges, adjusted or determined according to the contract of carriage and/or the governing law and practice, incurred to avoid or in connection with the avoidance of loss from any cause except those excluded in Clauses 4,5,6 and 7 below	**2.** 이 보험은 아래 제4조·제5조·제6조 및 제7조에서 제외된 원인 이외의 원인에 의한 손실을 피하기 위하여 또는 피하는 것과 관련하여 발생한 공동해손 및 구조비를 담보한다. 공동해손 및 구조비의 정산 또는 결정은 해상운송계약 및/또는 준거 법 및 관례에 따른다.

공동해손 및 구조비를 보험자가 보상한다는 조항이다. 즉 공동해손으로 피보험자가 분담해야 할 공동해손 분담금(general average contribution)있으면 브험자가 이를 대신 부담한다. 만약 피보험자의 보험목적물이 회생되었거나 비용이 지출되었으면 피보험자는 보험자로부터 손해액의 전액을 먼저 회수할 수 있고 나머지 당사자들이 분담해야 할 분담금에 대해서는 보험자가 정산이 완료된 후 청구한다. 그리고 제3자의 구조 활동에 따라 피보험자가 부담해야 할 구조비도 보험자가 보상한다. 그러나 공동해손과 구조비는 반드시 보험자의 담보위험에 근인하여 발생해야 한다. 예를 들어 불내항성과 같이 면책위험으로 침몰하는 선박을 구조했을 경우, 이때의 구조비는 보험자가 보상하지 않는다.

그리고 공동해손은 자주 발생하는 해손이지만 그 정산방법과 절차가 매우 복잡하여 보통 선하증권에 공동해손 약관이 삽입되어 있는데, 만약 이 약관이 없으면 양륙항의 국법에 의하여 처리된다. 그런데 대부분의 선하증권에는 "공동해손은 운송인의 선택에 의해서 어느 항구 어느 장소에서나 조정될 수 있으며 요크-앤트워프 규칙에 준하여 정산된다."는 공동해손 약관이 있어 공동해손이 발생하면 요크-앤트워프 규칙에 따라서 정산하는 것이 관례이다.

(다) 쌍방과실충돌조항(Both to Blame Collision Clause)

쌍방과실충돌	
Both to Blame Collision Clause **3.** This insurance indemnifies the Assured, in respect of any risk insured herein, against liability incurred under any Both to Blame Collision Clause in the contract of carriage. In the event of any claim by carriers under the said Clause, the Assured agree to notify the Insurers who shall have the right, at their own cost and expense, to defend the Assured against such claim.	**쌍방과실충돌약관** **3.** 이 보험은 이 보험의 일체의 담보위험과 관련하여, 운송계약상의 쌍방과실 충돌약관에 의해 피보험자가 부담해야 하는 책임액을 보상한다. 동 약관에 의거 운송인으로부터 청구를 받았을 경우, 피보험자는 그 취지를 보험자에게 통지할 것을 약속한다. 보험자는 자기의 비용으로 운송인의 청구에 대하여 피보험자를 보호할 권리를 갖는다.

보험자의 손해보상범위를 확장하여 선하증권의 쌍방과실충돌 조항에 의하여 피보험자가 부담해야 할 금액 즉 보험증권에서 보상받을 수 있는 손해에 관한 부분을 보험자가 지급해 줄 것을 규정한 것이다. 원래 선박의 충돌로 인한 화물의 손해에 대해서 하주는 자선의 선주에게 손해배상청구를 할 수 없다. 왜냐하면 충돌은 항해상의 과실에 속하여 선주는 운송물의 손해에 대해서 배상할 책임이 없기 때문이다.[2] 그런데 충돌 클레임을 정산하는 과정에서 선주는 자선의 화물 손해를 간접적으로 보상하는 결과를 가져온다.

선하증권의 쌍방과실충돌약관은 이와 같이 선주가 자선의 화물 손해에 대해서 간접적으로 보상한 금액을 다시 회수할 수 있도록 규정한 것이다. 만약 피보험자가 선주로부터 이러한 금액을 청구받았을 경우에는 피보험자는 그 취지를 보험자에게 통지하고 보험자로부터 보상받을 수 있다. 이 약관의 내용을 간단한 예를 들어 설명하면 가령 화물을 적재한 A선 박과 화물을 적재하지 않은 B선박이 쌍방과실로 충돌하여 A선에 적재된 화물에 US$100,000의 손해가 발생하였고 쌍방과실비율은 A 선박과 B 선박이 각각 50%이었다고 하자.

A선주는 헤이그 규칙에 따라서 화물 손해에 대하여 면책되므로 하주는 B선주에게 화물 손해액 US$100,000 전액을 배상청구 한다. 그러나 B선주는 자신의 과실이 50%이기 때문에 US$50,000는 A선주에게 청구한다. 이렇게 되면 A선주는 자선에 적재된 화물의 손해에 대해서 US$50,000만큼 간접적으로 부담한 결과가 된다. 따라서 A선주는 선하증권의 쌍방과실충돌약관에 의해 하주에게 US$50,000을 청구하는데, 하주인 피보험자는 이 금액을 보험증권의 쌍방과실충돌약관에 의해서 보험자로부터 US$50,000을 회수한다.

2 헤이그 규칙(제4조 2-a)에 의하면 선장·선원·도선사 또는 운송인의 고용인이 저지른 항해상이나 선박의 권리상 실수에 대해서 그리고 이로 말미암아 발생하는 손실에 대해서 선주는 면책된다(상법 제788조 2항 참조).

보험증권의 쌍방과실충돌약관은 선하증권의 쌍방과실충돌약관으로 인하여 피보험자가 별도로 부담할 금액을 보상하는 것이기 때문 만약에 선하증권에 이러한 약관이 없으면 보험증권상의 쌍방과실충돌약관도 필요 없게 된다.

선하증권의 쌍방과실충돌조항은 선주에게 일방적으로 유리하다는 의견이 지배적이어서 1952년 미국의 연방대법원은 공공의 운송인(common carrier)은 이러한 조항을 사용할 수 없도록 하였다. 그러나 용선계약과 같은 사적 운송에서는 이 조항이 계속 유효하고 또한 미국 이외의 국가에서는 선하증권의 쌍방과실충돌조항을 유효한 것으로 인정할 수도 있기 때문에 피보험자를 보호할 목적으로 보험증권상의 쌍방과실충돌조항을 제정하게 된 것이다.[3]

(2) 면책(Exclusions)

A 약관

면책	
Exclusions **4.** In no case shall this insurance cover **4.1** loss damage or expense attributable to wilful misconduct of the Assured **4.2** ordinary leakage, ordinary loss in weight or volume, or ordinary wear and tear of the subject-matter insured **4.3** loss damage or expense caused by insufficiency or unsuitability of packing or preparation of the subject-matter insured to withstand the ordinary incidents of the insured transit where such packing or preparation is carried out by the Assured or their employees or prior to the attachment of this insurance(for the purpose of these Clauses "packing" shall be deemed to include stowage in a container and "employees" shall not include independent contractors)	**면책** 어떤 경우에도 이 보험은 다음의 손해를 담보하지 않는다. **4.1** 피보험자의 고의적 비행에 기인한 멸실. 손상 또는 비용 **4.2** 보험목적물의 통상의 누손 , 중량 또는 용적의 통상적인 손실 및 통상적인 자연소모 **4.3** 이 보험의 대상이 되는 운송에서 통상 발생하는 사고에 견딜 수 있도록 보험 목적물의 포장 또는 준비를 완전하고 적절하게 하지 않음으로 인하여 발생한 멸실·손상 또는 비용. 다만 그러한 포장 또는 준비가 피보험자 또는 사용인에 의해 실행되거나 이 보험의 개시 전에 실행되는 경우에 한한다(이 조항에 있어서 "포장"에는 컨테이너에 적부하는 것을 포함하고. "사용인"에는 독립계약자를 포함하지 아니한다).

3 이시환, [해상적하보험약관론](두남, 2009), p. 33-36. 참조

4.4 loss damage or expense caused by inherent vice or nature of the subject-matter insured

4.5 loss damage or expense caused by delay, even though the delay be caused by a risk insured against (except expenses payable under Clause 2 above)

4.6 loss damage or expense caused by insolvency or financial default of the owners managers charterers or operators of the vessel where, at the time of loading of the subject-matter insured on board the vessel, the Assured are aware, or in the ordinary course of business should be aware, that such insolvency or financial default could prevent the normal prosecution of the voyage. This exclusion shall not apply where the contract of insurance has been assigned to the party claiming hereunder who has bought or agreed to buy the subject-matter insured in good faith under a binding contract

4.7 loss damage or expense directly or indirectly caused by or arising from the use of any weapon or device employing atomic or nuclear fission and/or fusion or other like reaction or radioactive force or matter

5. 5.1 In no case shall this insurance cover loss damage or expense arising from 5.1.1 unseaworthiness of vessel or craft or unfitness of vessel or craft for the safe carriage of the subject-matter insured, where the Assured are privy to such unseaworthiness or unfitness, at the time the subject-matter insured is loaded therein 5.1.2 unfitness of container or conveyance for the safe carriage of the subject-matter insured, where loading therein or thereon is carried out prior to attachment of this insurance or by the Assured or their employees and they are privy to such unfitness at the time of loading.

4.4 보험목적물 고유의 하자 또는 성질로 인하여 발생한 멸실·손상 또는 비용

4.5 지연이 담보위험으로 발생된 경우일지라도 지연으로 인하여 발생한 멸실·손상 또는 비용(위 제2조에서 지급할 비용은 제외함)

4.6 본선의 소유자. 관리자. 용선자 또는 운항자의 파산 또는 재정상의 궁핍으로 인한 멸실·손상 또는 비용. 다만 보험목적물을 본선에 적재할 때 피보험자가 그러한 파산 또는 재정상의 궁핍이 그 항해의 정상적인 수행을 방해할 수 있다는 사실을 알고 있었거나 또는 통상의 업무상 당연히 알고 있었을 경우에 한한다 이 면책규정은 구속력 있는 계약에 따라, 선의로 보험목적물을 구입한 자 또는 구입하는 것에 동의한 자에 보험계약이 양도되어 그 자가 이 보험에 의해 보험금을 청구하는 경우에는 적용되지 아니한다.

4.7 원자력 또는 핵의 분열 및/또는 융합 혹은 기타 이와 유사한 반응 혹은 방사능이나 방사성물질을 응용한 무기 또는 장치의 사용으로 인하여 직접 또는 간접적으로 발생한 멸실·손상 또는 비용

5.5.1 어떠한 경우에도 이 보험은 다음 사유로부터 생긴 멸실 . 손상 또는 비용을 담보하지 않는다.

5.1.1 선박 또는 부선의 불내항, 또는 보험목적물의 안전운송을 위한 선박 또는 부선의 부적합. 다만 보험목적물을 적재할 때 피보험자가 그와 같은 불내항 또는 부적합을 알고 있을 경우에 한한다.

5.1.2 보험목적물의 안전운송을 위한 컨테이너 또는 운송용구의 부적합. 다만 그 적재가 이 보험의 개시 전에 실행되는 경우 또는 피보험자 또는 그 사용인에 의해 실행되고 또한 그들이 적재 시에 그러한 부적합을 알고 있을 경우에 한 한다

5.2	Exclusion 5.1.1 above shall not apply where the contract of insurance has been assigned to the party claiming hereunder who has bought or agreed to buy the subject-matter insured in good faith under a binding contract.	**5.2**	상기 5.1.1 면책규정은 구속력 있는 계약하에서 선의로 보험목적물을 구입한 자 또는 구매하는 것에 동의한 자에 이 보험계약이 양도되어 그 자가 이 보험에 의해 보험금을 청구하는 경우에는 적용되지 아니한다.
5.3	The Insurers waive any breach of the implied warranties of seaworthiness of the ship and fitness of the ship to carry the subject-matter insured to destination.	**5.3**	보험자는 선박의 내항 및 보험목적물을 목적지르 운송하기 위한 선박의 적합에 대한 묵시담보의 위반에 대하여 보험자의 권리를 포기한다.
6.	In no case shall this insurance cover loss damage or expense caused by	**6.**	어떤 경우에도 이 보험은 다음의 사유로 발생한 멸실 손상 또는 비용을 담보하지 않는다.
6.1	war civil war revolution rebellion insurrection, or civil strife arising therefrom, or any hostile act by or against a belligerent power	**6.1**	전쟁 내란 혁명 . 모반 반란 또는 이로 인하여 발생한 국내투쟁 혹은 교전국에 의하여 또는 교전국에 대하여 행해진 적대행위
6.2	capture seizure arrest craint or detainment (piracy excepted), and the consequences thereof or any attempt thereat	**6.2**	포획, 나포, 강류, 억지 또는 억류(해적행위 제외) 및 그러한 행위의 결과 또는 그러한 행위의 기도
6.3	derelict mines torpedoes bombs or other derelict weapons of war.	**6.3**	유기된 기뢰, 어뢰, 폭탄 또는 기타 유기된 전쟁무기
7.	In no case shall this insurance cover loss damage or expense	**7.**	어떤 경우에도 이 보험은 다음의 멸실. 손상 또는 비용을 담보하지 않는다.
7.1	caused by strikers locked-out workmen, or persons taking part in labour disturbances riots or civil commotions	**7.1**	동맹파업자·직장폐쇄를 당한 노동자 또는 노동분쟁·폭동 또는 소요에 가담한 자에 의하여 발생한 것
7.2	resulting from strikes lock-outs, labour disturbances, riots or civil commotions	**7.2**	동맹파업 . 직장폐쇄. 노동분쟁. 폭동 또는 소요의 결과로 생긴 것
7.3	caused by any act of terrorism being an act of any person acting on behalf of, or in connection with any organization which carries out activities directed towards the overthrowing or influencing by force or violence, of any government whether or not legally constituted	**7.3**	일체의 테러행위, 즉 합법적 또는 불법적으로 설립된 일체의 정부를 무력 또는 폭력으로 전복 또는 영향력을 미치기 위하여 행동하는 조직을 대신 또는 그 조직과 연대하여 행동하는 자의 행위에 의한 것
7.4	caused by any person acting from a political, ideological or religious motive.	**7.4**	정치적, 사상적 또는 종교적 동기에 따라서 행동하는 자에 의하여 발생한 것

4조는 보험자의 면책사항을 일곱 가지로 구분하여 구체적으로 명시한 조항이다. 이 조항에 명시된 면책사항은 어떠한 특약에 의해서도 담보되지 않는다.

5조는 선박의 불내항성 및 부적합성으로 인한 보험사고에 대해서 보험자가 책임을 지지 않는다는 약관이다. 그런데 선박 운송용구 등의 불내항성 및 부적합성은 하주(피보험자)가 통제할 수 없는 요인이기 때문에 하주가 화물을 적재할 때 불내항성 및 부적합성을 모르고 있을 경우에는 보험자가 보상한다. 불내항 및 부적합면책위험은 어떠한 특약에 의해서도 담보되지 않는다.

6조는 전쟁위험에 근인한 손해에 대해서 보험자의 면책을 규정한 것이다. 그런데 6.2에서 해적행위 제외(piracy excepted)라는 단서조건이 삽입되어 있는데, B약관 및 C약관에는 이러한 조건이 없다. 해적행위는 해적의 강탈·파괴·방화 등의 행위를 뜻하는데, 과거에는 전쟁위험으로 취급되었다. 그러나 여기서는 해적행위를 전쟁위험에서 제외했기 때문에 A약관에서는 보험자가 해적행위도 담보한다. 전쟁위험은 협회전쟁약관(Institute War Clauses)을 이용할 경우 담보된다.

7조는 동맹파업·폭동·소요. 테러리스트 등으로 인한 손해에 대해서 보험자가 면책됨을 규정한 것이다. 7.1 및 7.3은 원인과 결과가 반드시 근인관계에 있어야 되지만, 7.2는 상당한 인과관계가 있어도 보험자는 면책된다. 과거에는 이 약관을 동맹파업·폭동 및 소요 부담보약관(Free from Strike, Riots and Civil Commotions Clause)으로 표현하였으며, 이 위험도 특약에 의해서 담보 가능하다.

B 약관과 C약관

면책		
4.7	deliberate damage to or deliberate destruction of the subject-matter insured or any part thereof by the wrongful act of any person or persons	어떠한 자의 불법행위에 의해 보험목적물 또는 그 일부에 발생한 고의적인 손상 또는 고의적인 파괴

A약관의 제4조 일반면책조항에서는 보험자가 면책되는 위험이 일곱 가지 열거되어 있지만 B약관 및 C약관에서는 여기에 제3자의 불법행위 면책 사항이 추가되어 여덟 가지 열거되어

있다.[4] 따라서 방화 선박의 밑바닥에 구멍을 내는 것(scuttling), 선장 및 선원의 악행 등과 같은 고의적이고 계획적인 불법행위에 대해서는 보험자가 책임지지 않는다. 그러나 이 면책사항은 악의적 손상약관(Malicious Damage Clause)을 특약으로 체결하면 담보 가능하다.

A약관의 제16조 전쟁면책조항에는 해적행위(piracy)가 전쟁위험에서 제외되어 있지만 B약관 및 C약관의 전쟁면책약관에는 해적행위가 전쟁위험에 포함되어 있다. 이 점만 제외하고 나머지 사항은 A약관·B약관 및 C약관의 제6조 전쟁면책약관의 내용은 모두 동일하다. 따라서 A약관에서는 해적행위가 보험자의 담보위험에 속하고 B약관 및 C약관에서는 해적행위가 보험자의 면책위험에 해당된다.

4 B약관 및 C약관의 일반면책사항은 4.1~4.8까지 규정되어 있지만 4.7항을 제외한 나머지 항은 A약관의 일반면책사항과 동일하여 여기서는 4.7항만 인용하였다.

(3) 보험기간(Duration)

(가) 운송조항(Transit Clause)

운송	
8.8.1 Subject to Clause 11 below, this insurance attaches from the time the subject-matter insured is first moved in the warehouse or at the place of storage(at the place named in the contract of insurance) for the purpose of the immediate loading into or onto the carrying vehicle or other conveyance for the commencement of transit, continues during the ordinary course of transit and terminates either	**8.8.1** 아래 약관 제11조를 조건으로 하여 이 보험은 운송개시를 위해 운송 차량 또는 기타 운송용구에 보험목적물을 곧바로 적재할 목적으로(이 보험계약에 명시된 장소의) 창고 또는 보관장소에서 보험목적물이 최초로 움직인 때에 개시되고 통상의 운송과정 중에 계속되며
8.1.1 on completion of unloading from the carrying vehicle or other conveyance in or at the final warehouse or place of storage at the destination named in the contract of insurance,	**8.1.1** 보험계약에 기재된 목적지의 최종창고 또는 보관장소에서 운송차량 또는 기타 운송용구로부터 양하가 완료된 때
8.1.2 on completion of unloading from the carrying vehicle or other conveyance in or at any other warehouse or place of storage whether prior to or at the destination named in the contract of insurance which the Assured or their employees elect to use either for storage other than in the ordinary course of transit or for allocation or distribution, or	**8.1.2** 보험계약에 기재된 목적지로 가는 도중이든 목적지든 불문하고 피보험자 또는 그 사용인이 통상적인 운송과정상의 보관 이외의 보관을 위해서, 또는 할당 또는 분배를 위하여 사용하고자 선택한 기타의 창고 또는 보관장소에서 운송차량 또는 기타 운송용구로부터 양하가 완료된 때, 또는
8.1.3 when the Assured or their employees elect to use any carrying vehicle or other conveyance or any container for storage other than in the ordinary course of transit or	**8.1.3** 피보험자 또는 그 사용인이 통상의 운송과정이 아닌 보관을 목적으로 운송차량 또는 기타 운송용구 또는 컨테이너를 사용하고자 선택한 때, 또는
8.1.4 on the expiry of 60 days after completion of discharge overside of the subject-matter insured from the oversea vessel at the final port of discharge whichever shall first occur.	**8.1.4** 최종 양륙항에서 외항선으로부터 보험목적물의 양륙을 완료 한 후 60일이 경과한 때 중 어느 것이든 먼저 발생한 때에 종료된다.

8.2 If after discharge overside from the oversea vessel at the final port of discharge, but prior to termination of this insurance, the subject-matter insured is to be forwarded to a destination other than that to which it is insured, this insurance, whilst remaining subject to termination as provided in Clauses 8.1.1 to 8.1.4 shall not extend beyond the time the subject-matter insured is first moved for the purpose of the commencement of transit to such other destination.	**8.2** 최종 양륙항에서 외항선으로부터 양륙 후 그러나 이 보험이 종료되기 전에, 보험목적물이 부보된 목적지 이외의 장소로 운송되는 경우에는 이 보험은 약관 8.1.1에서 8.1.4에 규정된 보험종료의 규정에 따라 계속되나 보험목적물이 그러한 목적지로 운송개시를 위해 최초로 움직인 때 종료한다.
8.3 This insurance shall remain in force (subject to termination as provided for in Clauses 8.1.1 to 8.1.4 above and to the provisions of Clause 9 below) during delay beyond the control of the Assured any deviation, forced discharge, reshipment or transhipment and during any variation of the adventure arising from the exercise of a liberty granted to carriers under the contract of carriage.	**8.3** 이 보험은 피보험자가 좌우할 수 없는 지연·일체의 항로이탈, 부득이한 양하·재 선적·환적 및 운송계약 상 운송인에게 부여된 자유재량권의 행사로부터 생기는 위험의 변경기간 중(위 약관 8.1.1에서 8.1.4까지에 규정된 보험종료규정 및 아래 제9조의 규정에 따라)유효하게 계속된다.

보험기간이라는 것은 보험자가 위험을 담보하는 기간을 의미한다. 일반적으로 생명보험이나 화재보험은 일정한 기간을 정해 놓고 그 기간 동안에 생긴 위험을 담보하지만 적하보험은 일정한 항해를 기준으로 보험기간을 정하는 경우가 있기 때문에 이 경우 보험기간을 특별히 며칠부터 며칠까지를 의미하는 것으로 간주하는 것이 아니다.

보험자가 해상위험을 담보함에 있어서는 시간적인 제한을 전제로 한다. 즉, 보험자가 부담하는 위험은 보험기간 중의 위험에 한정된다. 이 보험 기간 중의 보험자의 책임은 위험부담책임이지 손해보상책임이 아니다. 보험기간 중에 손해가 발생했다 하더라도 그 원인이 되는 위험이 보험 기간이 개시되기 전에 발생한 경우에는 보험자는 그 손해를 보상할 책임이 없다. 반대로 보험기간 중에 손해의 원인위험이 발생하고 그로 인하여 보험기간이 종료한 후에 손해가 확정되더라도 보험자는 그 손해를 보상하게 된다.

〈도해 9-11〉 보험기간과 보험자 책임

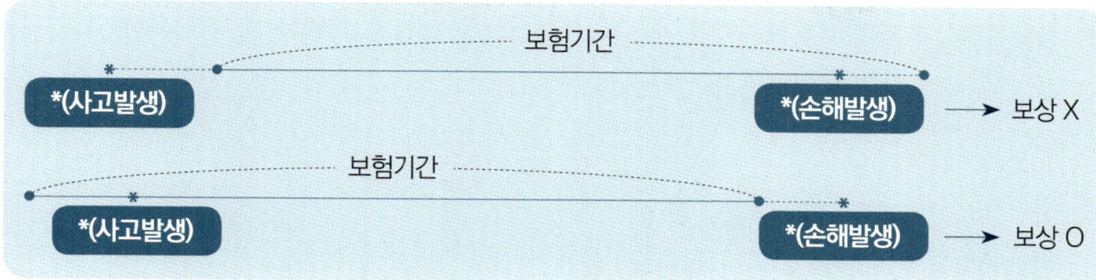

보험기간의 확장

해상보험 증권 본문에서는 보험기간이 "화물이 출발항에서 외항선에 선적될 때에 개시하고 도착항에 안전하게 양륙 된 때에 종료한다." 라고 되어 있어도 창고 간 약관(warehouse to warehouse clause)을 통해서 화물이 보험증권에 명시된 화물 출발지의 창고 혹은 보관 장소 반출로부터 도착지의 창고 혹은 보관 장소 반입까지의 전 운송구간으로 보험기간을 확장하고 있다.

① 위험의 개시

화물이 보험증권에 기재된 지역에서 창고 또는 보관 장소에서 운송시작을 위하여 출발할 때가 위험의 개시 시기이다.

선박보험의 기간보험계약에서는 보험증권에 명시한, 혹은 별도로 약정한 일시부터 보험약관의 효력이 발생되는 것이지만 항해보험이나 적하보험은 보험증권에 위험시기의 일시가 명시되지 않을 수도 있지만 선박보험의 항해보험계약에서는 보험증권상에 위험이 개시할 예정 일자를 명시할 수 있으나 약정에 따라 선적을 위해 선적항에 안전하게 도착할 때 혹은 출항지에서 실제로 출항하게 될 때 위험이 개시되고 적하보험 계약에서는 협회적하약관의 운송조항에 명시된 대로 화물이 보험증권에 기재된 지역의 창고 또는 보관 장소에서 운송개시를 위해 떠날 때 해상보험의 효력이 발생하기 시작한다.

a. 보관 장소의 의미

창고 이외에 공장, 점포사무소, 야적화물의 노천보관소 혹은 노천의 유류탱크 등을 포함하는 것으로 확대 해석된다.

b. "떠날 때부터 (from the time ... leave)의 의미

비, 바람, 도난 등의 위험에 노출되는 장소로 나간다는 뜻으로 만약 운송개시를 위해 창고 및 보관 장소에서 화물 자동차에 화물을 적재하였다 하더라드 그러한 장소를 떠나지 않으면 해상보험의 위험이 개시된다고 볼 수 없는 것이다.

이에 대해 창고나 보관소 밖에서 자동차에 적재될 예정으로 화물이 창고 문이나 보관소문을 벗어난 경우는 자동차에 적재여부와 관련 없이 그러한 문을 벗어나는 순간 위험이 개시된 것으로 보아야한다.

〈도해 9-12〉 보험기간의 확장 I

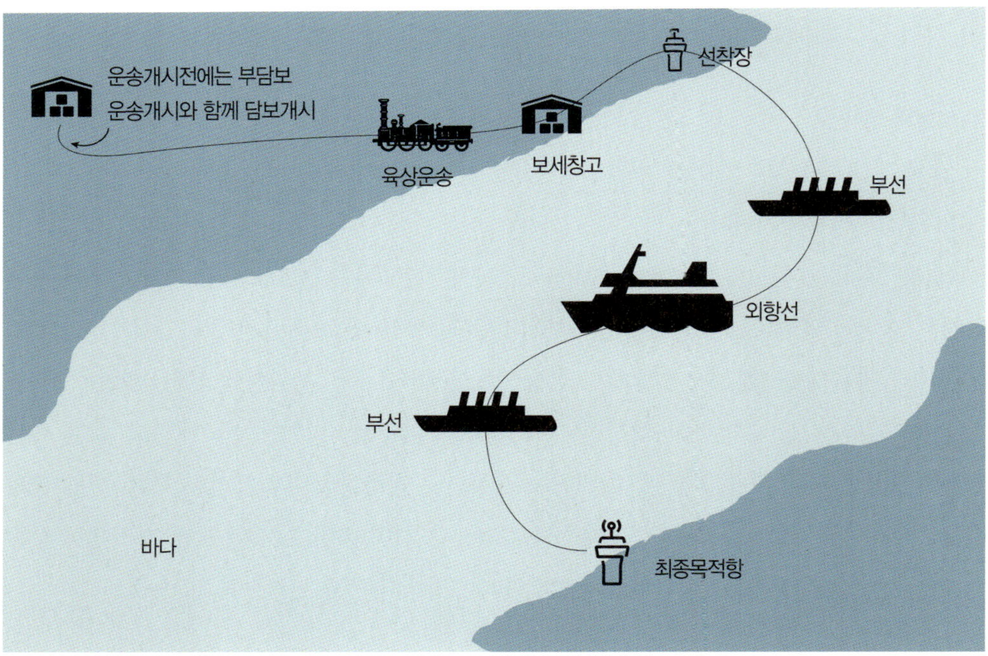

② **위험의 종기**

협회적하약관의 운송조항에서 보험계약의 효력이 종료되는 시점을 아래와 같이 세 가지로 구분하고 그중 어느 하나가 가장 먼저 도래하면 보험은 종료된다.

Ⓐ 화물의 보험증권에 기재된 목적지 수하인의 창고, 또는 기타의 최종창고, 혹은 보관장소에 인도될 때 해상보험의 계약기간이 종료되는 것으로 한다. 화물을 적재한 운송수단이 화주의 창고 등의 건물 내에 들어갔다 하더라도 그 화물이 화주 또는 관련 수탁자에게 인도될 때까지는 보험자의 책임이 계속된다. 왜냐하면 화물을 적재한 자동차가 창고 내에 들어왔다 하더라도 이 화물을 자동차에서 하차시킬 때 발생할 수 있는 위험이 있는 것이므로 인도가 끝났다고 볼 수 없기 때문이다.

다만 하차가 수하인에 의해 진행될 경우는 인도 시에 발생된 손해는 보험자는 면책된다. 따라서 창고 등에 입고됨과 동시에 해상위험이 종료된다고 함은 화물자동차가 창고 내에 들어갔을 때를 의미하는 것이 아니다. 창고 내에 들어갔다 하더라도 하차시켜 화물이 인도되었을 때를 입고 시점으로 보아야 한다.

참고로 보험증권상의 목적지 수하인의 창고 또는 다른 최종창고로 되어 있고, 목적지 항구에서 수하인이 직접 화물인수 후 수하인 창고로 운송 중에 담보위험으로 사고가 발생한 경우에도 보상된다.

〈도해 9-13〉 보험기간의 확장 Ⅱ

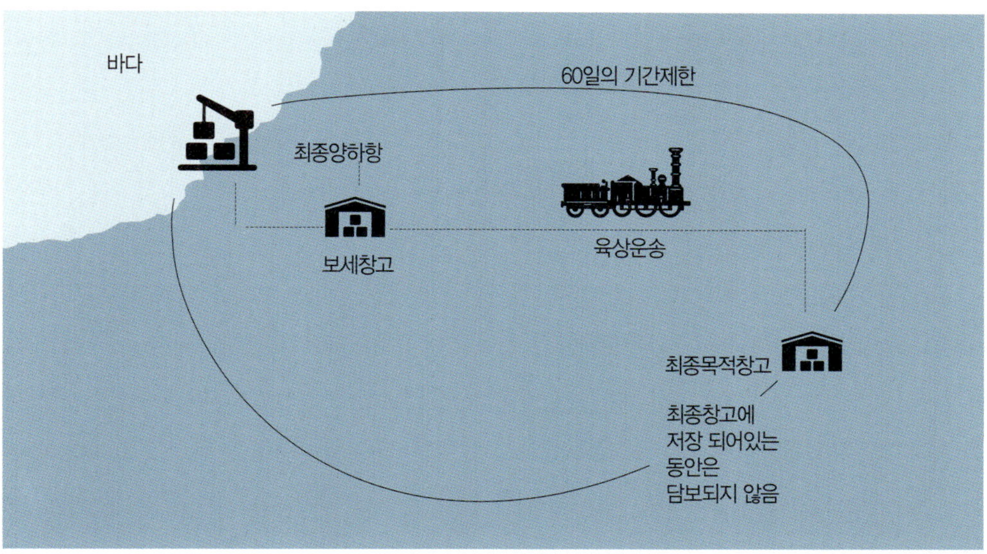

Ⓑ 보험증권에 명시된 목적지 여부를 불문하고

a. 통상의 운송과정이 아닌 보관을 하거나

b. 할당(allocation) 또는 분배(distribution)를 위한 장소에 인도하게 될 경우는 그 장소에 인도와 동시에 위험이 종료되는 것으로 간주한다.

비상보관에 있어서는 수하인이 당초에 보관하기로 의도했던 장소를 포기하고 타 장소에 보관하지 않으면 안 되어, 그곳에서

a. 계속 보관하게 될 것인지 혹은

b. 불가피했던 사정이 해소되면 다시 화물을 이송할 것인지를 구분해야 한다.

a.의 경우 사실상 최종 창고의 역할을 하므로 그러한 장소에 인도됨과 동시에 보험계약의 효력은 종료되는 것이지만, 만약 b.의 경우라면 중간창고의 역할을 하는 것이므로 최종 창고 혹은 보관 장소로 이송될 때까지 보험자의 책임이 계속된다. 이 경우 본선으로부터 하역을 종료한 후 60일이 경과하면 중간 창고에 보관중이라도 보험자의 책임은 종료된다.

Ⓒ 본선으로부터 하역을 종료한 후 60일을 초과하여 담보하지 않는다.

운송조항에 규정해 놓은 각종 창고 혹은 장소에 입고, 인도되기 이전에 중간 운송 과정 중에 있는 경우는 하역종료 후 60일을 초과할 수 없다.

하역 후 60일이란, 운송조항의 (C)항에 의하면 외항선에서 피보험 목적물을 완전히 하역한 후 60일이 경과한 때 (On the expiry of 60 days after completion of discharge overside of the goods hereby insured from the oversea vessel ....)이라고 규정하고 있다.

이 약관에 "the Good Hereby Insured"라고 표시하여 부보된 화물에 국한시키고 있는데, 이는 화물이 일부가 양하되었을 때 부두노동자 동맹파업 등의 이유로 인하여 하역이 중단되었을 경우를 대비한 것이라 할 수 있다.

60일을 전체화물의 하역 완료일로부터 기산한다면 노동자파업 이전에 하역되었던 화물에 대해서는 60일을 훨씬 넘는 기간 동안 즉 동맹파업이 종결되어 나머지 화물이 하역된 후 60일을 경과할 때까지 보험자가 위험담보를 계속하지 않으면 안 된다. 그러므로 선박의 전체 화물이 하역되지 않았다 하더라도 실무상으로 선박회사 측에서 화물을 하역할 때 발급하는 본선 협정서(cargo boat note 혹은 convention)상에 명시되는 하역종료 일자부터 60일간으로

계산한다.

실무에 있어서 만약 하역기간이 장기간 소요되는 여러 화주들의 일반 화물을 일개 하역회사가 단독으로 하역하게 되면 하역 시행 일자가 각 화물에 따라 다를 수도 있다. 그럼에도 불구하고 본선의 일등항해사와 하역회사 간에 공동 확인으로 발행되는 본선 협정서 상에는 각 화물에 대한 하역완료 일자가 동일하게 기재되고 있다. 이 경우에는 수일 전에 하역되었던 부보화물에 대해서 실제로 60일을 초과하여도 담보 받을 수도 있게 된다.

물론 60일 기산에 관한 문제가 제기되면 출항해 버린 선박을 수배하여 항해 일자나 일등항해서의 하역기재서를 청구하여 해당하물에 대한 하역 일자를 확인할 수도 있겠으나 실무상 이를 규명하기란 대단히 곤란하므로 일괄해서 발급된 본선협정서의 하역완료 일자가 60일 기산의 기준이 되어야 할 것이다.

〈도해 9-14〉 보험기간의 확장 Ⅲ

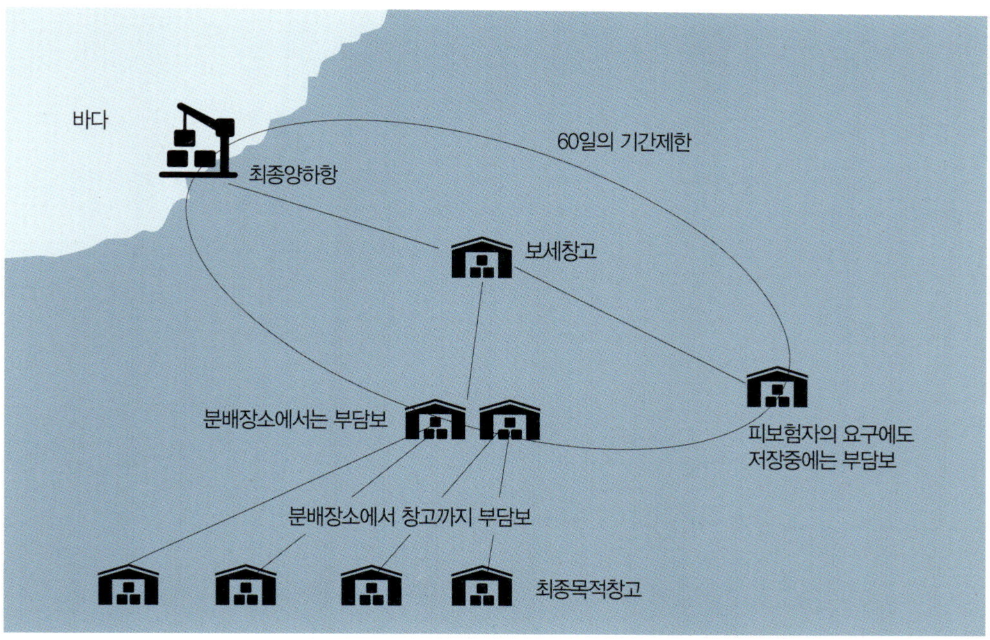

③ 목적지 변경 시 위험의 종기

보험증권상 명시한 목적항에 화물이 하역되어 수하인의 최종창고에 입고되기 이전, 그리고 운송조항(c)항의 60일이 경과되기 이전에 화물의 도착지를 변경시킬 경우 그러한 것으로 출발하게 되는 시점에서 보험기간이 종료되는 것으로 한다.

보험계약을 체결할 당시 항해구간을 부산으로부터 New York으로 약정하여 최종목적지가 New York이라고 가정할 때 부보화물이 New York에서 하역된 후 부득이 한 사정으로 인하여 Los Angeles로 운반하지 않으면 안 될 경우가 생겼다면 New York의 중간창고에 보관 중 60일이 경과하면 그로부터 보험기간은 종료되지만 60일이 미달한 경우는 변경된 목적지 Los Angeles로 향해 운송을 개시될 때 보험이 종료된다.

④ 불가항력

운송과정에서 피보험자가 좌우할 수 없는 사정에 의한 지연·이로·강제 하역·재선적 및 환적·운송계약상 선주나 용선자에게 부여된 자유재량권의 행사로부터 발생하는 위험의 변경 등과 같은 사태가 발생해도 보험자의 책임은 계속된다.

〈도해 9-15〉 상법, MIA, ICC 상의 보험기간

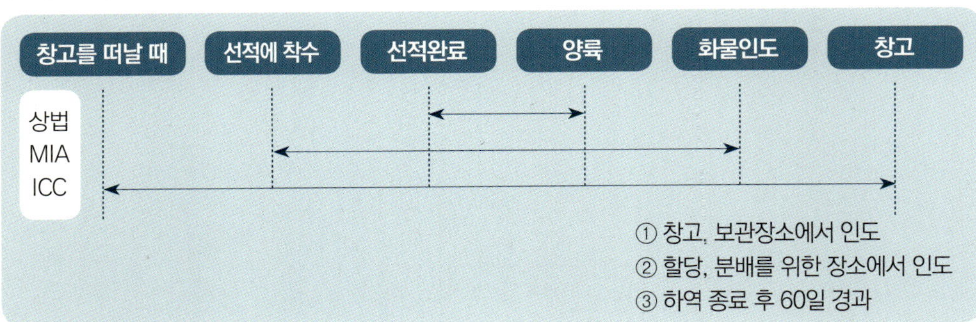

(나) 운송계약종료(Termination of Contract of Carriage)

운송계약종료	
Termination of Contract of Carriage	**운송계약종료**
9. If owing to circumstances beyond the control of the contract of carriage is terminated at a port or place other than the destination named therein or the transit is otherwise terminated before unloading of the subject-matter insured as provided for in Clause 8 above, then this insurance shall also terminate unless prompt notice is given to the Insurers and continuation of cover is requested when this insurance shall remain in force, subject to an additional premium if required by the Insurers,	9. 피보험자가 좌우할 수 없는 사정에 의하여 운송계약이 계약서에 기재된 목적지 이외의 항구 또는 지역에서 종료되거나 또는 기타의 사정으로 위 제8조에 규정된 바에 따라 화물의 인도가 이루어지기 전에 운송이 종료될 경우에는 이 보험도 종료된다. 단, 보험자에게 지체 없이 그 취지를 통지하고 담보의 계속을 요청할 경우에 보험자의 청구가 있으면 추가보험료를 지급하는 조건으로 이 보험은 다음의 시점까지 유효하게 계속된다.
9.1 until the subject-matter insured is sold and delivered at such port or place, or, unless otherwise specially agreed, until the expiry of 60 days after arrival of the subject-matter insured at such port or place whichever shall first occur, or	9.1 보험목적물이 상기의 항구 또는 지역에서 매각된 후 인도될 때, 또는 별도의 합의가 없는 한 그러한 항구 또는 지역에 보험목적물이 도착한 후 60일이 경과한 때 중 어느 한 쪽이 먼저 생길 때까지, 또는
9.2 if the subject-matter insured is forwarded within the said period of 60 days (or any agreed extension thereof) to the destination named in the contract of insurance or to any other destination, until terminated in accordance with the provisions of Clause 8 above.	9.2 만약 보험목적물이 상기 60일의 기간(또는 합의하에 60일의 기간을 연장한 기간) 내에 이 보험증권에 기재된 목적지 또는 기타의 목적지까지 계반될 경우에는 위 제8조의 규정에 따라 보험이 종료될 때까지

피보험자의 영향력이 미치지 못하는 사정에 의하여 목적지에 도착하기 전에 항해가 종료되는 경우 계속 담보하기 위한 조항이다. 불가항력으로 항해가 중단되는 경우에는 피보험자는 그러한 사태에 관한 정보를 입수한 즉시 보험자에게 통지하고 추가보험료(additional premium)를 납부하는 것을 조건부로 계속 담보가 가능하다.

(다) 항해변경(Change of Voyage)

항해변경	
Change of Voyage **10.1** Where after attachment of this insurance, the destination is changed by the Assured this must be notified promptly to Insurers for rates and terms to be agreed. Should a loss occur prior to such agreement being obtained cover may be provided but only if cover would have been available at a reasonable commercial market rate on reasonable market terms. **10.2** Where the subject-matter insured commences the transit contemplated by this insurance(in accordance with Clause 8.1), but, without the knowledge of the Assured or their employees the ship sails for another destination, this insurance will nevertheless be deemed to have attached at commencement of such transit.	**항해 변경** **10.1** 이 보험의 개시 후 목적지가 피보험자에 의하여 변경된 경우에는 지체 없이 그 취지를 보험자에게 통지하고, 보험요율과 보험조건을 협정하여야 한다. 그러한 협정 전에 손해가 발생한 경우에는 영리 보험시장에서 타당하다고 생각되는 보험 조건 및 보험요율에 의한 담보를 받을 수 있는 때에 한하여 담보한다. **10.2** 보험목적물이 이 보험(약관 제8.1조에 따라)에서 예상된 운송을 개시하였지만 피보험자 또는 그들의 사용인이 알지 못하고 선박이 다른 목적지로 향하는 경우에도 이 보험은 그러한 운송의 개시 시에 개시한 것으로 간주된다.

항로변경 등 종기확장담보

운송조항의 최종문언에서 피보험자가 지배할 수 없는 사정으로 인하여 항로변경(deviation), 강제하역(forced discharge), 재선적(reshipment) 혹은 환적되거나 해상화물운송계약상 선주의 자유재량권 행사로 인해 위험의 변경 사유가 발생했을 때는 보험자의 위험담보에 관한 책임이 계속된다고 규정하고 있다.

이러한 위험의 변동은 보험계약을 체결할 당시 보험료 산정의 기초자료로서 위험의 정도가 변동한 것이므로 원칙적으로는 위험변동사항이 발생된 이후로부터 보험자의 책임은 면제되어야 한다는 위험변동의 원칙(principle of change of risk)이 적용되어야 하겠지만, 이렇게 되면 사정을 지배할 수 없는 피보험자로서는 대단히 불리한 입장이 되므로, 이를 구제하기 위해서 확장 담보하려는 취지이다.

*** 부선사용 시 담보**

본선까지의 및 본선으로부터의 부선 및 뗏목에 의한 운송을 포함하고 각 부선 및 뗏목은 각기 별도의 부보된 것으로 간주한다. 피보험자는 부선운송인의 책임을 면제하는 계약에 의하여도 자기의 권리를 침해받지 않는다. 이것은 부선운송인이 제공하는 운송조건에 의하여 운송을 할 수 밖에 없는 피보험자의 편의를 위한 것이다.

부선 등에 의한 선적 또는 하역은 부선 등의 사용이 당해 항구에서 관습이 되어 있을 때 한하여 담보되는 것으로 해석한다. 또한 부선 등을 사용한 경우 전손이냐 또는 소손해 면책금액에 달하느냐를 결정함에 있어서 각 부선별로 계산할 것을 규정하고 있다.

(4) 보험금 청구(Claims)

(가) 피보험이익(Insurable Interest)

피보험이익	
Insurable Interest **11.1** In order to recover under this insurance the Assured must have an insurable interest in the subject-matter insured at the time of the loss. **11.2** Subject to clauses 11.1 above, the Assured shall be entitled to recover for insured loss occurring during the period covered by this insurance notwithstanding that the loss occurred before the contract of insurance was concluded, unless the Assured were aware of the loss and the Insurers were not.	**피보험이익** **11.1** 이 보험에서 보상받기 위해서는 피보험자는 손해발생 시에 보험목적물에 대해 피보험이익을 가져야 한다. **11.2** 위 11.1의 규정에 따르지만 손해가 보험계약체결 전에 발생했을지라도 피보험자가 그 손해의 발생사실을 알고 보험자가 몰랐을 경우를 제외하고는 피보험자는 이 보험의 담보기간 중에 생긴 손해에 대하여 보상받을 권리가 있다.

보험을 도박이나 사행과 구별하기 위해 피보험자는 손해발생 시에 피보험 이익을 갖고 있어야 함을 규정한 약관이다. 그러나 적하보험에서는 소급보상의 원칙이 적용되기 때문에 보험계약을 체결하기 전에 발생한 보험사고에 대해서도 피보험자가 그러한 사실을 몰랐을 경우에는 보상받을 수 있다.

(나) 계반비용(Forwarding Charges)

계반비용	
Forwarding Charges **12.** Where as a result of the operation of a risk covered by this insurance the insured transit is terminated at a port or place other than that to which the subject-matter insured is covered under this insurance, the Insurers will reimburse the Assured for any extra charges properly and reasonably incurred in unloading storing and forwarding the subject-matter insured to the destination to which it is insured. This Clause 12, which does not apply to general average or salvage charges, shall be subject to the exclusions contained in Clauses 456 and 7 above, and shall not include charges arising from the fault negligence insolvency or financial default of the Assured or their employees.	**계반비용** **12.** 이 보험에서 담보되는 위험이 발생한 결과, 부보된 운송이 이 보험에서 담보되는 보험목적물의 목적지 이외의 항구 또는 지역에서 될 경우, 보험자는 보험목적물을 양하·보관하고, 이 보험증권에 기재된 목적지까지 계반함으로써 적절하고 합리적으로 발생한 추가비용을 피보험자에게 보상한다. 이 제12조는 공동해손 또는 구조비에는 적용되지 않으며 위 제4조·제5조·제6조 및 제7조에 규정된 면책조항의 적용을 받으며 또한 피보험자 또는 그 사용인의 과실. 태만. 지불불능 또는 재정상의 채무불이행으로부터 생긴 비용을 포함하지 않는다.

담보위험으로 중간항에서 화물을 양륙할 경우 이에 따른 하역비용·창고보관료·재 포장비·재선적비 및 처음 약정된 목적지까지의 운반비용 등을 보험자가 보상한다는 내용이다. 그동안 이러한 비용도 손해방지비용에 포함되느냐의 논란이 있었는데, 이를 명문화하여 계반비용도 보험자의 보상범위에 포함시켰다. 그러나 담보위험으로 항해가 중단되어 발생하는 계반비용만을 보험자가 보상하며 전쟁위험·동맹파업위험 등 보험자의 면책위험에 의한 계반비용은 보상하지 않는다.

(다) 추정전손(Constructive Total Loss)

추정전손	
Constructive Total Loss **13.** No claim. for Consturctive Total Loss shall be recoverable hereunder unless the subject-matter insured is reasonably abandoned either on account of its actual total loss appearing to be unavoidable or because the cost of recovering reconditioning and forwarding the subject-matter insured to the destination to which it is insured would exceed its vlaue on arrival	**추정전손** **13.** 추정전손에 대한 보험금 청구는 보험목적물의 현실전손이 불가피하다고 생각될 때 또는 보험목적물을 회복시켜 거기에 손질을 가하고, 그것을 부보된 목적지까지 계속 운반하는 데 소요되는 비용이 목적지에 도착했을 때의 보험목적물의 가액을 초과할 것 같기 때문에 보험목적물을 정당하게 위부하지 않는 한 보상되지 않는다.

현실전손은 아니지만 현실전손을 피할 수 없거나 보험목적물의 복구비용이 오히려 그 가액을 초과하여 그대로 현실전손으로 처리하는 것이 유리할 경우 피보험자는 위부를 적절히 통지하고 추정전손으로 처리할 수 있음을 규정한 약관이다.

(라) 증액(Increased value)

증 액	
Increased Value **14.1** If any Increased Value insurance is effected by the Assured on the subject-matter insured under this insurance the agreed value of the subject-matter insured shall be deemed to be increased to the total amount insured under this insurance and all Increased Value insurances covering the loss and liability under this insurance shall be in such proportion as the sum insured under this insurance bears to such total amount insured. In the event of claim the Assured shall provide the Insurers with evidence of the amounts insured under all other insurances	**증 액** **14.1** 이 보험의 보험목적물에 대하여 피보험자가 증액보험을 부보한 경우에는 이 보험목적물의 협정보험가액은 이 보험 및 이와 동일한 손해를 담보하는 모든 증액보험의 총보험금액으로 증가된 것으로 간주되며 이 보험에서의 보상책임은 총보험금액에 대한 이 보험의 보험금액의 비율로서 부담하게 된다. 보험금을 청구할 때 피보험자는 모든 타보험의 보험금액을 증명할 수 있는 서류를 보험자에게 제출해야 한다.

14.2 Where this insurance is on Increased Value the following clause shall apply : The agreed value of the subject-matter insured shall be deemed to be equal to the total amount insured under the primary insurance and all Increased Value insurances covering the loss and effected on the subject-matter insured by the Assured, and liability under this insurance shall be in such proportion as the sum insured under this insurance bears to such total amount insured. In the event of claim the Assured shall provide the Insurers with evidence of the amounts insured under all other insurances.	**14.2** 이 보험이 증액보험일 경우 다음 약관을 적용한다. 이 보험목적물의 협정보험가액은 원 보험 및 피보험자에 의하여 그 보험목적물이 부보되어 동일한 손해를 담보하는 모든 증액보험의 총 보험금액과 동액으로 간주되며, 이 보험에서 보상책임은 총 보험금액에 대한 이 보험의 보험금액의 비율 만큼이다. 보험금을 청구할 경우에는 피보험자는 모든 타 보험의 보험금액을 증명할 수 있는 서류를 보험자에게 제출해야 한다.

보험계약을 체결한 후 피보험자가 다시 동일한 보험목적물에 대하여 증액보험을 체결하는 경우가 있다. 예를 들어 CIF 계약에서는 수출업자가 수입업자를 위해 CIF 금액의 110%를 부보하는데, 다시 수입업자가 수입물품의 가격이 앙등한다든지 또는 10% 이상의 판매이윤이 생길 것으로 판단하여 별도로 증액보험을 체결하기도 한다.

원 보험과 별도로 증액보험을 또다시 체결하면 동일한 보험목적물에 대해서 두 가지 이상의 보험계약이 존재하기 때문에 중복보험에 의한 초과보험이 될 수 있다. 이런 점을 고려하여 증액약관에서는 증액보험이 체결된 경우 보험목적물의 평가액은 증액된 보험금액만큼 증가하는 것으로 간주하며 손해보상도 원보험자와 증액보험자가 각각의 보험금액만큼 비례하여 보상해 줄 것을 규정하고 있다.

가령 수출상이 CIF 금액의 110%에 해당되는 US$ 22,000의 보험계약을 체결했는데, 수입상이 별도로 US$ 8,000의 증액보험을 체결했을 경우에 만약 담보위험으로 인하여 US$ 3,000의 손해가 발생하면 원보험자 및 증액보험자가 각각 3,000파운드씩 보상하는 것이 아니라 원보험자는 US$ 2,200 (3,000x22,000/30,000) 보상하고, 증액보험자는 US$ 800(3,000x8,000/30,000)을 보상하게 된다.

(5) 보험이익(Benefit of Insurance)

보험이익	
15. This insurance **15.1** covers the Assured which includes the person claiming indemnity either as the person by or on whose behalf the contract of insurance was effected or as an assignee, **15.2** shall not extend to or otherwise benefit the carrier or other bailee.	**15.** 이 보험은 **15.1** 이 보험계약을 체결하거나 또는 자기를 위해 체결된 자로서, 또는 양수인으로서 보험금을 청구하는 자를 포함하는 피보험자를 대상으로 한다. **15.2** 확장 또는 기타 방법에 의해 운송인 또는 기타 수탁자에게 이용되어서는 안 된다.

운송인이나 기타 해상사업에 관련 있는 수탁자에게 보험계약이 체결되어 있다는 이유로 어떤 이익이나 혜택을 주어서는 안 된다는 사실을 주지시킨 조항이다.

과거 운송인은 자신의 책임을 면하기 위한 약관을 선하증권에 많이 삽입했는데, 그중 하나가 보험이익조항(Benefit of Insurance Clause)이다. 이 조항에 따르면 선주의 잘못으로 운송화물에 손해가 발생하더라도 이 화물손해가 적하보험자로부터 보상되면 선주는 아무런 책임이 없다는 것이다.

즉 보험이익조항은 선주가 보험자로부터 보상받지 못하는 손해에 대해서만 보상한다는 것인데, 이 약관이 삽입되면 보험자는 선주에 대한 대위권을 행사할 수 없게 된다. 선하증권의 보험이익약관에 대응하여 보험증권에서는 보험이익 불공여 약관을 만들어 운송인이나 기타 수탁자의 고의나 과실로 인해 손해가 발생한 경우 그 손해를 보상한 보험자가 대위권을 행사할 수 있도록 하였다.

그러나 선하증권 상의 보험이익조항은 선주의 책임을 제한하는 조항이기 때문에 이것은 엄연히 헤이그 규칙에 위배된다.[5] 따라서 현재는 선하증권 상에 보험이익약관은 찾아볼 수 없지만 어떠한 경우에도 보험계약이 체결되었다는 사실을 악용하는 것을 방지하기 위해 1963년부터 보험이익 불공여약관 이 사용되고 있다.

5 헤이그 규칙 제3조 8항은 운송인의 면책을 허용하는 어떠한 조항·계약 또는 합의사항(any clause covenant or agreement)은 무효임을 규정하고 있다.

(6) 손해경감(Minimising Losses)

(가) 피보험자의무(Duty of Assured)

피보험자의무	
Duty of Assured **16.** It is the duty of the Assured and their employees and agents in respect of loss recoverable hereunder **16.1** to take such measures as may be reasonable for the purpose of averting or minimizing such loss, and **16.2** to ensure that all rights against carriers, bailees or other third parties are properly preserved and exercised and the Insurers will, in addition to any loss recoverable hereunder, reimburse the Assured for any charges properly and reasonably incurred in pursuance of these duties.	**피보험자의무** **16.** 이 보험에서 보상하는 손해에 관하여 다음 사항을 이행하는 것은 피보험자, 그 사용인 및 대리인의 의무이다. **16.1** 손해를 방지하거나 또는 경감시키기 위하여 합리적 조치를 강구하는 것, 그리고 **16.2** 운송인. 수탁자 또는 기타 제3자에 대한 일체의 권리가 적절히 보존되고 행사되도록 확보해 놓는 것. 그리고 보험자는 이 보험에서 보상하는 손해에 추가하여 위의 의무를 수행함에 있어 적절하고 합리적으로 발생한 비용을 피보험자에게 보상한다.

피보험자의 손해방지활동과 운송인. 수탁자 또는 기타 제3자에 대한 손해배상청구권을 확보할 것을 피보험자의 의무로서 규정한 조항이다.

운송인의 잘못으로 손해가 발생할 경우 하주는 운송인에게 손해배상을 청구함이 당연하다. 그러나 손실 화물이 부보되어 있을 경우 하주는 보험자로부터 보상금을 받고 운송인이 입힌 손실에 대한 배상청구권을 보험자에게 양도한다.

그러면 보험자는 피보험자에게 먼저 손해액을 배상해 주고 양도받은 대위권을 행사하여 손해배상을 운송인에게 청구하게 된다. 이런 경우에 피보험자는 운송인에 대한 청구권을 유보 또는 보전해 두어야 후일 보험자가 손해배상을 청구할 수 있기 때문에 이러한 피보험자의 의무를 이 약관에서 규정한 것이다.

(나) 포기(Waiver)

포 기	
Waiver **17.** Measures taken by the Assured or the Insurers with the object of saving, protecting or recovering the subject-matter insured shall not be considered as a waiver or acceptance of abandonment or otherwise prejudice the rights of either party.	**포 기** **17.** 보험목적물을 구조·보호 또는 회복하기 위한 피보험자 또는 보험자의 조치는 위부의 포기 또는 승낙으로 간주되지 않으며, 또한 각 당사자의 권리를 침해하지도 않는다.

보험목적물을 구조. 보호 또는 복구하기 위한 피보험자 또는 보험자의 조치는 위부(abandonment)의 포기 또는 승낙으로 간주되지 아니하며, 또한 각 당사자의 권리를 침해하지 아니함을 규정한 조항이다.

추정전손이 발생하여 피보험자가 위부통지를 하면 대개의 경우 피보험자는 보험자가 위부를 수락해 주길 기대한다. 그런데 보험자가 위부를 수락하려면 손해가 확대되어 현실전손에 가까워야 하기 때문에 피보험자는 위부통지를 하면서 손해방지활동을 하지 않으려는 심리가 작용한다. 또한 피보험자가 위부통지를 하고 동시에 손해방지활동을 할 경우 보험자는 이를 피보험자의 위부포기로 착각할 수도 있기 때문에 피보험자는 위부통지를 할 때 손해방지활동을 하지 않으려는 경향이 있다.

한편 보험자가 위부의 통지를 받고서 손해방지활동을 하면 피보험자는 이러한 보험자의 행동을 보고 위부의 승낙으로 간주하여 자칫하면 피보험자나 보험자는 손해방지행위를 서로 미룰 수 있다. 포기약관은 이를 방지하기 위해 쌍방이 서로 미루지 말고 손해방지행위를 성실히 수행할 것을 규정한 것이다.

(7) 지연의 방지(Avoidance of Delay)

지연의 방지	
18. It is a condition of this insurance that the Assured shall act with reasonable despatch in all circumstances within their control.	18. 피보험자는 자기가 좌우할 수 있는 모든 여건 하에 있어서 상당히 신속하게 행동하는 것이 이 보험의 조건이다.

지연으로 보험자가 피해 보는 것을 방지하기 위하여 피보험자로 하여금 신속하게 행동하여 조치할 것을 보험의 조건으로 한 것이다.

(8) 법률 및 관례(Law and Practice)

법률 및 관례	
Law and Practice **19.** This insurance is subject to English law and practice.	**법률 및 관례** 19. 이 보험은 영국의 법률 및 관례에 준한다.

이 보험과 관련하여 문제가 발생하면 영국의 법률과 관례에 따라 해결할 것을 규정한 것이다. 우리나라에서 발행되는 영문해상보험증권도 영국의 법률 및 관례에 따른다.

유의사항	
Note NOTE: Where a continuation of cover is requested under Clause 9, or a change of destination is notified under Clause 10, there is an obligation to give prompt notice to the Insurers and the right to such cover is dependent upon compliance with this obligation.	**유의사항** 약관 제9조에 의해 담보의 계속이 요청되거나 또는 제10조에 의해 항해 의 변경이 통지되는 경우, 지체 없이 그 취지를 보험자에게 통지할 의무가 있으며, 계속담보를 받을 수 있는 권리는 이 의무의 이행여부에 달려 있다.

1-4 협회전쟁보험약관(적하)

전쟁위험은 협회적하약관 제6조 전쟁면책조항에 따라서 보험자의 면책 위험에 속하므로 특약에 의해서만 담보 가능하다. 적하보험에서 전쟁위험을 담보하는 약관은 협회전쟁약관(Institute War Clauses: 이하 IWC로 표기)이며 여기에는 해상운송화물·항공운송화물 및 운송물에 각각 적용되는 세 가지 종류가 있다. 해상운송화물에 적용되는 전쟁담보약관은 협회전쟁보험약관(적하) (IWC cargo)이다.[6]

〈도해 9-16〉 IWC의 구성

약관구분	협회전쟁약관	협회적하약관과의 비교
담보위험	1. 위　험 2. 공동해손	상　이 동　일
면책조항	3. 명칭이 없음 4. 명칭이 없음	상　이 동　일
보험기간	5. 운송 6. 항해변경 7. 우선조건	상　이 동　일 상　이
보험금청구	8. 피보험이익 9. 증　액	동　일 동　일
보험이익	10. 명칭이 없음	동　일
손해경감	11. 피보험자의무 12. 포　기	동　일 동　일
지연의 방지	13. 명칭이 없음	동　일
법률 및 관례	14. 명칭이 없음	동　일
유의사항	계속담보	동　일

IWC는 〈도해 9-16〉에서처럼 모두 14개의 개별조항으로 구성되어 있는데 4개의 조항만 제외하고는 협회적하약관의 개별조항과 동일하다. 이는 전쟁위험만을 단독으로 담보할 경우 필요한 약관을 협회적하약관에서 그대로 인용해 왔기 때문이다.

6 항공운송화물에는 Institute War Clauses(Air Cargo) (excluding sending by Post)' 가 적용되며 우편물에는 'Institute War Clauses (sending by Post)' 가 적용된다.

(A) 담보위험

IWC에서 담보하는 위험은 제1조 위험약관 및 제2조 공동해손 조항에 규정되어 있다. 제2조 공동해손 조항은 협회적하약관의 공동해손 조항과 동일하며 제1조 위험조항의 내용은 다음과 같다.

이 조항에서 보험자가 담보하는 전쟁위험은 협회적하약관의 전쟁면책약관에서 보험자의 면책으로 규정된 위험이다. 그러나 위험조항에서 담보하는 것은 보험목적물의 멸실 또는 손상에 한하며 비용이나 전쟁위험의 결과로 피보험자가 입게 되는 재정상의 손해는 담보하지 않는다.

위 험	
Risks This insurance covers, except as excluded by the provisions of Clauses 3 and 4 below, loss of or damage to the subject-matter insured caused by	**위 험** **1.** 이 보험은 다음의 위험으로 인한 보험목적물의 멸실 또는 손상을 담보한다. 단, 제3조 및 제4조의 규정에 의하여 면책되는 위험은 제외한다.
1.1 war civil war revolution rebellion insurrection or civil strife arising therefrom, or any hostile act by or against a belligerent power	**1.1** 전쟁·내란·혁명·모반. 반란 또는 이로 인하여 발생한 국내투쟁 혹은 교전국에 의하여 또는 교전국에 대하여 행해진 적대행위
1.2 capture seizure arrest restraint or detainment arising from risks covered under 1.1 above, and the consequences thereof or any attempt thereat	**1.2** 위 1.1에서 담보되는 위험으로 인한 포획 . 나포. 강류. 억지 또는 억류 및 그러한 행위의 결과 또는 그러한 행위의 기도
1.3 derelict mines torpedoes bombs or other derelict weapons of war.	**1.3** 유기된 기뢰 . 어뢰 . 폭탄 또는 기타 유기된 전쟁무기

(B) 면책위험

협회전쟁약관에서 보험자가 면책되는 위험은 제3조 일반면책조항 및 제4조 불내항 및 부적합면책조항에 규정되어 있는데, 그 내용은 항해중절부담보가 추가된 점을 제외하고 협회적하약관의 규정과 동일하다. 항해중절 부담보조항(Frustration clause)은 항해가 중지된 경우 그 중지만을 이유로 보험금을 청구하는 것에 대해서 보험자가 책임지지 않는다는 내용이다.

그리고 협회적하약관의 제4조 일반면책조항에서는 핵무기나 이와 비슷한 무기를 사용함으로써 발생하는 모든 손해를 면책하고 있는 데 반하여 협회전쟁약관에서는 이들 무기를 전쟁 목적으로 사용함으로써 발생하는 손해에 한하여 보험자의 면책으로 하고 있는 점이 차이가 있다.

(C) 보험기간

협회전쟁약관에서 보험자가 담보하는 기간은 제5조 운송약관 및 제6조 항해변경약관에 규정되어 있는데, 항해변경약관은 협회적하약관의 항해변경 약관과 내용이 동일하다. 운송약관에 의하면 보험자는 화물이 선박이나 부선에 적재되어 해상에 있는 동안(waterborne)만 전쟁위험을 담보하는 것을 원칙으로 한다.

① 보험자의 책임개시

보험자의 책임은 화물이 외항선에 적재되거나 또는 화물을 항선으로 옮기기 위해 사용되는 부선에 적재될 때 개시된다.

② 보험사의 책임종료

보험자의 책임은 화물이 최종 목적항에서 외항선으로부터 또는 화물을 육지로 수송하기 위해 사용되는 부선으로부터 양륙된 때 종료된다. 그러나 외항선이 최종 목적항에 도착한 날의 자정으로부터 15일이 경과하게 되면 보험은 종료하게 된다. 담보기간을 제한하는 이유는 화물이 양륙되지 않으면 보험자의 책임이 무한정 계속되기 때문이다.

③ 환적

화물을 환적하기 위해 중간항에 도착하면 15일 이내에 화물을 환적해야 한다. 15일 동안은 환적을 위해 화물이 항계(port area) 내에 있는 한 육상에 보관 중이라도 보험자의 책임은 지속된다.

(D) 우선조건약관

우선조건약관은 보험자의 전쟁위험담보에 관해서는 보험증권 상에 어떠한 조건이 삽입되어도 항해중절 부담보·핵무기 위험 부담보 및 운송조항에 저촉되는 보험증권상의 조건은 무효임을 규정한 것이다. 이 약관은 협회전쟁약관에만 규정되어 있다.

1-5 협회동맹파업보험약관

2009 협회적하약관의 면책 중 보험자의 동맹파업면책에 따라서 동맹파업·폭동·소요 등의 위험은 보험자의 면책위험이다 이러한 위험을 담보하려면 협회동맹파업보험약관(Institute Strikes Clauses Cargo: 이하 ISC로 표기)으로 특약을 체결해야 한다.[7] 이 약관도 협회전쟁약관과 마찬가지로 14개의 개별조항으로 구성되어 있고 제1조 및 제3조를 제외한 나머지 약관은 협회적하보험약관과 동일하다. 〈도해 9-17〉은 협회동맹파업보험약관을 구성하고 있는 개별조항의 명칭과 이 약관이 협회적하보험약관의 내용과 동일한가의 여부를 나타낸 것이다.

7 우리나라에서는 전쟁위험과 동맹파업위험은 각각 담보되지 않고 단일 할증보험료를 지급하면 동시에 부보된다.

(A) 담보위험

ISC에서 담보하는 위험은 제1조 및 제2조에 규정되어 있는데 제2조의 공동해손 조항은 협회적하약관의 공동해손 조항과 내용이 동일하다. 제1조 위험약관의 내용은 다음과 같다.

위 험	
Risks **I.** This insurance covers, except as excluded by the provisions of Clauses 3 and 4 below, loss of or damage to the subject-matter insured caused by, **1.1** strikers, locked-out workmen, or persons taking part in labour disturbances. riots or civil commotions **1.2** any terrorist or any person acting from a political motive.	**위험** **1.** 이 보험은 다음의 자들로 인하여 발생한 보험목적물의 멸실 또는 손상을 담보한다. 단. 제3조 및 제4조의 규정에 의하여 면책되는 위험의 손해는 제외한다. **1.1** 동맹파업자·직장폐쇄를 당한 노동자 또는 노동분쟁·폭동 또는 소요에 가담한 자 **1.2** 테러리스트 또는 정치적 동기에 의하여 행동한 자

보험자가 담보하는 동맹파업과 관련되는 위험은 협회적하약관의 제7조 동맹파업면책약관에서 보험자의 면책으로 열거되어 있는 위험이다. 협회적하약관에서와 마찬가지로 보험자는 보험목적물의 멸실 또는 손상만을 담보한다.

(B) 면책위험

ISC의 면책약관은 제3조 및 제4조에 규정되어 있는데, 이들의 내용은 다음의 두 가지 면책위험이 추가되는 점을 제외하고 협회전쟁약관상의 면책위험과 동일하다.

① 동맹파업·직장폐쇄·노동분쟁·폭동 및 소요로부터 생긴 모든 종류의 노동력 결핍·부족 또는 공급방해로 생긴 멸실·손상 또는 비용.

② 전쟁·내란·혁명·모반·반란 또는 이로 인하여 발생한 국내투쟁 혹은 교전국에 의하여 또는 교전국에 대하여 행해진 적대행위로 인하여 발생한 멸실·손상 또는 비용.

① 항의 내용은 동맹파업 등이 발생하면 자연히 노동자의 결근 또는 부족이 생기고 이로 인해 화물은 부두·선박. 중간창고 등에 잔류되어 운송이 지연됨으로써 여러 가지 손해가

발생할 수 있는데, 이러한 손해에 대해서 보험자의 면책을 규정한 것이다.

② 항에 열거된 위험은 협회전쟁약관에서 보험자가 담보하는 위험인데, ISC에서 보험자의 면책위험으로 추가시킨 이유는 이러한 위험은 협회전쟁약관에 의해서만 담보가 가능하다는 것을 주지시키기 위한 것이다.

(C) 보험기간

ISC의 보험기간은 〈도해 9-17〉에서 협회적하약관의 보험기간과 동일하다. 협회전쟁 약관은 해상운송 중에서 발생하는 전쟁위험만을 담보하지만 ISC는 전 운송기간에 적용되기 때문에 육상의 창고에서 발생하는 동맹파업위험도 담보한다.

〈도해 9-17〉 협회동맹파업약관의 구성

약관구분	협회동맹파업약관	협회적하약관과의 비교
담보위험	1. 위 험 2. 공동해손	상 이 동 일
면책조항	3. 4.	상 이 동 일
보험기간	5. 운송약관 6. 항해계약종료 7. 항해변경	동 일 동 일 상 이
보험금청구	8. 피보험이익 9. 증 액	동 일 동 일
보험이익	10.	동 일
손해경감	11. 피보험자의무 12. 포 기	동 일 동 일
지연의 방지	13.	동 일
법률 및 관례	14.	동 일
유의사항	계속담보	동 일

2. 기간보험약관

2-1 협회기간보험약관의 의의

(1) 협회기간보험약관의 개념

선박보험(Hull Insurance)은 선박을 이용하여 해상사업을 영위하는 자가 해상위험으로 인하여 입게 되는 선체의 물적 손해와 비용손해 그리고 다른 선박과 충돌하였을 대 발생하는 상대방에 대한 법적 배상책임에 따른 손해를 담보하는 보험이다.

선박보험은 런던 보험자협회(ILU)가 제정한 협회기간보험약관(Institute Time Clauses-Hulls)을 기본약관으로 하고 필요한 경우에 각종 특별약관을 첨부한다. 해상보험의 초창기에는 선박이 대부분 범선이었고 보험에 가입하는 형태도 1회 항해를 기준으로 하는 항해보험이었다. 이때는 Lloyd's S.G. 보험증권만으로 충분히 선박보험계약이 체결될 수 있었다.

그러나 1880년대 이르러 증기선이 출현하고 선박보험도 기간보험으로 가입하는 경우가 많아지자 Lloyd's S.G. 보험증권상의 약관만으로 선박보험을 인수할 수 없어 각 보험자는 독자적으로 특별약관을 만들어 사용하였다. 보험자마다 다른 다양한 약관을 사용하다 보니 이를 통일할 필요성이 제기되어 런던 보험자협회가 1888년에 이들 약관을 통일하여 최초로 협회기간약관을 제정하였다.

협회기간보험약관은 1888년에 제정된 이후에 여러 차례 개정이 있었으며 1983년에 새로운 해상보험증권이 등장하자 여기에 부응하기 위해 협회기간보험약관도 개정되었다. 그 후 협회기간보험약관이 1995년 11월 1일 자로 개정약관이 공표되었지만 선박보험시장에서 환영을 받지 못하고 있는 실정이다.

따라서 현재 선박보험에는 협회기간보험약관(1983), 협회기간보험약관(1995)이 있지만 1983년도 협회기간보험약관이 많이 사용되고 있는 실정이며 협회에서 제정한 다른 선박보험약관도 이 약관을 기본으로 하고 있다.

협회기간보험약관 외에 선박보험에서 사용되는 주요 약관으로는 협회항해약관·협회전쟁 및 동맹 파업약관 등이 있다. 협회항해약관(Institute Voyage Clauses-Hulls)은 항해보험에서 이용되지만 그 사용빈도가 점차 줄어들고 있다. 그리고 선박보험에서도 전쟁위험 및 동맹파업위험은 면책위험이기 때문에 이를 담보하기 위한 특별약관으로 협회전쟁 및 동맹 파업약관(Institute War and Strikes Clauses-Hulls)이 있다. 적하보험에서는 협회전쟁보험약관과 협회동맹파업보험약관이 각각 있지만, 선박보험에서는 합쳐져 있다.

(2) 1983년 협회기간보험약관의 특징

협회기간보험약관은 해상보험증권에서 미비한 것을 보충하고 담보위험의 범위를 확장하거나 규제하는 역할을 한다. 협회기간약관의 주요한 특징을 살펴보면 다음과 같다.[8]

① 협회적하보험약관과 마찬가지로 협회기간보험약관도 분명하고도 포괄적이며 공정한 약관으로 체계화되어 있다. 영국해상보험법의 관련 조항이 약관에 포함되어 있고 그 동안 의미가 불분명한 부문은 새로운 어구를 삽입시킴으로써 약관이 전반적으로 평이하게 되어 있다.

② 해상보험의 국제성을 고려하여 협회기간보험약관을 세계적으로 널리 사용될 수 있도록 약관의 체계를 보편화하였다. 그동안 영국중심의 약관체계에서 탈피하여 UN의 해운입법실무위원회에서 채택한 국제표준약관, 미국의 선박보험약관 등이 많이 참조되었다.

③ 협회기간보험약관은 보험자의 열거책임원칙을 채택하고 있다. 선박보험에서는 피보험자 즉 선주가 보험목적물인 선박의 상태나 동정에 대해서 어느 정도 알고 있기 때문에 피보험자에게 보험사고의 입증의무를 지우는 열거책임원칙이 적용되도록 하였다.

④ 열거책임주의에 따라 보험자가 담보하는 위험의 범위가 구체적으로 열거되어 있다. 그동안 영국해상보험법과 여러 약관에 근거를 두었던 담보위험을 일목요연하게 열거함으로써 피보험자들의 혼동을 방지할 수 있게 되었다.

---

8 구종순, 해상보험, 유원북스, 2013, p.445.

2-2 협회기간보험약관의 구성

현재 사용되고 있는 협회기간보험약관은 Lloyd's S. G. Policy 상의 약관·구약관·영국해상보험법 등을 반영하여 전문 26개 약관으로 구성되어 있다. 협회기간보험약관의 구성과 각 약관의 제정 원천을 살펴보면 〈도해 9-18〉과 같다.[9]

〈도해 9-18〉 협회기간보험약관의 구성과 제정 근거

약관 명	로이즈	구약관	영법	기타	신설
1. 항해(Navigation)		○			○
2. 계속(Continuation)		○			
3. 담보위반(Breach of Warranty)		○			
4. 종료(Termination)		○			
5. 양도(Assignment)		○			
6. 위험(Perils)	○	○	○		
7. 오염위험(Pollution Hazard)				○	
8. 3/4충돌손해(3/4 ths Collision Liability)		○			
9. 자매선(Sistership)		○			
10. 사고통지 및 입찰(Notice of Claim and Tenders)		○	○		
11. 공동해손 및 구조(GA and Salvage)	○	○	○		
12. 공제액(Deductible)		○			
13. 피보험자의무(Duty of Assured)		○		○	
14. 신·구 교환차익(New for Old)		○			
15. 선저처리(Bottom Treatment)		○			○
16. 임금 및 유지비(Wages and Maintenance)		○	○	○	
17. 대리점 수수료(Agency Commission)					
18. 미수리손상(Unrepaired Damage)		○			
19. 추정전손(CTL)		○			
20. 운임포기(Freight Waiver)		○			
21. 선비담보(Disbursement Warranty)		○			
22. 계선 및 해지환급(Return for Lay-up and Cancellation)	○	○			
23. 전쟁면책(War Exclusion)	○	○			
24. 동맹파업면책(Strikes Exclusion)					
25. 악의행위면책(Malicious Acts Exclusion)		○			
26. 원자핵면책(Nuclear Exclusion)		○			

협회기간보험약관은 다음의 모두(冒頭)조항을 시작으로 하여 전부 26개의 조항으로 구성되어 있다.

9 이상선, 신 선박보험약관(ITC-Hulls)해설, 보험연수원, 1983, p.8.

모두 조항	
"This insurance is subject to English law and practice"	"이 보험은 영국의 법률과 관례에 따른다"

해상보험계약에 관한 모든 문제점은 영국의 법률과 관례에 따라 해결한다는 준거법 약관이다.

(1) 항해조항(Navigation Clause)

항해	
1. NAVIGATION **1.1** The vessel is covered subject to the provisions of this insurance at all times and has leave to sail or navigate with or without pilots, to go on trial trips and to assist and tow vessels or craft in distress, but it is warranted that the Vessel shall not be towed, except as is customary or to thd first safe port or place when in need of assistance, or undertake towage or salvage services under a contract previously arranged by the Assured and/or Owners and/or Managers and/or Charterers. This Clause 1.1 shall not exclude customary towage in connection with loading and discharging.	**1. 항해** **1.1** 선박은 브험기간중 이 보험의 규정에 따라 담보되며, 도선사의 승선 여부에 관계없이 항해하거나, 시운전 항해를 하거나, 조난을 당한 선박 또는 부선을 구조하거나 예항해도 무방하다. 다만 예항되는 것이 관습이거나 또는 구조의 필요상 최초의 안전항 또는 장소까지 예항되는 경우를 제외하고 이 선박은 예항되지 말 것이며, 또한 피보험자·소유자·관리자·용선자가 사전 결정한 계약에 따른 예항이나 구조작업을 맡지 않을 것을 확약한다. 이 약관 1.1 은 적재 및 양하작업에 관련된 관습적인 예항을 배제하는 것은 아니다.

1.2	In the event of the Vessel being employed in trading operations which entail cargo loading or discharging at sea from or into another vessel(not being a harbour or inshore craft) no claim shall be recoverable under this insurance for loss of or damage to the Vessel or liability to any other vessel arising from such loading or discharging operations, including whilst approaching, lying alongside and leaving, unless previous notice that the Vessel is to be employed in such operations has been given to the Underwriters and any amended terms of cover and any additional premium required by them have been agreed.	**1.2**	선박이 해상에서 다른 선박(항내 및 해안용 부선은 제외)으로부터 또는 다른 선박에 화물을 적재 또는 양하하는 운송작업에 사용되는 경우에는, 양 선박이 접근 중, 접현 중 및 이현 중을 포함하여 적재 또는 양하 작업으로 인하여 선박에 발생한 멸실·손상 또는 다른 선박에 대한 배상책임은 이 보험에서 보상하지 않는다. 다만, 선박이 위에서 말한 작업에 사용되는 경우 보험자에게 사전 통지를 하고 보험자가 요구하는 변경된 담보조건과 추가보험료에 대하여 합의했을 때는 그러하지 아니하다.
1.3	In the event of the Vessel sailing(with or without cargo) with an intention of being (a) broken up, or (b) sold for breaking up, any claim for loss of or damage to the Vessel occurring subsequent to such sailing shall be limited to the market value of the Vessel as scrap at the time when the loss or damage is sustained, unless previous notice has been given to the Underwriters and any amendments to the terms of cover, insured value and premium required by them have been agreed. Nothing in this Clause 1.3 shall affect claims under Clauses 8 and/or 11.	**1.3**	적하의 적재 유무를 불구하고 선박이 해체 또는 해체를 위해 매각될 의도로 항해하는 경우, 그러한 항해에 따라 선박에 발생하는 멸실 또는 손상에 대한 일체의 보상은 멸실 또는 손상을 입은 시점에서 해체선으로 시장가격으로 한정한다. 다만, 보험자에게 사전 통지를 하고 보험자가 요구하는 담보조건·보험가액 및 보험료에 대한 변경이 합의된 경우에는 그러하지 아니하다. 이 약관 1.3은 약관 8 및/ 또는 약관 11의 보상에 어떠한 영향도 미치지 않는다.

(A) 도선사, 시운전, 조난 선박의 구조 및 예인(1.1항)

이 항은 도선사(pilot)의 승선 여부, 시운전, 조난 선박의 구조 및 예인 등 자칫하면 보험자가 면책될지 모르는 애매한 사항에 대해서 보험자가 확실히 담보할 것을 규정한 약관이다.

법률이나 관습에 따르면 도선사를 승선시키지 않고 항해하면 선박의 불내항성에 해당되어 보험자가 면책될 수 있는데, 이 약관에서는 도선사의 승선 여부를 불문하므로 피보험자는 도선사 없이 항해를 할 수 있다.[10] 그리고 선박이 새로 건조되었거나 수리한 후에는 대개 선원·장비 등을 정상적으로 갖추지 않고 먼저 시운전 항해를 하는데, 대개 선원·장비 등을 정상적으로 갖추지 않고 먼저 시운전 항해를 하는 경우에는 내항성의 결여로 간주하지 않는다.

또한 부보된 선박은 조난 중인 선박·부선 등을 지원하거나 예인할 수도 있다. 그러나 조난 선박을 최초의 안전한 항구로 예항하면 더 이상 예인하지 말 것과 예인계약·구조계약 등을 체결한 예항·구조 작업 등에는 본 선박을 이용하지 못하도록 제한을 가하고 있다.

(B) 해상에서 화물 이동의 금지(1.2항)

항구 지역이 아닌 해상에서 선박 간에 화물을 적재 또는 양하할 때 발생하는 일체의 손해에 대해서 보험자가 책임지지 않는다는 내용이다. 이 약관은 해상에서 벙커류 등을 선박 간에 옮겨 실을 때는 위험이 커지므로 보험자의 부담을 줄이기 위해 1969년에 처음 제정되었다. 그러나 사전에 보험자에게 고지하고 필요하다면 추가보험료를 부담하는 조건이라면 보험자는 이러한 손해도 보상한다.

(C) 선박의 해체항해(1.3항)

기간보험에 가입된 선박이 노후화되어 이를 해체하여 고철로 처분하기 위해 마지막으로 항해를 하다가 손상을 입을 경우 보험증권상의 선박가액과 선박의 고철 가액(scrap value)은 상당한 차이가 있기 때문에 초과보험(over insurance)이 성립될 수 있다. 이런 문제를 해결하기 위해 1.3항에서는 부보선박이 해체 또는 해체를 위한 매각을 목적으로 항해하는 경우에 손상을 입게 되면 손상을 입은 시점의 고철화 된 선박의 시장가액을 한도로 보험자가 보상할 것을 규정하고 있다. 그렇지만 충돌손해배상책임·구조비 또는 공동해손 비용은 정상적으로 보상한다.

---

10 선박의 입출항 또는 위험수역의 항해를 돕기 위하여 때때로 법률에 의하여 관계 당국이 임명하는 면허도선사를 승선시켜야 하는 경우가 있는데, 이때 본선에 승선하여 항로를 안내하는 사람을 도선사라 한다.

물론 피보험자가 고철로 처분하기 위한 항해 취지를 보험자에게 통지하고 보험조건·보험금액·보험료 등을 추가로 합의하면 보험금액만큼 보상받을 수 있다.

(2) 계속조항(Continuation Clause)

계속	
2. Continuation Should the Vessel at the expiration of this insurance be at sea or in distress or at a port of refuge or of call, she shall, provided previous notice be given to the Underwriters, be held covered at a pro rata monthly premium to her port of destination	**2. 계속** 이 보험의 만기 시 선박이 항해 중이거나 조난중이거나 또는 피난항 혹은 기항항에 있을 때는 보험자에게 사전 통지를 한 경우에 한해 월할 보험료를 지급하면 선박이 목적항에 도착할 때까지 계속 담보된다.

선박은 일반적으로 12개월을 단위로 부보되는데, 이 기간이 끝나는 시점에 부보도니 선박이 항해 중에 있거나 조난 중에 있을 때 또는 피난항·기항항에 있을 때는 연장 담보가 가능하다. 그러나 피보험자는 이런 사실을 보험자에게 통지하고 월할 보험료(pro rate monthly premium)를 납부해야 한다. 월할 보험료는 연장되는 기간이 1년이면 연보험료의 1/12이다.

(3) 담보위반조항(Breach of Warranty Clause)

담보위반	
3. Breach of Warranty Held covered in case of any breach of warranty as to cargo, trade, locality, towage, salvage services or date of sailing, provided notice be given to the Underwriters immediately after receipt of advices and any amended terms of cover and any additional premium required by them be agreed.	**3. 담보위반** 적하·거래·항해구역·예항·구조작업 또는 출항일자에 관한 담보위반이 생겼을 경우에는 그 사실을 인지한 후 보험자에게 즉시 통보하고, 보험자가 요구하는 담보조건의 변경과 추가보험료에 대한 합의가 이루어지는 경우에 한하여 담보가 계속된다.

피보험자의 부득이한 담보위반을 허용하고 있는 약관이다. 담보는 피보험자의 약속으로서 그 내용이 중요하든 안 하든 반드시 충족되어야 하며 담보를 위반하면 보험자의 책임은 위반시점부터 해제된다. 그러나 선박이 항해하던 중 불가피하게 담보를 위반하지 않을 수 없을 경우에는 이런 사실을 보험자에게 사전 통지하고 추가보험료를 납부하면 보험자의 책임은 계속된다.

(4) 종료조항(Termination Clause)

종류	
4. Termination this Clause 4 shall prevail notwithstanding any provision whether written typed or printed in this insurance inconsistent therewith. Unless the Underwriters agree to the contrary in writing, this insurance shall terminate automatically at the time of **4.1** change of the Classification Society of the Vessel, or change, suspension, discontinuance, withdrawal or expiry of her Class therein, provided that if the Vessel is at sea such automatic termination shall be deferred until arrival at her next port. However where such change, suspension, discontinuance or withdrawal of her class has resulted from loss or damage covered by Clause 6 of this insurance or which would be covered by an insurance of the Vessel subject to current Insitute War and Strikes Clauses Hulls-Time such automatic termination shall only operate should the Vessel sail from her next port without the prior approval of the classification Society.	**4. 종료** 약관 4는 이 보험에 있어 수기·타자 또는 인쇄되어 있는 것을 불문하고 이 약관에 저촉되는 어떠한 규정보다 우선한다. 보험자가 서면으로 별도 동의하지 않는 한, 다음 시점에서 이 보험은 자동 종료 된다. **4.1** 선박의 선급협회의 변경 또는 선박이 보유한 선급의 변경·일시정지·중지·탈급 또는 만기. 다만, 그 시점에 선박이 항해 중이면 자동 종료는 선박이 다음 항구에 도착할 때까지 연기된다. 그러나 선박이 보유한 선급의 변경·일시정지·중지 또는 탈급이, 이 보험의 약관 6에 의해 담보되거나 혹은 현형 협회전쟁 및 동맹 파업약관의 선박 – 기간보험으로 담보될 수 있는 멸실·손상에 기인한 경우에 자동 종료는 선급협회의 사전 승인 없이 선박이 다음 항구로 항해하는 경에만 효력을 발생한다.

4.2 any change, voluntary or otherwise, in the ownership or flag, transfer to new management, or charter on a bareboat basis, or re quisition for title or use of the Vessel, provided that, if the Vessel has cargo on board and has already sailed from her loading port or is at sea in ballast, such automatic termination shall if required be deferred, whilst the Vessel continues her planned voyage, until arrival at final port of discharge if with cargo or at port of destination if in ballast. However, in the event of requisition for title or use without the prior execution of a written agreement by th assured, suxh automatic termination shall occur fifteen days agter such requisition whether the Vessel is at sea or in port. A pro rata daily net reurn of premium shall be made.	**4.2** 자의(自意) 여부에 관계 없이 소유권·국적의 변경, 새로운 관리하로의 이전, 나용선 또는 선박 소유권의 귀속 혹은 사용을 목적으로 한 징발. 다만, 선박이 화물을 적재하여 이미 선적항에서 출항했을 경우, 또는 공선으로 항해 중인 경우에 요청이 있다면, 자동 종료는 선박이 예정된 항해를 계속하는 동안, 화물을 적재한 경우에는 최종 양하항에 도착 시까지, 공선의 경우에는 목적항에 도착 시까지 연기된다. 그러나 피보험자의 사전 서면동의 없이 소유권의 귀속 또는 사용을 목적으로 징발되었을 때에는 선박이 항해 중이거나 항구에 있거나 간에 징발 시로부터 15일 후에 자동 종료된다.

종료약관은 다른 어떠한 조항보다 최우선으로 적용되는 최우선약관(Paramount Clause)으로 보험계약의 종료에 관한 것이다.

(A) 선급의 변경(4.1항)

다음의 경우 보험자의 담보가 자동으로 종료된다.

ⓐ 선급협회의 변경

ⓑ 선급의 변경·일시정지·중단·탈급 또는 만기

그러나 위의 사항이 부보 선박이 항해 중일 때 발생하면 다음 기항지에 도착할 때까지 보험계약은 연장된다. 그리고 선급협회의 변경 등이 담보위험 또는 협회전쟁 및 동맹파업약관상의 담보위험으로 발생한 경우에는 선급협회의 사전 승인 없이 사고 후 입항한 항구를 출항할 때 보험기간이 끝난다.

(B) 선박소유권의 변경(4.2항)

다음의 사유가 발생하면 위험의 변동으로 간주되어 보험계약은 자동으로 종료된다.

ⓐ 선주의 변경

저당권자에 의해 선박이 강제 매각되는 등 보험기간 중에 선박의 소유권이 변경되는 경우 보험계약은 자동으로 종료된다.

ⓑ 선적의 변경

국적에 따라 선박의 관리가 달라지기 때문에 선적의 변경은 위험의 변경에 해당된다. 예를 들어 국적선이 편의치적선(convenient flag)으로[11] 이적되어 파나마·라이베리아 등의 국적을 취득하게 되면 이들 국가는 선박의 안전검사를 소홀히 하기 때문에 보험자의 책임이 증대하여 선적의 변경은 보험계약이 자동으로 종료되는 사유가 된다.

ⓒ 관리자의 이전

관리자의 운항 실적에 따라 선박보험요율의 할인·할증이 이루어지는 만큼 관리자의 변경도 위험의 변경에 해당된다.

ⓓ 나용선

나용선은 일반 용선과는 달리 용선자가 선박을 완전히 관리하기 때문에 나용선 계약의 체결은 선주가 변경되는 것과 똑같다. 그러나 위의 사유가 발생하더라도 부보 선박이 항해 중일 때는 항해가 끝나는 시점까지 보험계약은 연장된다.

ⓔ 징발

선박이 징발되면 선박이 어떤 곳에 있든 상관없이 15일이 경과하면 보험기간은 자동으로 끝난다.

---

11 편의치적선은 선박의 국적을 세금이나 기타의 점에서 자국보다 더 많은 편의를 제공해 주는 나라에 등록한 선박을 말한다. 제2차 세계대전 후 라이베리아가 외국선을 자국선으로 유치하는 정책을 씀에 따라 그리스 선주가 이를 이용하여 국적을 변경한 것이 시초가 된다. 라이베리아·파나마·온두라스 등이 이러한 정책을 쓰고 있다.

(5) 양도조항(Assignment Clause)

양도	
5. Assignment No assignment of or interest in this insurance or in any moneys which may be or become payable thereunder is to be binding on or recognised by the Underwriers unless a dated notice of such assignment or interest signed by the Assured, and by the assignor in the case of subsequent assignment, is endorsed on the Policy and the Policy with such endorsement is produced before payment of any claim or return of premium thereunder.	**5. 양도** 이 보험의 양도 또는 이 보험의 권리취득이나 이 보험에 의해 지급될 수 있는 또는 지급될 모든 금전에 관한 권리취득은 보험자를 구속하는 것도 아니며, 보험자가 이를 승인하는 것도 아니다. 다만, 양도의 경우에는 피보험자, 재양도의 경우에는 양도인이 서명한 위의 양도나 권리취득일자가 붙은 통보가 이 보험증권에 배서되고, 또한 그 배서가 있는 보험증권이 해당 보험증권에 의한 보험금 또는 환급보험료의 지급전에 제출된 경우에는 그러하지 아니하다.

피보험자가 보험증권을 양도할 때 이러한 사실을 보험자에게 통보하도록 함으로써 보험금 및 환불보험료를 받을 수취인을 분명히 하기 위한 약관이다. 피보험자의 양도통지는 확정일부이어야 하고, 보험증권에 배서가 있어야 한다. 배서된 보험증권 없이는 보험금과 환불보험료를 청구할 수 없다.

(6) 위험조항(Perils Clause)

위험	
6. Perils **6.1** This insurance covers loss of or damage to the subject-matter insured caused by **6.1.1** perils of the seas rivers lakes or other navigable waters **6.1.2** fire, explosion **6.1.3** violent theft by persons from outside the Vessel	**6. 위험** 6.1 이 보험은 다음의 위험으로 인한 보험목적물의 멸실 또는 손상을 담보한다. 6.1.1 해상·강·호수 또는 기타 항해 가능한 수면에서의 고유위험 6.1.2 화재·폭발 6.1.3 선박 외부로부터 침입한 자에 의한 폭력을 수반한 도난

6.1.4 jettison	**6.1.4** 투하
6.1.5 piracy	**6.1.5** 해적행위
6.1.6 breakdown of or accident to nuclear installations or reactors	**6.1.6** 핵장치나 원자로의 고장 또는 사고
6.1.7 contact with aircraft or similar objects, or objects falling therefrom, land conveyance, dock or harbour equipment or installation	**6.1.7** 항공기 또는 이와 유사한 물체 또는 그로부터 추락하는 물체, 육상운송용구·도크 또는 항만시설이나 장비와의 접촉
6.1.8 earthquake volcanic eruption or lightning.	**6.1.8** 지진·화산의 분화 또는 낙뢰
6.2 This insurance cover loss of or damage to the subject-matter insured caused by	**6.2** 이 보험은 다음의 위험으로 인한 보험목적물의 멸실 또는 손상을 담보한다.
6.2.1 accidents in loading discharging or shifting cargo or fuel	**6.2.1** 적하 또는 연료의 선적·양하 또는 이동 중의 사고
6.2.2 bursting of boilers breakage of shagts or any latent defect in the machiinery or hull	**6.2.2** 기관의 파열, 차축의 파손 또는 기관이나 선체의 잠재적 하자
6.2.3 negligence of Master Officers Crew or Pilots	**6.2.3** 선장·고급선원·보통선원 또는 도선사의 과실
6.2.4 negligence of repairers or charterers provided such repairers or charterers are not an Assured hereunder	**6.2.4** 수리자 또는 용선자의 과실. 다만, 수리자 또는 용선자가 이 계약의 피보험자인 경우는 제외한다.
6.2.5 barratry of Master Officers or Crew, provided such oss or damage has not resulted from want of due diligence by the Assured, Owners or Managers.	**6.2.5** 선장·고급선원·보통선원의 악행. 다만, 피보험자·선주 또는 선박관리자가 상당한 주의를 결여하고 있었던 결과로 위의 멸실 또는 손상이 생긴 경우에는 제외한다.
6.3 Master Officers Crew or Pilots not to be considered Owners within the meaning of this Clause 6 should they hold shares in the Vessel.	**6.3** 선장·고급선원·보통선원 또는 도선사는 이 선박에 지분이 있어도 이 약관 6에서 의미하는 선주로 간주되지 않는다.

협회기간보험약관에서 보험자가 담보하는 위험을 열거한 약관으로 Lloyd's S G Policy에 열거된 위험과 인치마리 약관(Inchmaree Clause)[12]에 열거한 위험과 영국해상보험법을 토대로 정비되었다.

12 인치마리 약관은 보험자의 담보범위를 확장한 약관인데, 1884년 인치마리 사건에서 피보험자에게 불리한 판결이 내려지자 이러한 피보험자의 입장을 구제하기 위하여 제정되었다. 따라서 신해상보험증권을 사용하기 전에 보험자가 담보했던 위험의 범위는 Lloyd's SG 보험증권에 열거된 위험 및 인치마리 약관에 열거된 위험이다.

(7) 오염위험조항(Pollution Hazard Clause)

오염위험	
7. Pollution Hazard This insurance covers loss of or damage to the Vessel caused by any governmental authority acting under the powes vested in it to prevent or mitigate a pollution hazard, or threat thereof, resulting directly from damage to the Vessel for which the Underwriters are liable under this insurance, provided such act of governmental authority has not resulted from want of due diligence by the Assured, the Owners, or Mangers of the Vessel or any of them to prevent or mitigate such hazard or threat. Master, Officers, Crew or Pilots not to be considered Owners within the meaning of this Clause 7 should they hold shares in the Vessel.	**7. 오염위험** 이 보험은 보험자가 책임지는 선박손상의 직접적인 결과로 발생한 오염의 위험 또는 위협을 방지하거나 완화하기 위하여 권한을 위임받은 정부 당국이 취한 행위로 인한 선박의 멸실 또는 손상을 담보한다. 다만 피보험자·선주 및 선박관리자가 오염의 위험이나 위협을 방지 또는 완화하는 데 상당한 주의를 결여하고 있었던 결과로 정부 당국의 그러한 행위가 발생한 경우에는 담보하지 않는다. 선장·고급선원·보통선원 또는 도선사는 선박에 지분이 있어도 약관 7에서 의미하는 선주로 간주되지 않는다.

오염의 위험을 제거 또는 경가시키고자 하는 정부의 조치로 인하여 부보 선박이 입은 손해를 보상하는 약관인데 1967년 토리 캐년(Torry canyon)호의 좌초사고에 연유하여 제정되었다.

대부분의 국가는 공해 상에 유류 오염을 일으킨 선박·적하 등에 대해서 강제조치를 취할 수 있는데, 일례로 영국에서는 1971년 유류오염방지법(Prevention of Oil Pollution Act)에 따라 행정 당국은 필요할 경우 선박·화물 등을 장악·침몰 또는 파괴할 수 있다. 이러한 정부의 조치로 부보 선박이 손해를 입을 경우 피보험자는 이 약관을 통해서 보상받을 수 있다.

(8) 3/4 충돌손해배상책임조항(3/4th Collision Liability Clause)

충돌손해배상책임	
8. 3/4th Collision Liability Clause	**8. 3/4 충돌손해배상책임**
8.1 The Underwriters agree to indemnify the Assured for three-fourths of any sum or sums paid by the Assured to any other person or persons by reason of the Assured becoming legally liable by way of damages for	**8.1** 보험자는 부보 선박이 다른 선박과 충돌하여 그 결과 피보험자가 다음의 손해에 대해 법적 배상책임을 지고, 손해배상금조로 타인에게 지급한 금액 중 3/4을 피보험자에게 보상할 것을 약속한다.
8.1.1 loss of or damage to any other vessel or property on any other vessel	**8.1.1** 다른 선박 또는 다른 선박에 적재된 재산의 멸실 또는 손상
8.1.2 delay to or loss of use of any such other vessel or property thereon	**8.1.2** 다른 선박 또는 다른 선박에 적재된 재산 사용의 지연 및 상실
8.1.3 general average of, salvage of, or salvage under contract of, any such other vessel or property thereon, where such payment by the Assured is in consequence of the Vessel hereby insured coming into collision with any other vessel.	**8.1.3** 다른 선박 또는 다른 선박에 적재된 재산에 관한 공동해손, 구조 또는 계약 구조
8.2 The indemnity provided by this Clause 8 shall be in addition to the indemnity provided by the other terms and conditions of this insurance and shall be subject to the following provisions :	**8.2** 약관 8에 규정된 보상은 이 보험의 다른 조건에 의해 규정된 보상에 추가 되며 다음의 규정에 준한다.
8.2.1 Where the insured Vessel is in collision with another vessel and both vessels are to blame then, unless the liability of one or both vessels becomes limited by law, the indemnity under this Clause 8 shall be calculated on the principle of cross-liabilities as if the respective Owners had been compelled to pay to each other such proportion of each other's damages as may have been properly allowed in ascertaining the balance or sum payable by or to the Assured in consequence of the collision.	**8.2.1** 부보 선박이 다른 선박과 충돌하여 쌍방의 선박에 과실이 있는 경우, 일방 또는 쌍방 선박의 배상책임이 법률에 의해 제한된 경우를 제외하고, 약관 8에 의한 보상액은 이 충돌 결과 피보험자가 지급할 또는 수취할 잔액이나 금액을 확정하는 데 적정하게 승인된 쌍방의 손해비율에 따른 손해배상액을 해당 선주가 상대방에게 각각 지급해야 하는 것으로 간주하여 교차책임의 원칙에 따라 산출한다.
8.2 In no case shall the Underwriters' total liability under Clauses 8.1 and 8.2 exceed their proportionate part of three-fourths of the insured value of the Vessel hereby insured in respext of any one collision.	**8.2.2** 약관 8.1 및 8.2 하에서 보험자의 총 배상책임액은 어떠한 경우에도 매 충돌사고 당 부보 선박 보험금액의 3/4에서 보험자의 비례 부담분을 초과하지 않는다.

8.3 The Underwriters will also pay three-fourths of the lefal costs incurred by the Assured or which the Assured may be compelled to pay in contesting liability or taking proceedings to limit liability, with the prior written consent of the Underwriters.	**8.3** 또한 보험자의 사전 서면동의를 얻어 피보험자가 배상책임에 관해 다투거나 배상책임제한을 위한 법적 조치를 취하는 경우, 보험자는 피보험자가 지급한 또는 지급해야 할 법적 비용의 3/4을 지급한다.
EXCLUSIONS	**면책사항**
8.4 Provided always that this Clause 8 shall in no case extend to any sum which the Assured shall pay for or in respect of	**8.4** 약관 8에서는 다음에 정한 사항에 대하여 피보험자가 지급해야 할 일체의 금액은 어떠한 경우에도 보상하지 않는다.
8.4.1 removal or disposal of obstructions, wrecks, cargoes or any other thing whatsoever	**8.4.1** 장애물·난파물·적하 또는 기타 물체의 제거 또는 처분
8.4.2 any real or personal property or thing whatsoever except other vessels or property on other vessels	**8.4.2** 다른 선박 또는 다른 선박에 적재되어 있는 재산을 제외한 부동산·동산 또는 기타 물체
8.4.3 the cargo or other property on, or the engagements of, the insured Vessel	**8.4.3** 부보 선박에 적재된 적하 또는 기타 재산 혹은 부보 선박의 계약상 채무
8.4.4 loss of life, personal injury or illness	**8.4.4** 사망·신체상해 또는 질병
8.4.5 pollution or contamination of any real or personal property or thing whatsoever(except other vessels with which the insured Vessel is in collision or property on such other vessels).	**8.4.5** 부동산·동산 또는 기타 물체의 오염 또는 오탁(부보 선박과 충돌한 다른 선박 또는 그 선박에 적재된 재물은 제외한다.)

부보 선박이 다른 선박과 충돌하여 법적 배상책임을 부담할 경우 손해배상금조로 상대방에게 지급한 금액의 3/4을 보험자가 부담하는 충돌손해배상책임약관이다. 이것은 피보험자가 피해선주에 대해 책임져야 할 배상손해금액 중 3/4만을 보험자가 보상하고 나머지 1/4의 손해는 피보험자에게 부담하도록 하는 것이다. 이것은 피보험자로 하여금 선박운영의 신중을 기하도록 하는 목적이 있는 것이다.

(9) 자매선조항(Sistership Clause)

자매선	
9. Sistership Should the Vessel hereby insured come into collision with or receive salvage services from another vessel belonging wholly or in part to the same Owners or under the same management, the Assured shall have the same rights under this insurance as they would have were the other vessel entiredly the property of Owners not interested in the Vessel hereby insured; but in such cases the liability for the collision or the amount payable for the services rendered shall be referred to a sole arbitrator to be agreed upon between the Underwriters and the Assured.	**9. 자매선** 선박의 전부 또는 일부가 동일 선주에게 소유된 혹은 동일 관리 하에 있는 다른 선박과 충돌하거나, 또는 그러한 다른 선박으로부터 구조를 받았을 경우에, 피보험자는 다른 선박이 부보 선박과 전혀 이해관계가 없는 선주의 재산이었다면 피보험자가 마땅히 가질 수 있는 권리와 동일한 권리를 이 보험상 갖는 것으로 한다. 그러나 그러한 경우에도 충돌에 대한 책임 또는 구조작업에 대해 지급해야 할 금액은 보험자와 피보험자가 합의하여 선정한 1명의 중재인의 재정에 따른다.

동일 선주에 속하는 두 선박이 충돌할 경우 생기는 법적 문제점을 해결하기 위한 약관이다. 동일 선주의 선박끼리 충돌하게 되면 선주가 자기를 상대로 충돌배상책임 청구소송을 제기할 수 없기 때문에 법률상의 배상책임이 발생하지 않는다. 따라서 자매선은 서로 충돌하더라도 손해배상을 받지 못한다. 동일 선주라는 이유로 배상책임을 받지 못하는 선주의 불리한 입장을 구제하기 위하여 이 약관에서는 자매선간의 충돌을 마치 다른 선박과의 충돌로 간주하여 피보험자가 동일한 권리를 갖도록 한다. 자매선약관은 충돌뿐만 아니라 구조의 경우에도 마찬가지로 적용된다.

자매선끼리 충돌하거나 구조할 경우에는 충돌배상금이나 구조비가 판결에 의해서 결정될 수 없기 때문에 보험자와 피보험자간의 합의에 의해 선정된 1명의 중재인이 적정금액을 산정하도록 한다.

(10) 사고의 통지 및 입찰조항(Notice of Claim and Tenders Clause)

사고의 통지 및 입찰

10. Notice of Claim and Tenders

10.1 In the event of accident whereby loss or damage may result in a claim under this insurance, notice shall be given to the Underwriters prior to survey and also, if the Vessel is abroad, to the nearest Lloyd's Agent so that a surveyor may be appointed to represent the Underwriters should they so desire.

10.2 The Underwriters shall be entitled to decide the port to which the Vessel shall proceed for docking or repair(the actual additional expense of the voyage arising from compliance with the Underwriters' requirements being refunded to the Assured)and shall have a right of veto concerning a place of repair or a repairing firm.

10.3 The Underwriters may also take tenders or may require further tenders to ve taken for the repair of the Vessel. Where such a tender has been taken and a tender is accepted with the approval of the Underwriters, an allowance shall be made at the rate of 30% per annum on the insured value for time lost between the despatch of the invitations to tender required by Underwriters and the acceptance of a tender to the extent that such time is lost solely as the result of tenders having been taken and provided that the tender is accepted without delay after receipt of the Underwriters' approval. Due credit shall be given against the allowance as above for any amounts recovered in respect of fuel and stores and wages and maintenance of the Master Officers and Crew or any

10. 사고의 통지 및 입찰

10.1 사고가 발생하여 이 보험에 의한 보상청구를 할 수 있는 멸실 혹은 손상이 생겼을 경우에는, 만약 보험자가 원한다면 보험자를 대리하는 검정인을 선임할 수 있도록 이재조사에 앞서 보험자, 혹은 만약 선박이 외국에 있다면 가장 가까운 곳의 로이즈 대리점에게 사고 통보를 해야 한다.

10.2 보험자는 선박이 입거 또는 수리를 위해 항해해야 할 항구를 결정할 권리가 있고 (보험자의 요구에 부응함으로써 생기는 항해의 추가실비는 피보험자에게 환급함), 그리고 수리장소 혹은 수리회사에 관해 거부권이 있다.

10.3 또한 보험자는 선박의 수리에 대하여 수개의 입찰에 붙일 수 있으며, 또는 수 개의 입찰에 붙일 것을 요구할 수 있다. 이러한 입찰이 붙여지고 입찰이 보험자의 승인을 얻어 낙찰되었을 경우에는, 보험자가 요구한 입찰 안내장의 발송시기와 낙찰시기와의 사이 소요된 시간에 대하여 그 기간이 전적으로 수 개의 입찰에 붙여진 결과 소요된 한도까지, 또한 입찰이 보험자의 승인을 얻은 후 지체 없이 낙찰된 것을 전제조건으로 하여 보험금액의 연 30%의 비율로 배상한다. 입찰로 인한 시간의 소요에 대하여 보험자가 배상하는 기간, 혹은 그 일부에 관하여 공동해손으로서 인정된 금액을 포함하여 연료, 소모품, 선장·고급선원·

	member thereof, including amounts allowed in general average, and for any amounts recovered from third parties in respect of damages for detention and/or loss of profit and/or running expenses, for the period covered by the tender allowance or any part thereof. Where a part of the cost of the repair of damage other than a fixed deductible is not recoverable from the Underwriters the allowance shall be reduced by a similar proportion.		보통선원 및 이들 일부의 급료와 유지비조로 회수한 금액과 휴항, 이윤의 상실, 경상비 지출에 대하여 손해배상금조로 제3자로부터 회수한 금액이 있으면 이를 전항의 배상금에서 공제한다. 소정의 공제금액 이외의 손상수리비의 일부가 보험자로부터 소상되지 않을 경우에는 동일한 비율에 따라 배상금에서 공제한다.
10.4	In the event of failure to comply with the conditions of this Clause 10a deduction of 15% shall be made from the amount of the ascertained claim.	10.4	약관 1C의 조건을 불이행했을 경우에는 확정된 보상금액에서 15%의 금액을 공제한다.

보험사고가 발생할 경우 피보험자가 준수해야 할 의무와 보험자의 권리를 규정한 것으로 일명 입찰약관(Tender Clause)이라고 한다.

① 이재통지(10.1항)

보험사고가 발생하면 피보험자는 이재조사에 앞서 이러한 사실을 보험자에게 신속히 통지해야 한다. 만약 선박이 외국에 있을 경우에는 가까운 로이즈 대리점으로 통지해야 한다.

② 보험자의 거부권(10.2항)

보험자는 부보 선박이 입거 또는 수리하기 위하여 회항하는 항구를 결정할 권리와 피보험자가 선택한 수리 장소 및 수리 회사를 거부할 수 있는 권한을 가진다.

③ 보험자의 입찰권(10.3항)

보험자는 자기가 부담할 선박수리비를 합리적으로 산출하기 위하여 여러 개의 입찰에 부칠 수 있고 또한 피보험자에게 그렇게 하도록 요구할 수도 있다. 그리고 보험자는 피보험자가 시행한 입찰과 낙찰된 시기와의 사이에 시간이 낭비되었으면 그 기간이 전적으로 입찰 때문에 낭비되었고 입찰이 보험자의 승인을 얻은 후 지체 없이 낙찰된 것을 전제로 하여 보험금액의 연간 30%의 비율로 보험자가 피보험자에게 보상한다.

만약 피보험자가 공동해손 혹은 단독해손으로 인정된 연료·소모품·선장 또는 선원의 급료나 부양비조로 회수한 금액 그리고 휴항, 이윤의 상실, 경상비 지출 등에 대하여 손해배상으로 제3자로부터 회수한 금액이 있으면 위에서 언급된 연간 30%의 비율에서 공제한다.

④ 벌칙 금(10.4항)

이 약관에서 규정된 조건을 이행하지 않았을 경우에는 확정된 보상금에서 15%의 금액을 공제한다.

(11) 공동해손 및 구조조항(General Average and Salvage Clause)

공동해손 및 구조	
11. General Average and Salvage **11.1** This insurance covers the Vessel's proportion of salvage, salvage charges and/or general average, reduced in respect of any under-insurance, but in case of general average sacrifice of the Vessel the Assured may recover in respect of the whole loss without first enforcing their right of contribution from other parties. **11.2** Adjustment to be according to the law and practice obtaining at the place where the adventure ends, as if the contract of affreightment contained no special terms upon the subject; but where the contract of affreightment so provides the adjustment shall be according to the York-Antwerp Rules.	**11. 공동해손 및 구조** **11.1** 이 보험은 구조·구조비 및 공동해손의 선박 분담분을 보상하며, 일부보험에 관해서는 감액된 비율로 배상한다. 그러나 선박의 공동해손 희생손해의 경우에는 다른 당사자에 대해 공동해손 분담청구권을 행사하기 전에 손해액 전액을 보상한다. **11.2** 정산은 해상운송계약에 정산에 관한 특약이 규정되어 있지 않는 경우에는 해상운송사업이 종료되는 지역에서 행해지는 법률 및 관례에 따르기로 한다. 그러나 해상운송계약에 '요크-엔트워프' 규칙에 따른다고 규정되어 있을 경우에는 정산은 동 규칙에 의한다.

11.3	When the Vessel sails in ballast, not under charter, the provisions of the York-Antwerp Rules, 1974(excluding Rules XX and XXI) shall be applicable, and the voyage for this purpose shall be deemed to continue from the port or place of dparture until the arrival of the Vessel at the first port or place thereafter other than a port or place of refuge or a port or place of call for bunkering only. If at any such intermediate port or place there is an abandonment of the adventure originally contemplated the voyage shall thereupon be deemed to be terminated.	**11.3**	선박이 용선되지 않고 공선으로 출항하는 경우에는 1974년 '요크-엔트워프' 규칙의 각 규정(제20조 및 제21조 제외)을 적용하는 것으로 하며, 이 목적을 위해 항해는 출발 항구나 장소로부터 피난 항구 또는 장소 혹은 연료보급만을 위한 기항 항구 또는 장소를 제외한 출항 후 최초로 기항하는 항구 또는 장소에 도착할 때까지 계속되는 것으로 한다. 만약 최초에 시도한 해상운송사업이 위의 중간항 또는 장소에서 중지한다면 항해는 그 때부터 중지된 것으로 간주한다.
11.4	No claim under this Clause 11 shall in any case be allowed where the loss was not incurred to avoid or in connection with the avoidance of a peril insured against.	**11.4**	담보위험을 피하기 위하여 또는 담보위험을 피하는 것과 관련하여 발생한 손실이 아닌 경우에는, 약관 11하에서 어떠한 보상 청구도 허용되지 않는다.

보험자가 공동해손 및 구조비를 보상할 것을 약속한 것이다.

① 보상한도액(11.1항)

구조·구조비 및 공동해손에 대해서 전부보험인 경우는 부보 선박의 분담비율, 그리고 일부보험인 경우는 감액된 비율만큼 보험자가 보상한다. 그러나 부보된 선박이 공동해손으로 희생되었을 경우에는 피보험자는 손해액 전부를 보험자로부터 먼저 보상받는다. 공동해손의 정산이 완료되면 보험자가 다른 당사자에게 분담청구권을 행사한다.

② 공동해손의 정산(11.2항)

대부분의 선하증권·용선계약서 등에는 공동해손 및 구조비는 요크-앤트워프 규칙에 따라 정산된다는 취지의 약관이 있는데 이럴 경우에는 보험자도 요크-앤트워프 규칙에 따라 공동해손과 구조비를 정산한다. 만약 해상운송계약서에 정산에 관한 특약이 명시되어 있지 않으면 항해가 종료되는 지역의 법률과 관습에 따라 정산한다.

③ 항해단체의 구성(11.3항)

공동해손이 성립되려면 선주·하주 등 공동의 항해단체가 구성되어야 하는데, 만약 선박이 화물을 적재하지 않고 항해할 경우에는 이해관계자가 선주뿐이기 때문에 공동해손이 성립될 수 없다. 그러나 이 약관에서는 화물을 적재하지 않은 선박도 요크-앤트워프 규칙이 적용될 수 있음을 규정하여 공동해손을 인정해 주고 있다. 그렇지만 이런 경우도 출항지로부터 피난항 혹은 연료보급만을 위하여 기항하는 항구나 해역을 제외하고 출항 후 최초로 기항하는 항구·해역에 도착할 때까지로 제한하고 있다.

④ 담보위험의 발생(11.4항)

담보위험을 방지·회피하기 위하여 지출된 비용만을 보험자가 보상할 것을 규정하고 있다.

(12) 공제조항(Deductible Clause)

공제	
12. Deductible **12.1** No claim arising from a peril insured against shall be payable under this insurance unless the aggregate of all such claims arising out of each separate accident or occurrence(including claims under Clause 8, 11 and 13) exceeds ...... in which case this sum shall be deducted. Nevertheless the expense of sighting the bottom after stranding, if reasonably incurred specially for that purpose, shall be paid even if no damage be found. This Clause 12.1 shall not apply to a claim for total or constructive total loss of the Vessel or, in the event of such a claim, to any associated claim under Clause 13arisign from the same accident or occurrence.	**12. 공제액** **12.1** 이 보험에서 담보위험으로 발생한 손해는 독립된 한 사고로 인하여 발생한 손해액의 합계(약관 8, 11 및 13에 따른 보상청구 포함)가 ……을 초과하지 않으면 보상하지 않고, 초과하는 경우에는 이 금액을 공제하여 보상한다. 다만 좌초 후의 선저검사 비용을 특히 그 목적을 위하여 합리적으로 지급한 것이라면 손상이 발견되지 않았을 경우에도 이를 보상한다. 이 약관 12.1 은 선박의 전손이나 추정전손 보상의 경우에는 적용되지 않으며, 이 경우 동 사고로 인하여 발생된 약관 13에 관련된 보상청구에도 적용되지 않는다.

12.2 Claims for damage by heavy weather occurring during a single sea passage between two successive ports shall be treated as being due to one accident. In the case of such heavy weather extending over a period not wholly covered by this insurance the deductible to be applied to the claim recovered hereunder shall be the proportion of the above deductible that the number of days of such heavy weather falling within the period of this insurance bears to the number of days of heavy weather during the single sea passage. The expression "heavy weather" in this Clause 12.2 shall be deemed to include contact with floating ice.

12.3 Excluding any interest comprised therein, recoveries against any claim which is subject to the above deductible shall be credited to the Underwriters in full to the extent of the sum by which the aggregate of the claim unreduced by any recoveries exceeds the above deductible.

12.4 Interest comprised in recoveries shall be apportioned between the Assured and the Underwriters, taking into account the sums paid by the Underwriters and the dates when such payments were mad, notwithstanding that by the addition of interest the Underwriters may receive a larger sum than they have paid.

12.2 두 개의 계속적인 항구 간에서도 편도항해 중 일어난 악천후로 인한 손해는 1회의 사고로 취급한다. 악천후가 이 보험의 담보기간 이상으로 계속되는 경우, 이 보험의 보상금액에 적용되는 공제액은 전항의 공제액에 대하여 보험기간 중의 악천후 일수의 위의 편도항해 중의 전 악천후 일수에 대한 비율로 한다. 이 약관 12.2에서 악천후라는 말은 부빙과의 접촉을 포함한 것이다.

12.3 위의 공제액이 적용된 손해의 회수금은 이자를 제외하고 회수금을 고려하지 않은 보험금의 합계와 위의 공제액과의 차액의 범위 내에서 전액 보험자에게 귀속한다.

12.4 회수금에 포함된 이자는 보험자가 지급한 보험금과 지급 일자를 감안하여 피보험자와 보험자가 서로 분배한다. 이 경우 보험자는 이자를 합산함으로써 지급한 보험금을 초과해서 회수할 수 있다.

면책률공제에 관한 조항이다.[13] 면책률공제는 보험자와 피보험자가 합의한 공제액 이상의 손해가 발생할 경우 그 금액을 공제하고 보상하는 것을 말한다.

13 'franchise'는 면책 액 또는 면책비율이라는 뜻인데 보험에서는 일정한 소 손해에 대해서 보험자가 책임지지 않는 것을 말한다. 적하보험에서는 화물의 성질에 따라서 보험사고가 발생되지 않더라도 운송과정에서 조그만 손해가 불가피하게 생기는 경우가 자주 나타나는데, 이런 것까지 보험자가 일일이 보상해 주면 보험료가 그만큼 올라가기 때문에 일정한 소 손해에 대해서는 보험자의 면책으로 하고 있다. 그런데 이 제도는 시행방법에 따라서 약간씩 구분되는데, 만약 면책비율을 3%로 할 경우 2%의 사고가 발생하면 당연히 보험자가 보상하지도 않고, 7%의 사고가 발생할 경우7% 전부 보상하기도 하고 3%를 빼고 4%만 보상하기도 한다. 전자의 경우를 종합식 면책제도(ordinary franchise), 후자의 경우를 공제식 면책제도(deductible franchise)라 한다.

① **공제액의 계산(12.1항)**

제8조 충돌손해배상책임, 제11조 공동해손 및 구조비, 제13조 손해방지 비용을 포함한 모든 손해액이 공제액을 초과하는 경우에 그 금액을 공제하고 보상한다. 공제액은 보험계약을 체결할 때 당사자 간에 합의하여 약관 중의 공란에 기재한다. 그러나 전손이 발생한 경우, 좌초 후 선박의 밑바닥을 검사하는 비용과 전손사고를 방지하기 위한 손해방지비용 등은 공제액 계산에서 제외한다.

그리고 공제액의 적용 기준은 매 사고당 손해를 기준으로 하므로 만약 두 건의 해난사고로 수선이 동시에 이루어질 경우, 수리비는 합쳐서 공제액을 적용하지 않고 각각의 사고에 별도로 적용한다.

② **편도구간항해(12.2항)**

만약 두 개의 연속적인 항구 간의 한 편도항해(a single sea passage)의 기간 중 날짜를 달리하여 연속적으로 악천후 사고가 발생하여 선체가 파손되었다면 그러한 연속손해는 하나의 사고로 간주되고 수리비의 합계에서 1회의 공제액만을 적용한다.

그리고 편도항해기간 중 악천후에 조우하고 있는 동안 보험기간이 종료되고 다른 보험자와 계약 갱신을 했을 경우에는 각각의 보험계약에 적용될 공제액은 다음과 같이 계산된다.

$$\text{공제액약관에 규정되어 있는 공제액} \times \frac{\text{당해 보험기간 중의 악천후 일수}}{\text{전체 악천후 일수}}$$

③ **보상금의 회수(12.3항)**

보험자는 공제액을 공제하고 보험금을 지급한 후 대위권을 행사하여 지급한 보험금의 한도 내에서 보상액을 회수할 수 있다.

④ **회수금의 이자배분(12. 4항)**

제3자의 과실로 보험사고가 발생할 경우 사고 일자로부터 보험금이 지급될 때까지의 배상금에 대한 이자는 피보험자인 선주에게 귀속되고, 보험금 지급일자로부터 보험자가 배상금을 회수하는 기간까지의 이자는 보험자에게 귀속된다.

(13) 피보험자의무조항(Duty of Assured Clause)

피보험자의 의무	
13. Duty of Assured(Sue and Labour)	**13. 피보험자의 의무(손해방지)**
13.1 In case of any loss or misfortune it is the duty of the Assured and their servants and agents to take such measures as may be reasonable for the purpose of averting or minimising a loss which would be recoverable under this insurance.	**13.1** 손실 또는 재난이 발생한 경우에 이 보험에서 보상될 손실을 방지하거나 경감하기 위해 합리적인 조치를 취하는 것은 피보험자. 그 사용인 및 대리인의 의무이다.
13.2 Subject to the provisions below and to Clause 12 the Underwriters will contribute to charges properly and reasonably incurred by the Assured their servants or agents for such measures. General average, salvage charges(except as provided for in Clause 13.5) and collision defence or attack costs are not recoverable under this Clause 13.	**13.2** 아래의 규정 및 약관 12에 따라 보험자는 피보험자, 그 사용인 또는 대리인이 그러한 조치를 취하기 위하여 적절하고 합리적으로 지급한 비용을 보상한다. 공동해손·구조비(약관 13.3에 규정된 경우는 제외)와 충돌배상을 방어 또는 청구하는 비용은 이 약관 13에서 보상하지 않는다.
13.3 Measures taken by the Assured or the Underwriters with the object of saving, protecting or recovering the subject-matter insured shall not be considered as a waiver or acceptance of abandonment or otherwise prejudice the rights of either party.	**13.3** 보험목적물을 구조. 보호 또는 회복시키기 위하여 피보험자 또는 보험자가 취한 조치는 위부의 포기나 승낙으로 간주되지 않으며, 또한 어느 일방의 권리를 침해하지도 않는다.
13.4 When expenses are incurred pursuant to this Clause 13 the liability under this insurance shall not exceed the proportion of such expenses that the amount insured hereunder bears to the value of the Vessel as stated herein, or to the sound value of the Vessel at the time of the occurrence giving rise to the expenditure if the sound value exceeds that value. where the Underwriters have admitted a claim for total loss and property insured by this insurance is saved, the foregoing provisions shall not apply unless the expenses of suing and labouring exceed the value of such property saved and then shall apply only to the amount of the expenses which is in excess of such value.	**13.4** 약관 13에 의해 비용이 발생했을 경우 이 보험에 의한 책임은 그 비용 중에서 이 보험에 기재된 선박가액에 대한 보험금액의 비율을 초과할 수 없다. 또한 선박의 정상가액이 이 보험에 기재된 동 선박의 가액을 초과했을 경우에는 비용지급을 필요로 한 사고의 발생 시 선박의 정상가액에 대한 보험금액의 비율을 초과할 수 없다. 보험자가 전손금의 청구를 승인했을 경우, 이 보험에 부보된 재산이 구조 되었을 때는 위의 여러 규정은 손해방지비용이 구조된 위 재산의 가액을 초과하지 않는 한 적용되지 않으며 또한 초과했을 경우에는 구조된 재산의 가액을 초과하는 비용 액에 대해서만 적용된다.

13.5 When a claim for total loss of the Vellel is admitted under this insurance and expenses have been reasonably incurred in saving or attempting to save the Vessel and other property and there are no proceeds, or the expenses exceed the proceeds, then this insurance shall bear its pro rata share of such proportion of the expenses, or of the expenses in excess of the proceeds, as the case may be, as may reasonably be regarded as having been incurred in respect of the Vessel ; but if the Vessel be insured for less than its sound value at the time of the occurrence giving rise to the expenditure, the amount recoverable under this clause shall be reduced in proportion to the under-insurance

13.6 The sum recoverable under this Clause 13 shall be in addition to the loss otherwise recoverable under this insurance but shall in no circumstances exceed the amount insured under this insurance in respect of the Vessel.

13.3 이 보험에서 선박 전손금의 청구가 승인되었을 경우 그리고 선박 및 기타의 재산을 구조하기 위해 , 또는 구조할 것을 시도하기 위해 합리적으로 비용을 지급했으나 잔존가가 없거나 혹은 비용이 잔존가를 초과할 때는 이 보험은 그 비용 중 또는 잔존가를 초과하는 비용 중 선박에 관해 지급되었다고 합리적으로 인정받는 비율의 비례부분을 부담한다. 그러나 선박이 비용지급을 필요로 한 사고발생시의 정상가액보다 낮은 가액으로 부보되었을 경우에는 이 약관에 의해 보험자로부터 회수할 수 있는 금액은 일부보험의 비율에 따라 감액된다.

13.6 약관 13에서 보상될 금액은 이 보험에 의해 보상될 다른 손해에 추가되지만 어떤 경우에도 이 선박보험의 보험금액을 초과하지 않는다.

① 피해보험자의 손해방지의무(13.1항)

피보험자, 그 사용인 및 대리인은 손해의 방지와 경감을 위한 모든 합리적인 노력을 기울여야 한다.

② 손해방지비용의 부담(13.2항)

피보험자의 손해방지활동에 따라 적절하고 합리적으로 발생한 비용은 보험자가 별도로 부담한다.

③ 위부의 포기(13.3항)

피보험자 또는 보험자의 손해방지행위는 위부의 포기 또는 승낙하고는 상관없다. 이 항은 협회적하보험약관의 제17조 위부포기약관과 그 내용이 동일하다.

④ 손해방지비용의 부담한계(13.4항)

보험자는 손해방지비용에 대해서 선박가액에 대한 보험금액의 비율만큼 책임지고 만약 선박의 실제 정상가격이 보험증권에 기재된 선박가액을 초과 했을 경우에는 선박의 실제 정상가격에 대한 보험금액의 비율만큼 책임진다.

⑤ 애매모호한 비용의 보상(13.5항)

이 항은 전손보험금이 지급될 때 손해방지비용도 아니고 구조비도 아닌 애매한 비용에 대해서 보험자가 비례 분담할 것을 규정한 것이다. 선박만을 구조하기 위해서가 아니라 선박과 기타의 재산을 함께 구조하기 위해 지출된 비용은 엄격히 말해서 선박의 손해방지비용이라 볼 수 없고 그리고 전손이 되었으므로 구조비라고도 할 수 없지만 이러한 비용에 대해서도 선박보험자가 책임질 비율만큼 보상한다.

⑥ 손해방지비용의 한도(13.6항)

손해방지비용은 보험자가 추가로 보상하는 것이기 때문에 보험금과 손해방지비용의 합계가 보험금액을 초과할 수 있다. 손해방지행위에도 불구하고 전손이 발생하면 보험자는 전손보험금과 손해방지비용을 모두 보상해야 한다. 그러나 손해방지비용 그 자체가 보험금액을 초과할 경우에는 보험금액을 한도로 한다.

(14) 신·구교환차익 불공제조항(New for Old Clause)

신 · 구 교환 차익 불공제	
14. New for Old Claims payable without deduction new for old.	**14. 신·구 교환 차익 불공제** 보상청구액은 신·구교환차익의 공제 없이 지급된다.

신·구교환차익은 선박을 수리할 때 낡은 부품을 신품으로 바꿀 경우의 차익으로 이것은 실손보상의 원칙에 따라 보험자가 이를 공제하고 지급하는 것이 원칙이다. 그러나 선박보험에서는 피보험자를 위하여 신·구교환차익을 공제하지 않고 보험자가 담보하고 있다.

(15) 선저처리조항(Bottom Treatment Clause)

선저처리	
15. Bottom Treatment In no case shall a claini be allowed in respect of scraping gritblasting and/or other surface preparation or painting of the Vessel s bottom except that **15.1** gritblasting1 and/or other surface preparation of new bottom plates ashore and supplying and applying any "shop" primer thereto, **15.2** gritblasting and/or other surface preparation of: the butts or area of plating immediately adjacent of any renewed or refitted plating damaged during the course of welding and/or repairs, areas of plating damaged during the course of fairing, either in place or ashore	**15. 선저처리** 어떠한 경우에도 선저의 부착물 청소. 모래분사작업 및 기타 표면처리 또는 도장과 관련된 보상청구는 허용되지 않는다. 다만, **13.1** 해안에서 신조된 선저 외판의 모래분사작업 및 기타 표면처리와 수리소에서 그 부분에 대한 준비도장 **15.2** 용접 및 수리 중에 손상되어 신환 또는 재의장된 외판에 바로 근접한 외판 부분의 모래분사작업 및 기타 표면처리 현장 또는 해안에서의 철판의 곡직작 업중에 손상된 외판부분의 모래분사작업 및 기타 표면처리

15.3 supplying and applying the first coat of primer /anti-corrosive to those particular areas mentioned in 15.1 and 15.2 above, shall be allowed as part of the reasonable cost of repairs in respect of bottom plating damaged by an insured peril.	**15.3** 위 약관 15.1과 13.2에 언급된 특정 부분의 최초의 기초도장/ 방청도장 등은 담보위험으로 손상된 선저 외판과 관련된 합리적인 수리비의 일부로 인정한다.

보험자가 보상해 주는 선저처리비용을 구체적으로 명시하고 있다.

(16) 급료 및 유지비조항(Wages and Maintenance Clause)

급료 및 유지비약관	
16. wages and Maintenance No claim shall be allowed, other than in general average, for wages and maintenance of the Master, Officers and Crew, or any member thereof, except when incurred solely for the necessary removal of the Vessel from one port to another for the repair of damage covered by the Underwriters, or for trial trips for such repairs, and then only for such wages and maintenance as are incurred whilst the Vessel is under way.	**16. 급료 및 유지비** 선장. 고급선원. 보통선원 또는 기타 선원의 급료와 유지비는 어떠한 경우에도 공동해손 이외에는 인정되지 않는다. 다만 , 보험자가 보상하는 손상 수리를 위하여 선박을 어떤 항구에서 다른 항구로 이동하는 것이 필요해 오직 이를 위하여 또는 그러한 수리 후의 시운전만을 위하여 선박이 그 항해 중에 지급한 급료와 유지비는 인정한다.

이 조항에 의하면 첫째 선박이 보험자가 부담할 수선을 목적으로 회항하는 경우, 둘째 보험자가 부담할 수선이 완료된 후 선박이 시운전 항해를 할 경우, 셋째 공동해손의 경우 선원의 급료 및 유지비는 수리비의 일부로 간주되어 보험자가 보상한다.

(17) 대리점수수료조항(Agency Commission Clause)

대리점수수료	
17. Agency Commission In no case shall any sum be allowed under this insurance either by way of remuneration of the Assured for time and trouble taken to obtain and supply information or documents or in respect of the commission or charges of any manager, agent, managing or agency company or the like, appointed by or on behalf of the Assured to perform such services.	**17. 대리점수수료** 이 보험에서는 어떠한 경우에도 피보험자가 정보나 서류들을 입수하여 제공하는데 들인 시간과 노력에 대한 대가를 보상하지 않으며 그러한 업무를 수행하기 위하여 피보험자가 지정했거나 피보험자를 대신하는 관리인·대리인·관리회사·대리점 또는 유사한 회사 등의 수수료 또는 비용에 관해서도 일체 보상하지 않는다.

보험사고가 발생할 경우 피보험자(선주)는 손해액을 산정하거나 보험회사에 제출할 여러 가지 증거자료를 수집하기 위해서 보험회사가 임명하는 것과는 별도로 대리인을 임명하기도 하는데, 이 대리점에게 지급할 수수료는 보험자가 부담하지 않는다.

(18) 미수리손상조항(Unrepaired Damage Clause)

미수리손상	
18. Unrepaired Damage **18.1** The measure of indemnity in respect of claims for unrepaired damage shall be the reasonable depreciation in the market value of the Vessel at the time this insurance terminates arising from such unrepaired damage but not exceeding the reasonable cost of repairs.	**18. 미수리손상** **18.1** 미수리손상에 대한 보상청구와 관련된 보상액의 산정은 그러한 미수리손상으로 인해서 이 보험이 종료하는 시점에서 선박시장가액의 합리적인 감가액으로 하되, 합리적인 수리비를 초과할 수 없다.

18.2 In no case shall the Underwriters be liable for unrepaired damage in the event of a subsequent total loss(whether or not covered under this insurance) sustained during the period covered by this insurance or any extension thereof.	**18.2** 이 보험의 담보기간 중에 또는 담보 연장기간 중에 전손된 경우에는(이 보험에서 담보되건 안 되든 간에). 미수리손상에 대해서 보험자는 어떠한 경우에도 책임지지 않는다.
18.3 The Underwriters shall not be liable in respect of unrepaired damage for more than the insured value at the time this insurance terminates	**18.3** 보험자는 미수리손상에 대하여 이 보험이 종료하는 시점에서의 보험가액 이상을 책임지지 않는다.

① 미수리손상의 보상한도액(18.1항)

보험자는 미수리손상에 대해서 보험계약이 종료하는 시점에서의 선박정상가액에서 손상상태의 가액을 공제한 잔액, 즉 감가액만큼 책임지지만 그 한도액은 합리적인 수리비를 초과할 수 없다.

② 연속손해에 관한 보상(18.2항)

동일한 보험증권 하에서 분손이 생기고 이것이 수리되기 전에 전손이 발생할 경우 보험자는 실손보상의 원칙에 따라서 전손에 대해서만 보상한다. 여기에 관한 자세한 내용은 제11장 전손과 분손 제4절에 설명되어 있다.

③ 최고보상한도액(18.3항)

사고가 발생할 때마다 수리를 시행하는 경우에는 매 건에 대하여 보험금액을 한도로 수리비가 보상되며 수리비의 합계가 보험금액을 초과해도 보험자는 보상할 책임이 있다. 그런데 선박이 미 수리 상태인 경우에 보험자의 책임은 보험계약이 종료하는 시점의 보험가액을 한도로 한다.

(19) 추정전손조항(Constructive Total Loss Clause)

추정전손	
19. Constructive Total Loss	**19. 추정전손**
19.1 In ascertaining whether the Vessel is a constructive total loss the insured value shall be taken as the repaired value and nothing in respect of the damaged or break-up value of the Vessel or wreck shall be taken into account,	**19.1** 선박의 추정전손 여부를 판단할 때 보험가액을 수리완료 후의 가액으로 간주하고 선박 또는 난파선의 손상가액 또는 해체가액은 고려하지 않는다.
19.2 No claim for constructive total loss based upon the cost of recovery and/or repair of the Vessel shall be recoverable hereunder unless such cost would exceed the insured value. In making this determination, only the cost relating to a single accident or sequence of damages arising from the same accident shall be taken into account.	**19.2** 선박의 회복 및 수리비용을 기초로 한 추정전손의 청구는 그 비용이 보험가액을 초과하지 않으면 보상되지 않는다. 추정전손의 결정에는 1회의 사고 또는 동일 사고로 인한 연속된 손상에 관련된 비용만을 고려한다.

추정전손을 결정할 때 사용하는 계산 기준을 규정한 것이다.

① 수리비의 가액(19.1항)

수리 후의 선가를 결정할 때는 보험가액을 기준으로 하고 여기에 난파선의 손상가격이나 해체가격은 포함시키지 않는다. 만약 선박의 협정보험가액이 100,000달러이고 난파선의 가액이 10,000달러이라면 수리비가 100,000달러 이상 견적되면 당연히 추정전손으로 간주된다. 그러나 수리비가 90,000달러가 나올 경우 난파선 가액을 합하면 추정전손이 성립될 수 있는데, 이 약관에서는 난파선의 가액을 수리비에 포함시키지 않도록 규정하여 이 경우는 추정전손이 성립되지 않는다.

②수리비의 범위(19.2항)

추정전손의 기준이 되는 수리비를 산정할 때는 1회의 사고 또는 동일 사고에서 발생한 연속된 손상에 관련된 비용만을 고려한다. 그리고 수리비에는 본래의 수리비 외에 수리항까지 회항하는 데 소요되는 예인비, 선장 등의 급료 및 부양비, 항만세 및 연료 등의 회항비용을 포함한다.

(20) 운임포기조항(Freight Waiver Clause)

운임포기	
20. Freight Waiver In the event of total or constructive total loss no claim to be made by the Underwriters for freight whether notice of abandonment has been given or not	**20. 운임포기** 전손 또는 추정전손의 경우에는 위부의 통지 여부를 불문하고 보험자는 운임을 청구하지 않는다.

보험자는 전손 보험금을 지급하면 잔존물에 대한 일체의 권리를 피보험자로부터 승계하므로 선박이 취득한 운임을 회수할 권리가 있다. 그런데 이 약관은 보험자가 운임 취득권을 행사하지 않을 것을 규정하여 운임은 선주의 몫으로 돌리고 있다.

(21) 선비담보조항(Disbursement Warranty Clause)

• 선비담보

21. Disbursement Warranty

21.1. Additional insurances as follows are permitted

21.1.1 Disbursements, Managers Commissions, Profits or Excess or Increased Value ofHull and Machinery. A sum not exceeding 25% of the value stated herein.

21.1.2 Freight, Chartered Freight or Anticipated Freight, insured for time. A sum not exceeding 25% of the value as stated herein less any sum insured, however described. under 21.1.1.

21.1.3 Freight or Hire, under contracts for voyage. A sum. not exceeding the gross freight or hire for the current cargo passage and next succeeding cargo passage(such insurance to include, if required, a preliminary and an intermediate ballast passage) plus the charges of insurance. In the case of a voyage charter where payment is made on a time basis, the sum permitted for insurance shall be calculated on the estimated duration of the voyage, subject to the limitation of two cargo passages as laid down herein. Any sum insured under 21.1.2 to be taken into account and only the excess thereof may be insured, which excess shall be reduced as the freight or hire is advanced or earned by the gross amount so advanced or earned.

21.1.4 Anticipated Freight if the Vessel sails in ballast and not under Charter. A sum not exceeding the anticipated gross freight on next cargo passage, such sum to be reasonably estimated on the basis of the current rate of freight at time of insurance plus the charges of insurance. Any sum insured under 21.1.2 to be taken into account and only the excess thereof may be insured.

21. 선비담보

21.1 다음의 추가보험을 인정한다.

21.1.1 선비·관리자의 수수료. 이윤 또는 선체 및 기관의 초과액 혹은 증가액: 그 보험금액은 이 보험증권에 기재된 가액의 25%를 초과할 수 없다.

21.1.2 기간보험으로 부보된 운임·용선료 혹은 희망운임: 그 보험금액은 이 보험증권에 기재된 가액의 25%에서 명칭 여하를 불문하고 약관 21.1에 의거해 부보된 금액을 공제한 액수를 초과할 수 없다.

21.1.3 항해운송계약에 의한 운임 혹은 용선료: 그 보험금액은 화물을 적재한 당해 구간항해 및 이어서 계속되는 다음의 화물을 적재한 구간항해(이러한 보험에서는 필요시에 준비를 위한 중간의 공선의 구간항해를 포함)에 대한 총운임 혹은 총용선료에 보험비용을 가산한 액수를 초과할 수 없다. 기간을 기준으로 용선료가 지급되는 항해용선의 경우 인정되는 부보 금액은 위에서 규정한 화물을 적재한 2개의 구간항해의 제한에 따라 항해의 견적기간에 기초를 두고 산출하지 않으면 안 된다. 이 약관 21.1.2에 의해 부보된 금액이 있을 경우에는 이를 고려하여 그 초과액을 부보 할 수 있다. 이 초과액은 운임 혹은 용선료가 선불되거나 또는 취득됨에 따라 선불 또는 취득된 총액만큼 감액된다.

21.1.4 선박이 공선으로 그리고 용선되지 않고 출항하는 경우의 희망운임: 그 보험금액은 화물을 적재한 다음의 구간항해에 있어서의 희망운임 총액을 초과할 수 없다 이 보험금액은 보험계약 체결시의 운임시가를 기초로 하여 합리적으로 추정 된 금액에 보험 비용을 가산한 것으로 한다. 이 약관 21.1.2에 의해 부보된 금액이 있을 경우에는 이를 고려하여 그 초과액만을 부보 할 수 있다.

21.1.5 Time charter hire or charter hire for series of voyages. A sum not exceeding 50% of the gross hire which is to be earned under the charter in a period not exceeding 18 months. Any sum insured under 21.1.2 to be taken into account and only the excess thereof may be insured, which excess shall be reduced as the hire is advanced or earned under the charter by 50% of the gross amount so advanced or earned but the sum insured need not be reduced while the total of the sums insured under 21.1.2 and 21.1.5 does not exceed 50% of the gross hire still to be earned under the charter. An insurance under this Section may begin on the signing of the charter.

21.1.6 Premiums. A sum not exceeding the actual premiums of all interests for a period not exceeding 12 months(excluding premiums insured under the foregoing sections but including, if required, the premium or estimated calls on any Club or War etc. Risk insurance) reducing pro rata monthly.

21.1.7 Returns of Premium. A sum not exceeding the actual returns which are allowable under any insurance but which would not be recoverable thereunder in the event of a total loss of the Vessel whether by insured perils or otherwise.

21.1.8 Insurance irrespective of amount against: Any risk excluded by Clauses 23, 24, 25 and 26 below.

21.1.5 기간용선료 혹은 연속된 수 개 항해에 대한 용선료: 그 보험금액은 18개월을 초과하지 않은 기간 내의 용선계약상 취득할 예정의 용선료 총액의 30%를 초과할 수 없다. 약관 21.1.2에 의거해 부보된 금액이 있을 경우에는 이를 고려하여 그 초과액만을 부보 할 수 있다. 그 초과액은 용선료가 용선계약상 선불되거나 또는 취득되거나에 따라 선불 또는 취득된 총액의 50%만큼 감액되어 가나, 그 보험금액은 약관 21.1.2 및 21.1.5에 의거해 부보된 금액의 합계액이 용선계약상 추후 취득될 용선료 총액의 50%를 초과하지 않은 동안은 감액할 필요가 없다. 이 항에 따른 보험은 용선계약에 서명한 때부터 개시할 수 있다.

21.1.6 보험료: 그 보험금액은 12개월을 초과하지 않은 기간에 대해 부보된 모든 이익의 실제 보험료를 초과할 수 없다(위의 각 항에 의거해 부보된 보험료는 공제하나 필요시에는 선주상호보험조합의 보험 혹은 전쟁 등 위험보험의 보험료 혹은 추정보험료를 포함한다). 이 보험금액은 월할로 감액되는 것으로 한다.

21.1.7 환급보험료: 그 보험금액은 모든 보험에서 환급이 인정될 수 있으나 선박이 담보위험 또는 기타 위험으로 전손이 발생될 경우에는 회수할 수 없게 될 실질적인 환급보험료를 초과할 수 없다.

21.1.8 보험금액의 제한이 없는 보험: 아래의 약관 23. 24. 25 및 26에서 면책된 위험

21.2 Warranted that no insurance on any interests enumerated in the foregoing 21.1.1 to 21.1.7 in excess of the amounts permitted therein and no other insurance which includes total loss of the Vessel PPI, FIA, or subject to any other like term, is or shall be effected to operate during the currency of this insurance by or for account of the Assured Owners Managers or Mortgagees. Provided always that a breach of this warranty shall not afford the Underwriters any defence to a claim by a Mortgagee who has accepted this insurance without knowledge of such breach.	**21.2** 위의 약관 21.1.1 내지 21.1.7에서 열거한 모든 이익의 보험으로서 위 각 항에서 인정된 금액을 초과하는 보험과 선박의 전손을 포함한 보험증권 자체가 피보험이익의 존재를 증명함, 모든 피보험이익을 승인함, 또는 이와 유사한 구절의 조건으로 부보하는 기타의 보험이 피보험자·소유자·관리자 또는 저당권자에 의21.1.8 보험금액의 제한이 없는 보험: 아래의 약관 23. 24. 25 및26에서 면책된 위험해, 혹은 이들을 위해 이 보험의 보험기간 중에 효력이 있게끔 부보 되어 있지 않을 것과 장래에도 부보되지 않을 것을 담보한다. 다만, 이 담보의 위반은 그 위반사실을 알지 못하고 이 보험을 수취한 저당권자에 의한 보험금 청구에 대해 보험자에게 항변권을 부여하는 것은 아니다.

선체(hull)와 기관(machinery) 이외에 선비·운임 등 부수적인 피보험이익에 대한 보험금액을 일정액으로 제한하기 위해서 제정된 것이다.

① 수가보험(21-1항)

선비조항에서 인정하고 있는 각 항목의 보험금액은 다음과 같다.

ⓐ 선비·관리자의 보수 및 이윤·선체 및 기관의 초과액 혹은 증가액: 보험금액은 선박 보험가액의 25% 범위 내이다.

ⓑ 기간보험으로 부보된 운임·용선료 혹은 회망운임: 보험금액은 선박 보험가액의 25% 해당 금액에서 ⓐ의 보험금액을 공제한 금액이다.

ⓒ 항해운송계약에 의한 운임 혹은 용선료: 해당 구간항해 및 다음 구간 항해의 타임 또는 총용선료에 보험료를 합하고 여기에서 ②항에 의해 부보된 금액을 공제한 것을 보험금액의 한도액으로 한다.

ⓓ 선박이 화물을 적재하지 않은 채 그리고 용선되지 않고 출항하는 경우의 희망운임: 구간항해의 희망 총운임에 보험료를 합한 금액에서 ②항에 의해 부보된 금액을 공제한 것을 보험금액의 한도액으로 한다.

ⓔ 기간용선료 혹은 연결된 여러 개의 항해에 대한 용선료: 18개월을 초과하지 않는 기간에 용선계약상 취득하는 총 용선료의 50%에서 ⓑ항에 의해 부보된 금액을 공제한 것을 보험금액의 한도액으로 한다. ⓔ항에서의 보험금액은 용선료가 선불 또는 취득됨에 따라 50%만큼씩 감액된다. 그러나 ⓑ 항 및 ⓔ항에 의한 보험금액의 합계가 용선계약상 앞으로 취득하게 될 총 용선료의 50%를 초과하지 않을 때에는 감액할 필요가 없다.

ⓕ 보험료: 12개월을 초과하지 않는 기간보험에 대해서 실제로 지급된 보험료를 한도로 한다. 보험금액은 기간보험계약의 보험기간이 결과함에 따라 매월 비례적으로 감액되며 ⓒ 및 ⓓ에서처럼 기간이 아닌 항해에 대한 보험료는 포함하지 않는다.

ⓖ 환불보험료: 부보된 선박의 전손이 발생했을 경우에 회수할 수 없는 실제의 환불액을 초과해서는 안 된다. 그런데 보험료 환불은 보험기간 중에 전손이 없는 것을 조건으로 한다.[14]

② 명예보험의 인정(21.2항)

선비 등은 항해 전에 정확히 예측하기가 어려워 피보험이익을 증명하는 것이 곤란하다. 이 점을 고려하여 위의 일곱 가지 항목에 대해서는 피보험이익이 존재하지 않더라도 명예보험으로 보험계약이 체결되도록 허용하고 있다.

14 이 조건이 없으면 보험기간 중 선박에 전손사고가 발생했을 때 피보험자는 보험계약을 해제하고 보험기간이 만료될 때까지 미경과 기간에 대한 환불보험료를 청구할 수 있는 문제가 제기된다.

(22) 계선 및 해지환급조항 (Returns for Lay-up and Cancellation Clause)

계선 및 해지환급	
22. Returns for Lay-up and Cancellation	**22. 계선 및 해지환급**
22.1 To return as follows:	**22.1** 아래와 같이 보험료를 환급한다.
22.1.1 Pro rata monthly net for each uncommenced month if this insurance be cancelled by agreement.	**22.1.1** 합의에 의해 이 보험을 해지하는 경우에는 각 미 경과 월에 대한 월 할 순보험료
22.1.2 For each period of 30 consecutive days the vessel may be laid up in a port or in a lay—up area provided such port or lay-up area is approved by the Underwriters(with special liberties as hereinafter allowed) (a) ...... per cent net not under repair (b) ...... per cent net under repair If the Vessel is under repair during part only of a period for which a return is claimable the return shall be calculated pro rata to the number of days under (a) and (b) respectively.	**22.1.2** (다음에 인정하는 특별 자유재량권의 행사를 조건부로) 선박이 보험자가 승인하는 항구 또는 계선구역에서 계선하는 경우에는 30일 연속의 매 기간에 대해서 (a) 수리중이 아닌 경우 : 순 % (b) 수리중인 경우 : 순 % 만약 보험료의 환급청구를 할 수 있는 기간의 일부만이 수리중이라면, 환급보험료는 위의 (a) 및 (b)에 각기 해당하는 일수의 비율에 따라 산출된다.
22.2 PROVIDED ALWAYS THAT	**22.2** 다만, 아래의 조항을 조건으로 한다.
22.2.1 a total loss of the Vessel. whether by insured perils or otherwise has not occurred during the period covered by this insurance or any extension thereof	**22.2.1** 담보위험 또는 기타 위험에 의해 보험기간 또는 그 연장된 기간중에 선박이 전손되지 않아야 한다.
22.2.2 in no case shall a return be allowed when the Vessel is lying in exposed or unprotected waters, or in a port or lay-up area not approved by the Underwriters but, provided the Underwriters agree that such non-approved lay-up area is deemed to be within the vicinity of the approved port or lay-up area, days during which the Vessel is laid up in such non-approved lay-up area may be added to days in the approved port or lay-up area to calculate a period of 30 consecutive days and a return shall be allowed for the proportion of such period during which the Vessel is actually laid up in the approved port or lay-up area	**22.2.2** 어떠한 경우에도 선박이 풍랑에 노출되어 있거나, 방파설비가 없는 해역 또는 보험자가 승인하지 않은 계선구역에 정박했을 경우 보험료의 환급은 인정되지 않는다. 다만, 그러한 승인하지 않은 계선구역을 보험자가 승인한 항구나 계선구역으로 보험자가 간주하고 동의했을 경우를 전제로 하여 선박이 위의 승인하지 않은 계선구역에서 계선한 일수는 연속 30일의 기간을 계산할 때 , 승인한 항구 또는 계선구역에서의 일수에 가산되고 , 보험료는 선박이 승인된 항구 또는 계선구역에서 계선하는 실제 일수의 비율만큼 환급된다.

22.2.3 loading or discharging operations or the presence of cargo on board shall not debar returns but no return shall be allowed for any period during which the Vessel is being used for the storage of cargo or for lightering purposes	**22.2.3** 적재 또는 양하 작업 또는 선내 화물의 존재는 보험료의 환급을 방해하는 것은 아니다. 그러나 선박이 화물의 보관에 사용되거나 해상하역작업의 목적에 사용되는 기간에 대해서는 보험료의 환급은 인정된다.
22.2.4 in the event of any amendment of the annual rate, the above rates of return shall be adjusted accordingly	**22.2.4** 연간 보험요율에 변경이 있을 경우 위의 환급보험요율은 그에 따라 조정된다.
22.2.5 in the event of any return recoverable under this Clause 22 being based on 30 consecutive days which fall on successive insurances effected for the same Assured, this insurance shall only be liable for an amount calculated at prorata of the period rates 22.1.2 (a) and/or (b) above for the number of days which come within the period of this insurance and to which a return is actually applicable. Such overlapping period shall run at the option of the Assured, either from the first day on which the Vessel is laid up or the first day of a period of 30 consecutive days as provided under 22.1.2 (a), (b), or 22.2.2 above.	**22.2.5** 약관 22에 의한 보험료의 환급이 동일 피보험자를 위해 체결되고 연속된 보험계약에 걸쳐진 30일 연속일수에 해당되는 경우에는, 이 보험계약에서 담보되는 기간으로서 환급이 실제 적용되는 기간에 대한 위의 22.1.2(a) 및 또는 (b)의 해당 일자 비율에 따라 산출되는 금액에 한해 이 보험계약에서 부담한다. 연속된 위의 보험계약의 기간은 피보험자의 재량에 따라 선박이 휴항한 최초의 일자부터 기산하거나 또는 약관 21.1.2(a), (b) 또는 22.2.2에서 규정한 바에 따라 30일 연속기간의 최초의 일자부터 기산한다.

보험자와 피보험자가 합의하여 보험계약을 해제할 경우, 또는 부보 선박이 수선 또는 기타 피치 못할 사유로 일정 기간 휴항할 경우 소정의 보험료를 환불해 준다는 내용이다.

① 보험계약의 해지에 따른 환불보험료

보험자와 피보험자의 합의에 의해 보험계약이 해약되는 경우 미경과 기간에 대해서 월할 순보험료의 ……%의 보험료를 환불해 준다. 환불보험료는 영국의 선박보험합동위원회에서 산정한 환불보험요율표(scale of return)에 따라 산정된다.

② 휴양에 따른 환불보험료

보험자가 승인한 항내 혹은 휴항해역에서 부보 선박이 일정 기간 휴항하는 경우 소정의 보험료를 환불해 준다. 휴항환불의 경우에는 휴항위험 또는 계선위험에 해당하는 보험료를 공제하고 잔여보험료를 지급하는데, 자세한 내역은 환불 보험 요율표에 따른다.

휴항환불보험료는 30일 연속의 매 기간을 단위로 하여 환불되는데, 휴항 일수를 계산함에 있어서 그 기간은 선박이 항구에 도착하여 정박했을 때부터 시작되고 다음 항해에 취항하기 위하여 출항할 때까지 계속된다.

The following clauses shall be paramount and shall override anything contained in this insurance inconsistent therewith.	다음 약관들은 절대적이며 이 보험에 포함되어 이 것과 저촉되는 일체의 규정에 우선한다.

다음의 네 가지 면책약관, 즉 제23조 전쟁면책약관, 제24조 동맹파업면책약관, 제23조 악의행위면책약관 및 제26조 원자핵면책약관은 다른 어떤 약관보다 우선하여 적용되는 약관이다.

(23) 전쟁면책조항(War Exclusion Clause)

전쟁면책	
23. War Exclusion In no case shall this insurance cover loss damage liability or expense caused by	**23. 전쟁면책** 이 보험은 다음에 기인한 멸실. 손상. 배상책임 또는 비용을 어떠한 경우에도 담보하지 않는다.
23.1 war civil war revolution rebellion insurrection, or civil strife arising therefrom, or any hostile act by or against a belligerent power	**23.1** 전쟁·내란·혁명·모반·반란 또는 이로 인하여 발생하는 국내투쟁 또는 교전국에 의하거나 교전국에 대한 적대행위
23.2 capture seizure arrest restraint or detainment(barratry and piracy excepted), and the consequences thereof or any attempt thereat	**23-1** 포획·나포·강류·억지 또는 억류(악행 및 해적행위 제외) 및 이런 행위의 결과 또는 이러한 행위를 하려고 기도한 결과
23.3 derelict mines torpedoes bombs or other derelict weapons of war.	**23.3** 유기된 기뢰·어뢰·폭탄 또는 기타 유기된 전쟁무기

전쟁위험에 대해서 보험자의 면책을 규정한 조항이다. 그러나 선원 등의 악행 및 해적행위는 전쟁위험에서 제외하여 보험자가 보상한다.

(24) 동맹파업면책조항(Strikes Exclusion Clause)

동맹파업면책	
24. Strikes Exclusion In no case shall this insurance cover loss damage liability or expense caused by **24.1** strikers locked-out workmen, or persons taking part in labour disturbances riots or civil commotions. **24.2** any terrorist or any person acting from a political motive.	**24. 동맹파업면책** 이 보험은 다음에 기인한 멸실. 손상·배상책임 또는 비용을 어떠한 경우에도 담보하지 않는다. **24.1** 동맹파업자·직장폐쇄노동자 또는 노동쟁의. 폭동 또는 소요에 가담한 자 **24.2** 테러리스트 또는 정치적 동기에서 행동하는 자

동맹파업위험에 대해서 보험자의 면책을 규정한 조항이다. 테러리스트 또는 정치적 동기에서 행동하는 자에 의한 손해에 대해서도 보험자는 면책이다.

(25) 악의행위면책조항(Malicious Acts Exclusion Clause)

악의행위면책	
25. Malicious Acts Exclusion In no case shall this insurance cover loss damage liability or expense arising from **25.1** the detonation of an explosive **25.2** any weapon of war and caused by any person acting maliciously or from a political motive.	**25. 악의행위면책** 이 보험은 다음에 기인한 멸실. 손상·배상책임 또는 비용을 어떠한 경우에도 담보하지 않는다. **25.1** 폭발물의 폭발 **25.2** 어떠한 전쟁무기 그리고 악의적으로 행동하는 자에 의하거나 혹은 정치적 동기로부터 발생된 것.

악의적으로 행동하는 자에 의해 발생된 손해와 정치적 동기를 목적으로 발생된 손해에 대해서 보험자의 면책을 규정한 것이다.

(26) 원자핵면책조항(Nuclear Exclusion Clause)

원자핵면책	
26. Nuclear Exclusion In no case shall this insurance cover loss damage liability or expense arising from any weapon of war employing atomic or nuclear fission and/or fusion or other like reaction or radioactive force or matter.	**26. 원자핵면책** 이 보험은 원자 또는 핵의 분열 및/또는 결합 혹은 이와 유사한 반응 또는 방사성의 힘 또는 물질을 사용하는 어떠한 전쟁무기로 인하여 발생되는 멸실·손상·배상책임 또는 비용을 어떠한 경우에도 담보하지 않는다.

원자핵·방사선 등에 의한 손해에 대해서 보험자의 면책을 규정한 것이다. 원자력 또는 핵병기에 의한 손해는 반드시 전쟁의 발발이나 적대행위를 동반할 필요는 없으며 원자력 등의 실험에 기인하거나 우발적인 폭발에 의한 손해도 면책된다. 그러나 병기와 관련 없는 원자로의 파괴 등에 의한 직접적인 손해는 보험자가 담보한다.

Chapter X 해상적하보험실무

1. 해상적하보험계약의 체결

해상보험계약은 장기간 실무에 종사한 중개인이나 대리점을 통하여 적하보험에 관한 전문적인 지식에 관해 조언을 받으면서 보험계약을 체결할 수도 있고 보험계약자가 직접 보험회사와 협의하여 보험계약을 체결할 수 있다. 보험계약자가 보험계약을 직접 체결할 때는 피보험이익이 직면하게 될 위험의 종류를 세밀히 인지한 후 이에 대한 사고 발생의 가능성을 측정하여 적하보험 부보조건 및 보험요율 등을 결정한 후 청약서를 작성하여 보험회사에 부보를 청약한다.

해상보험계약은 일종의 낙성계약이기 때문에 당사자 간의 합의, 즉 청약과 승낙을 통해 계약이 성립한다. 보험계약은 불 요식 계약이므로 그 방법에는 제약이 없지만 실무적으로는 보험계약청약서 등을 제출하고 보험증권(insurance policy)을 교부하는 경우가 대부분이다.

1-1 청약과 승낙

(1) 청약

해상보험계약의 청약이란 보험계약자가 계약을 성립시킬 목적으로 보험자에게 행하는 확정적 의사표시로 원칙적으로는 일정한 방식이 요구되지 않는다.

① 보험계약자가 직접계약체결

주로 보험자에 의해 작성된 보험계약청약서에 담보조건과 보험요율산정 및 보험자가 요청하는 사항들을 고지한다.

② 보험중개인을 통한 계약체결

보험계약자와 보험중개인이 보험의 세부사항을 결정하면 보험중개인은 각서(memorandum) 또는 부전지(slip)에 보험내용을 기재하여 보험업자에게 제시(청약)한다.

(가) 청약서 기재사항

보험계약자는 보험회사 소정의 청약서 양식에 해당사항을 정확히 기재하고 보험료를 납입하여야 보험계약이 성립되고 그 효력이 발생된다. 보험청약서에 기재할 사항은 다음과 같고 이것은 보험료 산출의 중요한 기준이 되는 것으로 정확하게 기재하여야 한다. 만약 중요한 사실을 고지하지 않거나 부실고지를 하면 계약자체가 해지될 수도 있기 때문에 주의하여야 한다.

ⓐ 보험계약자명(수출입 상사명) ⓑ 선박명 및 출항일자 ⓒ 출발항 및 도착항명
ⓓ 환적이 있을 경우 환적항명 ⓔ 피보험화물의 수량 품명 및 명세
ⓕ 송장금액 및 보험금액 ⓖ 보험조건 ⓗ 보험금 지급지 및 화폐단위
ⓘ 신용장 번호 또는 수출입허가번호 ⓙ 보험증권의 부수
ⓚ 기타 보험자가 요구하는 중요사항

(나) 주의사항

ⓐ 선박명 및 그 출항 일자는 수출인 경우 선하증권의 기재사항과 반드시 일치하여야 한다.

ⓑ 수입인 경우 송하인으로 하여금 선적이전에 빠른 통신수단으로 선명과 출항 일자를 통지하여 이를 보험회사에 고지되도록 하여야만 보험보호에 만전을 기할 수 있다. 왜냐하면 화물을 적재할 선박이 노후 선박 또는 소형선박일 경우에는 선박할증보험료를 별도로 납부해야 보험계약의 효력을 가지며 이를 고지하지 않았을 경우 사고가 발생하면 보험금 지급 거절사유가 될 수도 있기 때문이다.

화물이 적재될 선박이 정기항로 또는 공표된 일정을 유지하고 각국의 공인된 선급협회가 인정하는 선박이라면 선박 자체가 내항성의 결여로 인하여 화물에 손상을 입힐 확률이 많지 않으므로 별도의 추가 보험료를 필요로 하지 않으나 협회선급약관에서 제외된 각종 선박은 위험이 개시되기 이전에 그러한 선박명을 보험자에게 고지하여 선박할증보험료를 납부하여야 한다.

특히 목조선으로 운송하는 화물은 FPA 혹은 C 조건과 그의 제한 조건부 부대조건인 투하, 갑판유실담보조건 이하로만 인수한다.

ⓒ 보험계약체결 당시의 기재사항 중 위험이 증감될 만한 중요한 사항이 변경이 있을 경우에 지체 없이 이를 보험회사에 통지하여 이에 따르는 필요한 조치를 취하여야 하며 보험회사는 이러한 변경사항을 접수하는 대로 즉시 기재사항을 수정하여 배서하고 필요시에는 보험료를 추징 또는 반환한다. 만약 이를 이행하지 않았을 경우에는 통지의무 위반으로 계약이 무효화 될 수 있다.

(2) 승낙

승낙이란 보험자가 특정한 보험계약의 청약에 대하여 계약을 성립시킬 목적으로 하는 의사표시를 말하는 것으로 원칙적으로는 일정한 방식이 요구되지 않는다.

보험자는 고지사항을 검토하여 인수 여부를 결정하여 승낙통지를 발송하면 보험계약이 성립한다.

〈도해 10-1〉 보험계약의 체결절차

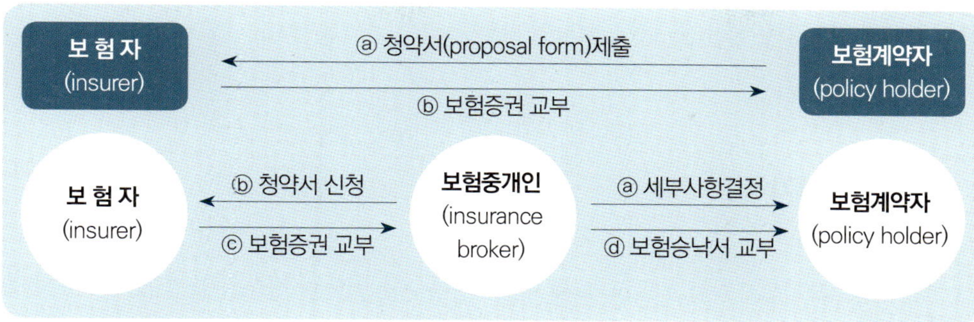

Tip 해상보험계약이 무효인 경우

1. 피보험이익을 갖지 않고, 또한 그와 같은 이익을 취할 기대 가능성 없이 체결되는 경우,
2. 보험증권이 "interest or no interest", "without further proof of interest than the policy itself", or "without benefit of salvage to the insurer" 이와 유사한 기타 일체의 용어에 따라 보험증권이 작성되는 경우

2. 적하보험의 부보조건

적하보험의 부보조건으로는 기본약관, 특별 및 부가약관 등이 있다.

(1) 기본약관

적하보험의 기본약관으로는 보험자의 담보범위에 따라 협회적하약관 A(A/R)약관, B(W/A)약관, C(FPA)약관 세 종류가 있다. 담보범위는 A약관이 가장 넓고 그 다음이 B약관, C약관의 순서이며 보험요율은 A약관이 가장 높다. 보험계약자는 화물의 종류, 운송시기, 운송구간 등을 고려하여 세 가지 기본약관 중에서 선택하여야 한다.

(2) 특별 및 부가약관

기본약관으로 모든 위험을 담보 받을 수 없고 특수한 위험의 경우는 특별 및 부가약관을 이용하여야 한다. 기본약관 중에서 담보범위가 가장 넓은 A약관이라도 전쟁위험이나 동맹파업위험은 면책위험이기 때문에 이러한 위험을 담보 받으려면 특별약관인 전쟁약관과 동맹파업약관을 이용하여야 한다. 그 이외에 부가위험으로 이용할 수 있는 약관으로는 도난 발아 및 불착 담보약관, 투하 갑판유실 담보약관, 빗물 및 담수위험 약관 등이 있다.

3. 적하보험료

(1) 적하보험의 보험료 결정요인

적하보험의 보험료에 영향을 미치는 사항은 운송구간, 선박의 요건, 화물의 종류와 상태, 보험조건, 할증사항 해당 여부 등이다.

(가) 운송구간

운송구간은 적하보험요율의 결정요인이 된다. 즉, 출발항과 도착항의 모든 시설 환경과 하역방법, 경유지의 여러 가지 정치 사회적 정세, 기후 및 풍도 등 운송구간의 기후여건 및 위험 발생의 확률 등과 같은 여러 상황이 보험요율의 산정에 영향을 준다.

(나) 선박의 요건

화물을 운송하는 선박의 상태는 보험요율을 결정하는 데 가장 중요한 요소이다. 보험자가 적하보험을 인수할 때는 일반적으로 선급, 선령, 총톤수 등과 관련된 위험 발생확률을 측정하고 적하는 표준규격 선박에 적재되는 것을 전제로 한다.

표준규격 선박의 요건은 협회선급약관(Institute Classification Clause)에 규정된 기계력에 의한 저항능력을 지니는 최고의 선급이 부여된 강철제의 동력 선박이어야 하고 Lloyd's 선급협회 및 국제적으로 인정된 각국의 선급협회로부터 선급을 획득한 선박이어야 한다. 그리고 장기간에 걸쳐 특정의 정기항로에 정기적으로 취항하고 선박 유관기관에서 공표된 항로 및 일정표에 따라 운항하는 선박은 선령이 25년 이내이어야 한다. 정기선이라도 용선과 총톤수가 1000톤 미만의 선박은 선령이 15년 미만이어야 한다.

(다) 화물의 성질과 상태

보험에 가입할 때 보험목적물인 화물의 성질 및 포장상태 그리고 운송방법 등을 고려한 한 후 가장 경제적이면서도 화물의 안전운송에 효과적으로 대처할 수 있는 가장 적절한 보험조건을 선택하여야 한다. 철재류는 파손되거나 도난의 위험이 거의 없기 때문에 보험계약을 체결할 때에 A약관이나 A/R약관으로 부보하기보다는 FPA약관으로 부보하는 것이 경제적이다.

액체화물은 증발되거나 누손되는 경우가 다른 화물에 비해 빈번하고 또한 다른 화물에 오손을 일으킬 가능성이 있다. 유리제품이나 정밀기계 등은 일반화물에 비해 운송 중에 충격에 약하기 때문에 파손이 발생할 가능성이 크다. 철광석은 비에 젖어도 이에 따른 손해는 거의 없는 데 비해 설탕은 비에 젖으면 손해가 크게 발생할 수 있다. 산적화물은 밀봉된 경우에 비해 부족손해가 발생하기 쉽고 같은 화물이라도 2-3중의 종이봉지에 넣은 것과 5-6중의 종이 봉지에 넣은 다음 다시 폴리에틸렌 포장을 하는 것은 포장의 파손에 의한 부족 손의 정도가 상당히 달라지기 때문에 포장상태의 정도는 중대한 보험요율의 결정요인이 된다.

(2) 할증조건

(가) 선박할증보험료

화물운송 선박의 정기선, 비정기선 여부, 선령, 선급유무, 선박재질, 화물의 종류, 선박의 총톤수, 선박의 종류에 따라 소정의 선박 할증보험료를 부과한다. 선박이 표준규격선박이 아닌 경우에는 할증보험료가 부과된다. 선박에 관한 할증보험료는 런던보험시장의 규정에 준해서 결정된다. 할증보험료는 선령이 16년 이상의 선박에 부과하는 노령선 할증보험료와 소정의 선급을 취득하지 않는 선박에 대하여 부과하는 무선급선 할증보험료 그리고 총 톤수 1000톤 미만의 선박에 부과하는 소형선 할증보험료가 있다. 이 이외에 강철선박 이외의 선박에 부과하는 특수선 할증보험료 등이 있다.

(나) 갑판적재와 환적여부

화물을 갑판에 적재하는 경우에는 선창에 적재하는 것과는 달리 위험의 발생확률이 높다. 갑판에 적재된 화학약품이나 목재 등과 같은 화물은 악천후를 만났을 때에 파도에 휩쓸릴 위험이 있고 항상 폭풍우에 노출되어 있기 때문에 선창 내에 적재된 화물보다는 보험인수조건에 제한되어 있어 보험요율이 높게 된다. 선창 내에 선적된 경우라도 적부방법이 부적절하거나 적합한 시설설비가 되어 있지 않으면 보험요율이 높다.

화물을 운송하는 중에 다른 운송수단으로 환적을 하면 화물의 파손이나 도난 등과 같은 위험이 발생할 가능성이 높기 때문에 환적 여부도 보험요율의 할증요인이 된다.

(다) 보험가입금액 할증보험료

보험가입금액이 CIF 상당 송장가액의 130% 이상에서 150%까지는 일정한 할증보험료가 적용한다.

(라) 지역할증보험료

사고가 많은 지역에 대한 수출 시 보험료가 할증된다.

(3) 전쟁보험의 요율

전쟁보험의 요율은 'London Scale'(London의 War Committee)에서 세계 각국의 정황에 따라 수시로 변동되어 결정된다. 실무적으로 적하포괄보험(open policy)은 일정금액 이상의 보험료를 납부하는 계약자에 대해 보험료의 인하 등의 혜택을 부여하는 제도이다.

적하포괄 보험제도를 이용하면 보험료가 종전보다 20% 이상 절약되고 사고발생 시에도 소액사고는 별다른 절차 없이 처리되며 그 이외도 많은 혜택이 있다. 단, 적하포괄보험은 1년을 기간으로 하기 때문에 1년간은 반드시 그 보험회사에만 적하보험을 부보하여야 한다.

4. 보험증권의 교부

보험자는 보험계약이 성립한 때에는 지체 없이 보험증권을 작성하여 보험계약자에게 교부하여야 한다. 그러나 보험계약자가 보험료의 전부 또는 최초의 보험료를 지급하지 아니한 때에는 보험증권을 교부하지 않아도 되는데 이것은 큰 의미를 갖는 것은 아니다. 왜냐하면 증권교부와 보험자의 책임개시와는 아무런 관련이 없기 때문이다. 보험자의 책임은 당사자 간에 다른 약정이 없으면 최초의 보험료의 지급을 받은 때로부터 개시한다.

5. 해상보험증권의 기재사항

보험증권이 보험계약의 내용을 증명하는 증거증권으로서의 기능을 수행하려면 보험증권상에 보험계약의 내용에 관한 사항이 기재되어 있어야만 한다. 해상보험계약의 내용도 해상보험증권에 구현되지 않는 한 증거로서 인정되지 못한다. MIA에서는 해상보험증권의 기재사항으로 피보험자의 성명 또는 피보험자를 대신해서 보험계약을 체결하는 자의 성명만을 규정하고 있다. 해상보험계약은 불요식계약이지만 해상보험증권은 요식증권이다. 우리나라의 상법에서 해상보험증권에 기재되어야 할 사항은 아래와 같다.

〈도해 10-2〉 보험증권의 법적기재사항

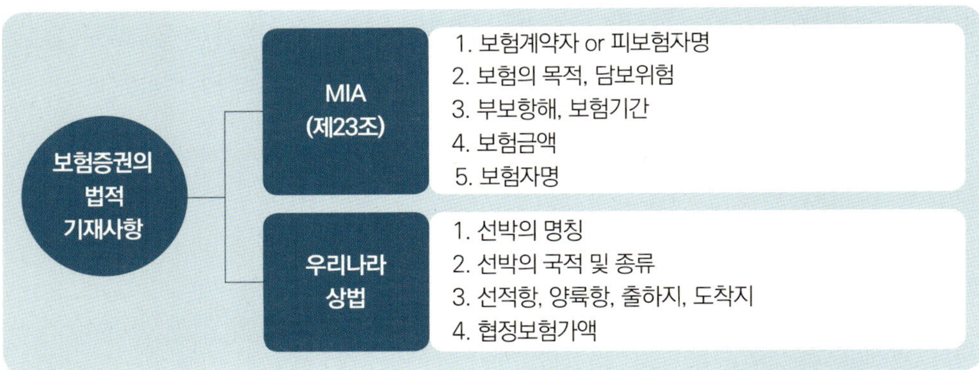

① 보험자의 성명

보험증권의 제일 상단에 보험자 즉 보험회사의 명칭과 주소, 전화번호 등을 기재한다.

② 보험증권 번호

'Policy No.'란에 보험회사가 발행한 보험증권의 번호를 기재한다.

③ 피보험자의 성명

보험증권의 제일 첫 란에는 피보험자 또는 피보험자의 대리인 성명을 기재하게 된다. MIA에서도 피보험자 또는 피보험자를 대신해서 보험계약을 체결하는 자의 성명은 반드시 기재하도록 규정하고 있다.

④ 선적항과 도착항

보험증권상에는 'at and from'으로 되어 있어 이 난에 출발항(선적항)을 기재하고, 그 밑의 'arrived at'란에 도착항을 기재하면 두 항구 간의 운송을 부보 한다는 뜻이 된다. 적하보험은 대부분 항해보험(voyage insurance)으로 가입되기 때문에 보험자의 책임이 출발항에서 시작하여 도착항까지 계속된다는 의미로 출발항과 도착항이 기재된다.

⑤ 선박명

보험증권상의 'ship or vessel'이라고 표시된 란에는 화물을 운송할 선박명을 기재한다. 선박명을 기재할 때 기선의 경우에는 선명 앞에 SS(steam ship), 동력선인 경우에는 MS(motor ship)를 표시한다.

⑥ 출항예정일

'sailing on or about'란에 운송선박의 출항예정일을 기재한다. 화물을 정기선(liner)으로 운송할 경우에는 선박의 출항 일자와 도착 일자가 사전에 고시되기 때문에 이 날짜를 기재하면 된다. 그러나 부정기선(tramper)을 이용할 경우에는 선주와 화주 간에 출항 일자를 조정하여 날짜를 기재한다.

⑦ 보험금액

보험증권의 "amount insured hereunder"의 란에는 보험금액을 기재한다. 적하보험에서는 보험목적물인 화물의 가액이 여러 운송서류(상업송장·환어음·선하증권·신용장 등)에 표시되어 있기 때문에 보험가액을 평가하는데 큰 어려움이 없다. INCOTERMS상의 규정과 그 동안의 상관습에 의하면, 보험금액의 최저액은 해당 화물의 CIF 또는 CIP가격에 10%를 가산한 가격이다.

⑧ 보험의 목적

'subject-matter insured'의 란에 화물의 명세를 기재하고 해당 상업송장의 일련번호를 기재한다. 화물의 명세를 기재할 때에는 상업송장에 명시된 화인(mark)과 화번(number)을 표시해야 한다.

⑨ 부보조건

'Conditions and Warranties'란에 보험계약체결 할 때에 합의한 부보조건을 기재하는 것으로 협회적하약관의 A, B, C약관과 협회전쟁약관 그리고 협회동맹파업약관 등이 해당된다.

참고 스케줄(Schedule; 명세표)

우리나라는 1973년부터 사용하여 온 구 보험증권의 본문약관 윗부분에 계약의 중요 사항을 기재하게 하는 스케줄방식을 사용해 오고 있다. 1982년의 신 해상적하 보험증권에서도 보험계약내용을 별도로 기재하는 Schedule방식을 도입하였다.

신 해상적하 보험증권에 본문약관이 준거법약관, 타 보험약관, 약인약관, 선서약관으로 구성되어 있고 기타 보험계약내용(선박명. 출항예정일, 보험목적물, 보험조건, 담보조건, 기타 중요사항)을 스케줄에 기재하도록 되어있다. 우리나라의 신 해상보험증권의 윗부분도 스케줄방식으로 되어 있어 영국보험업자협회(ILU)가 작성한 신 보험증권의 스케줄을 별첨지로 사용하고 있다.

LG Insurance Co., Ltd.

CERTIFICATE OF MARINE CARGO INSURANCE

Assured(s), etc ② THE SAMWON CORPORATION

Certificate No.
① 002599A65334

Ref. No.③ Invoice No. DS-070228
L/C No. IOMP20748

Claim, if any, payable at : ⑥
GELLATLY HANKEY MARINE SERVICE
842 Seventh Avenue New York 10018
Tel(201)881-9412
Claims are payable in

Amount insured ④
USD 65,120.-
(USD59,200 XC 110%)

Survey should be approved by ⑦
THE SAME AS ABOVE

Conditions ⑤
• INSTITUTE CARGO CLAUSE(A) 1982
• CLAIMS ARE PAYABLE IN AMERICA IN THE CURRENCY OF THE DRAFT.

⑧ Local Vessel or Conveyance	⑨From(interior port or place of loading)
Ship or Vessel called the ⑩ KAJA-HO V-27	Sailing on or abount ⑪ MARCH 3, 2007
at and from ⑫ PUSAN, KOREA	⑬ transshipped at
arrived at ⑭NEW YORK	⑮ thence to

Goods and Merchandise ⑯
16,000YDS OF PATCHWORK COWHIDE LEATHER

Subject to the following Clauses as per back hereof
Institute Cargo Clauses Institute War Clauses(Cargo)
Institute War Cancellation Clauses(Cargo)
Institute Strikes Riots and Civil Commotions Clauses
Institute Air Cargo Clauses(All Risks)
Institute Classification Clauses
Special Replacement Clause(applying to machinery)
Institute Radioactive Contamination Exclusion Clauses
Co-Insurance Clause Marks and Numbers as

Place and Date signed in ⑰ SEOUL, KOREA MARCH 2, 1999 No. of Certificates issued. ⑱ TWO
⑲ This Certificate represents and takes the place of the Policy and conveys all rights of the original policyholder (for the purpose of collecting any loss or claim) as fully as if the property was covered by a Open Policy direct to the holder of this Certificate.
This Company agrees losses, if any, shall be payable to the order of Assured on surrender of this Certificate.
Settlement under one copy shall render all otehrs null and viod.
Contrary to the wording of this form, this insurance is governed by the standard from of English Marine Insurance Policy.
In the event of loss or damage arising under this insurance, no claims will be admitted unless a survey has been held with the approval of this Company's office or Agents specified in this Certificate.

SEE IMPORTANT INSTRUCTIONS ON REVERSE
⑳ LG Insurance Co., Ltd.

AUTHORIZED SIGNATORY

This Certificate is not valid unless the Declaration be signed by an authorized representative of the Assued.

① 피보험자(또는 보험계약자)명

수출입상사명을 기재하는데 CIF계약의 수출인 경우 피보험자에 대하여 별도의 약정이나 지시가 없으면 수출업자 자신을 피보험자로 하여금 수출환어음 매입 시에 백지배서(blank endorsement)에 의해 양도하면 된다.

② 보험증권번호

보험자가 피보험자에게 보험증권을 교부할 때 붙이는 일련번호이다.

③ 참조번호

보험자가 업무상 참조하기 위한 번호로서 통상 수출의 경우에는 신용장 또는 수출허가서의 번호를, 수입의 경우에는 상업송장 또는 수입허가서의 번호를 기재한다.

④ 보험금액

보험계약자가 부보한 금액으로서, 보험사고가 발생하였을 때 보험자가 손해보전액, 즉 보험금(Loss or Claim Paid)으로서 지불하는 최고한도액이다. 보험금액은 당사자의 합의에 의하여 정해지지만 보험금액은 보험가액과 동액 또는 그 이하가 되지 않으면 안 된다. 보험금액과 보험가액이 동액인 경우를 전부보험, 보험금액이 보험가액의 일부인 경우를 일부보험이라고 하는데 대부분의 해상보험은 전부보험이다.

보험금액이 보험가액을 상회하면 초과보험이 되는데 초과분은 무효가 된다. 보험금액은 보통 물품의 CIF 가격에 10%를 가산한 금액이 된다(신용장통일규칙 37조 b항).

보험금액={원가(C, 즉 FOB가격)+보험료(I)+운임(F)}x1.1이 된다.

그리고 표시통화는 신용장 상에 별다른 명시가 없는 한, 신용장과 동일한 통화로 표시되어야 한다.

⑤ 보험조건

어떠한 보험조건을 선택하느냐 하는 문제는 보통 수출입계약을 체결할 때에 매매당사간의 합의에 의해 결정된다. 그리고 그 내용은 매매계약서나 신용장에 기재된다. 그런데 이 보험조건은 화물의 종류, 포장, 운송방법, 예상항해기간 등을 감안하여 이상적인 조건으로 결정하도록 하여야 한다. 즉 구체적으로 어떠한 기본조건을 선택하고 또 화물과 수송의 특수사항을 고려하여 어떠한 부가위험을 추가할 것이며 전쟁위험과 동맹파업위험 등은 어떻게 할 것인가를 결정하지 않으면 안 된다.

⑥ 보험금 지급장소

일반적으로 수출의 경우에는 화물의 최종 목적항이 기재되고 수입의 경우에는 당해 보험자명이 기재된다.

⑦ 손해사고 통지서

피보험화물에 손해가 발생하였을 때 지체 없이 통지하여야 할 곳인데 수출의 경우에는 최종 목적항에 있는 보험자의 대리점의 상호 및 주소가 명시되고, 수입의 경우에는 보험자명이 기재된다.

⑧ 국내운송용구

화물의 출하지와 선적지가 다른 경우에 출하지로부터 선적지까지의 운송화물에 대한 부보시 기재하게 되는 국내운송용구를 기재한다.

⑨ 출하항 또는 출하지

⑩ **선박명**

화물을 적재하는 선박명을 기재한다.

⑪ **출항일자**

적재선박이 선적항을 출항하는 연월일 또는 예정 연월일을 기재한다. 특히 수출의 경우에는 선하증권 상의 내용과 일치하도록 하여야 한다.

⑫ **선적항**, ⑬ **환적항**, ⑭ **양륙항**을 기재한다.

⑮ **최종목적지와 운송용구**

최종목적지가 내륙지방에 있어 양륙항과 목적지가 상이한 경우, 운송약관에 따라 양륙항에서 최종목적지까지의 운송화물에 대하여 부보할 때 최종목적지와 목적지에서의 운송용구를 기재한다. 예를 들어 양륙항이 New York이고 최종목적지가 Chicago인데 철도화차를 이용하여 운송한다면, thence to Chicago by rail과 같이 기재하고 운송용구가 불분명할 때에는 land conveyance 또는 any conveyance라고 기입한다.

⑯ **피보험화물의 명세**

화물의 품명, 수량, 화인 등을 신용장이나 선하증권 상의 기재내용대로 기입한다.

⑰ **보험증권의 발행지와 발행일**

발행일은 선하증권 발행일보다 이전이 되지 않으면 안 된다.

⑱ **보험증권의 발행매수**

보통 2통이 발행되는데 보험자가 1통에 대하여 변제하면 나머지 1통은 무효가 된다.

⑲ **보험자의 서명**

해상보험증권은 보험자 또는 보험자의 대리인에 의하여 서명되어야 한다. 다만 보험자가 법인인 경우에는 법인의 인장으로 충분하다. 우리나라에서는 보험회사의 해상보험부문의 책임자가 서명하는 것이 보통이다.

6. 보험금의 청구 절차

가격조건이 CIF New York Port로 화물이 운송 중 사고가 발생하였다. CIF 조건이라 보험은 수입상과의 합의에 의해 ICC(A)로 수출상이 가입하였다. 보험금의 청구절차는 보험을 ICC(A)조건으로 가입하였다면 특약을 제외하고는 보상범위가 가장 넓은 조건으로 가입한 것이다. 그리고 가격조건이 CIF New York Port이므로 수출상이 뉴욕 항까지의 운임과 보험료를 지급했다.

CIF 조건이 목적지까지의 운임과 보험료를 지급하는 조건이지만 위험의 분기점은 본선에 적재할 때이므로 위험은 이미 수입상에게 이전된 상태이다. 즉, 수출상은 수입상을 위해서 보험에 가입했고 보험증권 등은 수입상에게 인도되었으며 보험금 청구권 등도 이미 수입상에게 넘어간 상태이므로 수출상로서는 아무 책임이나 권한도 없는 것이다.

(1) 보험금 청구절차

(가) 손해통지의무 이행

피보험화물에 손해가 발생했을 때는 지체 없이 손상 손상화물의 양하지 또는 그 인접지역의 보험사 본 지점 또는 대리점에 통지해서 손해사정을 받도록 해야 한다. 이 통지를 태만히 한 경우에는 보험금의 지불이 거절되는 경우도 있다.

또한 보험기간 중에 발생한 사고임을 입증할 책임은 피보험자에게 있다. 손해통지가 늦어진 경우 보험기간이 지난 후에야 화물손상을 확인할 수 있으므로 보험기간 중에 발생한 사고임을 입증하는 것이 대단히 어려워질 수 있다.

손해통지의 방법은 구두, 전화, 서면 등 어느 것이라도 무방하다.

사고통지의 내용은 ①보험계약의 내용(증권번호, 보험조건 등) ②손상화물의 상패 ③화물의 보관장소 및 이 후의 예정(창고에 반입, 손해정도에 따라 상, 중, 하로 분류 작업 등)등 이다. 보험자는 이러한 통지 등에 의해 입회조사 실시 등을 결정하여 실행하게 된다.

(나) 손해방지의무 이행

피보험자가 손해방지경감 조치를 소홀히 함으로써 손해가 증대된 경우 그 증대된 손해에 대해서는 보험회사가 보상하지 않으므로 피보험자는 손상화물을 가능한 한 신속하게 구조, 건조, 세척, 수선, 도난방지 등의 조치를 취해야 한다. 추후 손해방지비용에 대해서도 보상받을 수 있다.

(다) 손해배상청구권

보험금을 지급하는 보험자(보험회사)는 사고에 대한 책임이 있는 당사자(운송인, 선박회사 등)에게 구상권을 행사하게 되는데 이렇게 청구권 대위를 행사할 수 있도록 피보험자는 서면으로 신속히 통지하여야 한다. 선박으로 운송된 화물의 경우는 화물인도일로부터 3일 이내, 항공화물의 경우는 14일 이내에 통지해야 한다.

(2) 보험자가 보상하지 않는 손해

'면책위험' 이라고 하는데, 면책위험으로는 ①피보험자의 고의의 위법행위 ②통상의 누손, 자연소모 ③포장 또는 준비의 불완전 ④보험목적의 고유의 하자 ⑤지연 ⑥선주, 관리자 등의 파산 또는 채무 불이행 ⑦원자핵 분열, 융합 등 또는 방사성 사용에 의한 멸실, 손상 등 ⑧선박, 부선의 불감항성, 선박, 부선 운송용구, 컨테이너 등의 부적합 등이 있다.

7. 해상보험과 UCP

신용장통일규칙(UCP 600)에서 해상보험과 관련된 규정은 제28조 보험서류와 담보에 관한 것이다. 따라서 신용장거래에서 매도인이 제공하는 보험서류는 신용장통일규칙의 보험서류에 관한 조건을 충족해야 한다.

(1) 수리 가능한 보험서류의 종류

일반적으로 보험서류는 선하증권, 상업송장 등과 함께 주요 선적서류 중의 하나이다. 신용장거래에서는 이러한 서류가 신용장의 제 조건에 일치할 경우에 한하여 지급, 인수, 매입이 이루어지므로 보험서류도 이에 일치하여야 한다.

① 보험증권, 보험증명서, 확정통지서의 수리

은행은 보험자가 담보확약을 명확히 기재한 서류, 즉 보험증권 또는 보험증명서는 수리하여야 한다. 특히 은행은 포괄예정보험(open cover)에 있어서 보험증권 대신에 보험자가 선서명하여 발행한 보험증명서나 확정통지서 (declaration)를 수리한다.

② 보험인수증의 거절

보험서류는 반드시 보험자 또는 그 대리인이 서명한 것이어야 하기 때문에, 은행은 보험자로서의 자격이 없는 보험중개인이 발급한 "보험인수증"(Cover Notes)은 이를 수리하여서는 안 된다.

(2) 보험서류의 수리요건

① 보험서류상의 발행인

보험서류는 문면상 반드시 보험회사, 보험업자 또는 그 대리인이 발행하고 서명한 것으로 표시되어 있어야 한다.

② 보험서류의 전통제시

대부분 국가의 은행관습을 반영하여 보험서류가 2통 이상의 원본으로 발행된 경우에는 그 원보의 전통(full set)을 제시하여야 한다.

(3) 보험서류상의 시기제한

① 원칙

보험부보 일자는 곧 보험서류의 발행일자가 된다. 보험서류의 일자는 본선적재를 나타내는 선하증권의 경우 적재일, 발송을 나타내는 항공화물운송장의 경우 발송일, 수탁을 나타내는 복합운송증권의 경우 수탁일과 최소한 동일자이거나 그 이전이어야 한다.

신용장에 별도의 명시가 없는 한 은행은 화물의 적재일, 발송일 또는 수탁일보다 늦은 일자의 보험서류에 대해 수리를 거절한다. 그 이유는 이들의 보험서류의 일자가 운송서류의 일자보다 늦으면 보험자가 손해를 보상하지 않는 무보험상태가 발생할 우려가 있기 때문이다.

② 소급약관(lost or not lost clause)

보험서류의 발행일자가 운송서류의 발행일자 이전에 발행되어야 하지만 보험증권에 본문의 약관 중에 소급약관이 있는 경우 부보일자가 선적일자보다 늦더라도 부보효력이 적재일자로부터 발효한다는 조항이므로 관계가 없다.(UCP 제28조)

③ 창고 간 약관(warehouse to warehouse)

보험증권에 창고 간 약관이 있는 경우 화물이 창고에서 적재될 때부터 부보된다는 것을 표시하고 있는 것이므로 부보일자가 적재일자보다 늦어도 무방이다.

⑤ 보험증명서(certificate of insurance) 및 확정통지서(declaration)

포괄예정보험에 의해 발행된 것이고, 포괄예정 보험증권은 선적일자 이전에 발급된 것이므로 보험증명서가 선적일자보다 늦은 일자에 발급되더라도 수리가 가능하다.

⑥ 특별히 명시

특별히 선적일자보다 부보일자가 늦어도 된다는 별도의 명시가 있는 경우 부보일자가 선적일자보다 늦어도 무방하다.

(4) 보험서류상의 통화와 금액

① 표시통화

보험서류상의 표시통화는 신용장에 다른 규정이 없는 한 신용장과 동일한 통화로 표시되어야 한다. 이는 신용장과 다른 통화로 부보된 경우 보험사고가 발생하였을 경우 신용장 발행의뢰인, 발행은행에 환시세 변동에 따른 손해발생 가능성이 있으므로 이를 회피하기 위한 것이다.

② 최소부보금액

보험서류상에 명시되어야 할 부보금액은 최소한 CIF 또는 CIP가액의 110% 이상이 되어야 한다. 이는 최소한 보험서류상에는 정상적인 화물매각에 따른 희망이익 10%를 보장하고 있어야 한다는 의견을 반영한 것으로서 CIF 및 CIP조건에 관한 INCOTERMS 2010상의 부보금액과 맥락을 같이 하고 있다.

(5) 보험담보의 형태 (type of insurance cover)

① 담보위험의 지정

신용장을 발행할 때 보험의 종류와 특약조건으로 부보하여야 할 추가적인 위험을 명확하게 규정해 두어야 한다. 따라서 신용장상에 담보위험을 지정할 때 "usual risks"또는 "customary risks"와 같은 불명확한 용어를 사용하여서는 안 된다. 담보위험을 불명확하게 지정한 결과에 대하여 은행은 결코 책임을 지지 아니한다. 여기서 말하는 보험의 종류에는 적하보험약관 (A), (B), (C)조건 등이 있을 수 있으며, 기타 추가적인 위험이라고 하면 화물이나 항해의 특수성 때문에 피보험자가 할증보험료를 지불하고 부보하여야 할 위험, 즉 전쟁위험, 동맹파업위험, 기타 수많은 특약담보의 위험을 들 수 있다.

신용장에 담보되어야 할 위험을 특별히 규정하지 않은 경우에는 은행은 어떤 특정위험이 부보되지 않은 것에 대한 아무 책임을 지지 아니하며 오직 제시된 대로의 보험서류를 수리한다. 따라서 부보되지 아니한 위험은 최종적으로 신용장의 발행의뢰인이 부담하여야 할 것이다.

② 소손면책서류의 수리

은행은 신용장에 별도의 규정이 없는 한 보험자의 면책률에 관한 약관이 기재된 보험서류를 수리하여야 한다. 면책률약관(memorandum clause)에는 3가지의 종류가 있다.

〈도해 10-3〉 면책율의 종류

공제면책비율	일정면책비율 초과하는 부분의 비율만 보상
비공제면책비율	공제면책비율 초과하는 손해에 대해 면책비율은 공제하지 않고 전액보상
면책률 부적용	면책비율을 적용하지 않음

ⓐ 공제면책비율(deductible franchise)

손해가 일정면책비율에 달했을 때 초과하는 부분의 손해액에 대해서만 보상하겠다는 면책비율이다. 예를 들어 면책비율이 3% 품목인 경우 5%의 손해가 발생하면 5-3=2%만을 보상하는 면책비율이다.

ⓑ 비 공제면책비율(non-deductible franchise)

손해가 면책비율에 달하지 않을 때에는 보상하지 않으나 그 이상인 경우에 면책률을 금액에서 공제하지 않고 손해의 전부에 대하여 보상하다. 예를 들어 면책비율이 3% 품목인 경우 5%의 손해가 발생하면 5%를 전부 보상하는 면책비율이다.

ⓒ 면책률 부적용(WAIOP; with average irrespect of percentage)

보험서류상 WA 3%라고 기재되어 있으며 보험금액 3% 미만의 분손은 보험자가 면책된다. 하지만 WAIOP라고 부보하였다면 보험자는 면책비율을 적용하지 않고 적은 분손이라도 보상하게 된다.

Chapter XI 해상보험문제

1. 다음 중 가장 최우선적으로 적용해야 되는 것은?

① ITC Hull (1/10/83) ② S. G. Policy ③ MIA 1906 ④ 영국 법 및 판례

2. 다음 중 틀린 것은?

① 해상보험계약이 피보험자를 대리하여 보험중개인에 의해 체결될 경우에 그 보험료의 영수사실이 인정되면, 그러한 사실은 사기가 없는 한 보험자와 피보험자사이에는 결정적인 것이다.(MIA 54조)

② 그러나 보험자와 보험중계인 사이에는 그러하지 아니하다.

③ 보험중개인은 피보험자를 대리하여 보험자와 계약을 체결은 할 수 있으므로 고지의무와 보험료 납부 의무도 있다.

④ 보험중개인은 보험료의 납부의무를 진다. 이 경우에 보험료가 환급이 될 경우에는 중개인에게 직접 환급해야 한다.

3. 손해보험의 일종인 해상보험의 보상원칙은?

① 최소보상의 원칙 ② 정액보상의 원칙 ③ 실손 보상의 원칙 ④ 이익보상의 원칙

4. 다음 중 틀린 설명은?

① 무역실무에서 이용되는 보험은 대개가 전부보험이라고 할 수 있다.

② 적하보험은 기평가보험이다.

③ 보험약관에 증액약관이 있기 때문에 운송 중 가치변화를 수용하고 있다.

④ 일부보험인 경우에 보험가입금액에 따른 비례보상의 원칙이 적용된다.

5. 다음 중 적하보험계약의 당사자는?

① 피보험자–보험자 ② 화주–보험자 ③ 보험중개인–보험계약자 ④ 보험대리인–보험자

6. 영국 해상보험법에서 규정하고 있는 보험증권의 양도방식은?

① 배서양도 ② 교부양도 ③ 물품교환양도 ④ 대금교환양도

7. 보험용어 중 잘못 연결된 것은?

① 피보험자– The assurd ② 피보험목적물– Subject matter insured

③ 피보험이익– Insurable Interest ④ 보험가액– Amount Insured

8. 다음은 해상보험계약의 관련자가 아닌 것은?

① 피보험자 ② 보험자 ③ 보험대리점 ④ 보험 Broker

9. 해상보험 보험료에 대한 설명이다. 틀린 것은?

① 보험료의 지급의무와 보험자의 발급의무는 동시조건이다.

② 지급 시기는 계정상의 결제가 사업상 합의된 방법인 경우에는 그와 같은 계정상의 결제를 포함한다.

③ 피보험자가 해지조건부(Defeasible interest)을 가진 경우에 그 피보험이익이 보험기간 중에 소멸하면 보험료는 환급받을 수 있다.

④ 초과보험과 중복보험에서는 초과, 중복분에 대해서 보험료를 환급받을 수 있다.

10. 해상보험에서 피보험이익에 대한 설명 중 틀린 것은?

① 최소한도 손해발생 시에는 피보험이익이 존재하여야 한다.

② "Lost or not lost" 조건일 때에는 피보험자는 손해발생 후까지 피보험이익이 없는 경우에도 보험자로부터 보상받을 수 있다.

③ 이 경우에 피보험자와 보험자 모두 손해발생사실을 몰랐을 것을 조건으로 한다.

④ 피보험이익은 보험계약의 목적이다.

11. 피보험이익에 대한 설명 중 틀린 것은?

① Contingent interest (정지 조건부 이익)의 대표적인 것은 재보험을 들 수 있다.

② 피보험자는 자기가 체결하는 모든 보험비용에 대한 피보험이익을 갖는다. 이 경우에 보험비용은 보험료와 중계인 수수료를 포함한다.

③ 피보험이익은 금전으로 산정할 수 있는 이익만을 말한다.

④ 매도인의 화물 지연 또는 기타 이유로 매수인이 자기의 선택권에 따라 화물인수를 거절하거나 또는 매도인의 위험에 속하는 것으로서 화물을 처리할 수 있는 경우일 때 미수인은 피보험이익을 갖지 않는다.

12. 다음 중 MIA 1906에서 피보험이익을 갖지 않는 경우는?

① 피보험자가 체결하는 모든 보험의 비용(charges of insurance)

② 선주의 선불운송임

③ 선장과 선원의 급료

④ 재보험

13. 다음중 화물이 본선의 난간을 통과하는 시점에 피보험이익이 이전되는 무역거래조건은?

① Ex Factory ② FAS ③ CFR ④ CIF

14. 다음중 선박의 보험가액이 될 수 없는 것은?

① 선박 의장구 ② 선원의 식료품과 소모품

③ 기선인 경우 연료용 석탄 ④ 선원의 휴대품

15. 보험가액에 대한 설명 중 틀린 것은?

① 화물의 경우에는 화물가액에 선적 및 부대비용과 보험료가 포함한 가액이다.

② 운임보험의 경우에 피보험자의 운임총액에 보험비용을 포함한다.

③ 운임보험의 경우에 승객운임도 포함된다.

④ 사기가 없는 경우에 보험증권에 정해진 가액은 확정적이다.

16. 영국해상보험법의 고지 의무에 대한 설명이다. 틀린 것은?

① 고지사항은 일단 고지되면 보험계약이 성립되기 전에 철회되거나 수정될 수 없다.

② 고지의무는 계약체결의 교섭 중이나 계약의 성립 전까지 이루어 져야 한다.

③ 고지의무는 적극적인 의무이므로 중요사실에 대한 단순한 침묵은 심지어 선의의 침묵까지도 보험자에게 계약을 취소할 수 있는 권리를 부여한다.

④ 중요한 사항의 고지는 위험의 인수여부와 보험료의 산정에 영향을 미치는 사항을 말한다.

17. 고지의무에 대한 설명 중 틀린 것은?

① 선박의 보험의 증권상에 적하의 성질에 대한 보험자의 질문이 없는 경우 적하의 성질에 대한 고지의무의 포기로 간주한다.

② 담보가 있는 경우라도 고지는 반드시 필요하다.

③ 보험자가 알고 있거나 알고 있는 것으로 추정되는 사항

④ 기간보험 증권에서 선박의 내항성과 관련된 사실은 고지되어야 한다.

18. 고지의무에 대한 설명 중 틀린 것은?

① 보험계약자의 중요한 사항을 고지하지 않는 경우에 보험자에게 보험계약의 취소권부여

② 이 경우 취소될 경우 보험계약자의 사기가 없는 한 보험료는 환급된다.

③ 고지의무 위반 시에 고지의무위반사항과 관련 없이 발생된 손해는 보험금을 지급한다.

④ 고지 의무는 최대선의의 계약을 바탕으로 하고 있다.

19. 다음에 언급된 담보의 종류 중 성격이 다른 것은?

① 50명 이상의 선원이 승선해야 한다는 담보

② 선급의 유지를 해야 된다는 담보

③ 내항성 담보

④ 모든 통조림에 제조업자가 제조일자의 증빙을 위한 부호를 붙인다는 담보

20. 담보에 대한 설명 중 틀린 것은?

① 담보위반이 있으면 담보위험 이전의 보험사고에 대해서도 보험자는 책임이 없다.

② 담보는 반드시 정확히 충족되어야 한다.

③ 상황 변경에의 담보가 보험계약 상황에 적용될 수 없는 경우에는 담보위반이 허용된다.

④ 담보를 위반하려는 의사는 위반이 아니고, 실제적인 위반이 있어야 한다.

21. 내항성 담보에 대한 다음 설명 중 맞는 것은?

① 항해보험에서 내항성의 확보는 절대적이다 따라서 항해보험의 전 기간에 동안에 대해서 예상되는 통상적인 바다의 위험에 감내할 수 있도록 적합하여야 한다.

② 기간보험일 경우에는 반드시 또는 항상 내항성을 확보하여야 하는 것은 아니다.

③ 기간보험일 경우 피보험자가 선박이 불감항인 것을 은밀히 알면서 발항케 했을 때는 그 항해에 발생된 모든 손해에 대하여 보험자는 책임을 지지 않는다.

④ MIA 40조에는 화물도 역시 선박과 같이 내항이어야 한다는 묵시담보가 있다라고 규정하고 있다.

22. 다음 중 해상적하보험증권의 기재사항이 아닌 것은?

① 보험금액 ② 보험조건 ③ 피보험자명 ④ 운임총액

23. 인터넷무역보험에 대한 설명으로 틀린 것은?

① 인터넷으로 보험계약의 청약을 할 수 있다.

② 현행 실무 관습상 인터넷으로 무역회사의 사무실에서 발행한 증권은 공증을 요한다.

③ 모든 손해보험회사에서 동일하게 서비스하고 있다.

④ 보험증권양식을 미리 보험회사에서 무역회사에 비치해 준다.

24. 설탕10톤을 US$10,000에 부보하고 운송도중에 5톤이 해수침수손을 입었다. 도착지에서 정상품은 US$20,000에 판매되었으나 손품은 US$10,000에 판매되었다. W/A조건인 경우에 보험금은 얼마인가?

① US$2,500 ② US$5,000 ③ US$10,000 ④ US$20,000

25. 다음 중 송화인이 해상위험에 관한 적하보험을 가입하여야하는 가격조건은?

① FOB ② CIF ③ DDU ④ CFR

26. 적하보험에서 On-Deck Clause에 대한 설명으로 틀린 것은?

① W/A나 (B)조건보다 담보범위가 넓은 조건으로 인수되는 계약에 적용된다.
② dry컨테이너에 적재된 화물의 경우에도 적용된다.
③ 화물이 갑판에 적재된 경우에 담보조건이 W/A에서 자동적으로 FPA+JWOB조건으로 변경된다.
④ 이 약관은 특별약관으로 가입하는 경우에 유효하다.

27. 다음 중 현실적으로 위부를 행사할 수 있는 손해는?

① 추정전손 ② 현실전손 ③ 공동해손 ④ 단독해손

28. 적하보험에서 현실전손으로 보기 힘든 경우는?

① 화물이 물리적으로 멸실된 경우
② 화물이 본래의 성질을 상실한 경우
③ 화물이 행방불명되어 상당한 기간이 경과한 경우
④ 화물의 수리비가 수리후의 화물가액을 초과하는 경우

29. 다음 중 틀린 설명은?

① 항해에 부속된 육상위험은 적하보험의 대상이 될 수 없다.
② 추정전손은 위부를 요건으로 한다.
③ 충돌은 해상고유의 위험에 포함된다.
④ 적하보험에서 보험기간은 항해단위를 기준으로 한다.

30. 공동해손분단금의 원천이 되는 공동해손이 성립하기 위한 요건으로 볼 수 없는 것은?

① 합리적인 행위 ② 의도적인 행위

③ 통상적인 성질의 희생과 비용 ④ 위험에 처한 공동의 해상사업

31. 다음 중 보험자에게 보상책임을 부담시키기 위한 위험의 요건이 아닌 것은?

① 손해의 원인이 되는 위험이어야 한다.

② 위험 발생이 우연성을 가져야 한다.

③ 반드시 불가항력적인 위험이어야 한다.

④ 보험계약체결 시 보험계약자가 이미 위험이 발생한 사실을 모르고 있는 경우에는 대상 위험이 될 수 있다.

32. 다음 중 해상고유의 위험이 아닌 것은?

① 선박의 경사로 인하여 갑판에 적재된 적하의 멸실

② 선박의 침몰

③ 선박의 행방불명

④ 선박기관의 고장

33. 다음 중 해상고유의 위험이 아닌 것은?

① 풍파의 통상적인 작용

② 폭풍우로 해수 침입하여 피혁이 손상됨으로 인해 발생된 냄새로 옆에 실려있는 연초의 향기가 손상된 경우

③ 선박의 좌초(Stranding)

④ 선박의 충돌(Collision)

34. MIA 55조의 면책조항이다 틀린 것은?

① 피보험자, 선장, 선장 선원 등의 고의적인 불법행위

② 피보험위험에 기인하여 발생된 지연(delay)손해

③ 해상위험에 근인하여 발생되지 않은 기계의 손상

④ 쥐 또는 해충에 근인하여 발생된 손해

35. 다음 중 맞는 것은?

① 피보험항해 개시 전에 출발지와 목적지의 변경은 추가 보험료의 납부로 유효한 보험이 된다.

② 항해의 변경은 선박이 보험증권상의 정해진 항로를 실제 떠났을 때 보험자는 면책이 된다.

③ 선박이 이로 후 손해발생 전에 본래의 항로로 복귀해도 보험자의 책임은 없다.

④ 보험증권상에 수개의 양하항이 지정된 순서를 잇는 경우일지라도 지리적인 순서에 따라 항행하면 이로(deviation)가 아니다.

36. 다음 중 잘 못 연결된 것은?

① (A) – 포괄담보주위 ② (B) – 열거담보주의

③ (A/R) – 열거담보주의 ④ (FPA) – 열거담보주의

37. 다음 중 담보위험의 제한에 해당하지 않는 것은?

① 면책위험 ② 포획 나포 부담보약관

③ 이태릭서체 약관 ④ 전쟁위험약관

38. 담보위험의 확장에 해당하는 것은?

① 전쟁위험약관 ② 이태릭서체 약관

③ 포획 나포 부담보약관 ④ 면책위험

39. 다음 중 위험의 변경상황에 해당하지 않는 것은?

① 갑판적 ② 환적 ③ 강제하역 ④ 항해변경

40. FPA조건에서 전손이 발생한 경우 담보하는 위험이 아닌 것은?

① 해상강도 ② 화재 ③ 선원의 악행 ④ 해상고유의 위험

41. 다음 약관 중 A/R조건에는 없으나 (A)조건에서 신설된 것은?

① 추정전손약관 ② 증액약관

③ 위부포기약관 ④ 보험이익 불공여약관

42. 다음 중 열거담보를 채택하고 있지 않은 것은?

① (FPA) ② (W/A) ③ (B) ④ (A/R)

43. 다음 중 ICC(FPA)조건에서 단독해손이 발생한 경우에 보험보상이 되지 않는 경우는?

① 악천후 ② 좌초 ③ 충돌 ④ 침몰

44. 담보범위가 넓은 순서로 나열된 것은?

① A/R〉WAIOP〉WA3%〉FPA ② A/R〉WA5%〉WAIOP〉FPA

③ A/R〉WA5%〉FPA〉WAIOP ④ WAIOP〉A/R〉WA5%〉FPA

45. 해상보험에서 보험계약상 보험자의 최고 보상한도가 되는 것은?

① 보험가액 ② 보험금 ③ 보험금액 ④ 피보험이익

46. MIA 49조에 의한 선박의 이로 및 지연의 허용이다. 가장 틀린 것은?

① 화물 또는 선체의 구조를 위한 경우

② 선장 또는 선원의 악행이 피보험 위험중의 하나일 때 선장 또는 선원의 악행이 기인하는 경우

③ 명시, 묵시담보를 충족하기 위해 필요한 경우

④ 보험의 특약에 의해 인정되는 경우

47. 다음 중 틀린 것은?

① 이로(deviation)는 증권에 지정된 항로 또는 통상적이고 관습적인 항로를 벗어난 경우를 말한다.

② 증권에 항구의 순서가 없고 "ports of discharge"로 되어 있다면 관습이나 반대의 충분한 이유가 없는 한 선박은 반드시 지리적인 순서에 따라 항행하지 않으면 이로가 된다.

③ 이로는 이로를 할 명백한 의사가 있을 때 이로가 있는 것으로 간주한다.

④ 선장과 그의 고용주의 지배권 외의 사정으로 인한 이로는 MIA49조 상에서 허용된다.

48. 전손에 대한 설명 중 틀린 것은?

① 현실전손은 보험의 목적물이 현실적으로 멸실 파괴되었거나 박탈당하여 회복이 불가능한 경우를 말한다.

② 현실전손인 경우에 전손 보험금을 Policy Deductible 적용 없이 수령하자면 위부를 무조건적으로 보험자에게 하여야 한다.

③ MIA 1906에서는 선박이 행방불명되면 현실전손으로 간주한다.

④ 화물이 본래의 종류의 것으로 목적지에 도달하였으나, 상이한 소유자의 화물들이 화물표시의 말소 또는 기타의 이유로 동일성을 식별할 수 없는 경우에는 만일 손해가 있다면 그 손해는 분손이며 전손은 아니다.

49. 다음 중 틀린 것은?

① 담보위험으로 인한 분손 발생한 후 미 수리 상태에서 담보위험으로 전손이 된 경우 보험자는 전손만 보상한다.

② 만약 상기의 분손 발생 후 미 수리 상태에서 부보위험이 아닌 위험에 의해 전손이 되면 분손 만을 보상한다.

③ 미수리손상이 있는 경우 이 경우에 보험자는 합리적인 감가를 보상하나, 예상수리비를 초과하지 않는 것을 조건으로 한다.

④ 기간보험의 경우 미 수리에 대한 보상의 한도가 결정되어야 하는 시기는 보험계약이 종료되는 시기이다.

50. 추정전손과 관련된 내용이다. 틀린 것은?

① 추정전손은 해상보험에만 존재한다.

② 추정전손의 존재이유는 해상기업에 투자한 자금이 장기간 고착화 되는 불편과 불이익을 회피하기 위하여 존재한다.

③ 추정전손의 판단시점은 보험금 청구소송이 제기된 때이다.

④ 추정전손의 판단을 위한 수리비를 견적함에 있어서 난파선의 잔존가액은 고려되어야 한다.

51. 다음 중 추정전손과 관련된 내용이다 틀린 것은?

① 피보험자가 선박 또는 화물의 점유를 박탈당하여 회복할 수 있을 것 같지 아니한 경우에는 추정전손이다.

② 선박의 ITC – Hulls (1/10/83)에 부보된 경우 선박의 훼손을 수리하는데 소요되는 비용이 수리되었을 경우의 선박가액을 초과하리라고 예상되는 경우이다.

③ 화물의 경우는 화물의 원상복구비와 목적지까지의 운송비의 합계가 도착하였을 때의 화물가액을 초과하리라고 예상되는 경우에 성립한다.

④ 상기 중 틀린 것 없음

52. 추정전손에 대한 표현이다. 맞는 것은?

① 추정전손이 있는 경우 분손으로 처리할 수가 없으므로 현실전손에 준하여 처리하여야 한다.

② 위부의 통지방법은 반드시 서면으로 해야 한다.

③ 위부통지 후의 보험자의 단순한 침묵은 승낙의 의미이다.

④ 위부의 통지는 보험자가 승낙 전이면 위부를 철회할 수도 있다.

53. 추정전손에 대한 설명이다. 맞는 것은?

① 위부의 통지 시기는 사고 즉시 실시되어야 한다.

② 재보험의 경우 원보험자도 위부통지를 해야 한다.

③ 위부의 승낙은 승낙에 대한 불분명이 문제시되므로 반드시 명시적으로 해야 한다.

④ 위부가 승낙된 경우에 보험자는 지급 보험금을 초과하여 Recovery를 할 수 있다.

54. 대위와 위부와 차이이다. 틀린 것은?

① 대위는 지급보험금까지만 Recovery 할 수 있다.

② 재보험의 경우 원보험자도 위부통지를 해야 한다.

③ 위부의 승낙은 승낙에 대한 불분명이 문제시되므로 반드시 명시적으로 해야 한다.

④ 위부가 승낙된 경우에 보험자는 지급 보험금을 초과하여 Recovery를 할 수 있다.

55. 다음 중 틀린 것은?

① 연속손해(Successive Loss)인 경우라도 그 손해의 합계액은 보험금액을 초과해서 보상이 안 된다.

② 특별비용은 단독해손에 포함 안 된다.

③ 적하의 경우에 Gross Sound Value는 도매가격을 의미한다.

④ 관습상 보세화물로 매각되는 화물이나 상품의 가격은 보세가격을 Gross Sound Value로 간주한다.

56. 실무적으로 CIF계약에서 수출상이 보험계약을 체결하는 경우에 보험증권상의 피보험자는 누구로 하는 것이 합리적인가?

① 매수인 ② 매도인 ③ 개설은행 ④ 매입은행

57. 다음 중 보험금을 청구할 수 있는 자는?

① 보험계약자 ② 운송인 ③ 피보험자 ④ 보험중개인

58. 다음 보험금청구 시 일반적으로 제출되는 서류가 아닌 것은?

① 보험 구상장 ② 보험증권 ③ 선하증권 ④ 매매계약서

59. 무역실무에서 일반적으로 보험가입비율은?

① 송장가액의 100% ② 어음금액의 100%

③ 신용장금액의 100% ④ CIF가액의 110%

60. 다음 설명 중 틀린 것은?

① 해상보험은 실손보상의 원칙이 적용되는 손해보험이다.

② 해상보험에서 담보하는 것은 보험기간 중의 위험을 담보하는 것이지 손해를 담보하는 것이 아니다.

③ 해상보험은 보험기간 중에 발생한 손해 중에서 보험기간 중의 담보위험으로 인한 손해만 보상한다.

④ 보험계약기간과 보험기간은 언제나 일치한다.

61. 다음 중 틀린 기술은?

① 국내에서 보험계약을 체결하는 경우에 보험계약의 성립여부는 국내 상법의 적용을 받는다.

② 보험금의 청구와 관련하여 준거법약관에 따라 영국해상보험법의 적용을 받는다.

③ 국내 상법에 따르면, 피보험자가 위부를 하고자 하는 경우에는 상당한 기간 내에 보험자에 대하여 그 통지를 발송하여야 한다.

④ 위부는 보험자의 승인여부와 관계없는 일방적은 통지로 효력을 가진다.

62. 다음 중 그 성질이 다른 하나는?

① 기평가보험 ② 항해보험 ③ 적하보험 ④ 기간보험

63. 다음 설명 중 틀린 기술은?

① 해상적하보험에서 실손보상의 원칙이란 손해를 입은 자를 손해가 발생한 때와 동일한 상태로 원상회복시켜주는 계약이다.

② 적하보험에서 손해발생 시에 반드시 피보험이익이 존재할 것을 필요로 한다.

③ 적하보험은 협정보험가액이 적용되므로 운송 중 가치변화를 반영하여 보상한다.

④ 중복보험의 경우에는 비례분담이 적용된다.

64. 해상보험의 기원으로서 선주 또는 하주가 금융업자로부터 자금을 융통받고 항해 도중에 위험이 발생하여 화물이 손해를 입으면 채무의 일부 또는 전부가 면제되고, 무사히 항해를 종료하면 고율의 이자를 상환하는 방식을 무엇이라고 하는가?

① 코멘다 ② 공동해손 ③ 모험대차 ④ 가족대차

65. 다음 중 보험계약의 목적(Subject of Insurance)을 나타내고 있는 것은?

① 피보험이익 ② 화물 또는 선박

③ 위험 또는 손해 ④ 보험증권

66. 보험계약자는 보험계약체결 시 위험률에 영향을 미치는 모든 사실에 대해서 보험자에게 알릴 것을 요구하고 있는데 이를 무엇이라고 하는가?

① 담보의무 ② 고지의무 ③ 통지의무 ④ 보상의무

67. 다음 중 고지가 필요하지 않은 사항이 아닌 것은?

① 위험을 감소시키는 사항

② 보험자가 이미 알고 있는 것으로 추정되는 상황

③ 보험자가 포기한 사항

④ 담보(warranty)가 아닌 사항으로 위험에 영향을 미칠 수 있는 사항

68. 공동해손에 대한 설명 중 틀린 것은?

① 공동해손은 임의적으로(voluntary), 합의적으로(reasonably)로 취한 행위에 의하여 이례적으로(extraordinary) 발생한 손해 또는 비용이다.

② 공동해손의 정산은 사고당시의 각각의 잔존가액에 근거하여 공동해손손해에 대하여 비례적으로 분담하게 된다.

③ 선박, 운임, 적하들 중에 2개가 같은 피보험자의 소유일 때에는 각각의 개별소유자에 소유된 것처럼 정산한다.

④ 공동해손의 희생의 경우에는 피보험자는 분담의 의무가 있는 다른 당사자들에 대하여 그의 분담 청구권을 행사하지 않고 손해의 전액을 보험자로부터 보상받을 수 있다.

69. 다음 중 틀린 것은?

① 단독해손 부담보(Warranted free from particular average clause) 약관의 경우, 보험증권에 기재된 계약이 분할할 수 없는 경우에도 공동해손 희생손은 보상된다.

② 전부 또는 일정비율 미만의 단독해손을 면책 담보하는 경우라도, 구조비용 및 손해방지 약관에 따라 정당하게 지출된 특별비용과 기타 비용에 대하여 보상책임을 진다.

③ 일정비율은 실제손해만을 고려하므로, 특별비용과 손해를 확정하거나 증명하는 비용 및 그에 부수하는 비용은 제외된다.

④ 그러나, 보험증권에 반대의 특약이 있는 경우를 제외하고 일정비율 미만 단독해손면책의 경우 general average loss는 일정비율을 충족시키기 위해 particular average에 가산된다.

70. 다음 중 맞는 것은?

① 구조비라 함은 구조계약이 없이 구조된 것에 한한다.

② 구조비도 역시 손해방지 비용과 같이 보험금액에 추가하여 보상될 수 있다.

③ 구조비는 피보험자, 그의 대리인 또는 그들에 의하여 고용된 사람에 의하여 행하여진 구조행위에 대한 보수역시 구조비에 포함된다.

④ 3항의 구조행위는 성격에 따라 공동해손비용 또는 손해방지비용으로 처리될 수 있다.

71. 다음 중 틀린 것은?

① 손해방지약관은 손해방지약관의 여부에 관계없이 합리적으로 발생한 것이라면 손해방지 비용 단독으로 보상될 수 있다.

② 특별비용(Particular Average)은 보험의 목적의 안전이나 보존을 위하여 피보험자에 의해서 또는 피보험자의 대리인에 의해서 지출된 비용으로 공동해손비용과 구조비 이외의 것을 특별비용이라 한다.

③ 부대비용(Extra charge)은 claim을 입증하고 손해액을 확정하는데 지출된 비용이다.

④ 특별비용은 손해의 평가와 관련하여 주로 목적지에서 지출되는 비용이다.

72. 특별비용의 보상조건이다. 틀린 것은?

① 지출의 비용은 사고로 인한 통상적인 비용의 증가를 포함한다.

② 지출된 비용은 피해를 입은 손상된 부분 때문에 전적으로 지출되어야 한다.

③ 전항의 비용은 보험증권에 의하여 보험자가 책임을 지는 손상과 관련하여 지출되어야한다.

④ 특별비용은 손해방지약관에 의해 보상되지 않는 경우, 클레임이 보상되는 것을 조건으로 특별비용을 지급한다.

73. 손해방지 비용에 대한 설명이다 틀린 것은?

① MIA상에서 보험의 목적이 분손의 전부 또는 일정비율미만의 면책을 담보로 하고 있는 경우일지라도 피보험자는 손해방지약관에 따라 정당하게 지출된 비용을 보험자로부터 보상받을 수 있다.

② 손해방지비용은 선박의 전손보험금에 추가하여 보험자로부터 보상이 가능하다.

③ 손해방지비용은 목적지 도착 전에 어떤 손해를 피하거나 경감하기 위해 지출된 비용이므로 협의의 특별비용과 구별된다.

④ MIA상에서 규정된 공동해손손해와 분담금 및 구조비용은 손해방지약관에 의하여 보상될 수 있다.

74. 손해방지비용에 대한 설명이다. 틀린 것은?

① 적하의 경우에 목적지에 도착하기 전에 발생된 비용에 한한다.

② 제3자에 의해 지출된 비용에 의해 보험자가 보상하게 될 손실을 피하거나 경감이 되면 손해방지 비용에 포함될 수 있다.

③ 선장의 지출비용은 손해방지비용으로 보상될 수 있다.

④ ITC-Hulls (1/10/83)에서 충돌 상대선으로부터의 충돌배상경감하기 위하여 방어, 청구하는 비용은 ITC상의 Sue & Labour 가 아니다.

75. 고지의무위반의 효과로 틀린 설명은?

① 영국해상보험법에서는 계약 성립 전에 불고지 되었다면 보험자는 계약을 취소할 수 있다.

② 보험계약을 취소하는 경우에도 보험료는 환급하지 않는다.

③ 이미 지급한 보험금도 반환 청구할 수 있다.

④ 우리나라 상법에서 고의 또는 중대한 과실에 의한 불고지만을 고지의무위반으로 간주하고 있다.

76. 담보위반(breach of warranty)의 효과에 대해서 바르게 설명한 것은?

① 담보위반이 있으면 보험계약은 무효가 된다.

② 담보위반 이전에 발생한 손해는 물론 그 이후에 발생한 손해에 대해서도 보상하지 않는다.

③ 담보위반 이전에 발생한 손해에 대해서는 보험자가 보상책임을 진다.

④ 담보위반인 경우에 보험자는 보험계약을 취소할 수 있다.

77. 담보위반에 대한 설명 중 틀린 것은?

① 사정의 변경으로 담보가 계약사정에 적합하지 않은 경우에는 담보위반이 허용된다.

② 담보의 충족이 그 이후 어떤 법률에 의하여 위법이 되는 경우에도 담보위반이 허용된다.

③ 보험자는 담보위반에 대하여 권리를 포기할 수 있다.

④ 담보의 위반이 있는 경우에 피보험자는 손해발생 전에 그 위반이 교정되어 담보가 충족 었다는 항변을 할 수 있다.

78. 다음 중 MIA 제55조에서 채택하고 있는 것은?

① 근인설 ② 자연성행설 ③ 최후 조건설 ④ 최유력 조건설

79. 일정사고가 발생하였을 경우에 현실전손이 발생한 것은 아니지만 피보험자로 하여금 보험의 목적에 관하여 그가 가지는 일체의 권리를 양도하고 보험금액의 전액을 청구할 수 있게 하는 제도는?

① 대위제도 ② 위부제도 ③ 담보제도 ④ 공동해손제도

80. 다음 중 예외적으로 보험금액을 초과하여 지급될 수 있는 것은?

① 구조비용 ② 공동해손 ③ 손해방지비용 ④ 손해조사비용

81. 구 보험증권의 본문약관에 나와 있는 보험기간약관상에의 보험기간은?

① 선적 시에서 양륙 시까지 ② 수령 시부터 인도 시까지
③ 창고에서 창고까지 ④ 부두에서 부두까지

82. 다음 중 해상고유의 위험으로 분류할 수 없는 것은?

① SSC위험 ② Heavy Weather ③ Missing ④ Fire

83. 손해방지비용에 대한 설명이다. 틀린 것은?

① 손해방지비용은 ITC Hulls(1/10/83) 조건하에서 deductible의 적용을 받지 아니한다.
② 전손을 막기 위해 비용을 합리적으로 지출했지만 전손을 막을 수 없는 경우에도, 손해방지비용은 전손보험금에 부가하여 지급될 수 있다.
③ 선박의 전손보험금에 추가하여 보험자로부터 보상이 가능하다.
④ 보험자는 보험증권상 보상될 수 있는 손해를 회피하기 위한 손해방지 비용만을 담보한다.

84. S. G. Policy와 관련된 사항이다. 틀린 것은?

① 화물과 상품에 관한 위험은 화물이 선박에 적재되는 때로부터 개시하고,
② 동 화물과 상품이 도착지의 항구에서 안전하게 양륙될 때까지 담보위험은 계속된다.
③ 선박의 경우에는 화물의 선적항에서 선박의 정박 중에도 계속되며,
④ 선박이 목적항에 안전한 사애로 닻을 내리고 정박한 후 화물의 하역이 종료할 때까지 계속된다.

85. 다음 중 S. G. Policy에서 면책률이 적용되지 않는 경우는?

① 좌초로 인하여 분손이 발생한 경우
② 선박이 충돌로 인하여 분손이 발생한 경우
③ 선박의 화재로 인하여 분손이 발생한 경우
④ 황천(Heavy Weather)으로 인한 분손이 발생한 경우

86. 다음 중 S. G. Policy에서 특정해손이외에는 분손 부담보되는 것이다. 틀린 것은?

① 어류 ② 과일 ③ 밀가루 ④ 설탕

87. 설탕, 연초, 대마, 아마와 피혁은 S. G. Policy상에서 몇 %미만의 해손에 대해서 면책으로 하고 있는가?

① 1% ② 3% ③ 5% ④ 7%

88. 다음의 내용 중에 틀린 것은?

① 해적은 선박의 외부로부터 약탈자에 의해 행해지든, 선박의 내부의 선원들에 의해 행해지든 불문하고 해상에서의 폭력에 의한 강탈이다.

② 도적(Thieves)이란 말은 은밀한 절도 또는 선원이든 승객이든 불문하고 승선자에 의한 절도는 포함하지 않는다.

③ 발하(Pilferage)는 화물전체를 도둑질하는 것을 의미한다.

④ 선장이나 선원의 악행(Barratry)는 선박의 소유자 또는 경우에 따라서는 용선자에게 손해를 입히는 선장 및 선원의 고의에 의한 일체의 위법행위를 포함한다.

89. FPA 조건에서 황천으로 인하여 분손이 기 발생된 후에 아래의 사고가 발생되었을 경우 황천 손해가 보상되지 않는 경우는?

① 침몰 ② 좌초 ③ 대화재 ④ 충돌

90. FPA 조건상에서 담보하는 위험이 아닌 것은?

① 하역작업 중의 포장 당 분손

② 공동해손비용

③ 선박의 화재, 폭발, 충돌, 외부물체와의 접촉으로 발생된 손해

④ 중간항 피난항에서의 계반비용

91. W/A 조건상에서 Franchise에 의한 소손해에 관계없이 손해를 보상하는 사고가 아닌 것은?

① 대화재 ② 좌초 ③ 침몰 ④ 충돌

92. ICC 약관상에서 부선약관(craft, etc clause)에 대한 설명이다. 틀린 것은?

① 본선까지의 및 본선으로 부터의 부선 및 뗏목(Raft)에 의한 수송을 포함한다.

② 부선 등에 의한 선적 또는 하역은 부선 등의 사용이 당해항구에서 관습이 되어있을 때 한하여 담보되는 것으로 해석한다.

③ 부선 등을 사용할 경우 전손이냐 또는 소손해 면책금액에 달하느냐를 결정함에 있어서 각 부선별로 계산하지 않고 본선에 실려진 양에 따라 결정된다.

④ 피보험자는 부선 운송인의 책임을 면제하는 계약에 의하여도 자기의 권리를 침해받지 않음.

93. (C)에서는 담보되지 않지만 (FPA)조건에서는 담보되는 담보위험은?

① 육상운송용구의 전복 및 탈선

② 지진, 분화, 낙뢰

③ 선박 및 운송용구 또는 Container에 해수, 호, 하천수의 유입

④ 양하작업 중의 추락에 의한 포장 당 전손

94. (B)에서는 담보되지만 (C)에서는 담보되지 않는 위험은?

① 피난항에서의 양하작업

② 투하 또는 파도에 의한 갑판상의 유실

③ 선박 및 운송 용구 또는 Container에 해수, 호, 하천수의 유입

④ 양하작업 중의 추락에 의한 포장 당 전손

95. ICC상의 수송약관(Transit Clause)에서 위험의 개시에 관련된 내용이다. 맞는 것은?

① 위험의 개시는 화물이 보험증권에 기재된 지역의 창고 또는 보관 장소에서 운송용구에 적재를 완료한때부터 개시된다.

② 창고나 보관소 밖에서 자동차에 적재될 예정으로 화물이 창고 문이 보관소문을 벗어날 경우에도 운송차량에 적재 후 차량이 출발할 때 위험이 개시된다.

③ 창고인 경우에는 창고 내에서 운송차량에 적재 후 출발할 때 개시된다.

④ 화물이 창고나 보관소의 문을 벗어날 경우에 개시된다.

96. 피보험재산을 회복하거나 구조 혹은 보존하기 위하여 보험자와 피보험자가 취하는 어떠한 조치도 그것이 곧 위부의 포기나 수락으로 간주되지 않음을 특별히 선언하고 있는 약관은?

① Sue & Labour Clause ② Waiver Clause

③ Bailee Clause ④ Not to inure Clause

97. 다음 중 선하증권과 보험증권상에 동일한 명칭으로 삽입되는 약관은?

① 수탁자약관 ② 쌍방과실충돌약관

③ 내항성승인약관 ④ 부선약관

98. 화주가 FPA조건으로 보험에 부보한 경우에 다음 중 보상받을 수 없는 경우는?

① 추하, 화재로 인한 전손

② 침몰, 좌초, 대화재, 충돌로 인한 단독해손

③ 선적, 하역 시 매 포장 당 전손

④ 악천후에 의한 단독해손

99. 다음 중 신 보험증권의 본문약관에 규정되어 있는 약관이 아닌 것은?

① 준거법약관 ② 타 보험약관 ③ 약인약관 ④ 담보위험약관

100. 다음 중 (A)조건에서 담보되지 않는 위험은?

① 투하 ② 공동해손

③ 조난항에서의 양하 ④ 적 양하과정에서의 매 포장당 전손

101. 2007 A조건은 구 협회적하약관의 어느 조건과 유사한가?

① FPA ② W/A ③ A/R ④ W/A 3% ⑤ WAIOP

102. 보험조건(Terms of Insurance)에 대한 설명 중 틀린 것은?

① Incoterms, 2010에서의 DAT조건하에서 해상사고에 의한 피보험이익은 매도인에게 귀속된다.

② 보험금액이란 실제로 보험에 가입한 금액을 말하며, 보험자가 보험계약상 부담하는 손해보상책임의 최고한도액을 말한다.

③ 추정전손이란 보험목적물이 전멸하지 않았어도 그 손해정도가 심하여 본래의 목정에 사용할 수 없거나 그 손해를 수선하는데 많은 수선비가 소요될 경우 전손으로 처리하는 것을 말한다.

④ 협회적하약관(institute cargo clause)은 국제상업회의소(ICC)에서 제정한 것이다.

⑤ 해상적하보험을 A/R로 부보하였더라도 과업 등에 기인한 손해는 보험자가 면책된다.

103. 해상적하보험(Marine Cargo Insurance)에서 사용되는 약관인 (A)로 부보하였을 경우에 담보범위에 들지 않는 것은?

① 본선 또는 부선의 좌초나 침몰에 의한 물적 손실

② 본선 또는 부선과 다른 물체와의 충돌에 의한 물적 손실

③ 전쟁 또는 동맹파업에 의한 물적 손실

④ 본선 또는 부선에의 선적작업 중 발생된 포장단위의 전손

⑤ 투하 또는 갑판유실로 인한 물적 손실

104. 적하보험의 손해형태 중 현실전손이 아닌 것은?

① 식용목적의 수입쌀이 해수에 손상되어 공업용으로 밖에 사용할 수 없는 경우

② 보험 목적물인 쌀이 화재로 다 타버린 경우

③ 보험목적물이 쌀이 행방불명되어 상당한 기간이 경과한 경우

④ 쌀이 해수에 젖어 말리는 비용이 말린 뒤의 화물가액을 넘을 때

105. 적하보험 협정요율서상 적하보험료 산정 시 고려 사항이 아닌 것은?

① 화물의 종류　　② 보험구간

③ 계약자의 과거 3년간 손해율　　④ 보험조건

106. ICC상의 운송약관(Transit Clause)에서 위험의 종기에 관련된 내용이다. 맞는 것은?

① 화물이 보험증권상에 기재된 목적지의 화주창고, 또는 기타의 최종창고, 혹은 보과낭소에 도착하면 위험은 종료된다.

② 화물이 보험증권에 기재된 지역의 창고 또는 보관 장소에 도착되어 창고입구로 들어가는 순간에 종료된다.

③ 화물이 보험증권에 기재된 지역의 창고 또는 보관 장소에 도착되어 창고입구로 들어가서 하차준비가 되었을 때 종료된다.

④ 화주의 창고 내에 들어가서 인도목적으로 하차하였을 때

107. ICC 상의 운송약관(Transit Clause)에서 위험의 종기에 관련된 내용이다. 틀린 것은?

① 보험증권에 명시된 목적지의 여부를 불문하고, 통상의 운송과정이 아닌 보관을 하거나 할당 또는 분배를 위한 장소에 인도하게 될 경우

② 본선에서 하역을 종료한 후 60일이 경과하면 중간창고에 보관 중이라도 보험자의 책임은 종료된다.

③ 우리나라에서는 수입화물의 경우에는 60일을 90일로 변경하여 사용하고 있다.

④ 상기의 60일과 같은 날짜의 제한은 하역종료 후 60일을 의미한다.

108. 쌍방과실충돌약관(Both to Blame Collision Clause)과 관련된 사항이다. 가장 거리가 먼 것은?

① 영국의 경우는 쌍방과실충돌의 경우에는 그 손해를 과실의 정도에 따라 분담하는 이른바 과실비례주의원칙을 채택하나

② 미국의 경우에는 제3자에 대한 화물손해에 대해 연대책임주의를 취하고 있다.

③ 항해과실면책

④ 쌍방충돌과실약관에서 쌍방은 선주와 상대선에 실려 있는 화물의 화주를 의미한다.

109. ICC 상의 A/R 약관상의 면책 중 성격이 다른 것은?

① 유리제품의 파손위험

② 항해의 지연에 근인 한 손해 또는 비용

③ Trade Ullage

④ 포장불완전

110. 적하보험에 관한 설명 중 틀린 것은?

① 보험자의 보상금액은 원칙적으로 보험금액을 초과할 수 없다.

② 보험자의 물적 손해만을 원칙적으로 보상한다.

③ 비용손해는 보험약관에 규정하고 있는 경우에 한하여 예외적으로 보상한다.

④ 손해방지행위를 하였으나 화물이 전손된 경우 전손에 대한 보험금만 보상한다.

111. 적하보험에 관한 설명 중 틀린 것은?

① 피보험이익은 보험계약의 목적이라고도 한다.

② 보험의 목적이란 화물 그 자체를 말한다.

③ warranty의 위반이 있는 경우 계약일로 소급하여 보험계약이 취소된다.

④ 고지의무위반사항과 관련 없이 발생한 보험사고는 보험보상이 되지 않는다.

112. 다음 중 적하보험약관의 해석원칙이 아닌 것은?

① 계약당사자 의사 존중의 원칙 ② 증권 상의 문언중심의 해석원칙

③ 수기문언 우선의 원칙 ④ 작성자 이외의 원칙

113. 다음 중 적하보험의 S G Policy상의 담보위험이 아닌 것은?

① Peril of seas ② Thieves

③ Jettison ④ Shipowner' s negligence

114. 위부(abandonment)란 무엇을 뜻하는가?

① 현실전손으로 처리하기 위해 피보험자가 보험목적물에 대해 갖는 일체의 권리를 수송인에게 이전하는 것을 말한다.

② 추정전손으로 처리하기 위해 피보험자가 보험목적물에 대해 갖는 일체의 권리를 보험자에게 이전하는 것을 말한다.

③ 추정전손으로 처리하기 위해 보험자가 보험목적물에 대해 갖는 일체의 권리를 제3자에게 이전하는 것을 말한다.

④ 현실전손으로 처리하기 위해 피보험자가 보험목적물에 대해 갖는 일체의 권리를 보험자에게 양도하는 것을 말한다.

115. 다음 중 해상고유의 위험(peril of sea)이 아닌 것은?

① 파선(shipwreck) ② 화재(fire)

③ 좌초(stranding) ④ 충돌(collision)

116. 피보험이익에 대한 틀린 설명은?

① 항해사업에 이해관계가 있는 자는 피보험이익을 가질 수 있다.

② 적하보험에선 거래조건(trade term)에 따라 피보험이익을 갖는 자가 달라진다.

③ 피보험이익은 반드시 금전으로 환산될 필요는 없다.

④ 피보험이익이 없으면 보험금을 청구할 수 없다.

117. All Risk 조건에서 보험자가 담보하는 손해는?

① 항해의 지연에 기인한 손해

② 화물의 고유 하자 또는 성질에 기인하여 생긴 손해

③ 전쟁위험 및 스트라이크 위험

④ 도난 · 불착 손해

118. 적하보험금을 청구할 수 있는 사람은?

① 보험자 ② 보험계약자

③ 피보험자 ④ 수출상

119. 해상보험의 조건 중에 보험료가 가장 싼 조건은?

① W/A ② A/R ③ FPA ④ T.L.O

120. Salvage Loss Settlement 방식에 대한 설명이다 틀린 것은?

① 적하보험정산의 경우에 이용되는 방식이다.

② 손상된 화물이 최종목적지 도착 이전에 매각된 경우에 한다.

③ 상기의 정산방식에 의하면 현지 매각비용도 감안된다.

④ 공식은 매각되는 현지에서의 총정품 가액에서 순 매각 대금을 공제한 것을 말한다.

121. Average Loss Settlement 방식에 대한 설명이다. 틀린 것은?

① 손상된 화물이 질적 손해가 발생하여 최종목적지에 도착한 경우에 산정하는 방식이다.

② 최종보험금 계산 시에 합리적인 매각비용은 보험금에 포함된다.

③ (도착지에서의 총 정품가액 · 총 손상가액)/도착지에서의 총 정품가액 x 보험금액이다.

④ 상기에서 총 정품가액은 소매가격을 의미한다.

122. 화물의 일부전손인 경우에 대한 설명이다. 틀린 것은?

① 화물이 FPA 조건인 경우에 보험증권에 기재된 계약이 가분할 수 있는 경우에는 가분할 수 있는 부분의 전손에 대해서만 보상받을 수 있다.

② 대량 용적화물(in bulk)의 일부손해는 가분할 수 있다.

③ 상이한 종류, 단일 평가액으로 부보된 화물의 일부전손은 가분할 수 있다.

④ 별개의 포장 별개 부보화물의 일부 전손은 보상된다.

123. 다음 중 틀린 것은?

① 식별불능화물은 화물이 본래의 종류로 목적지에 도착하였으나 상표가 말소되어 누구의 화물인지 구분할 수 없는 경우이다.

② 이 경우 인도가 불가능하게 되어 그 상태로 화물을 매각하는 경우에 수화주는 자기가 수취하지 못한 화물의 수에 따라 멸실 또는 손상된 화물의 비례부분을 분배받아야 한다.

③ 상기와 같은 식별불능화물인 경우에 이는 분손이 아닌 전손이다.

④ 100포대의 씨앗이 보험에 가입되고, 그중에서 10포대가 피보험위험에 의해 파괴된다면 이것은 분손이다.

124. 다음은 부가약관에 대한 설명이다. 틀린 것은?

① T.P.N.D는 도난 발하 미착위험을 담보하는 것을 의미하며 Non-delivery는 출항항에서의 미선적 또는 분실을 원인으로 한 포장전체의 불착을 의미한다.

② C.O.O.C는 기름, 니토, 산등의 주로 선내의 청소 불충분으로 인한 오손 및 타 화물과의 접촉으로 인한 손해가 이 약관으로 담보된다.

③ R.F.W.D는 비, 눈, 하천, 호수, 기타 해수이외의 물로 젖은 손해를 담보한다.

④ 파손, 곡손(Bending &/or Denting)은 어떠한 수송과정에 있어서도 생기는 통상의 손해(ordinary loss)를 포함하므로 일정비율을 항상 면책하는 exess(또는 deductible)%의 조건이 적용된다.

125. 부가약관에 대한 설명 중 맞는 것은?

① Sweat &/or Heating 위험은 화물자체에서 생긴 발열에 의하여 발생된 Heating에 대한 위험을 담보한다.

② 곡물, 소맥분, 죽세품 등이 쥐나 곤충에 의해서 해를 입는 경우에는 특약에 의하여 추가 담보된다.

③ 식료품, 섬유품, 잡화 등은 함유수분 때문에 또는 습기의 증가로 곰팡이 또는 기타 미생물에 의한 피해는 대부분이 물질고유의 하자 또는 성질에 의한 손실이므로 특약에 의해서도 담보가 되지 않는다.

④ 녹손(Rust)위험특약은 화물자체의 포장상태의 여부를 불문하고, 순전한 습기로 인한 것이면 담보되지 않는다.

126. 피보험이익(insurable interest)에 대한 기술로 옳은 것은?

① 피보험이익은 반드시 금전으로 산정할 수 있어야 한다.

② 피보험이익의 대상은 반드시 유체물이어야 한다.

③ 피보험이익은 반드시 계약체결 시에 확정되어 있어야 한다.

④ 피보험이익이 없는 보험계약은 피보험자가 특정 할증료를 물고 체결해야 한다.

127. 해상보험의 보상원칙은?

① 최소보상의 원칙 ② 증액보상의 원칙

③ 실손보상의 원칙 ④ 이익보상의 원칙

128. W.A 3% 란 무슨 뜻인가?

① 보험가격의 3% 이상은 초과보험으로 인정한다.

② 보험료의 비율을 3%로 협정하는 것이다.

③ 분손담보 조건으로 보험료는 3%로 한다.

④ 3% 이하의 소 손해는 W/A조건에서도 면책된다.

129. 적하보험 A조건에서 보상되는 손해는?

① 담보위험으로 화물이 지연되어 발생한 손해

② 포장의 불완전에 기인된 손해

③ 화물의 성질에 기인된 손해

④ 선원의 악행에 기인된 손해

130. 위부를 행사할 수 있는 손해는 다음 중 어떤 것인가?

① 추정전손　② 현실전손　③ 공동해손　④ 단독해손

131. 다음 설명 중 틀린 것은?

① 보험계약 체결 이전의 사고에 대해서도 보험보상이 될 수 있다.
② 위부통지 후 손해방지행위를 하더라도 위부를 철회한 것으로 보지 않는다.
③ 운송수단이 항공기인 경우에도 FPA조건으로 보험에 가입할 수 있다.
④ 피보험자의 악행은 절대적으로 보험보상이 될 수 없다.

132. YAR에서의 공동해손 손해가 아닌 것은?

① 고의좌초에 의한 화물손해
② 추하로 인한 화물의 손해
③ 화재 시 연기로 인한 화물의 손해
④ 이초시키기 위해 양륙 중 발생된 화물의 손해

133. 항해 중 중간항에서 화물이 손상되어 100,000원에 판매하였는데 그 화물의 보험금액과 보험가액이 300,000원이고 목적항에 도착하였다면 그 실가가 500,000원이 되었을 것이라면 보험금은?

① 400,000원　② 200,000원　③ 100,000원　④ 60,000원

134. 송하인이 해상위험에 관한 적하보험을 가입하여야 할 무역조건은?

① FOB　② FCA　③ EX WORKS　④ CIF

135. 적하보험에서 현실전손이 성립되지 않는 경우는?

① 화물이 물리적으로 멸실된 경우
② 화물이 본래의 성질을 상실한 경우
③ 화물이 행방불명되어 상당한 기간이 경과한 경우
④ 화물의 손상 수리비가 수리한 후의 화물 가격을 초과할 경우

136. 적하보험 FPA조건에서 전손이 발생한 경우 담보위험이 아닌 것은?

① 해상고유의 위험 ② 화재

③ 해상강도 ④ 선주의 악행

137. On-Deck Clause에 관한 설명 중 틀린 것은?

① A/R조건으로 보험에 가입하였다 하더라도 화물이 갑판적되면 FPA+JWOB로 보험 조건이 자동적으로 변경된다.

② 밀폐형 컨테이너는 갑판적 되더라도 On-Deck Clause가 적용되지 않는다.

③ 보험계약자나 피보험자의 의사와 상관없이 갑판적 된 화물은 ON-Desk Clause가 적용되지 않는다.

④ 보험자에게 사전에 갑판적임을 통지하고 추가보험료를 납입한 경우에는 on-deck Clause가 적용되지 않는다.

138. 다음 중 우리나라 적하보험요율표상 A/R나 A조건으로 보험을 가입하도록 하고 있는 화물은?

① 원면 ② 원목 ③ 원당 ④ 원유

139. 다음 중 Special Replacement Clause가 자동적으로 첨부되는 화물은?

① 기계류 ② 섬유류 ③ 농산물류 ④ 유리제품류

140. 특수화물에 대한 약관이다 틀린 것은?

① 고무약관이 Rubber Clause는 통상의 ICC (W/A)약관보다 넓고, 곰팡이 손은 고무약관상에서 담보되고 있는 운송과정에서 각 포장이 해수, 담수, 혹은 선창 내 응결등과 직접 접촉하는 것에 의해 생긴 것이 아닌 한 보상되지 않는다.

② 고무약관의 보험기간은 도착항에 인도된 때 종료되지만 그 창고가 제조업자의 창고가 아닌 때에는 거기에서 30일을 한도로 담보된다.

③ 원목 무역협회약관(Timber Trade Federation Clause)에서 원목을 갑판적재 시에는 FPA 조건을 기초로 투하, 유실위험을 담보하고 선창 내 적재의 경우에는 All Risks 담보가 된다.

④ 원목 무역협회약관(Timber Trade Federation Clause)보험자의 책임은 원목이 선박에 적재된 때 또는 수면상에 뜨게 된 때부터 시작하고 최종 도착지에서 수하인에게 인도된 때에 종료하지만 화재에 대한 담보는 최종양륙완료 후 30일을 한도로 보상한다.

141. 원산지 손해약관(Country Damage Clause)에 대한 설명이다 틀린 것은?

① 주로 수입면화에 적용된다.

② 원산지에서 포장된 후에 선적되기까지의 사이에 먼지, 진흙, 비 등에 의해 젖거나 오염되어 발생한 손해를 보상한다.

③ 외항선에 적재전의 홍수, 해일, 고조의 유입 또는 호우에 의한 손해 등도 보상한다.

④ Special Survey Clause가 함께 적용되어 보험회사가 지정한 Surveyor의 입회조사를 받지 않으면 안 된다.

142. 다음 중 수하주에게 인도 후에도 담보되는 특별약관은?

① 기계수리 특별약관(Special Replacement Clause)

② 생 동물약관(Livestock Clause(B))

③ 상표약관(Label Clause)

④ 통관거부 위험담보특별약관(Rejection Clause)

143. 특별약관에 대한 설명 중 틀린 것은?

① 기계수리 특별약관(Special Replacement Clause)상에서 신규구입을 위한 관세를 지불한때는 화물의 관세금액이 보험가입금액에 포함되는 경우에 한해 보상된다.

② 냉동기관 약관(Refrigerating Machinery Clause)은 주로 육류 및 생선에 첨부하는 약관인데 24시간 이상 냉동장치의 고장인 경우에 보상한다.

③ 생 동물약관(livestock clause(B))은 생동물의 사망을 담보하는 약관으로 검역소에서 30일을 한도로 담보한다.

④ 상표약관(label clause)은 상표만 손상되었을 경우에는 원상회복에 필요한 비용과 신 상표 및 상표 재 부착 비용만을 보상한다.

144. 다음 중 적하보험금 청구 시 제출하여 할 서류가 아닌 것은?

① 보험증권　　② 보험료 납입 영수증

③ 선하증권　　④ 상업송장

145. 적하보험 계약의 당사자는?

① 보험자 – 중개인　　② 보험대리인 – 피보험자

③ 피보험자 – 보험계약자　　④ 보험자 – 보험계약자

146. 보험자의 보상은 보험금액을 한도로 하는데 다음 손해 중 보험금액에 추가하여 보상될 수 있는 것은?

① 손해방지비용 ② 공동해손비용
③ 구조료 ④ 단독해손

147. 다음 약관 중 A/R에는 없으나 (A)조건에서 신설된 것은?

① 증액약관 ② 보험이익 불공여약관
③ 추정전손약관 ④ 위부포기약관

148. 다음 중 (C)조건에서 보험보상이 되는 위험은?

① 지진 ② 투하
③ 파도에 의한 갑판상의 유실 ④ 양륙 중 포장 당 전손

149. 곡물 100톤을 보험가액과 보험금액을 $100,000으로 하여 보험에 가입하였다. 보험 기간 중 악천후로 50톤이 해수 침을 입었다. 그 후 목적지에 도달한 수침손 화물은 물건 본래의 용도로는 사용할 수 있었으나 해수로 손상을 입었기 때문에 $100,000에 매각되었고, 정상적인 곡물은 $200,000에 판매되었다. (W/A 3%)에서 보험금은 얼마인가?

① 없다. ② $50,000 ③ $25,000 ④ $22,000

150. 우리나라에서 사용하고 있는 적하보험 ICC(A) 약관에서 보험자의 보상책임(liability)과 정산(settlement)에 관하여 다툼이 생긴 경우 이의 해결을 위하여 약정하고 있는 준거법은?

① 수입화물이든 수출화물이든 불문하고 우리나라의 법률과 관습에 의한다.
② 수입화물이든 수출화물이든 불문하고 영국의 법률과 관습에 의한다.
③ 수입화물은 우리나라, 수출화물은 영국의 법률과 관습에 의한다.
④ 수입화물은 우리나라, 수출화물은 도착지의 법률과 관습에 의한다.

151. 다음 보험용어 중 잘못 짝지어진 것은?

① 피보험자 · The assured ② 보험의 목적 · Subject-matter insured
③ 피보험이익 · Insurable interest ④ 보험가액 · Amount insured

152. 적하의 양륙항을 부산으로 하고 최종목적지를 서울로 하여 우리나라 보험회사에 (FPA)조건으로 보험을 가입한 경우 보험기간이 종료되지 않은 것은?

① 통관을 위하여 부산에 위치한 창고에 인도된 때

② 할당을 위하여 부산에 위치한 창고에 인도된 때

③ 항해선으로부터 양륙한 날로부터 30일이 경과한 때

④ 서울에 위치한 수하주의 창고에 인도된 때

153. 다음 중 (FPA)조건에서 단독해손이 발생한 경우 보험보상이 되지 않는 위험은?

① 악천후 ② 충돌 ③ 좌초 ④ 침몰

154. 해상보험에 대한 다음의 설명 중 틀린 것은?

① 피보험이익은 계약 체결 시에는 존재하지 않아도 상관없으나 사고 발생 시에는 반드시 존재하여야 한다.

② 고지사항은 보험인수 및 보험료 산정에 영향을 미치는 사항들이다.

③ warranty를 위반하면 위반 시부터 보험자는 책임을 면하게 된다.

④ 법정보험가액은 계약체결시의 시장가액이며 이는 보험자가 보상하는 최고 한도액이다.

155. 수입국 정부 또는 대행기관의 품질검사에서 수입 불합격판정을 받음에 따라 피보험자가 입는 경제적인 손실을 보상해 주는 특별약관은?

① Label Clause

② Livestock Clause(B)

③ Rejection Clause

④ Refrigerated Cargo Clause

156. On Deck Clause에 관한 설명이다. 틀린 것은?

① open-top 컨테이너에 실린 화물은 상기약관의 적용을 받지 않는다.

② FPA or ICC(C)보다 넓은 조건으로 인수되는 계약에 적용된다.

③ 갑판적 시에 담보범위가 FPA 또는 ICC(C) + Jettison 과 Washing overboard조건으로 변경된다.

④ 갑판적 시에 추가보험료 납입조건으로 담보범위를 확장할 수 있으나 화물의 ROD(Rust, Oxidation, Discoloration) 위험은 S.S.B.C에 직접 기인한 경우에만 보상된다.

157. ITC(1/10/83)에서 6조 상의 담보위험이다. 틀린 것은?

① 해적행위에 의한 손해

② 핵장치나 원자로의 고장 또는 사고로 인한 손해

③ 지진에 의한 손해

④ 파열된 보일러 손해

158. ITC(1/10/83)에서 6조 상의 담보위험이다. Inchimaree 약관의 창설과 관련된 담보위험은?

① 해적행위에 의한 손해

② 핵장치나 원자로의 고장 또는 사고로 인한 손해

③ 지진에 의한 손해

④ 파열된 보일러 손해

159. 추가담보위험약관(Institute Additional Perils Clause – Hull 1/10/83)에 대한 다음 설명 중 틀린 것은?

① 파열된 보일러의 파손된 Shaft 및 결함부분이 선박에 손상을 입힐 때 결과 손해뿐만 아니라 자체손해 및 결합부분도 보상한다.

② 비록 손해가 발생하지 않은 단순히 발견된 Shaft의 결함도 보상이 된다.

③ ITC(1/10/83) 6조가 열거주의를 채택하고 있는데 반해 상기약관은 포괄책임주의를 채택하고 있다.

④ 상기약관은 기본적으로 피보험자인 선주 또는 관리인의 상당주의 의무를 조건으로 어떠한 우연적인 사고, 부주의, 무능력 또는 판단착오로 인하여 발생한 피보험 목적물의 과실 또는 손상을 담보하는 것이다.

160. ITC (1/10/83)의 사고통지 및 입찰약관(Tender Clause)에 관련된 설명이다. 틀린 것은?

① 보험자는 보험사고수리항구를 결정할 권한이 있다 그러나 보험자의 요구에 부응하여 생기는 항해의 추가실비는 보상하지 아니한다.

② 보험자는 수리장소 혹은 수리업자에 관하여 거부권이 있다.

③ 보험자는 선박의 수리에 대하여 입찰에 부칠 수 있으며 이 입찰로 인하여 수리지연이 있는 경우에 보험금액의 연 30%의 비율로 추가 보상한다.

④ Tender Clause약관의 조건을 불이행하였을 경우에는 확정된 보상금액에서 15%의 금액을 제공한다.

161. 회항비용에 대한 설명이다. 맞는 것은?

① 회항비용은 어떤 항구에서 수리를 할 수 없는 경우에 인근의 수리항으로 회항하는 경우에만 인정된다.

② 회항비용은 임시수리비, 선원의 급여 및 부양비, 도선료, 예선료, 추가보험료, 항비(수리항구)연료 등이 포함된다.

③ 개정된 정산인 실무규칙 1991의 D1에 의하면, 보험사고직후 또는 당해항차직후 단지 보험사고수리를 위해 수리항구로 회항하는 경우에 항상 triangulation basis에 의하여 추가로 발생한 비용만 회항비로 인정한다.

④ 보험수리가 연기되어 선주의 정기 docking시 선주수리와 병행하여 실시된 경우 회항비용은 수리비에 관계없이 반분된다.

162. 시간외 할증비용에 대한 설명이다. 틀린 것은?

① 원칙적으로 선주의 시간 외 작업은 보험자가 부담하지 않는다.

② 정기선의 경우에는 시간 외 작업은 saving 된 한도까지 전액 인정한다.

③ 작업의 성격상 시간외 작업이 불가능한 경우에는 전액 인정된다.

④ 시간 외 작업을 함으로 인하여 수리기간 등이 단축되어 수리비가 절감된 경우 그 절감된 한도까지 시간 외 작업을 합리적인 수리비의 일부로 보험자가 부담한다.

163. ITC(1/10/83)의 15조 선저처리비에 대한 설명이다. 맞는 것은?

① 신환 된 선저철판의 내부와 외부의 표면처리에 있어 first coat of primer또는 one A/C coat까지만 인정하는 것을 의미한다.

② 선저(Bottom)은 선 측면을 제외한 선박의 선저외판을 의미한다.

③ 사고로 인하여 단순히 외판의 손상 없이 선저 Paint만 손상을 입은 경우에도 선저의 재도장비용은 인정된다.

④ 용접도중에 손상된 부분의 표면처리비용도 상기 15조의 적용을 받는다.

164. ITC Hulls (1/10/83)의 충돌약관상의 선박충돌과 관련된 내용이다 틀린 것은?

① 충돌이란 선박과 선박과의 물리적인 접촉을 의미한다.

② 충돌약관상의 선박이란 자항능력에 관계없이 수면이나 수중을 항행할 수 있어야한다.

③ 또한 사람이나 물건을 적재하여 운송할 목적으로 사용되는 모든 구조물을 포함한다.

④ ITC Hulls (1/10/83)조건하에서는 모든 충돌정산은 cross liability방식으로 한다.

165. 충돌약관의 필요성이 제기된 판례는?

① De Vaux V Salvotor

② Niobe호 사건

③ Chandler v Blogg

④ Xenos v Fox

166. 충돌약관상의 선박 또는 충돌사고로 볼 수 없는 것은?

① 항행 가능한 뗏목

② Mobile Floating Crane

③ 상대선의 Anchor Chain과의 충돌

④ 수면에 항행중인 수상비행기

167. 다음 중 틀린 것은?

① 약 4년간 선급에서 탈급되어 석탄저장목적으로 사용되어 왔던 선박은 충돌약관상의 선박으로 볼 수 없다.

② 침몰선은 어떠한 경우라도 충돌약관상의 선박이 될 수 없다.

③ fishing net와의 충돌은 충돌약관상의 충돌이 아니다.

④ floating landing stage는 충돌약관상의 선박으로 볼 수 없다.

168. ITC HULLS(1/10/83)인 경우에 8조 충돌약관에서 보상하지 않는 것은?

① 타 선박에 실린 재산의 멸실 및 훼손

② 타 선박에 실린 재산의 멸실 및 훼손에 따른 불가동 손실

③ 부두와 충돌한 경우 부두의 손해에 대한 손해배상

④ 계약내용 또는 법규에 의한 손해보상은 담보되지 않는다.

169. ITC HULLS(1/10/83)인 경우에 8조 충돌약관에 대한 설명 중 틀린 것은?

① 쌍방과실충돌 시에 책임제한이 적용되지 않으면 cross liability방식에 의하여 보상한다.

② 일방과실 이외에는 모두 cross liability로 정산된다.

③ 충돌양선의 선주와 선주사이에는 single liability로 정산된다.

④ 불가동 손실은 single liability에서는 전혀 회수가 안 된다.

170. ITC HULLS(1/10/83)인 경우에 8조 충돌약관에 대한 설명 중 맞는 것은?

① 교호책임주의에서는 불가동 손실이 전액회수 된다.

② 자매선의 충돌인 경우는 동일선주의 선박이므로 충돌배상은 없고 양선의 자선의 손상에 대한 보상만이 있다.

③ 충돌배상금이 전손보험금에 추가하여 보상될 때에 전손이라도 deductible은 적용된다.

④ 손해보상에 추가하여 소송비용이 지급되거나 소송비용과 선박의 손해수리비용이 보험금액을 초과할 수 없다.

171. ITC HULLS(1/10/83)인 경우에 8조 충돌약관에서 보상되지 않는 것이다. 틀린 것은?

① 선박이나 적하의 잔해제거비용

② 본선의 적재화물에 대한 책임

③ 인적손해에 대한 책임

④ 상대선과 상대선에 실린 화물에 대한 오염오탁손해

172. 1924년에 성립된 Hague Rule 상의 해상운송인의 책임에 대한 중대한 예외사항이 아닌 것은?

① 항해상의 과실과 선박의 취급에 따른 선원의 과실로 인한 손해

② 화재

③ 해상고유의 위험으로 인한 손해

④ 화물의 취급에 따른 선원의 과실로 인한 손해

173. ITC HULLS(1/10/83)의 1조 항해에 관한 설명 중 틀린 것은?

① 도선사의 승선여부에 무관하게 항해할 수 있는 재량권을 인정.

② 피보험선박이 조난중인 선박 또는 부선을 구조하거나 예항하는 자유를 인정하고 있다.

③ 피보험자의 타 선박에 대한 계약구조를 인정하고 있다.

④ 피보험선박이 해체 항해 시 발생하는 손해는 그 손해는 입은 시점에서 해체선으로서의 시장가액에 한정된다.

174. ITC HULLS(1/10/83)의 4조 Termination 에 관한 설명 중 틀린 것은?

① 상기의 약관은 본 보험계약서에서 수기, 타자 또는 인쇄된 규정 다음으로 우선한다.

② 선급협회의 선급의 변경이 있는 경우 보험계약은 자동 종료된다.

③ 새로운 관리자에게 이전되거나 나용선 조건부로 용선되는 경우 자동 종료된다.

④ 피보험자의 사전동의 없이 소유권의 귀속 또는 사용을 목적으로 징발되었을 경우에는 징발 시로부터 15일 후에 자동 종료된다.

175. ITC HULLS(1/10/83)의 12조 deductible 에 관한 설명 중 틀린 것은?

① 충돌배상약관, 손해방지약관은 비록 해상보험계약과 별도의 추가계약이지만 보완적인 계약으로 간주하여 따로 deductible를 공제하지 않는다.

② 한 편도구간 항해 기간 중에 발생된 황천으로 인한 손해는 한사고로 간주허여 one deductible 적용한다.

③ 2항에서 황천은 浮氷과의 접촉을 포함한다.

④ 좌초 후 선저검사비용이 합리적으로 발생하고, 손상이 있는 경우에만 전액 보상한다.

176. 우리나라 보험회사에 적하보험가입 시 청약서에 기재할 사항이 아닌 것은?

① 적하의 양륙항　　② 적하의 최종목적지

③ 적하의 환적여부　　④ 보험조건

177. 다음의 보험조건중 담보위험을 열거하는 방법을 채택하지 않는 것은?

① (FPA)　② (B)　③ (W/A)　④ (A/R)

178. 공동해손을 선언한 운송인이 화주에게 요청하는 서류가 아닌 것은?

① General average bond　　② Valuation form

③ Average guarantee　　④ Counter guarantee

179. 희망이익(expected profit)에 대해 설명하고 있는 다음 내용 중 잘못된 것은?

① 화물이 무사히 목적지에 도착함으로써 화주가 얻을 수 있는 금액이다.

② 일반적으로 송장가액(CIF가격)의 10%가 국제상거래 상 관례로 되어 있다.

③ 현행 적하보험요율서상에는 희망이익을 1100%까지 가산할 수 있도록 정하고 있다.

④ 희망이익을 증액하기 위해선 초과보험료를 지불해야 한다.

180. 다음 보험가액과 보험가입 금액의 관계를 설명한 것 중 타당치 않은 것은?

① 보험가입금액이 보험가액과 동일한 경우의 보험을 전부보험이라 하며 사고 시 보험자료부터 실 손해를 보상받을 수 있다.

② 동일한 피보험이익에 대하여 보험기간을 공통으로 하는 2개 이상의 보험계약을 체결하여 보험가입금액의 합계액이 보험가액을 초과하는 경우를 공동보험이라 한다.

③ 보험가입금액이 보험가액을 현저하게 초과하는 경우의 보험을 초과보험이라고 한다.

④ 일부보험의 경우에 피보험자는 보험가입금액의 보험가액에 대한 비율에 따라 비례보상을 받게 된다.

181. 다음의 보험조건들을 보험계약자로 보아 보험료 부담이 가장 큰 것부터 순서대로

ⓐ F P A	ⓑ A/R	ⓒ WAIOP	ⓓ W/A 3%	ⓔ F P A including TPND

① ⓑ–ⓔ–ⓒ–ⓓ–ⓐ　② ⓔ–ⓑ–ⓒ–ⓓ–ⓐ

③ ⓑ–ⓒ–ⓔ–ⓐ–ⓓ　④ ⓔ–ⓑ–ⓒ–ⓐ–ⓓ

182. 적하보험 구 증권(S G Policy)의 첨부 약관과 2007년 약관의 차이점에 대해 설명한 내용 중 잘못된 것을 찾으면?

① A/R조건에서는 piracy에 대해 보험자는 면책이었으나 (A)에서는 담보된다.

② W/A조건에서는 지진, 화산의 분화, 낙뢰로 인한 손해는 부담보이나, (B)에서는 담보된다.

③ W/A조건과 달리 (B)에서는 육상운송용구의 전복이나 탈선에 의한 손해를 담보한다.

④ FPA조건에서는 선적, 환적 또는 하역작업 중 화물의 포장 당 전손은 부담보이나 (C)에서는 담보된다.

183. 적하보험증권상의 위험의 종기에 대해 틀리게 설명하고 있는 것은?

① 보험증권상 명시한 목적항에 화물이 하역되어 수하주의 최종창고에 입고되기 이전 동화물의 도착지를 변경시킬 경우 변경된 목적지에 도착하는 시점

② 보험증권에 명시된 목적지 여부를 불문하고 통상의 운송과정이 아닌 보관을 하거나 할당 또는 분배를 위한 장소에 인도하게 될 경우

③ 본선으로부터 하역을 종료한 후 60일(수입화물은 30일)을 초과할 경우

④ 화물이 보험증권에 기재된 목적지에 위치한 화주의 창고, 또는 기타의 최종창고, 혹은 보관 장소에 인도될 때

184. 현행 적하보험요육서상의 지역할증 대상 및 할증률을 설명하고 있는 것 중 틀린 것은?

① 중국 ② 네팔

③ 인도, 베트남, 아프리카 전역 ④ 구소련지역 및 멕시코

185. 다음 적하보험이 부보된 화물의 사고처리 절차를 바르게 나열하고 있는 것은?

ⓐ 검정인 선임/검정실시	ⓑ 보험금지급/수령
ⓒ 화물인수/사고통보	ⓓ 검정보고서 제출
ⓔ 보험사의 구상권 행사	

① ⓒ-ⓐ-ⓓ-ⓔ-ⓑ ② ⓔ-ⓐ-ⓒ-ⓓ-ⓑ

③ ⓒ-ⓐ-ⓓ-ⓑ-ⓔ ④ ⓔ-ⓒ-ⓐ-ⓓ-ⓑ

186. 다음 나열된 보험자의 일반면책위험 중 A/R 조건으로 보험가입된 경우 부가위험 조건들을 들면 보상받을 수 있는 것은?

① 도착항에서의 전쟁발발로 인한 화물사고

② 화물포장의 불완전 또는 부적합으로 인한 사고

③ 피보험 목적물의 고유의 하자 또는 성질로 인한 사고

④ 항해의 지연으로 인한 손해

187. 담보(warranty)에 대한 다음의 설명 중 부적절한 것은?

① 보험회사가 보험계약자에게 엄격히 이행하거나 충족되어야 할 사항을 보험증권상에 명시하거나 법률에 의하여 둠으로써 안전장치를 마련코자 하는 것이다.

② 명시담보(express warranty)란 보험증권에 그 담보의 구체적 내용이 명시되어 있는 경우를 말한다.

③ 내항성 담보(warranty of seaworthiness)는 명시담보에 해당된다.

④ 보험회사는 담보위반의 시점부터 면책되나 담보위반 이전에 발생된 손해에 대하여는 보험보상을 받을 수 있다.

188. 다음 중 적하보험의 부가위험약관에 해달되지 않는 것은?

① T.P.N.D.(Theft, Pilferage & Non-Delivery)

② R.F.W.D.(Rain and/or Fresh Water Damage)

③ C.O.O.C.(Contact with Oil and/or Other Cargo)

④ I.T.E.(Inland Transit Extension)

189. 다음 용어의 설명 중 틀린 것은?

① 보험가액(insurable value)은 피보험이익의 평가액으로서 일정한 피보험이익에 대하여 발생할 수 있는 경제적 손해의 최고한도를 말한다.

② 보험금액(amount insured)은 실제로 보험에 가입한 금액을 말한다.

③ 보험금(claim amount)은 보험자의 위험부담에 대하여 보험계약이 유효하게 존속하는 기간을 말한다.

190. 해상적하보험에서의 해상고유의 위험이 아닌 것은?

① 충돌(collision) ② 화재(fire)

③ 좌초(standing) ④ 행방불명(missing)

191. 적하보험 (C)조건에서 보상되는 손해는?

① 공동해손 희생 ② 파도에 의한 갑판상의 유실

③ 선박에 해수의 유입 ④ 지진, 분화 또는 낙뢰

192. 협회적하약관의 운송약관(Transit Clause)에서 적하보험계약의 효력이 종료되는 사유로 옳지 않은 것은?

① 화물이 보험증권에 기재된 목적지의 화주창고에 인도된 때

② 통상의 운송과정이 아닌 보관을 위한 장소에 인도된 때

③ 피보험자가 통제할 수 없는 지연이 발생된 때

④ 본선으로부터 하역을 종료한 후 60일이 경과된 때

193. 다음 보기 중 틀린 것은?

① 피보험이익은 적법성, 경제성, 확정성의 요건을 갖추어야 한다.

② 적하보험의 보험자의 책임에 관한 한 준거법을 영국의 법률과 관습으로 하고 있다.

③ 피보험이익은 보험계약의 목적이라고도 한다.

④보험금을 받을 수 있는 권리를 가진 자를 보험계약자라 한다.

194. 다음 설명 중 틀린 것은 어느 것인가?

① 항해에 부속된 육상위험은 적하보험의 담보대상이 될 수 없다.

② 추정전손은 위부를 요건으로 한다.

③ 충돌은 해상고유의 위험에 포함된다.

④ 적하보험에서 보험기간은 항해단위를 기준으로 하고 있다.

195. 다음은 특별약관에 대한 설명이다. 잘못된 것은?

① Custom Duty Clause · 수입세를 담보하는 약관

② Rejection Clause · 통관거부 위험을 담보하는 약관

③ Special Replacement Clause · 보험목적물이 기계류일 때 첨부되는 약관

④ Refrigerated Machinery Clause · 보험목적물이 냉동기기(장치) 등 일 때 사용되는 약관

196. 해상보험에 있어서 손해보상의 범위가 가장 적은 것은?

① TLO ② A/R ③ FPA ④ W/A

197. 다음 (　　)속에 들어갈 가장 적합한 것은(MIA 제57조)?

(1) Where the subject - Matter insured is destroyed is destroyed, or so damaged as to cease to be a thing of the kind insured, or where the assured is irretrievably deprived, there is an actual total loss.

(2) In the case of an actual total loss, no notice of (　　) need be given.

① warranty ② subrogation ③ abandonment ④ waiver

198. 다음중 보험자의 담보가 지속될 수 있는 경우는?

① 보험증권상 출발지가 변경되어 변경 후 보험자에게 통지한 경우

② 증권 상의 목적지가 아닌 다른 목적지를 향해 출항한 경우

③ 고지의무 위반이 발생한 경우

④ 증권상의 출발지를 출발한 후 목적지가 변경되어 항해 변경 전에 보험자에게 통지한 경우

199. 해상적하보험에서 사용되는 약관인 "A/R"로 부보하였을 경우 담보위험에 들지 않는 것은?

① 본선 또는 부선의 좌초나 침몰

② 본선 또는 부선과 다른 물체와의 충돌

③ 보험 목적물의 고우 성질 또는 하차, 피보험자 측의 불법행위

④ 피난항에서의 화물의 하역 등과 상당한 인과관계가 있는 보험목적물의 멸실이나 손상

200. 해상보험에서 고지의무에 대한 다음 설명 중 옳지 않은 것은?

① 고지의무는 계약체결의 교섭 중 또는 계약의 성립 이전에 이루어져야 한다.

② 고지사항은 보험자가 위험의 인수여부 및 보험료 산정에 영향을 줄 수 있는 중요한 사항이다.

③ 고지의무 위반의 효과는 보험계약의 무효이다.

④ 위험을 감소시키는 경향이 있는 사실 등에 대하여는 고지의무가 없다.

201. 다음 해상손해 중 피보험자가 보험자에게 위부를 하여야만 보험금을 청구할 수 있는 것은?

① 단독해손 ② 공동해손 ③ 손해방지비용 ④ 추정전손

202. 다음 중 적하보험율에 영향을 미치는 산정요소가 아닌 것은?

① 보험금 ② 화물의 종류 ③ 항로(출발지, 도착지) ④ 운송용구(선박의 등급)

203. 다음 중 동일한 피보험이익에 복수의 보험을 부보하여 그 합계액이 보험가액을 초과하지 않는 경우의 보험을 무엇이라 하는가?

① over insurance ② under insurance ③ co-insurance ④ double insurance

204. 다음 손해 중 (W/A)에서는 담보되나, (FPA)에서는 담보되지 않는 것은?

① 좌초 · 침몰 · 대화재에 의한 단독해손

② 화재 · 폭발 및 피난항에서의 양하로 인한 손해

③ 선적 · 환적 · 양하중 포장 단위당 전손

④ 악천후에 의한 해수 손

205. 예정보험에 관한 설명 중 올바르지 않은 것은?

① 예정보험은 화물을 선적하지 않은 상태에서 부보하는 보험을 말하며, 개별적 예정보험과 포괄적 예정보험이 있다.

② 개별예정보험은 FOB계약에서 수입자가 신용장개설과 동시에 보험계약을 체결할 수 있으며, 이때 개별예정보험증권이 발급된다.

③ 포괄예정보험 시에 포괄예정보험증권(open policy)이 발급되고, 추후에 확정 보험 사실이 발생하면 보험회사는 보험각서(cover note)를 발행한다.

④ 일반적으로 포괄예정보험계약의 보험요율이 확정보험계약의 보험요율보다 낮다.

206. 다음 (　　)속에 들어갈 가장 적합한 것은(MIA 제57조)?

(1) Where the subject - Matter insured is destroyed is destroyed, or so damaged as to cease to be a thing of the kind insured, or where the assured is irretrievably deprived, there is an actual total loss. (2) In the case of an actual total loss. no notice of (　　) need be given.

① warranty　② subrogation　③ abandonment　④ waiver

207. 다음 중 보험자의 담보가 지속될 수 있는 경우는?

① 보험증권상 출발지가 변경되어 변경 후 보험자에게 통지한 경우

② 증권상의 목적지가 아닌 다른 목적지를 향해 출항한 경우

③ 고지의무 위반이 발생한 경우

④ 증권 상의 출발지를 출발한 후 목적지가 변경되어 항해 변경 전에 보험자에게 통지한 경우

208. 다음 중 적하보험율에 영향을 미치는 산정요소가 아닌 것은?

① 보험금　② 화물의 종류　③ 항로(출발지, 도착지)　④ ~~운송용구~~(선박의 등급)

209. 다음 중 동일한 피보험이익에 복수의 보험을 부보하여 그 합계액이 보험가액을 초과하지 않는 경우의 보험을 무엇이라 하는가?

① over insurance　② under insurance　③ co-insurance　④ double insurance

210. 다음 손해 중 (W/A)에서는 담보되나, (FPA)에서는 담보되지 않는 것은?

① 좌초 · 침몰 · 대화재에 의한 단독해손

② 화재 · 폭발 및 피난항에서의 양하로 인한 손해

③ 선적 · 환적 · 양하 중 포장 단위당 전손

④ 악천후에 의한 해수 손

211. 예정보험에 관한 설명 중 올바르지 않은 것은?

① 예정보험은 화물을 선적하지 않은 상태에서 부보하는 보험을 말하며, 개별적 예정보험과 포괄적 예정보험이 있다.

② 개별예정보험은 FOB계약에서 수입자가 신용장개설과 동시에 보험계약을 체결할 수 있으며, 이때 개별예정보험증권이 발급된다.

③ 포괄예정 보험 시에 포괄예정보험증권(open policy)이 발급되고, 추후에 확정 보험 사실이 발생하면 보험회사는 보험각서(cover note)를 발행한다.

④ 일반적으로 포괄예정 보험계약의 보험요율이 확정보험계약의 보험요율보다 낮다.

212. 다음 보험조건을 보험계약자 입장에서 보험료 부담이 적은 순으로 나열한 것 중 올바른 것은?

㉮ A/R	㉯ (C)	㉰ W/A 3%	㉱ T.L.O	㉲ WAIOP

① ㉯-㉰-㉲-㉮-㉱　　② ㉯-㉲-㉰-㉮-㉱

③ ㉱-㉯-㉰-㉮-㉲　　④ ㉱-㉯-㉲-㉰-㉮

213. 다음 신 해상보험증권의 일반면책 조항 중 (B)와 (C)에만 규정되어 있고, (A)에는 규정되어 있지 않은 것은?

① 통상의 누손, 중량 · 용적의 통상의 감소, 자연소모

② 포장 또는 준비의 불완전

③ 선주, 관리자, 용선자의 파산 및 재산상의 불이행

④ 여하한 자의 불법행위로 인한 고의적인 손상 또는 파괴

214. Incoterms 2010상 CIF나 CIP조건의 경우 보험계약 체결의무가 매도인에게 있게 되는데, 당사자 간의 합의가 없는 경우 매도인이 가입해야하는 보험조건과 보험금액은?

① 보험조건 : (C) 또는 (W/A) / 보험금액 : 110%

② 보험조건 : (C) 또는 (FPA) / 보험금액 : 110%

③ 보험조건 : (A) 또는 (FPA) / 보험금액 : 130%

④ 보험조건 : (A) 또는 (A/R) / 보험금액 : 130%

215. 다음 중 보험금 청구 시 보험금청구서(claim note)에 첨부되는 서류가 아닌 것은?

① 선하증권(Bill of Landing)

② 상업송장(Commercial Invoice)

③ 화환신용장(Documentary Letter of Credit)

④ 검정보고서(Survey Report)

216. 다음 보험(관련)용어 중 잘못 짝지어진 것은?

① 보험의 목적 : subject-matter insured

② 보험가액 : insurable value

③ 단독해손 : general average

④ 피보험 이익 : insurable interest

217. Lloyd's S G Policy 본문약관(위험약관)상 해상고유(perils of the seas)의 위험에 해당하는 대표적인 위험에 해당되지 않는 것은?

① sinking ② heavy weather ③ collision ④ jettison

218. 다음 주어진 문장과 관련하여 (   )안에 들어갈 적합한 용어는?

A (   ) is a partial loss of the subject-matter insured, caused by a peril insured against, and which is not a general average loss.

① actual total loss ② constructive total loss

③ particular average loss ④ salvage charges

219. 다음 보기 중 공동해손행위 요건에 해당하지 않은 것은?

① 처분의 자발성 ② 처분의 합리성

③ 위험의 공동성 ④ 위험의 예상성

220. 해상보험과 관련된 다음 설명 중 옳은 것은 어느 것인가?

① 항해에 부속된 육상위험은 적하보험의 담보대상이 될 수 있다.

② 위험을 감소시키는 사항에 대해서도 고지의무가 있다.

③ 보험금액이 보험가액과 동일한 경우의 보험을 공동보험이라 한다.

④ 적하보험은 물적 손해와 시장상실로 인한 손해를 보상한다.

221. 다음 설명은 피보험이익과 관련된 내용이다. 틀린 것은?

① "lost or not lost" 조건은 보험계약을 체결할 때 이미 위험이 개시된 경우 사용하는 약관이다.

② 피보험이익이란 피보험목적물에 대한 특정인의 이해관계이다.

③ 계약이 유효하게 성립하기 위해 피보험이익은 적법성, 경제성, 유동성의 요건을 갖추어야 한다.

④ 해상보험에서 피보험이익이나 보험증권은 양도가 가능하다.

222. 해상보험에 적용되는 원칙으로서 누적된 통계에 따라 얻어진 확률에 의해 손해발생 빈도와 정도를 측정하는 것을 무엇이라 하는가?

① 대수의 법칙 ② 수확체증의 법칙

③ 무어의 법칙 ④ 비례보상의 원칙

223. 적하보험 (C)조건에서 보상되지 않는 손해는?

① 투하 ② 화재 또는 폭발

③ 파도에 의한 갑판상의 유실 ④ 공동해손희생

224. 다음 ( )에 공통으로 들어갈 용어는?

( )(이)란 보험자가 피보험자에게 보험금을 지급한 경우 피보험 목적물에 대한 일체의 권리와 손해발생에 과실이 있는 제3자에게 대한 구상권 등을 승제하게 되는 것을 말한다. 즉, ( )(은)는 보험자가 피보험자에게 보험금을 지급한 경우, 자신에게 귀속되는 권리이다.

① 위부 ② 대위 ③ 청약 ④ 구제

225. 다음 중 적하보험요율 결정에 영향을 미치는 요소가 아닌 것은?

① 선박의 등급 ② 항로(출발지, 도착지)

③ 화물의 종류 및 상태 ④ 수출입대금 결제방법

226. 다음 중 피보험이익(insurable interest)의 법적 유효성에 해당되지 않는 것은?

① 확정성 ② 객관성 ③ 경제성 ④ 적법성

227. 다음 중 영국 해상보험법(MIA)상 적하보험증권의 양도에 관한 설명으로 틀린 것은?

① 적하보험 증권은 보험증권의 규정에 관계없이 양도될 수 있다.

② 적하보험 증권은 증권상 배서 또는 기타 관습적인 방법에 의해 양도될 수 있다.

③ 적하보험 증권은 손해발생 전후를 불문하고 언제든지 양도될 수 있다.

④ 적하보험증권의 양수인은 자기 명의로 보험증권에 관하여 소송을 제기할 수 있다.

228. 다음은 명시담보에 관한 설명을 열거한 것이다. 틀린 것으로 묶인 것은 어느 것인가?

㉠ 명시담보는 반드시 보험증권에 삽입되어 있어야 한다. ㉡ 명시담보는 반드시 보험증권에 포함되거나, 기재되거나, 또는 보험증권에 인용되어 보험증권의 일부를 구성하는 서류에 포함되어야 한다. ㉢ 담보를 구성하기 위해서는 "담보로 한다(warranted)"는 말이 반드시 필요하다. ㉣ 명시담보는 담보하려는 의사가 추정될 수 있는 것이면 어떠한 형태의 문언도 가능하다. ㉤ 명시담보에는 내항담보, 항행담보 등이 있다.

① ㉠-㉡ ② ㉡-㉣ ③ ㉢-㉤ ④ ㉢-㉣

229. 동일한 적하보험증권상에 각 약관의 내용과 기타 문언이 서로 다른 경우 그 적용상의 우선순위에 대해 올바르게 열거하고 있는 것은?

㉠ 타자문언(typing wording)	㉡ 인쇄문언(printing wording)
㉢ 스탬프약관(stamp clause)	㉣ 특별약관(institute clause)
㉤ 수기문언(handwritten wording)	㉥ 난외약관(marginal clause)

① ㉢-㉣-㉠-㉤-㉡-㉥ ② ㉢-㉠-㉡-㉣-㉤-㉥

③ ㉤-㉣-㉡-㉢-㉥-㉠ ④ ㉤-㉠-㉡-㉢-㉣-㉥

230. 다음 중 현실전손(Actual total loss)에 해당되지 않는 것은?

① 보험의 목적의 실체적 파괴　　② 채권자에 의한 선박의 압류

③ 보험의 목적의 본래 성질의 상실　　④ 상당기간 선박의 행방불명

231. 다음 중 공동해손분담금의 원천이 되는 공동해손이 성립되기 위한 필수적인 요소가 아닌 것은?

① 합리적인 행위　　② 의도적인 행위

③ 통상적인 성질의 희생과 비용　　④ 위험에 처한 공동의 해상사업

232. 다음 중 적하보험에서의 부가위험에 대한 해석이 잘못된 것을 고르면?

① JWOB : 습기와 가열에 의한 손해

② RFWD : 우수 및 담수에 의한 손해

③ TPND : 도난, 발하, 불착위험

④ COOC : 유류 및 타물과의 접촉에 의한 손해

233. 다음 중 해상 적하보험 증권에 가입되지 않은 내용을 고르시오.

① 보험금액과 보험조건

② 피보험자명(또는 보험계약자명)과 보험금 지불지

③ 보험증권의 발행지 및 발행매수

④ 보험가액과 운임총액

234. 다음 중 적하보험가입 시 지역할증료를 부담해야 할 국가로만 묶인 것을 고르시오.

㉠ 스리랑카　㉡ 나이지리아　㉢ 중국　㉣ 네팔　㉤ 콜롬비아　㉥ 파라과이

① ㉡－㉣－㉥

② ㉠－㉢－㉣

③ ㉡－㉣－㉣

④ ㉠－㉤－㉥

235. 현행 적하보험의 계약자별 할인 · 할증제도에 대한 설명 중 올바른 것은?

① 평가대상 기간 중의 연평균 수입보험료가 2천만 원 이상인 보험계약자에 대하여 적용한다.

② 적용대상기간은 1월 1일부터 그 해 연말까지이다.

③ 평가대상기간은 계약체결 당회계년도의 과거 5개년 간으로 한다.

④ 할인율은 최대 30%, 할증률은 최대 50%까지 적용한다,

236. Sellers shall effect marine insurance on all shipments on ① All risks including ② War, strike, riot for 110% of the invoice amount. ③ Insurance policy or certificate shall be made out in U.S. currency, and ④ Claims in Japan.

① 전위험 담보조건　　② 전쟁, 파업, 폭동

③ 보험증권 또는 보험증서　　④ 무역 클레임

237. A/R나 (A) 조건하에서 피보험자가 보상받을 수 있는 조건은?

① 전쟁으로 입은 손해　　② 포장불량으로 인한 손해

③ 피보험자의 고의 또는 불법행위　　④ 도난, 발하, 불착손 손해

238. 해상적하보험의 기본조건에 관한 다음 설명 중 옳은 것은?

① ICC(A)는 열거책임주의를 취하고 있는 조건이다.

② 분손 담보(W/A)조건에서는 소손해 면책이 적용되지 않는 것이 원칙이다.

③ ICC(C)조건에서는 보험자가 갑판유실(washing overboard) 위험을 담보하지 않는다.

④ 전 위험담보(A/R)조건에서는 보험자가 동맹파업위험을 담보한다.

239. 다음의 연결 중 비교적 관련이 적은 것으로 짝지어진 것은?

① 공동해손(general average)– 요오크 · 안트워프 규칙(York–Antwerp Rules)

② 포괄예정보험(open cover)– 보험증명서(certificate of insurance)

③ 보험중개인(insurance broker)– 부보각서(cover note)

④ 위부(abandonment)– 단독해손(particular average)

240. W/A의 보험약관을 잘못 해석한 것은?

① W/A 3%는 3% 미만의 손해에 대해서는 보상하지 않는다는 의미다.

② WAIOP에 가입하면 비율에 관계없이 보상받을 수 있다.

③ W/A는 소손해(patty claim)가 불가피한 벌크화물이라도 면책비율을 적용하지 않는 것이 원칙이다.

④ W/A는 원칙적으로 분손에 해당하는 손해를 담보한다.

241. 보험서류에 관한 설명 중 틀린 것은?

① 보험서류는 보험회사, 보험업자 또는 그 대리인에 의하여 발행되고 서명된 것이어야 한다.

② 신용장에 특별히 허용하더라도 보험중개인이 발행한 부보각서(cover note)는 수리하지 아니한다.

③ 보험서류가 2통의 원본으로 발행되었음을 표시한 경우에는 원본 1통과 사본 1통을 제시하여도 은행이 수리한다.

④ 별도의 명시가 없는 한 은행은 운송 서류상에 표시된 본선적재일 또는 발송일 또는 수령일보다 늦은 일자로 발행된 보험서류는 수리하지 아니한다.

242. 협회적화약관에서 면책위험에 해당하지 않는 것은?

① 자연소모 ② 지연 ③ 전쟁위험 ④ 부화

243. 다음 중 (A)조건에서 보험자의 면책으로 인정되지 않는 것은?

① 피보험자의 고의적인 불법행위 ② 선주 등의 재정상의 채무불이행

③ 포장의 부적합 ④ 제3자에 의한 고의적인 손상

244. 다음 설명 중 틀린 것은?

① 협회적하약관 제4조에서 면책으로 규정하고 있지 않은 MIA 제55조상의 면책위험인 통상의 파손이나 쥐, 벌레에 의한 손해는 (A)조건에서는 담보된다.

② MIA 제55조 상의 면책위험인 통상의 파손이나 쥐, 벌레에 의한 손해는 (A), (B), (C) 모두에서 면책이다.

③ MIA보다 협회적하약관이 우선한다.

④ 협회적하약관에서 별도로 면책위험을 규정하고 있기 때문에 MIA 제55조는 적용되지 않는다.

245. 담보위험의 결과 운송이 목적지 항구가 아닌 항구에서 중단되는 경우에 목적지까지 추가운송을 위해 필요한 비용을 보상해 주기 위한 협회적하약관의 조항은?

① 운송조항 ② 계반비용조항

③ 신속조치조항 ④ 피보험자의무조항

246. 다음 중 영법에 의한 보험료 환급사유가 아닌 것은?

① 약관에서 정한 환급사유 발생 시

② 사기에 의해서 보험계약이 무효가 된 때

③ 보험계약이 사기 또는 위법에 의하지 않고 취소된 때

④ 보험의 목적이 위험에 직면하지 아니한 경우에

247. ITC HULLS(1/10/83)에 관한 설명 중 틀린 것은 ?

① 선체손해에 대한 보상은 신 · 구 교환차익 불공제하고 보험금을 지급한다.

② 미수리손상에 대한 청구는 미수리손상으로 인한 보험종료시점에서의 선박의 시작 가액의 합리적인 감가로 하므로 예상수리비를 초과할 수도 있다.

③ 선박이 추정전손여부를 판단함에 있어서 보험가액을 수리완료후의 가액으로 하고 난파선의 가액은 고려하지 않는다.

④ 선비담보는 선체보험금의 몇 25%를 초과할 수 없다.

248. ITC HULLS(1/10/83)에 관한 설명 중 틀린 것은 ?

① 손해방지비용은 deductible을 적용하지 않는다.

② 전손, 추정전손인 경우에 위부통지가 없으면 보험자는 운임의 청구를 하지 못한다.

③ 선원의 급여와 유지비는 보험자가 부담할 수리목적이어야 하고 선박이 항해 중일 때 지급한 급료이어야 한다.

④ 선박이 용선되지 않고 공선으로 출항하는 경우에는 공동의 위혐이 없으므로 2004년 YAR 규칙이 적용될 수 없다.

249. YAR 2004에 관한 설명 중 틀린 것은?

① 처음에 나오는 문자규정에 뒤에 나오는 숫자 규정보다 우선 해석한다.

② 운송계약상 선주가 부담하여야 하는 비용은 공동해손으로 인정 안 된다.

③ 위험은 긴박할 필요는 없으나 현실적이고 실질적이어야 한다.

④ 적어도 2개 이상의 이익단체의 존재가 있어야 한다.

250. 목적지로 항해 중인 선박이 좌초한 경우의 발생손해이다. 공동해손으로 인정되지 않는 것은?

① 좌초당시에 선박과 화물이 좌초되면서 발생한 손실

② 구조작업을 위한 의도적인 화물의 투하

③ 이초를 하기 위한 선박기관의 과도한 사용

④ 구조비

251. 목적지로 항해 중인 선박이 화재가 발생하여 소화 작업이 있었다. 다음 중 공동해손으로 인정되는 것은?

① 화물이 화재로 입은 손해

② 화재진압을 위해 선박의 격벽을 제거한 손해

③ 열과 연기에 의하여 생긴 손해

④ 선박이 화재로 입은 손해

252. 다음 중 공동해손에 해당되지 않는 것은?

① 선박이 위험에 처한 경우 공동의 안전을 위해 하안이나 암초에 고의적으로 좌초시킨 경우

② 항해 중인 선박의 좌초위험이 있어 기관을 과도하게 사용하여 좌초의 위험을 피한 경우 기관손해

③ 좌초된 선박을 가볍게 하기 위해 적하, 연료 및 저장품이 양하 재선적되는 경우에 이로 입은 손해

④ 투하(jettison)를 위하여 열어놓은 선창구로 침입한 해수에 의하여 화물이나 선박이 입게 된 손상

253. 다음 중 공동해손분담가액에 대한 설명이다. 틀린 것은?

① 적하의 분담가액은 양하 시의 가액으로 하되 상업송장에 의해 확정된다.

② 만양 적하의송장이 없는 경우에는 선전가액으로 한다.

③ 적하의 가액은 보험료와 운임을 포함하나 상황에 따라 운임은 빠질 수도 있다.

④ 적하가 목적지에 도착하기 이전에 매각된 경우에는 매각된 value에 따른다.

254. 다음 중 공동해손분담가액에 대한 설명이다. 틀린 것은?

① 선박의 분담가액은 항해종료 시의 sound market value에서 선박의 손상부분의 수리비를 공제한 후 공동해손으로 인정되는 희생 손을 made good 한다.

② 선박이 단독 · 공동해손손상으로 추정전손이 될 때 분담가액은 선박의 정미 고철가에 희생 손을 made good한 것으로 한다.

③ 운임의 분담가액은 항해 종료 시에 취득할 순 운임을 분담가액의 기준으로 운임의 공동해손 희생손해가 있으면 이 배상액을 가산한 것을 분담가액으로 한다.

④ 순 운임이란 총운임을 의미한다.

255. 공동해손의 비용 손에 대한 설명이다. 틀린 것은?

① 구조비중 1989년 국제해산구조협약 제13조 제1항(b)호에 규정한 바에 따라 환경손해를 방지하거나 또는 최소화함에 있어서 구조자의 기술과 노력을 고려한 여하한 구조보수를 포함한다.

② 구조비중 해상 운송인이 구조자에게 지급한 특별보상금은 공동해손으로 인정하지 아니한다.

③ 피난항에 입항 시 도선료 및 예선료, 항세, 등대세 등은 공동해손 비용 손으로 인정되나 피난항에서 적하를 전부 양하하고 공선으로 출항하는 경우의 출항비용은 공동해손으로 인정되지 않는다.

④ 첫 번째 피난항에서 선박의 수리가 불가능하여 부득이 수선가능한 제2항구로 이동하는 것과 관련된 비용은 공동해손으로 인정이 안 된다.

256. 공동해손 희생손해액에 관한 내용이다. 틀린 것은?

① 적하의 경우에 손상화물이 매각되고 손해액에 대하여 별도의 합의를 하지 않았을 경우에는 CIF value와 정미매득금(net proceeds of sale)과의 차이를 공동해손으로 한다.

② 선박이 수선 또는 대체되지 않는 경우에는 손실로부터 야기된 합리적인 감가액으로 하되 수선비 견적액을 초과하지 않는 범위로 한다.

③ 현실전손 또는 추정전손인 경우에는 sound market value으로부터 공동해손이 아닌 손상의 견적수리비를 공제한 것과 만약 매각할 경우 정미매득금으로 측정할 수 있는 선박의 손상가액과의 차액으로 한다.

④ 운임의 희생손해액은 희생으로 인하여 실제로 운임취득하지 못한 총액을 말한다.

257. 선박의 희생손해액을 설명하고 있다. 틀린 것은?

① 선령 15년 이상의 선박에서는 선박에 대하여 수리에 필요한 자재대의(material or parts)의 1/3을 공제한다.

② 상기에서 선령은 선박의 진수완료일로부터 공동해손행위가 있는 날까지의 선령에 의하여 결정한다.

③ 선원의 식량(provision)과 저장품(stores), 묘(anchor)와 묘쇄(anchor chain)는 공제가 적용되지 않는다.

④ 건선거(dry-dock)와 slipway의 입거비와 선박의 이동비는 이를 전액 인정한다.

258. 공동해손의 보증서류에 대한 설명이다. 틀린 것은?

① 공동해손 서약서 또는 맹약서라고 불리는 Average Bond는 화주가 차후 정산될 공동해손 분담금을 지급할 것이며, 요청이 있을 때에는 화물의 가액을 증빙할 수 있는 모든 서류를 선주에게 제출하여 공동해손 분담금을 정확히 산출하도록 하겠다는 약속을 확인하는 서류이다.

② 공동해손 보증장은 적하보험자가 작성한다.

③ 무제한 분담 보증장(unlimited G. A. Guarantee)이 요구되어 질 때에는 보험자는 피보험자에게 counter guarantee를 받는다.

④ 공동해손 맹약서인 average bond는 무보험인 경우에 화주가 작성하는 것이다.

259. 공동해손의 손해에 대한 설명이다. 틀린 것은?

① 공동해손비용은 비용손해이며 간접손해이므로 일부보험의 원리가 적용되어 보상한다.

② 선박보험자는 공동해손의 비용 중 선주 분담분에 대해서만 보상책임이 있다.

③ 선박의 공동해손 희생 손의 경우에도 피보험자는 선주의 분담금에 대해서만 선박보험자로부터 보상받을 수 있다.

④ 상기에 틀린 것 있음.

문제의 해답

1. ①	2. ④	3. ③	4. ③	5. ②
6. ①	7. ④	8. ②	9. ③	10. ③
11. ④	12. ②	13. ③	14. ④	15. ③
16. ①	17. ②	18. ③	19. ③	20. ①
21. ②	22. ④	23. ③	24. ①	25. ②
26. ②	27. ①	28. ④	29. ①	30. ③
31. ③	32. ④	33. ①	34. ①	35. ③
36. ③	37. ④	38. ①	39. ④	40. ③
41. ②	42. ④	43. ①	44. ①	45. ③
46. ①	47. ③	48. ②	49. ②	50. ④
51. ②	52. ④	53. ④	54. ②	55. ①
56. ①	57. ③	58. ④	59. ④	60 .④
61. ④	62. ④	63. ③	64. ③	65. ①
66. ②	67. ④	68. ①	69. ④	70. ④
71. ①	72. ①	73. ④	74. ②	75. ②
76. ④	77. ④	78. ④	79. ②	80. ③
81. ①	82. ④	83. ①	84. ④	85. ①
86. ④	87. ③	88. ③	89. ④	90. ①
91. ④	92. ③	93. ④	94. ②	95. ④
96. ②	97. ②	98. ④	99. ④	100. ④
101. ③	102. ④	103. ③	104. ④	105. ③
106. ④	107. ③	108. ④	109. ①	110. ④
111. ③	112. ④	113. ④	114. ①	115. ②
116. ③	117. ③	118. ③	119. ④	120. ④
121. ④	122. ②	123. ③	124. ①	125. ①

126. ③	127. ②	128. ④	129. ④	130. ①
131. ③	132. ①	133. ②	134. ④	135. ④
136. ④	137. ①	138. ③	139. ①	140. ④
141. ③	142. ②	143. ③	144. ②	145. ④
146. ①	147. ①	148. ②	149. ③	150. ②
151. ④	152. ②	153. ①	154. ④	155. ③
156. ①	157. ④	158. ④	159. ②	160. ①
161. ②	162. ②	163. ④	164. ④	165. ①
166. ④	167. ②	168. ③	169. ②	170. ③
171. ④	172. ④	173. ③	174. ①	175. ④
176. ③	177. ④	178. ①	179. ③	180. ②
181. ①	182. ④	183. ①	184. ①	185. ③
186. ①	187. ③	188. ④	189. ③	190. ②
191. ①	192. ③	193. ④	194. ①	195. ①
196. ①	197. ③	198. ④	199. ③	200. ③
201. ④	202. ①	203. ④	204. ④	205. ③
206. ③	207. ④	208. ①	209. ④	210. ④
211. ③	212. ③	213. ④	214. ②	215. ③
216. ③	217. ④	218. ③	219. ④	220. ①
221. ③	222. ①	223. ③	224. ①	225. ④
226. ②	227. ①	228. ③	229. ④	230. ②
231. ③	232. ①	233. ④	234. ①	235. ①
236. ④	237. ④	238. ③	239. ④	240. ③
241. ②	242. ④	243. ④	244. ②	245. ②
246. ③	247. ②	248. ③	249. ①	250. ①
251. ②	252. ②	253. ④	254. ④	255. ④
256. ④	257. ②	258. ④	259. ③	

Appendix

1. 영국해상보험법(MIA, 1906) - (원문과 해석)

2. YORK-ANTWERP RULES, 2004

3. 개정 상법(해상보험 편)

영국 해상보험법
(THE MARINE INSURANCE ACT, 1906)

Marine insurance (해상보험)

1. Marine insurance defined

A contract of marine insurance is a contract whereby the insurer undertakes to indemnify the assured, in manner and to the extent thereby agreed, against marine losses, that is to say, the losses incident to marine adventure.

제1조 해상보험의 정의

해상보험계약이라 함은 보험자가 피보험자에 대하여 그 계약에 의하여 합의된 방법과 범위 내에서 해상손해, 즉 항해사업에 부수하는 손해를 보상할 것을 약정하는 계약을 말한다.

2. Mixed sea and land risks

(1) A contract of marine insurance may, by its express terms, or by usage of trade, be extended so as to protect the assured against losses on inland waters or on any land risk which may be incidental to any sea voyage.

(2) Where a ship in course of building, or the launch of a ship, or any adventure analogous to a marine adventure, is covered by a policy in the form of a marine policy, the provisions of this Act, in so far as applicable, shall apply thereto, but, except to any contract of insurance other than a contract of marine insurance as by Act defined.

제2조 해륙혼합위험

(1) 해상보험계약은 명시적인 규정 또는 상관습에 의하여 해상항행에 부수할 수 있는 내수 또는 육상위험의 손해에 대하여 보험자를 보호하기 위하여 그 담보범위를 확장할 수 있다.

(2) 건조 중의 선박, 선박의 진수 또는 항해사업에 유사한 어떠한 사업이 해상보험증권의 양식으로 된 보험증권에 의하여 담보되는 경우에는, 본법의 재규정은 적용이 가능한 이에 적용하여야 한다. 그러나

본조에서 규정하는 경우를 제외하고, 본법의 규정은 본법에 의하여 정의된 해상보험계약 이외의 일체의 보험계약에 적용되는 어떠한 법규를 변경하거나 또는 제한하는 것은 아니다.

3. Marine adventure and maritime perils defined

(1) Subject to the provisions of this Act, every lawful marine adventure be the subject of a contract of marine insurance.

(2) In particular there is a marine adventure where

(a) any ship goods or other moveables are exposed to maritime perils, Such property is in the Act referred to as "insurable property";

(b) The earning or acquisition of any freight, passage money, commission, profit, or other pecuniary benefit, or the security for any advances, loan, or disbursements, is endangered by the exposure of insurable property to maritime perils;

(c) any liability to a third party may be incurred by the owner of, or other person interested in or responsible for, insurable property, by reason of maritime perils.

"Maritime perils" means the perils consequent on, or incidental to, the navigation of the sea, that is to say, perils of the seas, fire, war, perils, pirates, rovers, thieves, captures, seizures, restraints, and detainment's of princes and peoples, jettisons, barratry, and any other perils, either of the like kind or which may be designated by the policy.

제3조 항해사업 및 해상위험의 정의

(1) 본법에 별도의 구정이 있는 경우를 제외하고, 모든 적법한 항해사업은 해상보험계약의 목적이 될 수 있다.

(2) 특히 다음의 경우에는 항해사업이 존재한다.

(a) 선박, 화물 또는 기타의 동산이 해상위험에 직면하는 경우, 본법에서는 그러한 재산을 "피보험재산" 이라고 한다.

(b) 피보험재산이 해상위험에 직면함으로써 운임, 여객운임, 수수료, 이윤 또는 기타의 금전적인 이익의 수득이나 취득, 또는 전도금, 대부금 또는 비용에 대한 보증이 위험에 처하는 경우

(c) 피보험재산의 소유자 또는 기타 이에 이해관계가 있거나 또는 책임을 지는 자가 해상위험으로 인하여 제3자에게 책임을 부담하게 되는 경우

"해상위험"이라 함은 해상운항에 기인 또는 부수하는 위험, 즉 해상고유의 위험, 화재, 전쟁위험, 해적, 표도, 강도, 포획, 나포, 군주 및 국민의 억류 또는 억지, 투하, 선원의 악행 및 상기와 동종의 위험 또는 보험증권에 기재되는 기타의 모든 위험을 말한다.

INSURABLE INTEREST (피보험 이익)

4. Avoidance of wagering or gaming contracts

(1) Every contract of marine insurance by way of gaming or wagering is void.

(2) A contract of marine insurance is deemed to be a gaming or wagering contract-

(a) Where the assured has not an insurable interest as defined by this Act, and the contract is entered into with no expectation of acquiring such an interest; or

(b) Where the policy is made 'interest or no interest,' or 'without further proof of interest than the policy itself.' or 'without benefit of salvage to the insurer,' or subject to any other like term: Provided that, where is no possibility of salvage, a policy may be effected wihout benefit of salvage to the insurer.

제4조 도박계약 또는 사행계약의 무효

(1) 사행 또는 도박을 목적으로 하는 일체의 해상보험계약은 무효이다.

(2) 해상보험계약은 다음의 경우에 사행계약 또는 도박계약이라고 본다.

(a) 피보험자가 본법에 정한 피보험이익을 갖지 아니하고, 또 그러한 피보험이익을 취득할 기대 가능성 없이 계약을 체결한 경우, 또는

(b) 보험증권이 "피보험이익의 유무를 불문함" 또는 "보험자에게 구조물취득의 권리가 없음" 또는 상기의 문언과 유사한 조건으로 작성된 경우

다만 구조물을 취득할 가능성이 전혀 없는 경우에는, 보험자가 구조물 취득의 권리가 없다는 조건으로 보험계약을 체결할 수 있다.

5. Insurable interest defined

(1) Subject to the provisions of this Act, every person has an insurable interest who is interested in a marine adventure.

(2) In particular a person is interested in a marine adventure where he stands in any legal or equitable relation to the adventure or th any insurable property at risk therein, in consequence of

which he may benefit by the safety or due arrival of insurable property, or may be prejudiced by its loss, or by damage there to, or by detention thereof, or may incur liability in respect thereof.

제5조 피보험이익의 정의

(1) 본법에 별도의 규정이 있는 경우를 제외하고, 항해 사업에 이해관계가 있는지는 모두 피보험이익을 갖는다.

(2) 특히 항해 사업에 대하여 또는 위험에 직면한 일체의 피보험재산에 대하여 보통법 또는 형평법상의 관계를 가지는 자가 그 결과 때문에 피보험재산의 안전이나 예정시의 도착에 의하여 이익을 얻거나, 또는 피보험재산의 멸실, 손상 또는 억류로 인하여 손해를 입거나, 또는 피보험재산에 관하여 책임을 지는 입장에 있는 경우에는, 그 자는 항해 사업에 대하여 이해관계를 갖는다.

6. When interest must attach

(1) The assured must be interested in the subject-matter insured at the time of the loss though he need not be interested when the insurance is effected: Provided that where the subject-matter is insured 'lost or not lost,' the assured may recover although he may not have acquired his interest until after the loss, unless at the time of effecting the contract of insurance the assured wat aware of the loss, and the insurer was not.

(2) Where the assured has no interest at the time of the loss, he cannot acquire interest by any act or election after he is aware of the loss.

제6조 피보험이익이 존재하여야 할 시기

(1) 피보험자는 보험계약의 체결 시에 보험의 목적에 대하여 이해관계를 가질 필요는 없지만 손해발생 시에는 반드시 이에 대하여 이해관계를 가지고 있어야 한다.

다만 보험의 목적이 "멸실 여부를 불문함"이라는 조건으로 보험에 부보된 경우에는, 피보험자는 손해발생 이후까지 피보험이익을 취득하지 아니 하였더라도 손해를 보험자로부터 회수할 수 있다. 그러나 보험계약의 체결 시에 피보험자가 손해발생의 사실을 알았고 보험자가 이를 몰랐을 경우에는 그러지 아니한다.

(2) 피보험자가 손해발생 시에 피보험이익을 갖지 아니한 경우에는, 피보험자는 손해발생의 사실을 알게 된 후 어떠한 행위 또는 선택에 의하여도 피보험이익을 취득할 수 없다.

7. Defeasible or contingent interest

(1) A defeasible interest is insurable, as also is a contingent interest.

(2) In particular, where the buyer of goods has insured them, he has an insurable interest, notwithstanding that he might, at his election, have rejected the goods, or have treated them as at the seller's ri나, by reason of the latter's delay in making delivery or otherwise.

제7조 소멸이익 또는 불확정이익

(1) 소멸할 수 있는 이익은 이를 보험에 부보할 수 있으며, 또 불확정 이익게 대하여도 마찬가지이다.

(2) 특히 화물의 매수인이 그 화물을 보험에 부보한 경우에는, 매도인이 화물의 인도를 지연시켰거나 또는 기타의 이유로 인하여 매수인이 자신의 선택으로 화물의 인수를 거절할 수 있었거나 또는 화물을 매도인의 위험부담으로 처리할 수 있었다 하더라도 매수인의 그 화물에 대하여 괴보험이익을 갖는다.

8. Partial interest

A partial interest of any nature is insurable.

제8조 일부의 이익

일부의 이익은 그 성질 여하를 불문하고 이를 부험에 부보할 수 있다.

9. Re-insurance

(1) The insurer under a contract of marine insurance has an insurable interest in his risk, and may re-insure in respect of it.

(2) Unless the policy otherwise provides, the oricginal assured has no right or interest in respect of such re-insurance.

제9조 재보험

(1) 해상보험계약의 보험자는 자신의 보험책임에 관하여 피보험이익을 가지더, 또 이를 재보험에 부보할 수 있다.

(2) 보험증권에 별도의 규정이 없는 한, 원보험계약의 피보험자는 전항의 재보험에 대하여 어떠한 권리 또는 이익도 갖지 아니한다.

10. Bottomry

The lender of money on bottomry or respondentia has an insurable interest in respect of the loan.

제10조 모험대차

선박모험대차 또는 적하모험대차의 대주는 그 대여금에 관하여 피보험이익을 갖는다.

11. Master's and seamen's wages

The master or any member of the crew of a ship has an insurable interest in respect of his wages.

제11조 선장 및 선원의 급료

선장 또는 선박의 모든 승무원은 자신의 급료에 관하여 피보험이익을 갖는다.

12. Advance freight

In the case of advance freight, the person advancing the freight has an insurable interest, in so far as such freight is not repayable in case of loss.

제12조 선급운임

선급운임의 경우에는, 운임을 선급한 자는 손해발생시에 그러한 운임이 환급되지 아니한 한도에서 피보험이익을 갖는다.

13. Charges of insurance

The assured has an insurable interest in the charges of any insurance which he may effect.

제13조 보험의 비용

피보험자는 자신이 부보하는 일체의 보험의 비용에 관하여 피보험이익을 갖는다.

14. Quantum of interest

(1) Where the subject-matter insured is mortgaged, the mortgagor has an insurable interest in the full value thereof, and the mortgegee has an insurable interest in respect of any sum due or to become due under the mortgage.

(2) A mortgagee, consignee, or other person having an interest in the subject-matter insured may insure on behalf and for the benefit of other persons interested as well as for his own benefit.

(3) The owner of insurable property has an insurable interest in respect of the full value thereof, notwithstanding that some third person may have agreed, or be liable, to indemnify him in case of loss.

제14조 피보험이익의 한도

(1) 보험의 목적에 저당권이 설정된 경우에는, 저당권설정자는 보험의 목적의 전가액에 대하여 피보험이익을 가지며, 저당권자는 저당권에 의하여 지급되는 금액 또는 지급되어야 할 일체의 금액에 관하여 피보험이익을 갖는다.

(2) 저당권자, 수화인 또는 기타 보험의 목적에 이해관계를 갖는 자는 자신을 위하여는 물론이고 이해관계를 갖는 타인을 위하여도 보험에 부보할 수 있다.

(3) 피보험재산의 소유자는 손해발생시에 제3자가 그 소유자에게 손해보상을 약정하거나 또는 손해보상의 책임을 부담하는 경우일지라도 피보험재산의 전가액에 대하여 피보험이익을 갖는다.

15. Assignment of interest

Where the assured assigns or otherwise parts with his interest in the subject-matter insured, he does not thereby transfer to the assignee his rights under the contract of insurance, unless there be an express or implied agreement with the assignee to that effect. But the provisions of this section do not affect a transmission of interest by operation of low

제15조 이익의 양도

피보험자가 보험의 목적에 대하여 갖는 자신의 이익을 양도하거나 또는 기타의 방법으로 이를 처분하는 경우에는, 보험계약의 피보험자의 권리는 양수인에게 이를 이전한다는 취지의 명시적 또는 묵시적 합의가 없는 한, 이에 의하여 양수인에게 이전하지 아니한다. 그러나 본조의 제 규정은 법률의 적요에 의한 이익의 이전에는 영향을 미치지 아니한다.

INSURABLE VALUE (보험가액)

16. Measure of insurable value

Subject to any express provision or valuation in the policy, the insurable value of the subject-matter insured must be ascertained as follows:

(1) In insurance on ship, the insurable value is the value, at the commencement of the risk, of the ship, including her outfit, provisions and stores for the officers and crew, money advanced for seamen's wages, and other disbursements (if any) incurred to make the ship fit for the voyage or adventure contemplated by the policy, plus the charges of insurance upon the whole: The insurable value, in the case of a steamship, includes also the machinery, boilers, and coals an engine stores if owned by the assured, and, in the case of a ship engaged in a special trade, the ordinary fittings requisite for that trade:

(2) In insurance on freight, whether paid in advance or otherwise, the insurable value is the gross amount of the freight at the risk of the assured, plus the charges of insurance.

(3) In insurance on goods or merchandise, the insurable value is the prime cost of the property insured, plus the expenses of and incidental to shipping and the charges of insurance upon the whole:

(4) In insurance on any other subject-matter, the insurable value is the amount at the risk of the assured when the policy attaches, plus the charges of insurance.

제16조 보험가액의 산정기준

보험증권에 명시적인 규정이나 평가액이 있는 경우를 제외하고, 보험의 목적의 보험가액은 다음과 같이 정하여야 한다.

(1) 선박에 관한 보험에 있어서는, 보험가액은 의장선구, 소급선원 및 보통선원용의 식료품과 소모품, 선원의 급료의 전도금 및 보험증권에서 정한 항해 또는 항해사업에 대하여 선박을 내한하게 하기 위하여 지출한 기타의 선비(있을 경우)를 포함하여 위험이 개시할 시의 선박의 가액에 상기의 전체에 대한 보험의 비용을 가산한 금액이다.

기선의 경우에는, 보험가액은 상기 이외에 기계, 기관 및 석탄을 포함하며 또 피보험의 소유에 속한다면 기관용 소모품도 포함한다. 그리고 특수한 사업에 종사하는 선박의 경우에는, 그러한 사업에 필요한 통상의 의장품을 포함한다.

(2) 운임에 관한 보험에 있어서는, 선급운임이든 아니든 불문하고, 보험가액은 피보험자의 위험에 속하는 운임의 총액에 보험의 비용을 가산한 금액이다.

(3) 화물 또는 상품에 관한 보험에 있어서는, 보험가액은 피보험재산의 원가에 선적비용 및 선적에 부수하는 비용과 상기의 전체에 대한 보험의 비용을 가산한 금액이다.

(4) 기타의 보험의 목적에 관한 보험에 있어서는, 보험가액은 보험계약의 효력이 개시할 시에 피보험자의 위험에 속하는 금액에다 보험의 비용을 가산한 금액이다.

Disclosure and Representations (고지 및 표시)

17. Insurance is uberrimae fide

A contract of marine insurance is a contract based upon the utmost good faith, and, if the utmost good faith be not observed by either party, the contract may be avoided by the other party.

제17조 보험은 최대선의에 의거한다.

해상보험계약은 최대선의에 의한 계약이며, 또 당사자의 일방이 최대 선의를 준수하지 아니한 경우에는 상대방은 그 계약을 취소할 수 있다.

18. Disclosure by assured

(1) Subject to the provisions of this section, the assured must disclose to the insurer, before the contract is concluded, every material circumstance which is known to the assured, and the assured is deemed to know every circumstance which, in the ordinary course of business, ought to be known by him. If the assured fails to make such disclosure, the insurer may avoid the contract.

(2) Every circumstance is material which would influence the judgment of a prudent insurer in fixing the premium, or determining whether he will take the risk.

(3) In the absence of inquiry the following circumstances need not be disclosed, namely:

(a) Any circumstance which diminishes the risk:

(b) Any circumstance which is known or presumed to be known to the insurer, The insurer is presumed to know matters of common notoriety or knowledge, and matters which an insurer in the ordinary course of his business, as such, ought to know;

(c) Any circumstances as to which information is waived by the insurer,

(d) Any circumstance which it is superfluous to disclose by reason of any express or implied warranty.

(4) Whether any particular circumstance, which is not disclosed, be material or not is, in each case, a question of fact.

(5) The term 'circumstance' includes any communication made to, or information received by, the assured

제18조 피보험자의 고지

(1) 본조에 별도의 규정이 있는 경우를 제외하고, 피보험자는 자신이 알고 있는 일체의 중요한 사항을 계약의 성립 전에 보험자에게 고지하여야 하며, 또 피보험자는 통상의 업무상 당연히 알아야 할 일체의 사항을 알고 있는 것으로 본다. 피보험자가 그러한 고지를 하지 아니한 경우에는, 보험자는 계약을 취소할 수 있다.

(2) 신중한 보험자가 보험료를 산정하거나 또는 위험인수의 여부를 결정하는데 있어서 그의 판단에 영향을 미치는 모든 사항은 중요한 사항이다.

(3) 다음의 사항은 문의가 없는 한 이를 고지할 필요가 없다.

(a) 위험을 감소시키는 일체의 사항,

(b) 보험자가 알고 있거나 또는 알고 있을 것으로 추정되는 일체의 사항, 보험자는 일반적으로 널리 알려진 사항이나 상식에 속하는 사항 및 보험자가 통상의 업무상 당연히 알고 있어야 할 사항에 대하여는 이를 알고 있는 것으로 추정한다.

(c) 보험자가 통지받을 권리를 포기한 일체의 사항,

(d) 명시 또는 묵시담보가 있기 때문에 고지할 필요가 없는 일체의 사항

(4) 고지되지 아니한 특정의 사항이 중요한 것인지의 여부는 각 경우에 있어서 사실의 문제이다.

(5) "사항"이라는 문언은 피보험자에게 행한 일체의 통신 또는 피보험자가 받은 일체의 정보를 포함한다.

19. Disclosure by agent effecting insurance

Subject to the provisions of the preceding section as to circumstances which need not be disclosed, where an insurance is effected for the assured by an agent, the agent must disclose to the insurer

(a) Every material circumstance which is known to himself, and an agent to insure is deemed to know every circumstance which in the ordinary course of business ought to be known by, or to have been communicated to, him; and

(b) Every material circumstance which the assured is bound to disclose, unless it come to his knowledge too late to communicate it to the agent.

제19조 보험계약을 체결하는 대리인의 고지

고지할 필요가 없는 사항에 관하여 전조에 별도의 규정이 있는 경우를 제외하고, 보험계약이 피보험자를 위하여 대리인에 의하여 체결되는 경우에는, 대리인은 다음의 사항을 보험자에게 고지하여야 한다.

(a) 대리인 자신이 알고 있는 일체의 중요한 사항, 그리고 보험을 부보하는 대리인은 통상의 업무상 당연히 알고 있어야 하거나 또는 당연히 대리인에게 통지되었을 일체의 사항을 알고 있는 것으로 본다. 또한

(b) 피보험자가 고지할 의무를 지는 일체의 중요한 사항. 다만 피보험자가 늦게 알았기 때문에 대리인에게 통지할 수 없었던 사항은 제외한다.

20. Representations pending negotiation of contract

(1) Every material representation made by the assured or his agent to the insurer during the negotiations for the contract, and before the contract is concluded, must be true. If it be untrue the insurer may avoid the contract.

(2) A representation is material which would influence the judgment of a prudent insurer in fixing the premium, or determining whether he will take the risk.

(3) A representation may be either a representation as to a matter of fact, or as to a matter of expectation or belief.

(4) A representation as to a matter of fact is true, If it be substantially correct, that is to say, If the difference between what is represented and what is actually correct would not be considered material by a prudent insurer.

(5) A representation as to a matter of expectation or belief is true if it made in good faith.

(6) A representation may be withdrawn or corrected before the contract is concluded.

(7) Whether a particular representation be material or not is, in each case, a question of fact.

제20조 보험계약체결의 교섭중의 표시

(1) 계약의 교섭 중이며 또 계약이 성립되기 전에 피보험자 또는 그 대리인이 보험자에게 행한 일체의 중요한 표시는 진실된 것이어야 한다. 만약 그것이 진실되지 아니한 경우에는, 보험자는 계약을 취소할 수 있다.

(2) 신중한 보험자가 보험료를 산정하거나 또는 위험인수의 여부를 결정하는데 있어서 그의 판단에 영향을 미치는 표시는 중요한 표시이다.

(3) 표시는 사실의 문제에 관한 표시일 수도 있고 그대 또는 신념의 문제에 관한 표시일 수도 있다.

(4) 사실의 문제에 관한 표시는 그것이 실질적으로 정확하다면, 즉 표시된 것과 현실적으로 정확한 것과의 차이가 시중한 보험자에 의하여 중요한 것으로 간주되지 아니한다면 이는 진실된 표시이다.

(5) 기대 또는 신념의 둔제에 관한 표시는 그것이 선의에서 이루어진 것이라면 이는 진실된 표시이다.

(6) 표시는 계약이 성립되기 전에는 이를 취소 또는 정정할 수 있다.

(7) 특정의 표시가 중요한 것인지의 여부는 각 경우에 있어서 사실의 문제이다.

21. When contract is deemed to be concluded

A contract of marine insurance is deemed to be concluded when the proposal of the assured is accepted by the insurer, whether the policy be then issued or not; and, for the purpose of showing when the proposal was accepted, reference may ne made to the slip or covering note or other customary memorandum of the contract.

제21조 보험계약이 성립된 것으로 보는 시기

해상보험계약은 피보험자의 청약이 보험자에 의하여 승낙되었을 때에 성립된 것으로 보며 그 당시에 보험증권의 발행여부는 불문한다. 청약이 승낙된 시기를 증명하기 위하여는 보험인수각서(slip), 보험인수증(cover note) 또는 기타의 관습적인 계약각서(memorandum of the contract)를 참조할 수 있다.

THE POLICY (보험증권)

22. Contract must be embodied in policy

Subject to the provisions of any statute, a contrct of marine insurance is inadmissible in evidence unless it is embodied in a marine policy in accordance with this Act. The policy may be executed and issued either at the time when the contract is concluded, or afterwards.

제22조 보험계약은 보험증권에 구현되어야 한다.

다른 성문법에 별도의 규정이 있는 경우를 제외하고, 해상보험계약은 본법에 따라 해상보험증권에 구현되지 아니하는 한 증거로서 인정되지 못한다. 보험증권은 계약성립 시 또는 그 후에 이를 작성하여 발행할 수 있다.

23. What policy must specify

A marine policy must specify.

(1) The name of the assured or of some person who effects the insurance on his behalf:

제23조 보험증권의 기재사항

해상보험증권에는 다음의 사항을 기재하여야 한다.

(1) 피보험자의 성명 또는 피보험자를 대신하여 보험에 부보하는 자의 성명

24. Signature of insurer

(1) A marine policy must be signed by or on behalf of the insurer, provided that in the case of a corporation the corporate seal may be sufficient, but nothing in this section shall be construed as requiring the subscription of a corporation to be under seal.

(2) Where a policy is subscribed by or on behalf of two or more insurers, each subscription, unless the contrary be expressed, constitutes a distinct contract with the assured.

제24조 보험자의 성명

(1) 해상보험증권은 보험자 또는 보험자의 대리인에 의하여 서명되어야 한다. 다만 법인의 경우에는 법인의 인장으로 족하다. 그러나 본조의 규정은 법인의 서명이 인장으로 날인될 것을 요구하는 것으로 해석되어서는 아니 된다.

(2) 보험증권이 2인 이상의 보험자 또는 그 대리인에 의하여 서명되는 경우에는, 반대의 표시가 없는 한 각 서명은 피보험자와 별도의 계약을 구성한다.

25. Voyage and time policies

(1) Where the contract is to insure the subject-mater 'at and from.' or from one place to another or other, the policy is called a 'voyage policy,' and where the contract is to insure the subject-matter for a definite per od of time the policy is called a 'time policy.' A contract for both voyage and time may be includec in the same policy.

제25조 항해보험증권 및 기간보험증권

(1) 보험계약이 보험의 목적을 어느 지점"에서 및 부터"또는 어느 지점부터 다른 일개 또는 수개의 지점까지 보험에 부보하는 경우에는, 그 보험증권은 "항해보험증권"이라고 칭한다. 그리고 보험계약이 보험의 목적을 일정한 기간에 대하여 보험에 부보하는 경우에는, 그 보험증권은 "기간보험증권"이라고 칭한다. 항해 및 기간에 대한 보험계약이 동일한 보험증권에 함께 포함될 수 있다.

26. Designation of subject ·matter

(1) The subject-matter insured must be designated in a marine policy with reasonable certainty.

(2) The nature and extent of the interest of the assured in the subject-matter insured need not be specified in the policy.

(3) Where the policy designates the subject-matter insured in general terms, its shall be construed to apply to the interest intended by the assured to be covered.

(4) In the application of the section regard shall be had to any usage regulating the designation of the subject-matter insured.

제26조 보험의 목적의 표시

(1) 보험의 목적은 상당히 정확하게 해상보험증권에 기재되어야 한다.

(2) 보험의 목적에 관하여 피보험자가 갖는 이익의 성질과 범위는 이를 코험증권에 명시함을 요하지 아니한다.

(3) 보험증권에 보험의 목적이 총괄적인 문언으로 기재된 경우에는, 그것은 피보험자가 보험에 부보할 것을 의도한 이익에 적용되는 것으로 해석되어야 한다.

(4) 본조를 적용함에 있어서는 보험의 목적은 표시를 규제하는 모든 관습을 고려하여야 한다.

27. Valued policy

(1) A policy may be either valued or unvalued.

(2) A valued policy is apolicy which specifies the agreed value of the subject-matter insured.

(3) Subject to the provisions of this Act, and in the absence of fraud, the value fixed by the policy is, as between the insurer and assured, conclusive of the insurable value of the subject intended to be insured, whether the loss be total or partial.

(4) Unless the policy otherwise provides, the value fixed by the policy is not conclusive for the purpose of determining whether there has been a constructive total loss.

제27조 기 평가보험증권

(1) 보험증권은 기 평가보험증권 또는 미 평가보험증권의 어느 것으로 할 수 있다.

(2) 기 평가보험증권이라 함은 보험이 목적의 협정가액을 기재하고 있는 보험증권을 말한다.

(3) 본법의 별도의 규정이 있는 경우를 제외하고, 또 사기가 없는 한, 보험중권에 의하여 정하여진 가액은 보험자와 피보험자 사이에서는 손해가 전손이든 분손이든 불문하고 보험에 부보할 것을 의도한 목적물의 보험가액으로서 결정적인 것이다.

(4) 보험증권에 별도의 규정이 없는 한, 보험증권에 의하여 정하여진 가액은 추정전손이 있었는지의 여부를 확정하는 목적을 위하여는 결정적인 것은 아니다.

28. Unvalued policy

An unvalued policy is a policy which does not specify the value of the subject-matter insured, but subject to the limit of the sum insured, leaves the insurable value to ve subsequently ascertained, in the manner herein-before specified.

第28조 미 평가보험증권

미 평가보험증권이라 함은 보험의 목적의 가액을 기재하지 아니하고 보험금액을 한도로 하여 이전의 조항에 규정된 방법으로 추후에 보험가액을 확정하는 보험증권을 말한다.

29. Floating policy by ship or ships

(1) A floating policy is a policy which describes the insurance in general terms, and leaves the name of the ship or ships and other particulars to be defined by subsequent declaration.

(2) The subsequent declaration or declarations may be made by indorsement on the policy, or in other customary manner.

(3) Unless the policy otherwise provides, the declarations must be made in the order of dispatch or shipment. They must, in the case of goods or other property must be honestly stated, but an omission or erroneous declaration may be rectified even after loss or arrival, provided the omission or declaration was made in good faith.

(4) Unless the policy otherwise provides, where a declaration of value is not made until after notice of loss or arrival, the policy must be treated as an unvalued policy as regards the subject-matter of that declaration.

第29조 선명미상보험증권

(1) 선명미상보험증권이라 함은 총괄적인 문언으로 보험계약을 기술하고 선명과 기타의 세목은 추후의 확정통지에 의하여 확정하는 보험증권을 말한다.

(2) 추후의 확정통지는 보험증권에 배서를 하거나 또는 기타의 관습적인 방법으로 이를 행할 수 있다.

(3) 보험증권에 별도의 규정이 없는 한, 확정통지는 발송 또는 선적의 순으로 이를 행하여야 한다. 화물의 경우에 있어서는, 그 확정통지는 보험증권의 문언에 해당하는 일체의 적송품을 포함하여야 하며, 또 화물이나 기타의 재산의 가액은 정직하게 신고하여야 한다. 그러나 확정통지의 탈루 또는 오류는 그것의 선의로 행하여진 경우에 한하여 손해발생 후 또는 도착 후라고 할지라도 이를 정정할 수 있다.

(4) 보험증권에 별도의 규정이 없는 한, 가액의 확정통지가 손해통지 후 또는 도착통지 후까지 행하여지지 아니한 경우에는 그 보험증권은 확정통지의 보험의 목적에 관하여는 미평가보험증권으로 취급되어야 한다.

30. Construction of terms in policy

(1) A policy may be in the form in the First Schedule to this Act.

(2) Subject to the provisions of this Act, and unless the context of the policy otherwise requires, the terms and expressions mentioned in the First Schedule to this Act shall be construed as having the scope and meaning in that schedule assigned to them.

제30조 보험증권의 용어의 해석

(1) 보험증권은 본법의 제1부칙에 있는 양식에 따를 수 있다.

(2) 본법에 별도 규정이 있는 경우를 제외하고, 또 보험증권의 문맥상 별도의 해석을 요하지 아니하는 한, 본법의 제1부칙에 기재된 용어 및 표현은 이 부칙에서 지정한 범위와 의미를 가지는 것으로 해석되어야 한다.

31. Premium to be arranged

(1) Where an insurance is effected at a premium to be arranged, and no arrangement is made, a reasonable premium is payable.

(2) Where an insurance is effected on the terms that an additional premium is to be arranged in a given event, and that event happens but no arrangement is made, then a reasonable additional premium is payable.

제31조 추후 협정될 보험료

(1) 보험계약이 보험료를 추후에 협정하는 조건으로 체결된 경우에, 그 협정이 이루어지지 아니한 때에는, 상당한 보험료를 지급하는 것으로 한다.

(2) 보험계약이 일정한 사유가 발생할 때에 추가보험료를 추후에 협정하는 조건으로 체결된 경우에, 그 사유가 발생하였으나 그 협정이 이루어지지 아니한 때에는, 상당한 추가 보험료를 지급하는 것으로 한다.

Double Insurance (중복보험)

32. Double insurance

(1) where two or more policies are effected by or on behalf of the assured on the same adventure and interest or any part thereof, and the sums insured exceed the indemnity allowed by this Act, the assured is said to be over-insured by double insurance.

(2) Where the assured is over-insured by double insurance-

(a) The assured, unless the policy otherwise provides, may claim payment from the insurers in such order as he may think fit, provided that he is not entitled to receive any sum in excess of the indemnity allowed by this Act:

(b) Where the policy under which the assured claims is a valued policy, the assured must give credit as against the valuation for any sum received by him under any other policy without regard to the actual value of the subject-matter insured;

(c) Where the policy under which the assured claims is an unvalued policy he must give credit, as against the full insurable value, for ay sum received by him under any other policy;

(d) Where the assured receives any sum in excess of the indemnity allowed by this Act, h is deemed to hold such sum in trust for the insurers, according to their right of contribution among themselves.

제32조 중복보험

(1) 동일한 항해 및 이익 또는 그 일부에 둘 이상의 보험계약이 피보험자 또는 그 대리인에 의하여 체결된 경우에는, 보험금액의 합계가 본법에서 허용되는 보상액을 초과할 때에는 피보험자는 중복보험에 의하여 초과보험되었다고 말한다.

(2) 피보험자가 중복보험에 의하여 초과보험되었을 경우에는,

(a) 피보험자는 보험증권에 별도의 규정이 없는 한, 자신이 적당하다고 생각 하는 순서에 따라 각 보험자에게 지급청구를 할 수 있다. 다만 피보험자는 본법에서 허용되는 보상액을 초과하는 금액을 수령할 권리는 없다.

(b) 피보험자가 보험금을 청구하는 보험증권이 기평가보험증권인 경우에는, 피보험자는 보험의 목적의 현실적인 가액의 여하에 관계없이 다른 보험증권에 의하여 수령한 금액을 그 평가액에서 공제하여야 한다.

(C) 피보험자가 보험금을 청구하는 보험증권이 미 평가보험증권인 경우엔, 피보험자는 다른 보험증권에 의하여 수령한 금액을 그 보험가액의 총액에서 공제하여야 한다.

(d) 피보험자가 본법에서 허용되는 보상액을 초과하는 금액을 수령한 경우에는, 피보험자는 그 초과액을 보험자가 상호간의 분담청구권에 따라 각 보험자를 위하여 수탁한 것으로 본다.

Warranties, & etc. (담보 등)

33. Nature of Warranty

(1) A warranty, in the following sections relating to warranties, means a promissory warranty, that is to say, a warranty by which the assured undertakes that some particular thing shall or shall not be done, or that some condition shall be fulfilled, or whereby he affi·ms or negatives the existence of a particular state of facts.

(2) A warranty may be express or implied.

(3) A warranty, as above defined, is a condition which must be exactly complied with, whether it be material to the risk or not. Of it be not so complied with, then, subject to any express provision in the policy, the insurer is discharged from liability as from the date of the breach of warranty, but without prejudice to any liability incurred by him before that date.

제33조 담보의 성질

(1) 담보에 관한 다음 조항에서 말하는 담보라 함은 화약담보를 의미한다. 화약담보라 함은 특정한 일이 행하여지거나 또는 행하여지지 아니할 것을 피보험자가 약속하는 담보, 또는 어떠한 조건이 충족될 것을 피보험자가 약속하는 담보, 또는 피보험자가 특정한 사실상태의 존재를 긍정하거나 또는 부정하는 담보이다.

(2) 담보는 명시담보일 수도 있고 묵시담보일 수도 있다.

(3) 제1항에서 정의한 담보는 이것이 위험에 대하여 중요하든 안하든 불문하고 정확하게 충족되어야 하는 조건이다. 담보가 정확히 충족되지 아니한 경우에는, 보험증권에 명시적인 규정이 있는 경우를 제외하고, 보험자는 담보의 위반일로부터 그 책임을 해제 받으나 담보의 위한일 이전에 보험자에게 발생한 책임에는 영향을 미치지 아니한다.

34. When breach of warranty excused

(1) Non-compliance with a warranty is excused when by reason of a change of circumstances, the warranty ceases to be applicable to the circumstances of the contract, or when compliance with the warranty is rendered unlawful by any subsequent law.

(2) Where a warranty is brokenm the assured cannot avail himself of the defence that the breach has been remedied, and the warranty complied with, before loss.

(3) A breach of warranty may be waived by the insurer.

제34조 담보위반이 허용되는 경우

(1) 사정의 변경으로 담보가 계약사정에 적합하지 아니한 경우, 또는 담보를 충족하는 것이 그 후위 어떠한 법률에 의하여 위법이 되는 경우에는, 담보의 불충족이 허용된다.

(2) 담보의 위반이 있는 경우에는, 피보험자는 손해발생 전에 그 위반이 교정되어 담보가 충족되었다고 하는 항변을 할 수 없다.

(3) 보험자는 담보위반에 관하여 그의 권리를 포기할 수 있다.

35. Express warranties

(1) An express warranty may be in any form of words from which the intention to warrant is to be inferred.

(2) An express warranty must be included in, or written upon, the policy, or must be contained in some document incorporated by reference into the policy.

(3) An express warranty does not exclude an implied warranty, unless it be inconsistent therewith.

제35조 명시담보

(1) 명시담보는 담보할 의사가 추측되는 것이라면 어떠한 형식의 자구를 사용하여도 무방하다.

(2) 명시담보는 보험증권에 삽입되든가 또는 기재되든가 또는 인용에 의하여 보험증권에 결합되는 서류 중에 기재되어야 한다.

(3) 명시담보는 이것이 묵시담보와 저촉되지 아니하는 한, 묵시담보를 배제하지 아니한다.

36. Warranty of neutrality

(1) Where insurable property, whether ship of goods, is expressly warranted neutral, there is an implied condition that the property shall have a neutral character at the commencement of the rick, and that, so far as the assured can control the matter, its neutral character shall be preserved during the risk.

(2) Where a ship is expressly warranted 'neutral' there is also an implied condition that, so far as the assured can control the matter she shall be properly documented, that is to say, that she shall carry the necessary papers to establish her neutrality, and that she shall not falsify or suppress her papers, or use simulated papers. IF any loss occurs through breach of this condition, the insurer may avoid the contract.

第36조 중립담보

(1) 선박이든 화물이든 불문하고 피보험재산이 중립재산이라고 명시적으로 담보되는 경우에는, 그 재산은 위험개시의 시에 중립적인 성질을 가져야 하고 또 피보험자가 사정을 지배할 수 있는 한, 그 중립적인 성질은 보험기간 중에 보존되어야 한다는 묵시조건이 있다.

(2) 선박이 "중립"이라고 명시적으로 담보되는 경우에는, 전항에 정하는 외에 피보험자가 사정을 지배할 수 있는 한, 선박은 적당히 서류를 갖추어야 할 것, 즉 선박은 그 중립성을 입증하는데 필요한 서류를 비치하여야 하고 또 선박은 그 서류를 위조하거나 은닉하지 아니하며 또는 위조서류를 사용하지 아니한다는 것을 묵시조건으로 한다. 이 조건의 위반으로 인하여 손해가 발생한 경우에는, 보험자는 계약을 취소할 수 있다.

37. No implied warranty of nationality

There is no implied warranty as to the nationality of a ship, or that her nationality shall not be changed during the risk.

제37조 국적에 관한 묵시담보는 없다.

선박의 국적에 관한 묵시담보 또는 선박의 국적이 위험기간 중에 변경되어서는 아니된다는 묵시담보는 없다.

38. Warranty of good safety

Where the subject-matter insured is warranted 'well' or 'in good safety' on a particular day, it is sufficient if it be safe at any time during that day.

제38조 안전담보

보험의 목적이 특정일에 "무사" 또는 "안전"한 것을 담보할 경우에는, 그 특정일 중의 임의의 시각에 안전하면 그것으로 충분하다.

39. Warranty of seaworthiness of ship

(1) In a voyage policy there is an implied warranty that at the commencement of the voyage the ship shall be seaworthy for the purpose of the particular adventure insured.

(2) Where the policy attaches while the ship is in port, there is also an implied warranty that the shall, at the commencement of the risk, be reasonably fit to encounter the ordinary perils of the port.

(3) Where the policy relates to a voyage which is performed in different stages, during which the ship requires different kinds of or further preparation or equipment, there is an implied warranty that at the commencement of each stage the ship is seaworthy in respect of such preparation of equipment for the purpose of that stage.

(4) A ship is deemed to be seaworthy when she is reasonably fit in all respects to encounter the ordinary perils of the seas of the adventure insured.

(5) In a time policy there is no implied warranty that the ship shall be seaworthy at any stage of the adventure, but where, with the privity of the assured, the ship is sent to sea in an unseaworthy state, the insurer is not liable for any loss attributable to unseaworthiness.

제39조 선박의 내항성 담보

(1) 항해보험에서는 항해개시의 시에 선박은 부보된 특징의 항해사업의 수행을 위하여 내항이어야 한다는 묵시담보가 있다.

(2) 선박의 항구 내에 있는 동안에 보험이 시작할 경우에는, 전항에서 정하는 외에 선박은 보험개시의 시에 항구내의 통상적인 위험에 대항하는데 합리적으로 적합하여야 한다는 묵시담보가 있다.

(3) 보험이 여러 단계로 나뉘어져서 수행되는 항해에 관련되는 것으로 그 항해 중에 단계가 달라짐에 따라 선박이 다른 종류의 준비 및 의장이나 또는 추가적인 준비 및 의장을 요할 경우에는, 선박은 각 단계의 개시의 시에 그 단계의 항행을 위하여 그 준비와 의장에 있어서 내항이어야 한다는 묵시담보가 있다.

(4) 선박이 부보된 항해사업의 통상적인 해상고유의 위험에 대항하는 데 있어 모든 점에서 합리적으로 적합한 경우에는, 그 선박은 내항이라고 본다.

(5) 기간보험에서는 선박이 항해사업의 어떠한 단계에서도 내항이어야 한다는 묵시담보는 없다. 그러나 피보험자가 은밀히 하면서 선박을 불내항의 상태로 취항하게 하였을 경우에는, 보험자는 불내항에 기인하는 어떠한 손해에 대하여도 책임을 부담하지 아니한다.

40. No implied warranty that goods are seaworthy

(1) In a policy on goods or other moveables there is no implied warranty that the goods of moveables are seaworthy.

(2) In a voyage policy on goods or other moveables there is an implied warranty that at the commencement of the voyage the ship is not only seaworthy as a ship, but also that she is reasonably fit to carry the goods or other moveables to the destination contemplated by the policy.

제40조 화물이 내항이라는 묵시담보는 없다.

(1) 화물 또는 기타 동산의 보험에 있어서는, 화물이나 동산은 내항이어야 한다는 묵시 담보는 없다.

(2) 화물 또는 기타 동산의 항해보험에 있어서는, 선박은 항해개시의 시에 선박으로서 내항이어야 할 뿐만 아니라 화물이나 기타 동산을 보험증권에 정한 도착항까지 운송하는데 합리적으로 적합하여야 한다는 묵시담보가 있다.

41. Warranty of legality

There is an implied warranty that the adventure insured is a lawful one, and that, so far as the assured can control the matter, the adventure shall be carried out in a lawful manner.

제41조 적법성 담보

부보된 항해 사업은 적법한 항해 사업이어야 하며, 또 피보험자가 사정을 지배할 수 있는 한 그 항해 사업은 적법한 방법을 수행되어야 한다는 묵시담보가 있다.

THE VOYAGE (항 해)

42. Implied condition as to commencement of risk

(1) Where the subject-matter is insured by a voyage policy 'at and from' of 'from' a particular place, it is not necessary that the ship should be at that place when the contract is concluded, but there is an implied concition that the adventure shall be commenced within a reasonable time, and that if the adventure be not so commenced the insurer may avoid the contract

(2) The implied condition may be negatived by showing that the delay was caused by circumstances known to the insurer before the contract was concluded, or by showing that he waived the condition.

제42조 위험개시에 관한 묵시조건

(1) 보험의 목적이 항해 보험증권에 의하여 특정한 장소"에서 및 부터"(at and from)의 조건이나 특정한 장소 "로부터"(from)의 조건으로 부보된 경우에는, 선박은 보험계약의 체결 시에 그 장소에 있어야 할 필요는 없다. 그러나 항해 사업은 상당한 기간 내에 개시되어야 하고, 만약 항해 사업이 상당한 기간 내에 개시되지 아니하면 보험자는 계약을 취소할 수 있다는 묵시조건이 있다.

(2) 전항의 묵시조건은 항해지연이 보험계약의 체결 전에 보험자가 알고 있는 사정으로 인하여 일어난 것을 증명함으로써 또는 보험자가 묵시조건에 관한 권리를 포기한 것을 증명함으로써 이를 부인할 수 있다.

43. Alteration of port of departure

Where the place of departure is specified by the policy, and the ship instead of sailing from that place sails from any other place, the risk does not attach.

제43조 발항항의 변경

발항지가 보험증권에 정하여진 경우에 선박이 그 곳에서 출항하지 아니하고 다른 곳에서 출항한 때에는, 보험자의 위험담보책임은 개시하지 아니한다.

44. Sailing for different destination

Where the destination is specified in the policy, and the ship, instead of sailing for that destination, sails for any other destination, the risk does not attach.

제44조 다른 목적항을 향한 항행

목적항이 보험증권에 정하여진 경우에 선박이 그 목적항을 향하여 항행하지 아니하고 다른 목적항을 향하여 항행한 때에는, 보험자의 위험담보책임은 개시하지 아니한다.

45. Change of voyage

(1) Where, after the commencement of the risk, the destination of the ship is voluntarily changed from the destination contemplated by the policy, there is said to be a change of voyage.

(2) Unless the policy otherwise provides, where there is a change of voyage, the insurer is discharged from liability as from the time of change, that is to say, as from the time when the determination to charge it is manifested; and it is immaterial that the ship may not in fact have left the course of voyage contemplated by the policy when the loss occurs.

제45조 항해의 변경

(1) 위험의 개시 후 선박의 목적항이 보험증권에 정하여진 목적항으로부터 임의로 변경된 경우에는, 항해의 변경이 있었다고 말한다.

(2) 보험증권의 별도의 규정이 없는 한, 항해의 변경이 있는 경우에는, 보험자는 그 변경 시, 즉 항해를 변경할 의사가 명백하였을 때부터 그 책임이 해체된다. 그리고 손해발생 시에 선박이 보험증권에 정하여진 항로를 실제로 떠나는 일이 없었다 하더라도 그것은 마찬가지이다.

46. Deviation

(1) Where a ship, without lawful excuse, deviates form the voyage contemplated by the policy, the insurer is discharged from liability as from the time of deviation, and it is immaterial that the ship may have regained her route before any loss occurs.

(2) There is a deviation from the voyage contemplated by the policy-

(a) Where the course of the voyage is specifically designated by the policy, and that course is departed from; or

(b) Where the course of the voyage is not specifically designated by the policy, but the usual and customary course is departed from.

(3) The intention to deviate is immaterial; there must be a deviation in fact to discharge the insurer from his liability under the contract.

제46조 이로

(1) 선박이 적법한 이유 없이 보험증권에 정하여진 항해로부터 이로한 경우에는, 보험자는 그 이로 시부터 책임이 해제된다. 그리고 손해발생 전에 선박이 본래의 항로로 복귀하였다 하더라도 그것은 마찬가지이다.

(2) 다음의 경우에는 보험증권에 정하여진 항해로부터 이로가 있는 것으로 한다.

(a) 항로가 보험증권에 특별히 지정된 경우에는, 그 항로를 이탈한 때, 또는

(b) 항로가 보험증권에 특별히 지정되지 아니한 경우에는, 통상적이고 관습적인 항로를 이탈한 때.

(3) 이로의 의사는 중요한 것이 아니며, 보험자가 계약상의 책임으로부터 해제되기 위하여는 실제로 이로가 있어야만 한다.

47. Several ports of discharge

(1) Where several ports of discharge are specified by the policy, the ship may proceed to all or any of them, but, in the absence of any usage or sufficient cause to the contrary, she must proceed to them, or such of them as she goes to, in the order designated by the policy. If she does not there is a deviation.

(2) Where the policy is to 'ports of discharge,' within a given area, which are not named, the ship must, in the absence of any usage or sufficient cause to the contrary, proceed to them, or such of them as she goes to, in their geographical order. If she does not there is a deviation.

제47조 수 개의 양하항

(1) 보험증권에 수 개의 양하항이 기재된 경우엔, 선박은 그 전부 또는 일부에 항행할 수 있다. 그러나 반대의 관습이나 충분한 이유가 없는 한, 선박은 보험증권에 지정된 순서에 따라 그 전보 또는 일부에 항행하여야 한다. 이 순서에 따르지 아니한 경우에는 이로가 있는 것으로 한다.

(2) 보험증권에 항구명이 지정되지 아니하고 일정한 지역내의 "양하항"까지로 되어 있는 경우에는, 반대의 관습이나 충분한 이유가 없는 한, 선박은 지리적인 순서에 따라 그 전부 또는 일부에 항행하여야 한다. 이 순서에 따르지 아니한 경우에는 이로가 있는 것으로 한다.

48. Delay in voyage

In the case of a voyage policy, the adventure insured must be prosecuted throughout its course with reasonable dispatch, and, if without lawful excuse it is not so prosecuted, the insurer is discharged from liability as from the time when the delay became unreasonable.

제48조 항해의 지연

항해보험증권의 경우에는, 부보된 항해 사업은 상당한 진척으로 전 항해를 통하여 수행되어야 하며, 또 적법한 이유가 없이 그렇게 수행되지 아니한 경우에는 보험자는 지연이 부당하게 되었을 때부터 책임이 해제된다.

49. Excuses for deviation or delay

(1) Deviation or delay in prosecuting the voyage contemplated by the policy is excused-

(a) Where authorized by any special term in the policy; or

(b) Where caused by circumstances beyond the control of the master and his employer; or

(c) Where reasonably necessary in order to comply with an express or implied warranty; or

(d) Where reasonably necessary for the safety of the ship or subject-matter insured; or

(e) for the purpose of saving human life, if aiding a ship in distress where human life may be in danger; or

(f) Where reasonably necessary for the purpose of obtaining medical or surgical aid for any person on board the ship; or

(g) Where caused by the barratrous conduct of the master or crew, if barratry be one of the perils insured against.

(2) When the cause excusing the deviation or delay ceases to operate, the ship must resume her course, and prosecute her voyage, with reasonable dispatch.

제49조 이로 또는 지연의 허용

(1) 보험증권에 정하여진 항해를 수행하는 데 있어서 다음의 경우에는 이로 또는 지연이 허용된다.

(a) 보험증권상의 특약에 의하여 인정된 경우,

(b) 선장 및 그의 고용주의 지배를 벗어난 사정으로 인하여 일어난 경우,

(c) 명시 또는 묵시담보를 충족하기 위하여 합리적으로 필요한 경우,

(d) 선박 또는 보험의 목적의 안전을 위하여 합리적으로 필요한 경우,

(e) 인명을 구조하기 위하여 또는 인명이 위험에 빠질 염려가 있는 조난선을 구조하기 위한 경우,

(f) 선상에 있는 자에게 내과적 또는 외과적인 의료를 시행하기 위하여 합리적으로 필요한 경우,

(g) 선장 또는 선원의 악행이 피보험위험의 하나일 때 이러한 악행에 기인하여 일어난 경우,

(2) 이로 또는 지연을 허용하는 사유가 중지되었을 경우에는, 선박은 상당한 진척으로 본래의 항로로 복귀하여 항해를 수행하여야 한다.

ASSIGNMENT OF POLICY (보험증권의 양도)

50. When and how policy is assignable

(1) A marine policy is assignable unless it contains terms expressly prohibiting assignment. It may be assigned either before or after loss.

(2) Where a marine policy has been assigned so as to pass the beneficial interest in such policy, the assignee of the policy is entitled to sue thereon in his own name; and the defendant is entitled to make if the action had been brought in the name of the person by or on behalf of whom the policy was effected.

제50조 보험증권의 양도의 시기와 방법

(1) 해상보험증권은 그 증권 상에 양도를 금지하는 명시적인 조건을 포함하고 있지 아니하는 한, 이를 양도할 수 있다. 해상보험증권은 손해발생의 전후를 불문하고 이를 양도할 수 있다.

(2) 해상보험증권이 그 증권 상의 수익권을 이전할 목적으로 양도된 경우에는, 보험증권의 양수인은 자신의 명의로 그 보험증권에 의하여 소송을 제기할 수 있다. 그리고 피고는 소송이 보험계약을 체결한 자 또는 그 대리인을 통하여 그 보험계약을 체결한 자의 명의로 제기되었을 경우에 피고가 계약에서 생기는 일체의 항변을 갖는다.

(3) 해상보험증권은 이에 배서함으로써 또는 기타의 관습적인 방법에 의하여 이를 양도할 수 있다.

51. Assured who has no interest cannot assign

Where the assured has parted with or lost his interest in the subject-matter insured, and has not, before or at the time of so doing, expressly or impliedly agreed to assign the policy, any subsequent assignment of the policy is inoperative: Provided that nothing in this section affects the assignment of a policy after loss.

제51조 이익을 갖지 아니한 피보험자는 보험증권을 양도할 수 없다.

피보험자가 보험의 목적에 대하여 갖는 자신의 이익을 포기 또는 상실한 경우에는, 그 이전 또는 당시에 보험증권을 양도할 명시적 또는 묵시적인 합의를 하지 아니한 때에는 그 이후에 행한 보험증권의 양도는 무효이다. 다만 본조의 규정은 손해발생후의 보험증권의 양도에는 영향을 미치지 아니한다.

THE PREMIUM (보험료)

52.When premium payable

Unless otherwise agreed, the duty of the assured or his agent to pay the premium, and the duty of the insurer to issue the policy to the assured or his agent, are concurrent conditions, and the insurer is not bound to issue the policy until payment or tender of the premium.

제52조 보험료지급의 시기

별도의 합의가 없는 한, 피보험자 또는 그 대리인의 보험료지급의 의무와 피보험자 또는 그 대리인에 대한 보험자의 보험증권발행의 의무는 동시이행조건이며, 또 보험자는 보험료의 지급 또는 제공이 있을 때까지는 보험증권을 발행할 의무를 지지 아니한다.

53. Policy effected through broker

(1) Unless otherwise agreed, where a marine policy is effected on behalf of the assured by a broker, is directly responsible to the insurer for the premium, and the insurer is directly responsible to the assured for the amount which may be payable in respect of losses, or respect of returnable premium.

(2) Unless otherwise agreed, the broker has, as against the assured, a lien upon the poilcy; and, where he has dealt with person who employs him as a principal, he has also a lien on the policy in respect of any balance in any insurance account which may be due to him from such person, unless when the debt was incurred he had believe that such person was only an agent.

제53조 중개인을 통하여 체결한 보험계약

(1) 별도의 합의가 없는 한, 해상보험계약이 피보험자를 대신하여 중개인에 의하여 체결된 경우에는, 그 중개인은 보험료지급에 대하여 보험자에게 직접적으로 책임을 진다. 그리고 보험자는 손해에 관한 보험금이나 또는 환급보험료에 관하여 지급하게 될 금액에 대하여 피보험자에게 직접적으로 책임을 진다.

(2) 별도의 합의가 없는 한, 중개인은 피보험자에 대하여 보험료 및 보험계약의 체결에 관한 비용에 대하여 보험증권상의 유치권을 갖는다. 그리고 중개인이 본인으로서 자신을 고용한 자와 거래를 한 경우에는, 중개인은 그 자가 중개인에게 지급할 일체의 보험계정상의 잔액에 관하여도 역시 보험증권상의 유치권을 갖는다. 다만 채무 발생 시에 중개인 그 자리를 단순한 대리인에 불과하다고 믿을 만한 이유가 있었을 경우에는 그러하지 아니하다.

54. Effect of receipt on policy

Where a marine policy effected on behalf of the assured by a broker acknowledges the receipt of the premium, such ackrowledgement is, in the absence of fraud, conclusive ad between the insurer and the assured, but not as between the insurer and broker.

제54조 보험증권상의 보험료 영수의 효과

해상보험계약이 피보험자를 대리하여 중개인에 의하여 체결되고 그 보험증권에 보험료의 영수를 인증하고 있는 경우에는, 그 인증은 사기가 없는 한 보험자와 피보험자 사이에서는 결정적인 것이지만 보험자와 중개인 사이에서는 결정적인 것이 아니다.

LOSS AND ABANDONMENT (손해와 위부)

55. Included and excluded losses

(1) Subject to the provisions of this Act, and unless the policy otherwise provides, the insurer is liable for any loss proximately caused by a peril insured against, but, subject as aforesaid, he is not liable for any loss which is not proximately caused by a peril insured against.

(2) In particular

(a) The insurer is not liable for any loss attributable to the wilful misconduct of the assured, but, unless the policy otherwise provides, he is liable for any loss proximately caused by a peril insured against, even though the loss would not have happened but for the misconduct or negligence of the master or crew;

(b) Unless the policy otherwise provides, the insurer on ship or goods is not liable for any loss proximately caused by delay, although the delay be caused by a peril insured against;

(c) Unless the policy otherwise provides, the insurer is not liable for ordinary wear and tear, ordinary leakage and breakage, inherent vice or nature of the subject-matter insured, or for any loss proximately caused by rats or vermin, or for any injury to machinery not proximately caused by maritime perils.

제55조 보상되는 손해와 면책되는 손해

(1) 본법에 별도의 규정이 있는 경우와 보험 증권에 별도의 규정이 있는 경우를 제외하고, 보험자는 피보험위험에 근인하여 발생하는 일체의 손해에 대하여 책임을 진다. 그러나 상기의 두 경우를 제외하고, 보험자는 피보험위험에 근인하여 발생하지 아니한 일체의 손해에 대하여 책임을 지지 아니한다.

(2) 특히,

(a) 보험자는 피보험자의 고의의 불법행위에 기인하는 일체의 손해에 대하여 책임을 지지 아니한다. 그러나 보험증권에 별도의 규정이 없는 한, 보험자는 피보험위험에 근인하여 발생하는 일체의 손해에 대하여는 비록 그 손해가 선장이나 선원의 불법행위 또는 과실이 없었더라면 발생하지 아니하였을 경우에도 그 책임을 져야 한다.

(b) 보험증권에 별도의 규정이 없는 한, 선박 또는 화물의 보험자는 지연이 피보험위험으로 인하여 발생한 경우일지라도 지연에 근인하여 발생하는 인체의 손해에 대하여는 책임을 지지 아니한다.

(C) 보험증권에 별도의 규정이 없는 한, 보험자는 보험의 목적의 통상적인 자연소모, 통상적인 누손 및 파손,

고유의 하자나 고유의 성질에 대하여, 또는 생쥐나 벌레에 근인하여 발생하는 일체의 손해에 대하여, 또는 해상위험에 근인하여 발생하지 아니한 기관의 일체의 손상에 대하여 그 책임을 지지 아니한다.

56. Partial and total loss

(1) A loss may be either total or partial. Any loss other than a total loss, as hereinafter defined, is a partial loss.

(2) A total loss may be either an actual total loss, or a constructive total loss.

(3) Unless a different intention appears from the terms of the policy, an insurance against total loss includes a constructive, as well as actual, total loss.

(4) Where the assured brings an action for a total loss and the evidence proves only a partial loss, he may, unless the policy otherwise provides, recover for a partial loss.

(5) Where goods reach their destination in specie, but by reason of obliteration of marks, or otherwise, they are incapable of identification, the loss, if any, is partial, and not total.

제56조 분손 및 전손

(1) 손해는 전손일 수도 있고 또는 분손일 수도 있다. 다음에 정의하는 전손 이외의 일체의 손해는 분손이다.

(2) 전손은 현실전손일 수도 있고 또는 추정전손일 수도 있다.

(3) 보험증권의 문언상으로 다른 의사의 표시가 없는 한, 전손을 담보하는 보험은 현실전손뿐만 아니라 추정전손도 포함한다.

(4) 피보험자가 전손금의 청구소송을 제기한 경우에 증거 상으로 분손에 지나지 아니한다는 것이 입증된 때에는, 보험증권에 별도의 규정이 없는 한 피보험자는 분손에 대하여 보상을 받을 수 있다.

(5) 화물이 본래의 종류의 것으로서 그 목적지에 도착하였으나 화인의 말소 또는 기타의 이유로 그 동일성을 식별할 수 없는 경우에는, 만약 손해가 있다고 하면 그 손해는 분손이며 전손은 아니다.

57. Actual total loss

(1) Where the subject-matter insured is destroyed, or so damaged as to cease to be a thing of the kind insured, of where the assured is irretrievably deprived thereof, there is an actual total loss.

(2) In the case of an actual total los no notice of abandonment need be given.

제57조 현실전손

(1) 보험의 목적이 파괴되거나 또는 부보된 종류의 물건으로서 존재할 수 없을 정도로 심한 손상을 받은 경우, 또는 피보험자가 보험의 목적을 박탈당하고 회복할 수 없는 경우에는, 현실전손이 있는 것이다.

(2) 현실전손의 경우에는 위부의 통지를 할 필요가 없다.

58. Missing ship

Where the ship concerned in the adventure is missing, and after the lapse of a resonable time no news of her has been received, an actual total loss may be presumed.

제58조 행방불명의 선박

항해 사업에 종사하는 선박이 행방불명이 되고 상당한 기간이 경과한 후에도 그 소식을 모를 경우에는, 현실전손으로 추정할 수 있다.

59. Effect of transshipment, etc.

where, by a peril insured against, the voyage is interrupted at an intermediate port or place, under such circumstances as, apart from any special stipulation in the contract of affreightment, to justify the master in landing and reshipping the goods or other moveables, or in trans shipping them, and sending them on to their destination, the liability of the insurer continues, notwithstanding the landing or transshipment

제59조 환적 등의 효과

항해가 피보험위험으로 인하여 중간항구 또는 중간지점에서 중단되는 경우에는. 해상화물운송계약상의 특약과는 관계없이 선장이 화물 또는 기타의 동산을 양하하여 재선적하거나 또는 이를 환적하여 그 목적지로 운송하는 것을 정당화하는 그러한 사정 하에서는, 보험자의 책임은 양하 또는 환적이 있음에도 불구하고 계속된다.

60. Constructive total loss defined

(1) Subject to any express provision in the policy there is a constructive total loss where the subject-matter insured is reasonably abandoned on account of its actual total loss appearing to be unavoidable, or because it could not be preserved from total loss without an expenditure which would exceed its value when expenditure had been incurred.

(2) In particular, there is a constructive total loss-

(i) Where the assured is deprived of the possession of his ship or goods by a peril insured against, and (a) it is unlikely that he can recover the ship or goods, as the case may be or (b) the cost of recovering the ship or goods, as the case may be, would exceed their value when recovered; or

(ii) In the case of damage to a ship, where she is so damaged by a peril insured against that the cost of repairing the damage would exceed the value of the ship when repaired In estimating the cost of repairs, no deduction is to be made in respect of general average contributions to those repairs payable by other interests, but account is to be taken of the expense of future salvage operations and of any future general average contributions to which the ship would be liable if repaired; or

(iii) In the case of damage to goods, where the cost of repairing the damage and forwarding the goods to their destinations would exceed their value on arrival.

제60조 환적 등의 효과

(1) 보험증권에 명시적인 규정이 있는 경우를 제외하고, 보험의 목적의 현실전손이 불가피한 것으로 보이기 때문에, 또는 비용을 지출한다면 보험의 목적의 가액을 초과하는 비용의 지출 없이는 현실전손을 면할 없기 때문에 보험의 목적이 정당하게 위부될 경우에는 추정전손이 있다.

(2) 특히 다음의 경우에는 추정전손이 있다.

(i) 피보험자가 피보험위험으로 인하여 자신의 선박 및 화물의 점유를 박탈당한 경우에는 (a) 피보험자가 그 선박 및 화물을 회복할 가능성이 없을 경우, 또는 (b) 그 선박 및 화물을 회복하는 비용이 회복되었을 때의 그 가액을 초과할 것으로 예상되는 경우, 또는

(ii) 선박의 손상의 경우에 있어서는, 선박이 피보험위험으로 인하여 심하게 손상되어서 그 손상을 수리하는 비용이 수리되었을 때의 선박의 가액을 초과할 것으로 예상되는 경우,

수리비를 견적하는 데 있어서는 다른 분담이익에 의하여 부담될 상기의 수리에 대한 공동해손분담액을 공제하여서는 아니 된다. 그러나 장래의 구조작업에 요하는 비용과 선박이 수리될 경우에 선박이 부담하게 될 장래의 공동해손분담액은 수리비에 가산하여야 한다.

(iii) 화물의 손상의 경우에 있어서는, 손상을 수리하는 비용과 화물을 그 목적항까지 운송하는 비용을 합산한 비용이 도착시의 화물의 가액을 초과할 것으로 예상되는 경우.

61. Effect of constructive total loss

Where there is a constructive total loss the assured may either treat the loss as a partial loss, or abandon the subject-matter insured to the insurer and treat the loss as if it were an actual total loss.

제61조 추정전손의 효과

추정전손이 있는 경우에는, 피보험자는 그 손해를 분손으로 처리할 수도 있고 또는 보험의 목적을 보험자에게 위부하고 그 손해를 현실전손의 경우에 준하여 처리 할 수도 있다.

62. Notice of abandonment

(1) subject to the provisions of this section, where the assured elects to abandon the subject-matter insured to the insurer, he must give notice of abandonment. If he fails to do so the loss can only be treated as a partial loss.

(2) Notice of abandonment may be given in writing, or by word of mouth, or partly in writing and partly by word of mouth, and may be given in any terms which indicate the intention of the assured to abandon his insured interest in the subject-matter insured unconditionally to the insurer.

(3) Notice of abandonment must be given with reasonable diligence after the receipt of reliable information of the loss, but where the information of the loss, but where the information is of a doubtful character the assured is entitled to a reasonable time to make inquiry.

(4) Where notice of abandonment is properly given, the rights of the assured are not prejudiced by the fact that the insurer refuses to accept the abandonment.

(5) The acceptance of an abandonment may be either express or implied from the conduct of the insurer. the mere silence of the insurer after notice not acceptance

(6) Where notice of abandonment is accepted the abandonment is irrevocable. The acceptance of the notice conclusively admits liability for the loss and the sufficiency of the notice.

(7) Notice of abandonment is unnecessary where, at the time when the assured receives information of the loss, there would be no possibility of benefit to the insurer if notice were given to him.

(8) Notice of abandonment may be waived by the insurer.

(9) Where an insurer has re-insured his risk. no notice of abandonment need by given by him.

第62조 위부의 통지

(1) 본조에 별도의 규정이 있는 경우를 제외하고, 피보험자가 보험의 목적을 보험자에게 위부하기로 선택한 경우에는, 피보험자는 위부의 통지를 하여야한다. 피보험자가 위부의 통지를 하지 아니하면 그 손해는 단지 분손으로 처리되어야 한다.

(2) 위부의 통지는 서면이나 구두로 할 수 있으며, 또는 일부를 서면으로 하고 일부는 구두로 할 수 있다. 그리고 보험의 목적에 관한 피보험자의 이익을 보험자에게 무조건적으로 위부 한다는 피보험자의 의사를 표시라는 것이며 어떠한 용어로 하여도 무방하다.

(3) 위부의 통지는 신뢰에 관한 신뢰할 만한 정보를 수령한 후에 상당한 주의를 기울여 이를 행하여야 한다. 다만 그 정보가 의심스러운 성질의 것일 경우에는, 피보험자는 이를 조사하기 위하여 상당한 기간을 가질 권리가 있다.

(4) 위부의 통지가 정당하게 행하여진 경우에는, 피보험자의 권리는 보험자가 위부의 승낙을 거절 하였다는 사실로 인하여 해를 입지 아니한다.

(5) 위부의 승낙은 노험자의 행위에 의하여 명시적 또는 묵시적으로 이를 행할 수 있다. 위부의 통지 후의 보험자의 단순한 침묵은 승낙이 아니다.

(6) 위부의 통지가 승낙된 경우에는, 위부는 철회할 수 없다. 위부의 통자의 승낙은 손해에 대한 책임 및 그 통지의 충분함을 결정적으로 인정하는 것이다.

(7) 피보험자가 손해에 대한 정보를 받았을 때에 위부의 통지를 보험자에게 하더라도 그것이 피보험자에게 하등의 이익이 될 가능성이 없는 경우에는, 위부의 통지는 필요하지 아니하다.

(8) 위부의 통지는 보험자가 이를 면제 할 수 있다.

(9) 보험자가 자신의 위험을 재보험하였을 경우에는, 그 보험자에 의한 위부의 통지는 필요하지 아니하다.

63. Effect of abandonment

(1) Where there ͻs a valid abandonment the insurer is entitled to take over the interest of the assured in whatever may remain of the subject-matter insured, and all proprietary rights incidental thereto.

(2) Upon the abandonment of a ship, the insurer thereof is entitled to any freight in course of being earned, and which is earned by her subsequent to the casualty causing the loss, less the expenses of earning ͻf incurred after the casualty; and, where the ship is carrying the ower's goods, the insurer is entitled to a reasonable remuneration for the carriage of them subsequent to the casualty causing the loss.

제63조 위부의 효과

(1) 유효한 위부가 있는 경우에는, 보험자는 보험의 목적에 잔존할 수 있는 피보험자의 일체의 이익과 보험의 목적에 부수하는 소유권에 기인한 일체의 권리를 승계할 권리를 갖는다.

(2) 선박의 위부가 있는 경우에는, 선박 보험자는 선박에 수득하고 있는 운임 및 손해를 야기한 재해 후에 선박이 수득할 운임에서 그 재해 후의 운임을 수득하기 위하여 지출한 비용을 공제한 운임을 취득할 권리가 있다. 그리고 선박이 선주의 화물을 운송 중인 경우에는, 보험자는 손해를 야기한 재해 후의 그 화물의 운송에 대하여 상당한 보수를 받을 권리가 있다.

PARTIAL LOSSES
(INCLUDING SALVAGE AND GENERAL AVERAGE AND PARTICULAR CHARGES)
분손 (구조료, 공동해손 및 특별비용을 포함)

64. Particular average loss

(1) A particular average loss is a partial of the subject-matter insured, caused by a peril insured against, and which is not a general average loss.

(2) Expenses incurred by or on behalf of the assured for the safety or preservation of the subject-matter insured, other than general average and salvage charges, are called particular charges. Particular charges are not included in particular average.

제64조 단독해손손해

(1) 단독해손손해라 함은 피보험위험으로 인하여 발생한 보험의 목적의 분손이며 공동해손손해가 아닌 것을 말한다.

(2) 보험의 목적의 안전이나 보존을 위하여 피보험자가 또는 피보험자의 대리인에 의하여 지출된 비용으로서 공동해손비용과 구조료 이외의 것을 특별비용이라 한다. 특별비용은 단독해손에 포함 되지 아니한다.

65. Salvage charges

(1) Subject to any express provision in the policy salvage charge incurred in preventing a loss by perils insured against may be recovered as a loss by those perils.

(2) 'Salvage charges' means the charges recoverable under maritime law by a salvor independently of contract. they do not include the expenses of services in the nature of salvage rendered by the assured or his agents, or any person employed for hire by them, for the purpose of averting a peril insured against. Such expenses, where properly incurred, may be recover as particular charges or as a general average loss, a ccording to the circumstances under which they were incurred.

제65조 구조료

(1) 보험 증권에 명시적인 규정이 있는 경우를 제외하고, 피보험위험으로 인하여 발생하는 손해를 방지하기 위하여 지출한 구조료는 피보험 위험으로 인한 손해로써 회수 할 수 있다.

(2) "구조료"라 함은 계약에 기초하지 아니하고 해사 법에 의거하여 구조자가 회수할 수 있는 비용을 말한다. 구조료에는 피보험자, 그 대리인 또는 보수를 받고 이들에 의하여 고용된 자가 피보험 위험을 피하기 위하여 행한 구조의 성질을 띤 노무의 비용은 포함 하지 아니한다. 정당하게 지출된 이러한 종류의 비용은 그 지출된 사정에 따라 특별비용 또는 공동해손손해로서 회수할 수 있다.

66. General average loss

(1) A general average loss is a loss caused by or directly consequential on a general average act. It includes a general average expenditure as well as a general average sacrifice.

(2) There is a general average act where any extraordinary sacrifice of expenditure is voluntarily and reasonably made or incurred in time of peril for the purpose of preserving the property imperilled in the common adventure

(3) Where there is a general average loss, the party on whom it falls is entitled, subject to the conditions imposed by maritime law, to a rateable contribution from the other parties interested, and such contribution is called a general average contribution

(4) Subject to any express provision in the policy, where the assured has incurred a general average expenditure, he may recover from the insurer in respect of the proportion of the loss which falls upon him; and, in the case of a general average sacrifice, he may recover from the insurer in respect of the whole loss without having enforced his right of contribution fro, the other parties liable to contribute.

(5) Subject to any express provision in the policy, where the assured has paid, or is liable to pay, a general average contribution in respect of the subject insured, he may recover therefor from insurer.

(6) In the absence of express stipulation, the insurer is not liable for any general average loss or contribution where the loss was not incurred for the purpose of avoiding, or in connection with the avoidance of, a peril insured against.

(7) Where ship, freight, and cargo, or any two of those interests, are owned by the same assured, the liability of the insurer in respect of general average losses or contributions is to be determined as if those subjects were owned by different persons.

제66조 공동해손손해

(1) 공동해손손해라 함은 공동해손 행위로 인하여 발생한 손해 또는 공동해손 행위의 직접적인 결과로 발생한 손해를 말한다. 공동해손손해는 공동해손비용 및 공동해손 발생을 포함한다.

(2) 공동의 항해 사업에 있어서 위험에 놓인 재산을 보존할 목적으로 위험시에 임의적으로 또한 합리적으로 이상한 희생을 하거나 또는 이상한 비용을 지출한 경우에는, 공동해손행위가 있는 것으로 한다.

(3) 공동해손손해가 있는 경우에는, 그 손해를 부담하는 자는 해사 법에 의하여 정하여진 조건에 따라 다른 이해관계자로부터 일정비율의 부담액을 청구할 권리가 있다. 이 분담액을 공동해손분담액이라 한다.

(4) 보험 증권에 명시적인 규정이 있는 경우를 제외하고, 피보험자가 공동해손비용을 지출한 경우에는, 피보험자는 그 비용손해 중에 자신의 부담으로 귀속될 부분에 대하여 보험자로부터 회수할 수 있다. 그리고 동동해손희생의 경우에는, 피보험자는 분담의무를 지는 다른 당사자에 대하여 분담청구권을 행사하지 아니하고 손해의 전액을 보험자로부터 회수 할 수 있다.

(5) 보험 증권에 명시적인 규정이 있는 경우를 제외하고, 피보험자가 보험의 목적에 대하여 공동해손분담액을 지급하였거나 또는 지급하여야 할 책임을 부담하는 경우에는, 피보험자는 이것을 보험자로부터 회수할 수 있다.

(6) 명시적인 특약이 없는 한, 보험자는 피보험위험을 피하기 위하여 또는 이를 피하는 것에 관련하여 손해가 발생한 것이 아니면 공동해손손해 또는 공동해손분담액에 대하여 그 책임을 지지 아니한다.

(7) 선박, 운임 및 적하 또는 이들 이익 중의 어느 두 가지가 동일한 피보흔자에 의하여 소유된 경우에는, 공동해손손해나 공동해손분담액에 관한 보험자의 책임은 이들 목적이 별개인에 의하여 소유되고 있는 경우에 준하여 결정되어야 한다.

MEASURE OF INDEMNITY (손해보상의 한도)

67. Extent of liability of insurer for loss

(1) The sum which the assured can recover in respect of a loss on a policy by which he is insured, in the case of an unvalued policy to the full extent of the insurable value, or, in the case of a valued policy to the full extent of the value fixed by the policy is called the measure of indemnity.

(2) where there is a loss recoverable under the policy, the insurer, or each insurer if there be more than one, is liable for such proportion of the measure of indemnity as the amount of his subscription bears to the value fixed by the policy in the case of a valued policy, or to the insurable value in the case of an unvalued policy.

제67조 손해에 대한 보험자책임의 범위

(1) 피보험자가 자신을 피보험자로 한 보험증권에 의거하여 손해를 회수할 수 있는 금액은 미평가보험증권의 경우에는 법정보험가액의 전액까지, 또는 기평가보험증권의 경우에는 보험증권에 정해진 가액의 전액까지로 하고, 이를 손해보상의 한도라고 한다.

(2) 보험증권에 의거하여 회수할 수 있는 손해가 있는 경우에는, 보험자 또는 2인 이상의 보험자가 있는 경우 각 보험자는 기평가보험증권의 경우에 있어서는 보험증권에 정하여진 가액에 대하여 자신이 인수한 금액이 부담하는 비율의 보상한도에 대하여 책임을 지며, 또 미평가보험증권의 경우에 있어서는 법정보험가액에 대하여 자신이 인수한 금액이 부담하는 비율의 보상한도에 대하여 책임을 진다.

68. Total loss

Subject to the provisions of this Act and to any express provision in the poicy, where there is a total loss of the subject-matter insured,-

(1) If the policy be a valued policy, the measure of indemnity is the sum fixed by the policy:

(2) If the policy be an unvalued policy, the measure of indemnity is the insurable value of the subject-matter insured.

제68조 전손

본법에 별도의 규정이 있을 경우와 보험증권에 명시적인 규정이 있을 경우를 제외하고, 보험의 목적의 全損이 있는 경우에는,

(1) 보험증권이 기평가보험증권인 때에는, 손해보상의 한도는 보험증권에 정하여진 금액이 된다.

(2) 보험증권이 미평가보험증권인 때에는 손해보상의 한도는 보험의 목적의 법정보험가액이 된다.

69. Partial loss of ship

Where a ship is damaged, bet is not totally lost, the measure of indemnity, subject to any express provision in the policy, is as follows:

(1) Where the ship has been repaired, the assured is entitled to the reasonable cost repairs, less the customary deductions, but not exceeding the sum insured in respect of any one casualty:

(2) Where the ship has been only partially repaired, the assured is entitled to the reasonable cost of such repairs, computed as above and also to be indemnified fcr the reasonable depreciation, if any, arising from the unrepaired damage, provided that the aggregate amount shall not exceed the cost of repairing the whole damage, computed as above:

(3) Where the ship has not been repaired, and has no been sold in her damaged state during the risk, the assured is entitled to be indemnified for the reasonable depreciation arising from the unrepaired damage, but not exceeding the reasonable cost of repairing such damage, computed as above.

제69조 선박의 분손

선박이 손상되었거나 전손이 아닌 경우에는, 손해보상의 한도는 보험증권에 명시적인 규정이 있는 경우를 제외하고 다음과 같다.

(1) 선박이 수리된 경우에는, 피보험자는 1회의 재해에 대한 보험금액을 초과하지 아니하는 한도 내에서 상당한 수리비에서 관습상의 공제를 한 잔액을 회수할 권리가 있다.

(2) 선박이 손상의 일부만 수리된 경우에는, 피보험자는 그 수리부분에 대하여는 전항에 의거하여 계산된 수리비를 회수할 권리가 있으며, 또 미 수리의 손상으로부터 생기는 감가가 있으면 그 상당한 감가액에 대하여도 보상을 받을 권리가 있다. 다만 그 합계액은 전항에 의거하여 계산된 손상의 수리비를 초과하여서는 아니 된다.

(3) 선박이 수리되지 아니하고 또 보험기간 중에 손상된 상태로 매각되지 아니한 경우에는, 피보험자는 미 수리의 손상으로부터 생기는 상당한 감가액에 대하여 보상을 받을 권리가 있다. 다만 그 금액은 상기 제1항에 의거하여 계산된 손상의 합리적인 수리비를 초과하여서는 아니 된다.

70. Partial loss of freight

Subject to any express provision in the policy, where there is a partial loss of freight, the measure of indemnity is such proportion of the sum fixed by the policy in the case of a valued policy, or of the insurable value in the case of an unvalued policy, as the proportion of freight lost by the assured bears to the whole freight at the risk of the assured under the policy.

제70조 운임의 분손

보험증권에 명시적인 규정이 있는 경우를 제외하고, 운임의 분손이 있는 경우에는 손해보상의 한도는 피보험자가 상실한 운임이 보험증권상 피보험자의 위험에 속하는 전체의 운임에 대하여 갖는 비율을, 기평가보험증권의 경우에 있어서는 보험증권에 정하여진 금액에, 또는 미평가보험증권의 경우에 있어서는 법정보험가액에 곱한 금액이 된다.

71. Partial loss of goods, merchandise, etc

Where there is a partial loss of goods, merchandise or other moveables, the measure of indemnity, subject to any express provision in the policy, is as follows:

(1) Where part of the goods, merchandise, or other moveables insured by a valued policy is totally lost, the measure of indemnity is such proportion of the sum fixed by the policy as the insurable value of the part lost bears to the insurable of the whole, ascertained as in the case of an unvalued policy:

(2) Where part of the goods, merchandise, or other moveables insured by an unvalued policy is totally lost, the measure of indemnity is the insurable value of the part lost, ascertained as in case of total loss:

(3) Where the whole or any part of the goods or merchandise insured has been delivered damaged at its destination, the measure of indemnity is such proportion of the sum fixed by the policy in the case of valued policy, or of the insurable value in the case of an unvalued policy, as the difference between the gross sound and damaged valued at the place of arrival bears to the gross sound value:

(4) 'Gross value' means the wholesale price, or, if there be no such price, the estimated value, with, in either case, freight, landing charges, and duty paid beforehand; provided that, in the case of goods or merchandise customarily sold in bond, the bonded price is deemed charges on sale are paid by the sellers.

제71조 화물, 상품 등의 분손

화물, 상품 또는 기타 동산의 분손이 있는 경우에는, 그 손해보상의 한도는 보험증권에 명시적인 규정이 있는 경우를 제외하고 다음과 같다.

(1) 기 평가보험증권에 의하여 부보된 화물, 상품 또는 기타 동산의 일부가 전손이 된 경우에는, 손해보상의 한도는 멸실된 부분의 법정보험가액이 그 전부의 법정보험가액에 대하여 갖는 비율을, 미 평가보험증권의 경우에서와 같은 방법으로 확정하여 보험증권에 정하여진 금액에 곱한 금액이 된다.

(2) 미 평가보험증권에 의하여 부보된 화물, 상품 또는 기타 동산의 일부가 전손이 된 경우에는, 손해보상의 한도는 전손의 경우에서와 같은 방법으로 확정되는 멸실부분의 법정보험가액이 된다.

(3) 부보된 화물 또는 상품의 전부 또는 일부가 손상되어 목적지에서 인도된 경우에는, 손해보상의 한도는 도착지에서의 정품총가액과 손품총가액과의 차액이 정품총가액에 대하여 갖는 비율을, 기평가보험증권의 경우에 있어서는 보험증권에 정하여진 금액에, 또는 미 평가보험증권의 경우에 있어서는 법정보험가액에 곱한 금액이 된다.

(4) "총가액"이라 함은 도매가격을 의미하며, 그 도매가격이 없는 경우에는 견적가격을 의미하고, 어느 경우에서든지 운임, 양륙비용 및 사전에 지급된 관세를 포함한다. 다만 관습상 보세상태로 매각되는 화물 또는 상품의 경우에는 보세가격을 총가액으로 본다. "총매상금"이라 함은 매도인 일체의 매각비용을 부담한 경우의 실제의 매상금을 의미한다.

72. Apportionment of valuation

(1) Where different species of property are insured under a single valuation, the valuation must be apportioned over the different species in proportion to their respective insurable values, as in the case of an unvalued policy. The insured value of any part of a species is such proportion of the total insured value of the same as the insurable value of the part bears to the insurable value of the whole ascertained in both cases as provided by the Act.

(2) Where a valuation has to be apportioned, and particulars of the prime cost of each separate species, quality, or description of goods cannot be ascertained, the division of the valuation may be made over the net arrived sound values of the different species, qualities, or descriptions of goods.

제72조 평가액의 할당

(1) 종류를 달리하는 수개의 재산이 단일의 평가액으로서 부보된 경우에는, 그 평가액은 미평가보험증권의 경우에서와 같은 방법으로 각개의 법정보험가액의 비율에 따라 상이한 종류의 각개의 재산에 할당되어야

한다. 어떠한 종류의 재산의 일부에 대한 협정보험가액은 본법의 규정에 따라 확정되는 부분의 법정보험가액의 그 종류의 재산의 전부의 법정보험가액에 대하여 갖는 비율을 그 종류의 재산의 전부의 협정보험가액에 곱하여 이를 정한다.

(2) 평가액을 할당하여야 할 경우에는, 종류, 품질 또는 품종을 달리하는 각개의 화물의 원가에 대한 세목을 확정할 수 없을 때에는 다른 종류, 품질 또는 품종의 정미정품도착가액을 기준으로 하여 평가액의 구분을 할 수 있다.

73. General average contributions and salvage charges

(1) Subject to any express provision in the policy, where the assured ha paid, or is liable for, any general average contribution, the measure of indemnity is the full amount of such contribution, if the subject-matter liable to contribution is insured for its full contributory value, or if only part of it be insured, the indemnity payable by the insurer must be reduced in proportion to the under insurance, and where there has been a particular average loss which constitutes a deduction from the contributory value, and for which the insurer is liable, that amount must be deducted from the insured value in order to ascertain what the insurer is liable to contribute.

제73조 공동해손부담액 및 구조료

(1) 보험증권에 명시적인 규정이 있는 경우를 제외하고, 피보험자가 공동해손분담액을 지급하였거나 또는 지급할 책임을 지는 경우에는, 분담의무가 있는 보험의 목적이 그 분담가액의 전액에 대하여 부부된 때에는 손해배상의 한도는 그 분담액의 전액이 된다. 그러나 그러한 보험의 목적이 그 분담가액의 전액에 대하여 부보 되지 아니한 경우나 또는 그러한 보험의 목적의 일부만이 부보된 경우에는, 보험자가 지급하여야 할 보상액은 일부 보험의 비율에 의하여 감액되어야 한다. 그리고 분담가액에서 공제되는 단독해손손해가 있고 또 보험자가 그 책임을 지는 경우에는, 보험자가 책임을 지는 분담금액을 확정하기 위하여 그 단독해손손해의 금액을 협정보험가액에서 공제하여야 한다.

(2) 보험자가 구조료에 대하여 책임을 지는 경우에는, 보험자의 책임 범위는 전항과 동일한 원칙에 의하여 이를 결정하여야 한다.

74. Liabilities to third parties

Where the assured has effected an insurance in express terms against any liability to a third party, the measure of indemnity, subject to any express provision in the policy is the amount paid or payable by him to such third party in respect of liability.

제74조 제3자에 대한 배상책임

피보험자가 제3자에 대한 배상책임을 명시적인 문언으로 보험에 부보 한 경우에는, 그 손해보상의 한도는 보험증권에 명시적인 규정이 있는 경우를 제외하고 피보험자가 그러한 배상책임에 대하여 제3자에게 지급한 금액 또는 지급하여야 할 금액이 된다.

75. General provisions as to measure of indemnity

(1) Where there has been a loss in respect of any subject-matter not expressly provided for in the foregoing provisions of this Act, the measure of indemnity shall be ascertained, as nearly as may be, in accordance with those provisions, in so far as applicable to the particular case.

(2) Nothing in the provisions of this Act relating to the measure of indemnity shall affect the rules relating to double insurance, or prohibit the insurer from disproving interest wholly or in part, or from showing that at the time of the loss the whole or any part of the subject-matter insured was not at risk under the policy.

제75조 손해보상의 한도에 관한 일반규정

(1) 본법의 전 조항에서 명시적으로 규정하고 있지 아니한 보험의 목적에 관하여 손해가 발생한 경우에는, 그 손해보상의 한도는 전 조항을 개개의 경우에 적용할 수 있는 한, 될 수 있는 대로 그러한 규정에 따라 확정하여야 한다.

(2) 손해보상의 한도에 관한 본법의 제규정은 중복보험에 관한 제 규칙을 변경하지 아니하며, 또 보험자가 피보험이익의 전부 또는 일부를 부인하거나 또는 손해발생 시에 보험의 목적의 전부 또는 일부가 보험계약상 부보된 위험에 놓여있지 아니하였다는 사실을 증명하는 것을 금지하지 아니한다.

76. Particular average warranties

(1) where the subject-matter insured is warranted free from particular average, the assured cannot recover for a loss of part, other than a loss incurred by a general average sacrifice, unless the contract contained in the policy be apportionable- but, if the contract be apportionable, the assured may recover for a total loss of any apportionable part.

(2) Where the subject-matter insured is warranted free from particular average, either wholly or under a certain percentage, the insurer is nevertheless liable for salvage charges, and for particular changes and other expenses properly incurred pursuant to the provisions of the suing and labouring clause in order to avert a loss insured against.

(3) Unless the policy otherwise provides, where the subject-matter insured is warranted free from particular average under a specified percentage, a general average loss cannot be added to a particular average loss to make up the specified percentage.

(4) For the purpose of ascertaining whether the specified percentage has been reached, regard shall be had only to the actual loss suffered by the subject-matter insured. Particular charges and the expenses of and incidental to ascertaining and proving the loss must be excluded.

제76조 단독해손 부 담보의 조건

(1) 보험의 목적이 단독해손 부 담보의 조건으로 부보된 경우에는, 피보험자는 보험증원에 기재된 계약이 분할 가능한 경우를 제외하고 공동해손희생으로 인하여 발생한 손해 이외의 일부의 손래를 보험자로부터 회수할 수 없다. 그러나 계약이 분할 가능한 경우에는, 피보험자는 분할가능한 부분의 전손에 대하여 회수할 수 있다

(2) 보험의 목적이 전부 또는 일정비율 미만의 단독해손 부 담보의 조건으로 부보된 경우라도, 보험자는 구조료와 보험자가 부담하는 손해를 피하기 위하여 손해방지약관의 규정에 따라 정당하게 지출한 특별비용이나 기타의 비용에 대하여 책임을 진다.

(3) 보험증권에 별도의 규정이 없는 한, 보험의 목적이 일정비율 미만의 단독해손 부 담보의 조건으로 부보된 경우에는, 공등해손손해는 그 일정비율을 충족하기 위하여 단독해손에 이를 가산할 없다.

(4) 일정비율에 도발하였는지의 여부를 확정하기 위해서는 보험의 목적이 입은 현실적인 손해만을 고려하여야한다. 특별비용과 손해를 확정하거나 또는 증명하는 비용 및 이에 부수되는 비용은 제외되어야 한다.

77. Successive losses

(1) Unless the policy otherwise provides, and subject to the provisions of this Act, the insurer is liable for successive losses, even though the total amount of such losses may exceed the sum insured.

(2) Where, under the same policy, a partial loss, which has not been repaired of otherwise made good, in followed by a total loss, the assured can only recover in respect of the total loss: Provided that nothing in this section shall affect the liability of the insurer under the suing and labouring clause.

제77조 연속손해

(1) 보험증권에 별도의 규정이 있는 경우와 본법에 별도의 규정이 있는 경우를 제외하고, 보험자는 연속손해에 대하여 비록 그 손해의 합계금액이 보험금액을 초과하는 일이 있을지라도 이를 보상할 책임을 진다.

(2) 동일한 보험증권 하에서 분손이 발생하고 이것이 수리되기 전이나 또는 기타의 방법에 의하여 원상으로 회복되기 전에 전손이 발생한 경우에는, 피보험자는 전손에 관하여만 보험자로부터 회수할 수 있다. 다만 본조의 어떠한 규정도 손해방지약관에 따른 보험자의 책임에 영향을 미치지 아니한다.

78. Suing and labouring clause

(1) Where the policy contains a suing and labouring clause the engagement thereby entered into is deemed to be supplementary to the contract of insurance, and the assured may recover from the insurer any expenses properly incurred pursuant to the clause, notwithstanding that the insurer may have paid for a total loss, or that the subject-matter may have been warranted free from particular average, either wholly or under a certain percentage.

(2) General average losses and contributions and salvage charges, as defined by this Act, are not recoverable under the suing and labouring clause.

(3) Expenses incurred for the purpose of averting or diminishing any loss not covered by the policy are not recoverable under the suing and labouring clause.

(4) It is the duty of the assured and his agents, in all cases, to take such measures as may be reasonable for the purpose of averting of minimizing a loss.

제78조 손해방지약관

(1) 보험증권에 손해방지약관이 포함되어 있는 경우에는, 이 약관에 의하여 이룩된 합의는 보험계약을 보충하는 것으로 보며, 또 보험자가 전손에 대하여 지급한 경우 또는 보험의 목적이 전부 또는 일정비율

미만의 단독해손 부담보의 조건으로 부보된 경우일지라도, 피보험자는 이 약관에 따라 정당하게 지출한 비용을 보험자로부터 회수할 수 있다.

(2) 본법이 규정한 공동해손손해, 공동해손분담액 및 구조료는 손해방지약관에 의하여 이를 회수할 수 없다.

(3) 보험증권에 의하여 담보하지 아니한 손해를 방지하거나 또는 경감하기 위하여 지출한 비용은 손해방지약관에 의하여 이를 회수할 수 없다.

(4) 손해를 방지하거나 또는 경감하기 위하여 합리적은 조치를 강구하는 것은 모든 경우에 있어서 피보험자 및 그 대리인의 의무이다.

RIGHT OF INSURER ON PAYMENT (보험금지급의 보험자의 권리)

79. Right of subrogation

(1) Where the insurer pays for a total loss, either of the whole, or in the case of goods of any apportionable part, of the subject-matter insured, he thereupon becomes entitled to take over the interest of the assured in whatever may remain of the subject-matter so paid for, and he is thereby subrogated to all the rights and remedies of the assured in and in respect of that subject-matter as from the time of the casualty causing the loss.

(2) Subject to the foregoing provisions, where the insurer pays for ad partial loss, he acquires no title to the subject-matter insured, or such part of it as may remain, but he is thereupon subrogated to all rights and remedies of the assured in and in respect of the subject-matter insured as from the time of the casualty causing the loss, in so far as the assured has been indemnified, according to this Act, by such payment for the loss.

제79조 대위권

(1) 보험자가 보험의 목적의 전부에 대한 전손금을 지급하였거나 또는 화물의 경우에는 보험의 목적의 분할가능한 부분의 전손금을 지급한 경우에는, 보험자는 전손금이 지급된 보험의 목적에 잔존할 수 있는 피보험자의 이익을 승계할 권리를 갖는다. 그리고 손해를 야기한 재해의 발생 시부터 보험의 목적에

존재하고 또 이에 관련한 피보험자의 일체의 권리와 구제 방법에 대위한다.

(2) 전 조항에 규정한 경우를 제외하고, 보험자가 분손금을 지급한 경우에는 보험자는 보험의 목적에 대한 권리 또는 잔존할 수 있는 그 부분에서의 권리를 취득할 수 없다. 그러나 보험자는 손해에 대한 지급을 함으로써 피보험자가 본법에 따라 보상받은 한도에서, 손해를 야기한 재해의 발생 시부터 보험의 목적에 존재하고 또 이에 관련한 피보험자의 일체의 권리와 구제방법에 대위한다.

80. Right of contribution

(1) Where the assured is over-insured by double insurance, each insurer is bound, as between himself and the other insurers, to contribute rateably to the loss in proportion to the amount for which he is liable under his contract.

(2) If any insurer pays more than his proportion of the loss, he is entitled to maintain an action for contribution against the other insurers, and is entitled to the like remedies as a surety who has paid more than his proportion of the debt.

제80조 분담청구권

(1) 피보험자가 중복보험에 의하여 초과보험 되었을 경우에는, 각 보험자는 자신과 다른 보험자와의 사이에서 계약상 자신이 부담하는 금액의 비율에 따라 비례적으로 손해를 분담할 의무가 있다.

(2) 보험자가 자신의 분담비율을 초과하는 손해를 보상하는 경우에는, 그 보험자는 다른 보험자에 대하여 분담청구를 위한 소송을 제기할 권리가 있으며, 또 분담비율을 초과하는 부채를 지급한 보증인과 동일한 구제방법을 취할 권리가 있다.

81. Effect of under insurance

Where the assured is insured for an amount less than the insurable value or, in the case of a valued policy, for an amount less than the policy valuation, he is deemed to be his own insurer in respect of the uninsured balnce.

제81조 일부보험의 효과

피보험자가 법정보험가액보다 적은 금액에 대하여 또는 기평가보험증권의 경우에는 보험증권상의 평가액보다 적은 금액에 대하여 부보된 경우에는, 피보험자는 부보하지 아니한 잔액에 대하여는 자가 보험자로 본다.

RETURN OF PREMIUM (보험료의 환급)

82. Enforcement of return

Where the premium or a proportionate part thereof is, by this Act, declared to be returnable,

(a) If already paid, it may be recovered by the assured from the insurer, and

(b) If unpaid, it may be retained by the assured or his agent.

제82조 환급의 강제

보험료 또는 그 보험료의 비례부분이 본법에 의하여 환급되어야 한다고 규정되어 있는 경우에는,

(1) 보험료가 이미 지급되었을 때에는 피보험자는 보험자로부터 이를 회수할 수 있으며, 또

(2) 보험료가 미지급일 때에는 피보험자 및 그 대리인은 이를 유보할 수 있다.

83. Return by agreement

Where the policy contains a stipulation for the return of the premium, or a proportionate part thereof, on the happening of a certain event, and that event happens, the premium, or, as the case may be, the proportionate part thereof, is thereupon returnable to the assured.

제83조 합의에 의한 환급

보험증권에 일정한 사유가 발생할 때에 보험료 또는 그 비례부분을 환급한다는 취지의 약관이 삽입되어 있는 경우에는, 그 사유가 발생하였을 때에는 보험료 또는 기 비례부분은 피보험자에 환급되어야 한다.

84. Return for failure of consideration

(1) Where the consideration for the payment of the premium totally fails, and there has been no fraud or illegality on the part of the assured or his agents, the premium is thereupon returnable to the assured.

(2) Where the consideration for the payment of the premium is apportionable and there is a total failure of any apportionable part of the consideration, a proportionate part of the premium is, under the like conditions, thereupon returnable to the assured.

(3) In particular -

(a) Where the policy is void, or is avoided by the insurer as from the commencement of the risk, the premium is returnable, provided that there has been no fraud or illegality on the part of the assured; but if the risk is not apportionable, and has once attached, the premium is not returnable;

(b) Where the subject-matter insured, or part thereof, has never been imperilled, the premium, or, as the case may be, a proportionate part thereof, is returnable; Provided that where the subject-matter has been insured 'lost or not lost' and has arrived in safety at the time when the contract is concluded, the premium is returnable unless, at such time, the insurer knew of the safe arrival.

(c) Where the assured has no insurable interest throughout the currency of the risk, the premium is returnable, provided that this rule does not apply to a policy effected by way of gaming or wagering;

(d) Where the assured has a defeasible interest which is terminated during the currency of the risk, the premium is not returnable;

(e) Where the assured has over-insured under an unvalued policy, a proportionate part of the several premiums is returnable;

(f) Subject to the foregoing provisions, where the assured has over insured by double insurance, a proportionate part of the several premiums is returnable; Provided that, if the policies are effected at different times, and any earlier policy has at any time borne the entire risk, or if a claim has been paid on the policy in respect of the full sum insured thereby, no premium is returnable in respect of that policy, and when the double insurance is effected knowingly by the assured no premium is returnable.

제84조 약인의 결여에 의한 환급

(1) 보험료의 지급에 대한 약인이 전부 소멸된 경우에 피보험자 및 그 대리인 측에 사기 또는 위법이 없었을 때에는, 보험료는 피보험자에게 환급되어야한다.

(2) 보험료의 지급에 대한 약인이 분할 가능한 경우에 약인의 분할 가능한 부분이 전부 소멸된 때에는, 보험료의 비례부분은 전항과 동일한 조건으로 피보험자에게 환급되어야한다.

(3) 특히,

(a) 보험계약이 무효이든지 또는 보험자에 의하여 보험개시의 시부터 취소되는 경우에는, 피보험자측에 사기 또는 위법이 없었을 때에 한하여 보험료는 환급되어야한다. 그러나 위험이 분할불가능하고 그 위험이 일단

개시된 경우에는, 보험료는 환급되지 아니한다.

(b) 보험의 목적 또는 그 일부가 전혀 위험에 직면하지 아니한 경우에는, 보험료 또는 그 비례부분은 환급되어야한다. 다만 보험의 목적이 "멸실 여부를 불문함" 이라는 조건으로 부보된 경우에 보험의 목적이 계약 성립 시에 안전하게 도착한 때에는, 계약 성립 시에 보험자가 그 안전한 도착을 알고 있었을 경우를 제외하고 보험료는 환급되지 아니한다.

(C) 피보험자가 보험기간을 통하여 피보험이익을 갖지 아니한 경우에는, 보험료는 환급되어야한다. 다만 이 규칙은 사행 또는 도박의 방법으로 체결한 보험계약에는 적용되지 아니한다.

(d) 피보험자가 소멸할 수 있는 이익을 가진 경우에 그 이익이 보험기간 중에 소멸한 때에는, 보험료는 환급되지 아니한다.

(e) 피보험자가 미 평가보험증권에 의하여 초과보험 되었을 경우에는, 보험료의 비례부분은 환급되어야 한다.

(f) 전 조항에 별도의 규정이 있는 경우를 제외하고, 피보험자가 중복보험에 의하여 초과보험 되었을 경우에는, 각 보험료의 비례부분은 환급되어야한다. 다만 둘 이상의 보험계약이 상이한 시기에 체결된 경우에, 먼저 체결한 보험계약이 임의의 시기에 전 위험을 담보하였거나 또는 그 보험계약에 의하여 부보된 보험금액의 시기에 전 위험을 담보하였거나 또는 그 보험계약에 의하여 부보된 보험금액의 전액에 대한 보험금이 지급되었을 때에는, 그 보험계약에 관한 보험료는 환급되지 아니한다. 그리고 피보험자가 중복보험인 것을 알면서 계약을 체결한 경우에는 보험료는 환급되지 아니한다.

MUTUAL INSURANCE (상호 보험)

85. Modification of Act in case of mutual insurance

(1) Where two or more persons mutually agree to insure each other against marine losses there is said to be a mutual insurance.

(2) The provisions of this Act relating to the premium do not apply to mutual insurance, but a guarantee, or such other arrangement as may be agreed upon, may be substituted for the premium.

(3) The provisions of this Act, in so far as they may be modified by the agreement of the parties, may in the case of mutual insurance be modified by the terms of the policies issued by the association,

or by the rules and regulations of the association.

(4) Subject to the exceptions mentioned in this section, the provisions of this Act apply to a mutual insurance.

제85조 상호보험에 있어서의 본법의 수정

(1) 2인 이상이 해상손해에 대하여 상호간에 보험하기로 합의한 경우에 이를 상호보험이라고 말한다.

(2) 본법의 보험료에 관한 규정은 상호보험에는 적용되지 아니한다. 그러나 보증이나 또는 합의될 기타의 약정으로써 보험료에 대치할 수 있다.

(3) 본법의 규정 중에 당사자의 합의에 의하여 수정될 수 있는 것에 한하여, 상호보험에 있어서 조합이 발행한 보험증권의 제 조건이나 또는 조합의 규칙 및 규정에 의하여 이를 수정할 수 있다.

(4) 본조에서 정한 예외규정을 제외하고, 본법의 제 규정은 상호보험에 적용된다.

SUPPLEMENTAL (보 칙)

86. Ratification by assured

Where a contract of marine insurance is in good faith effected by one person on behalf of another, the person on whose behalf it is effected may ratify the contract even after he is aware of a loss.

제86조 피보험자에 의한 추인

해상보험계약이 본인 아닌 대리인에 의하여 선의로 체결 된 경우에는, 그 계약이 체결된 본인은 손해의 발생을 알고 난 후일지라도 그 계약을 추인할 수 있다.

87. Implied obligations varied by agreement or usage

(1) Where any right, duty, or liability would arise under a contract of marine insurance by implication of law, it may be negatived or varied by express agreement, or by usage, if the usage be such as

to bind both parties to the contract.

(2) The provisions of this section extend to any right, duty, or liability declared by this Act which may be lawfully modified by agreement.

제87조 합의 또는 관습에 의하여 변경된 묵시의무

(1) 해상보험계약에 따라 법의 묵시적인 내용에 의하여 어떠한 권리, 의무 또는 책임이 발생하는 경우에는, 명시적인 합의나 또는 관습이 보험 계약의 양당사자를 다같이 구속하는 경우의 그 관습에 의하여 이를 부정하거나 또는 변경할 수 있다.

(2) 본조의 규정은 합의에 의하여 합법적으로 수정될 수 있는 본법이 정하는 여하한의 권리, 의무 또는 책임에도 적용된다.

88. Reasonable time, etc., a question of fact

Where by this Act any reference is made to reasonable time, reasonable premium, or reasonable diligence, the question what is reasonable is a question of fact.

제88조 상당한 기간 등은 사실의 문제이다.

본법에 있어서 상당한 기간, 상당한 보험료 또는 상당한 주의라는 용어를 사용하고 있는 경우에는, 무엇이 상당한 것인가의 문제는 사실의 문제이다.

89. Slip as evidence

Where there is a duly stamped policy, reference may be made, as heretofore, to the slip or covering note, in any legal proceeding.

제89조 증거로서의 보험인수각서

정당한 인지를 첨부한 보험증권이 있는 경우에는, 일체의 소송절차에 있어서 보험인수각서 또는 보험인수증을 종래와 같이 증거로 인용할 수 있다.

90. Interpretation of terms

In this Act, unless the context or subject-matter otherwise requires,-

'Action' includes counter-claim and set off: 'Freight' includes the profit derivable by a shipowner from the employment of his ship to carry his own goods or moveables, as well as freight payable by a third party, but does not include passage money:

'Moveables' means any moveable tangible property, other than the ship, and includes money, valuable securities, and other documents:

'Policy' means a marine policy.

제90조 용어의 해석

본법에서는 문맥상 또는 취지상 별도의 해석을 요하지 아니하는 한,

"소송"이라 함은 반소 및 상계소를 포함한다.

"운임"이라 함은 제3자가 지급하는 운임은 물론 선주가 자신의 선박을 사용하여 자신의 화물이나 동산을 운송함으로써 수득하는 이윤도 포함하지만 여객운임은 포함하지 아니한다.

"동산"이라함은 선박이외의 모든 이동 가능한 유체재산을 의미하여, 또 화폐, 유가증권 및 기타의 증서를 포함한다.

"보험증권"이라 함은 해상보험증권을 의미한다.

91. Savings

(1) Nothing in this Act, or in any repeal effected thereby, shall affect -

(a) the provisions of the Stamp Act 1891, or any enactment for the time being in force relating to the revenue;

(b) the provisions of the Companies Act 1862, or any enactment amending or substituted for the same;

(c) the provisions of any statute not expressly repealed by this Act.

제91조 유보

(1) 본법의 제 규정이나 또는 본법에 의하여 폐지된 법률의 제규정은 다음의 규정에 하등의 영향을 미치지 아니한다.

(a) 1891년 인지세법(Stamps Act) 또는 세입에 관한 현행제정법의 제 규정,

(b) 1862년 회사법(Companies Act) 및 동법의 개정법 또는 동법을 대신하는 제정법의 제 규정,

(C) 본법에 의하여 명시적으로 폐지되지 아니한 제정법의 제 규정.

(2) 상사법을 포함하는 보통법상의 제 규칙은 본법의 명시적인 규정과 저촉되는 것을 제외하고 계속하여 해상보험계약에 적용된다.

92. Repeals

1927년 법률 개정법에 의하여 삭제.

93. Commencement

1927년 법률 개정법에 의하여 삭제.

94. Short Title

This Act may be citied as the Marine Insurance Act, 1906.

제94조 약칭

본법은 1906 해상보험법으로서 이를 인용할 수 있다.

FIRST SCHEDULE (제1부칙)

Form of Policy (see section 30)

Lloyd's S. G. Policy

BE IT KNOWN THAT [ ] as well [ ] in own name as for and in the name and names of all and every other person or persons to whom the same doth, may, or shall appertain, in part or in all doth make assurance and cause [ ] and them, and every of them, to be insured lost or not lost, at and from [ ]

Upon any kind of goods and merchandises, and also upon the body, tackle, apparel, ordnance, munition, artillery, boat, and other furniture, of and in the good ship or vessel called the [ ]

whereof is master under God, for this present voyage, [ ] or whosoever else shall go for master in the said ship, or by whatsoever other name or names the said ship, or the master thereof, is or shall be named or called; beginning the adventure upon the said goods and merchandised from the loading thereof aboard the said ship, [ ]

upon the said ship, &c. [ ]

and so shall continue and endure, during her abode there, upon the said ship, &c. And further, until the said ship, with all her ordnance, tackle, apparel, &c., and goods and merchandises whatsoever shall be arrived at [ ].

upon the said ship, &c. until she hath moored at anchor twenty-four hours in good safety, and upon the goods and merchandises, until the same be there discharged and safely landed. And it shall be lawful for the said ship, &c., in this voyage, to proceed and sail to and touch and stay at any ports or places whatsoever [ ]

without prejudice to this insurance. The said ship, &c., goods and merchandises, &c., for so much as concerns the assured by agreement between the assured and assurers in this policy, are and shall be valued at [ ]

Touching the adventures and perils which we the assurers are contented to bear and do take upon us in this voyage: they are of the seas, men of war, fire, enemies, pirates, rovers, thieves, jettisons, letters of mart and counter mart, surprisal, takings at sea, arrests, restraints, and detainments of all kings, princes, and people, of what nation, condition, or quality soever, barratry of the master and mariners, and of all other perils, losses, and misfortunes, that have or shall come to the hurt, detriment, or damage of the said goods and merchandises, and ship, &c., or any part thereof. And in case of any loss or misfortune it shall be lawful to the assured, their factors, servants and assigns, to sue, labour, and travel for, in and about the defence, safeguards, and recovery of the said goods and merchandises, and ship, &c., or any part thereof, without prejudice to this insurance; to the charges whereof we, the assurers, will contribute each one according to the rate and quantity of his sum herein assured. And it is especially declared and agreed that no acts of the insurer or insured in recovering, saving, or preserving the property insured shall be considered as a waiver, or acceptance of abandonment. And it is agreed by us, the insurers, that this writing or policy of assurance shall be of as much force and effect as the surest writing or policy of assurance heretofore made in Lombard Street, or in the Royal Exchange, or elsewhere in London. And so we, the assurers, are contented, and do hereby promise and bind ourselves, each one for his own part, our heirs, executors, and goods to the assured, their executors, administrators, and assigns, for the true performance of the premises, confessing ourselves paid the consideration due unto us for this assurance by the assured, at and after the rate of [ ].

IN WITNESS WHEREOF we, the assurers, have subscribed our names and sums assured in London.

N.B.- Corn, fish, salt, fruit, flour, and seed are warranted free from average, unless general, or the ship be stranded-sugar, tobacco, hemp, flax, hides and skins are warranted free from average, under five pounds per cent., and all other goods, also the ship and freight, are warranted free from average, under three pounds per cent. unless general, or the ship be stranded.

로이드 보험증권(Lloyd's S. G. Policy)

아래의 사항을 인증한다. [ ] 와 [ ] 자신의 명의로 그리고 보험의 목적의 일부 또는 전부가 귀속하거나 또는 귀속할 수 있거나 또는 장차 귀속하게 되는 모든 자를 위하여 또 모든 자의 명의로 보험계약을 체결하며, 자신과 상기의 이 모든 자가 멸실 여부를 불문하고 [ ] 에서 및 부터 [ ] 의 보험에 부보된 것으로 한다. [ ] 라고 불리는 양호한 선박에 속하며 또 그 선박의 안에 있는 모든 종류의 화물 및 상품 그리고 선체, 선수, 색구, 병기, 탄약, 대포, 보트 및 기타의 비품에 관하여 부보하는 것으로 한다. 이 항해에 있어서는 [ ] 가 신의 비호 하에 있는 선장인 것으로 하고, 장래에 다른 어떠한 자를 상기의 선박의 선장으로서 승선하게 할 수도 있으며, 또 상기의 선박 또는 선장은 다른 어떠한 명칭 또는 명의로 호칭되거나 또는 장래에 호칭되더라도 무방하다. 상기의 화물 및 상품에 대한 위험은 그것이 상기의 선박에 적재될 때부터 개시하며, 또 상기의 선박과 그 비품에 대한 위험은 [ ] 부터 개시하고 선박이 동지점에 정박 중에 상기의 선박 및 그 비품에 대하여 계속된다. 그리고 나아가 상기의 선박이 그의 모든 병기, 선구, 색구 등과 모든 화물 및 상품을 싣고 상기와 같이 [ ] 에 도착할 때까지 계속된다. 그리고 상기의 선박 및 그 비품에 대하여는 선박이 안전하게 착선하여 24시간을 경과한 때까지, 또 그 화물과 상품에 대하여는 선박이 안전하게 착선하여 24시간을 경과한 때까지, 또 그 화물과 상품에 대하여는 그것이 동지점에 양하되어 안전하게 양륙될 때까지 계속된다. 그리고 상기의 선박 및 그 비품은 이 항해에 있어서는 어느 항구 또는 장소로 향하여 항행하고, 기항하고 또 정박하든지 적법일 것이며, 이 보험의 효력을 해하지 아니할 것이다. 상기의 선박 및 그 비품, 화물 및 상품 등은 피보험자에 관한 한, 이 보험증권상의 피보험자와 보험자와의 사이의 합의에 따라 [ ] 이라고 현재 및 장래에 있어서 평가는 것으로 한다.

이 항해에 있어서 우리들 보험자가 기꺼이 담보하고 인수할 모험 및 위험은 다음과 같다. 즉, 해상고유의 위험, 군함, 화재, 외적, 해적, 표도, 강도, 투하, 포획면장, 보복포획면장, 습격, 해상의 탈취, 그리고 국적, 상황 또는 성질의 여하를 불문하고 모든 국왕, 군주 및 국민의 강류, 억지 및 억류, 선장 및 선원의 악행 그리고 상기의 화물 및 상품, 또는 어떠한 멸실 또는 불행이 발생한 경우에는, 피보험자, 그 대리인, 사용인 및 양수인이 상기의 화물 및 상품, 그리고 선박 및 그 비품 또는 그 일부의 방위, 보호 및 회복을 위하여 조치를 취하고 노력하고 답사라는 것은 적법일 것이며, 이 보험의 효력을 해하지 아니한다. 또 이에 소요된 비용은 우리들 보험자가 여기에 인수하는 보험금액의 비율과 액수에 따라 각자 분담하는 것으로 한다. 그리고 피보험재산을 회복하거나, 구조하거나 또는 보존하기 위한 보험자 또는 피보험자의 여하한 행위는 위부의 포기나 승낙으로 보지 아니할 것임을 특별히 선언하고 약속한다. 그리고 우리들 보험자는 이 보험의 서면 또는 보험증권은 롬바드가 또는 로얄 익스체인지(Royal Exchange) 또는 런던의 기타 장소에서 종래에 작성된 가장 확실한 보험의 서면 또는 보험증권과 동일한 효력을 갖는 것으로 약속한다. 그리고 우리들 보험자는 기꺼이 각자의 인수한 부분에 관하여 피보험자, 그 유언집행인, 재산관리인 및 양수인에 대하여 상기의 모든 사항의 진정한 이행을 이에 약속하며, 또 그 진정한 이행을 위하여 우리들 보험자 자신, 그 상속인, 유언집행인 및 우리들의 재산을 구속한다. 그리고 이 보험에 관하여 우리들 보험자가 수령할 대가를 [ ] 의 비율로써 피보험자에 의하여 지급되었음을 인정한다.

상기의 증거로서 우리들 보험자는 런던에서 우리들의 성명과 보험금액을 이곳에 기재하였다.

주의: 공동해손의 경우 도는 선박이 좌초한 경우를 제외하고, 곡물, 어류, 소금, 과실, 곡분 및 종자에 대한 해손은 담보하지 아니한다. 그리고 공동해손의 경우 또는 선박이 좌초한 경우를 제외하고, 설탕, 연초, 대마, 아마 및 피혁에 대하여는 5퍼센트 미만, 그리고 기타 모든 화물과 선박 및 운임에 대하여는 3퍼센트 미만의 해손은 담보하지 아니한다.

RULES FOR CONSTRUCTION OF POLICY
(보험증권의 해석규칙: RCP)

The following are the rules referred to by this Act for construction of a policy in the above or other like form, where the context does not otherwise require :

1. Lost or not lost

Where the subject-matter is insured 'lost or not lost,' and the loss has occurred before the contract is concluded, the risk attaches unless, at such time, the assured was aware of the loss, and the insurer was not.

2. From.

Where the subject-matter is insured 'from' a particular place, the risk does not attach until the ship starts on the voyage insured.

3. At and from.

(a) Where a ship is insured 'at and from' a particular place, and she is at that place in good safety when the contract is concluded, the risk attaches immediately.

(b) If she be not at that place when contract is concluded the risk attaches as soon as she arrives there in good safety, and, unless the policy otherwise, it is immaterial that she is covered by another policy for a specified time after arrival.

(c) Where chartered freight is insured "at and from" a particular place, and the ship is at that place in good safety when the contract is concluded, the risk attaches as soon as she arrives there in good safety

(d) Where freight, other than chartered freight, is payable without special conditions and is insures "at and from" a particular place, the risk attaches pro rata as the goods or merchandise are shipped; provided that if there be cargo in readiness which belongs to the shipowner, or which some other person has contracted with him to ship, the risk attaches as soon as the ship is ready receive such cargo.

4. From the loading thereof.

Where goods or other movables are insured "from the loading thereof," the risk does not attach until such goods or movables are actually on hoard, and the insurer is not liable for them while in transit from the shore to the ship.

5. Safely landed.

Where the risk on goods or other movables continues until they are "safely landed." they must be landed in the customary manner and within a reasonable time after arrival at the port of discharge, and if they are not so landed the risk ceases.

6. Touch and stay.

In the absence of any further licence or usages, the liberty to touch and stay "at any port or play whatsoever" does not authorise the ship to depart, from the course of her voyage from the port of departure to the port destination.

7. Perils of the seas.

The term "perils of the seas" refers only to fortuitous accidents or casualties of the seas. It does not include the ordinary action of the winds and waves.

8. Pirates.

The term "pirates" includes passengers who mutiny and rioters who attack the ship form the shore.

9. Thieves.

The term "thieves" does not cover clandestine theft or a theft committed by any one of the ship's company. whether crew or passengers.

10. Restraint of princes.

The term "arrests, etc., of king, princes, and people" refers to political or executive acts, and does not include a loss caused by riot or by ordinary judicial process.

11. Barratry.

The term "barratry" includes every wrongful act wilfully committed by the master or crew to the prejudice of owner, or, as the case may be the character.

12. All other perils.

The term "all other perils" includes only perils similar in kind to the perils specifically mentioned in the policy.

13. Average unless general.

The term "average unless general" means a partial loss of the subject-matter insured other than a general average loss, and does not include "particular charges"

14. Stranded.

Where the ship has stranded. the insurer is liable for the excepted losses although the loss in not attributable to the stranding, provided that when the standing takes place the risk has attached, and, if the policy be on goods, that the damaged goods are on board.

15. Ship.

The term "ship" includes the hull, materials and outfit, stores and provisions for the officers and crew, and, in the case of vessels engaged in a special trade, the ordinary fittings requisite for the trade, and also, in the case of steamship, the machinery, boilers, and coals and engine stores, if owned by the assured.

16. Freight.

The term "freight" includes the profit derivable by a shipowner from the employment of his ship to carry his own goods or movables, as well as freight payable by a third party, but does not include passage money.

17. Goods.

The term "goods" means in the nature of merchandise, and does not include personal effects or provisions and stores for use on board.

In the absence of any usage to the contrary, desk cargo and living animals must be insured specially, and not under the general denomination of goods.

문맥상으로 별도의 해석을 요하지 아니한 경우에는, 상기의 양식 또는 이와 유사한 양식의 보험증권의 해석에 관하여 본법이 정한 규칙은 다음과 같다.

제1조 (멸실 여부를 불문함)

보험의 목적이 "멸실 여부를 불문한다."라는 조건으로 보험에 부보된 경우에, 손해가 계약 성립 전에 발생한 때에는, 계약 성립 시에 피보험자가 손해발생의 사실을 알고 보험자가 이를 알지 못한 경우를 제외하고 이에 대한 보험자의 책임은 개시된다.

제2조 (부터)

보험의 목적이 특정의 장소로 "부터"의 조건으로 보험에 부보된 경우에는, 보험자의 책임은 선박이 피보험항해를 위하여 발항하기 전에는 개시되지 아니한다.

제3조 (에서 및 부터)

(a) 선박이 특정의 장소 "에서 및 부터"의 조건으로 보험에 부보된 경우에, 선박이 계약 성립 시에 안전하게 그곳에 있을 때에는, 보험자의 책임은 즉시로 개시된다.

(b) 선박이 계약 성립 시에 그곳에 있지 아니한 때에는, 보험자의 책임은 선박이 그곳에 안전하게 도착하는 즉시 개시된다. 이 경우 보험증권에 별도의 규정이 없는 한, 선박이 도착한 후 일정 기간 동안은 다른 보험증권에 의하여 담보되고 있더라도 마찬가지이다.

(c) 용선료가 특정의 장소 "에서 및 부터"의 조건으로 보험에 부보된 경우에, 선박이 계약 성립 시에 안전하게 그곳에 있을 때에는, 보험자의 책임은 즉시로 개시된다. 선박이 계약 성립 시에 그곳에 있지 아니한 때에는, 보험자의 책임은 선박이 그곳에 안전하게 도착하는 즉시 개시된다.

(d) 용선료 이외의 운임이 특별한 조건 없이 지급되는 경우에, 그 운임이 특정의 장소 "에서 및 부터"의 조건으로 보험에 부보 될 때에는, 보험자의 책임은 화물 또는 상물이 선적되는 비율에 따라 개시된다. 다만 선주에 속하는 적하 또는 제3자가 선적할 것을 선주와 계약한 적하의 선적 준비가 되어있을 때에는, 보험자의 책임은 선박이 그 적하를 수령할 준비가 완료되는 즉시 개시된다.

제4조 (적재한 때부터)

화물 또는 기타 동산이 "적재한 때부터"의 조건으로 보험에 부보된 경우에는, 보험자의 책임은 그 화물 또는 동산이 실제로 선박에 적재된 때까지는 개시되지 아니한다. 그리고 보험자는 육지로부터 선박까지 운송되고 있는 동안의 화물 또는 동산에 대하여는 책임을 지지 아니한다.

제5조 (안전한 양륙)

화물 또는 기타 동산에 대한 보험자의 책임이 "안전하게 양륙한 때"까지 계속될 경우에는, 그 화물 또는 동산은 양륙항에 도착한 후에 관습적인 방법에 의하여 그리고 상당한 기간 내에 양륙되어야 한다. 상기의 방법으로 또는 상기의 기간 내에 양륙되지 아니한 경우에는, 보험자의 책임은 종료된다.

제6조 (기항 및 정박)

특별한 허가나 관습이 없는 한, "어떠한 항구 또는 어떠한 장소에" 기항하거나 정박할 수 있는 자유란, 출발항으로부터 목적항에 이르는 항해의 항로를 이탈하는 것을 선박에 허가하는 것은 아니다.

제7조 (해상고유의 위험)

"해상고유의 위험"이란 말은 바다의 우연한 사고나 재해만을 말하며, 풍파의 통상적인 작용은 포함하지 아니한다.

제8조 (해적)

"해적"이란 말은 촉동으로 일으키는 여객 및 육상으로부터 선박을 공격하는 폭도를 포함한다.

제9조 (강도)

"강도"란 말은 은밀한 절도를 포함하지 아니하며, 또 선원이든 또는 여객이든을 불문하고 승선자에 의한 절도도 포함하지 아니한다.

제10조 (군주의 억지)

"군왕, 군주 및 국민의 강류 또는 기타"라는 말은 정치적 또는 행정적인 행위를 지칭하는 것이며, 폭동이나 또는 통상의 소송절차로 인하여 발생하는 손해를 포함하는 것은 아니다.

제11조 (선원의 악행)

"선원의 악행"이란 말은 선주와, 경우에 따라서는 용선자에게 손해를 끼치는 선장 및 선원의 고의에 의한 일체의 위법한 행의를 포함한다.

제12조 (기타 일체의 위험)

"기타 일체의 위험"C|란 말은 보험증권에 구체적으로 기재된 위험과 동종의 위험만을 포함한다.

제13조 (공동해손이 아닌 손해)

"공동해손이 아닌 손해"란 말은 공동해손 이외의 보험의 목적의 분손을 의미하며, "특별비용"을 포함하지는 아니한다.

제14조 (좌초)

선박이 좌초된 경우에는, 손해가 좌초에 기인한 것이 아닐지라도 보험자는 면책손해에 대하여 책임을 부담한다. 다만 좌초되었을 때에 보험자의 책임은 이미 개시되어 있어야 하며, 또 화물의 보험인 경우에는 그 손상된 화물은 선상에 있어야한다.

제15조 (선박)

"선박"이란 말은 선체, 선박자재, 의장구 및 고급선원이나 보통선원의 소모품과 식료품을 포함하며, 또 특수 무역에 종사하는 선박의 경우에는 그 무역에 필요한 통상의 의장을 포함하며, 또 기선의 경우에는 기계, 기관과 피보험자의 소유에 속하는 것이라면 석탄 및 기관용 소모품도 포함한다.

제16조 (운임)

" 운임"이란 말은 제3자에 의하여 지급되는 운임 이외에, 선주가 자신의 선박을 사용하여 자신의 화물 또는 동산을 운송함으로써 收得하는 이윤을 포함한다. 그러나 여객운임은 포함하지 아니한다.

제17조 (화물)

"화물"이란 말은 상품의 성질을 가지는 화물을 의미하며, 또 소지품이나, 선내에서 사용하기 위한 식료품 및 소모품을 포함하지 아니한다.

어떠한 반대의 관습이 없는 한, 갑판적 화물 및 살아있는 동물은 특히 그 명칭을 명시하여 부보하여야 하며, 화물이라는 포괄적인 명칭으로 보험에 부보 하여서는 아니 된다.

YORK-ANTWERP RULES 2004

RULE OF INTERPRETATION

In the adjustment of general average the following Rules shall apply to the exclusion of any Law and Practice inconsistent therewith.

Except as provided by the Rule Paramount and the numbered Rules, general average shall be adjusted according to the lettered Rules.

RULE PARAMOUNT

In no case shall there be any allowance for sacrifice or expenditure unless reasonably made or incurred.

RULE A

There is a general average act when, and only when, any extraordinary sacrifice or expenditure is intentionally and reasonably made or incurred for the common safety for the purpose of preserving from peril the property involved in a common maritime adventure.

General average sacrifices and expenditures shall be borne by the different contributing interests on the bases hereinafter provided.

RULE B

There is a common maritime adventure when one or more vessels are towing or pushing another vessel or vessels, provided that they are all involved in commercial activities and not in a salvage operation.

When measures are taken to preserve the vessels and their cargoes, if any, from a common peril, these Rules shall apply.

A vessel is not in common peril with another vessel or vessels if by simply disconnecting from the other vessel or vessels she is in safety; but if the disconnection is itself a general average act the common maritime adventure continues.

RULE C

Only such losses, damages or expenses which are the direct consequence of the general average act shall be allowed as general average.

In no case shall there be any allowance in general average for losses, damages or expenses Incurred in respect of damage to the environment or in consequence of the escape or release of pollutant substances from the property involved in the common maritime adventure.

Demurrage, loss of market, and any loss or damage sustained or expense incurred by reason of delay, whether on the voyage or subsequently, and any indirect loss whatsoever, shall not be allowed as general average.

RULE D

Rights to contribution in general average shall not be affected, though the event which gave rise to the sacrifice or expenditure may have been due to the fault of one of the parties to the adventure, but this shall not prejudice any remedies or defences which may be open against or to that party in respect of such fault.

RULE E

The onus of proof is upon the party claimed is properly allowable as general average.

All parties claiming in general average shall give notice in writing to the average adjuster of the loss or expense in respect of which they claim contribution within 12 months of the date of the termination of the common maritime adventure.

Failing such notification, or if within 12 months of a request for the same any of the parties shall fail to supply evidence in support of a notified claim, or particulars of value in respect of a contributory interest, the average adjuster shall be at liberty to estimate the extent of the allowance or the contributory value on the basis of the information available to him, which estimate may be challenged only on the ground that it is manifestly incorrect.

RULE F

Any additional expense incurred in place of another expense, which would have been allowable as general average shall be deemed to be general average and so allowed without regard to the saving, if any, to other interests, but only up to the amount of the general average expense avoided.

RULE G

General average shall be adjusted as regards both loss and contribution upon the basis of values at the time and place when and where the adventure ends.

This rule shall not affect the determination of the place at which the average statement is to be made up.

When a ship is at any port or place in circumstances which would give rise to an allowance in general average under the provisions of Rules X and XI, and the cargo or part thereof os forwarded to destination by other means, rights and liabilities in general average shall, subject to cargo interests being notified if practicable remain as nearly as possible the same as they would have been in the absence of such forwarding, as if the adventure had continued in the original ship for so long as justifiable under the contract of affreightment and the applicable law.

The proportion attaching to cargo of the allowances made in general average by reason of applying the third paragraph of this Rule shall not exceed the cost which would have been borne by the owners of cargo of the cargo had been forwarded at their expense.

RULE Ⅰ JETTISON OF CARGO

No jettison of shall be allowed as general average, unless such cargo is carried in accordance with recognised custom of the trade.

RULE Ⅱ LOSS OR DAMAGE BY SACRIFICES FOR THE COMMON SAFETY

Loss of or damage to the property involved in the common maritime adventure by or in consequence of a sacrifice made for the common safety, and by water which goes down a ship's hatches opened or other opening made for the purpose of making a jettison for the common safety, shall be allowed as general average.

RULE Ⅲ EXTINGUISHING FIRE ON SHIPBOARD

Damage done to a ship and cargo, or either of them, by water or otherwise, including damage by beaching or scuttling burning ship, in extinguishing a fire on board the ship, shall be allowed as general average; except that no allowance shall be made for damage by smoke however caused or heat of the fire.

RULE Ⅳ CUTTING AWAY WRECK

Loss or damage sustained by cutting away wreck or pants of the ship which have been previously carried away or are effectively lost by accident shall not be allowed as general average.

RULE V VOLUNTARY STRANDING

When a ship is intentionally run on shore for the common safety, whether or not she might have been driven on shore, the consequent loss or damage to the property involved in the common maritime adventure shall be allowed in general average.

RULE VI SALVAGE REMUNERATION

a. Salvage payments, including interest thereon and legal fees associated with such payments, shall lie where they fall shall not be allowed in general average, save only that if one party to the salvage shall have paid all or any of the proportion of salvage (including interest and legal fees) due from another party (calculated on the basis of salved values and not general contributory value), the unpaid contribution to salvage due from that other party shall be credited in the adjustment to the party that has paid it, and debited to the party on whose behalf the payment was made.

b. Salvage payments referred to in paragraph (a) above shall include any salvage remuneration in which the skill and efforts of the salvors in preventing or minimizing damage to the environment such as is referred to in Article 13 paragraph 1 (b) of the International Convention on Salvage 1989 have been taken into account.

c. Special compensation payable to a salvor by the shipowner under Article 14 of the said Convention to the extent specified in paragraph 4 Of that Article of under any other provision similar in substance (such as SCOPIC) shall not be allowed in general average and shall not be considered a salvage payment as referred to in paragraph (a) of this Rule.

RULE VII DAMAGE TO MACHINERY AND BOILERS

Damage caused to any machinery and boilers of a ship which is ashore and in a position of peril, in endeavouring to refloat, shall be allowed in general average when shown to have arisen from an actual intention to float the ship for the common safety at the risk of such damage; but where a ship is afloat no loss or damage caused by working the propelling machinery and boilers shall in any circumstances be allowed as general average.

RULE VIII EXPENSES LIGHTENING A SHIP WHEN ASHORE AND CONSEQUENT DAMAGE

When a ship is ashore and cargo and ship's fuel and stores or any of them are discharged as a general average act, the extra cost of lightening, lighter hire and reshipping (if incurred), and any loss or damage to the property involved in the common maritime adventure in consequence thereof, shall be allowed gerneral average.

RULE IX CARGO, SHIP'S MATERIALS AND STORES USED FOR FUEL

Cargo, ship's materials and stores, or any of them, necessarily used for fuel for the common safety at a time of peril shall be allowed as general average, but when such an allowance is made for the cost of ship's materials and stores the general average shall be credited with estimated cost of the fuel which otherwise have been consumed in prosecuting the intended voyage.

RULE X EXPENSES AT PORT OF REFUGE, ETC.

a. (i) When a ship shall have entered a port or place of refuge or shall have returned to her port or place of loading in consequence of accident, sacrifice or other extraordinary circumstances which render that necessary for the common safety, the expenses of entering such port or place shall be original cargo, or a part of it, the corresponding expenses of leaving such port or place consequent upon such entry or return shall likewise be allowed as general average.

(ii) When a ship is at any port or place of refuge and is necessarily removed to another port or place of refuge because repairs cannot be carried out in the first port or place, the provisions of this Rule shall be applied to the second port or place of refuge as if it were a port or place of refuge and the cost of such removal including temporary reparis and towage shall be allowed as general average. The provisions of Rule XI shall be applied to the prolongation of the voyage occasioned by such removal.

b. (i) The cost of handling on board or discharging cargo, fuel or stores whether at a port or place of loading, call or refuge, shall be allowed as general average, when the handling or discharge was necessary for the common safety or to enable damage to the ship caused by sacrifice or accident to be repaired, if the repairs damage to the ship caused by sacrifice or accident to be repaired, if the repairs were necessary for the safe prosecution of the voyage, except in cases where the damage to the ship is discovered at a port or place of loading or call without any accident or other extraordinary circumstances connected with such damage having taken place during the voyage.

(ii) The cost of handling on board or discharging cargo, fuel or stores shall not be allowable as general average when incurred solely for the purpose of restowage due to shifting during the voyage, unless such restowage is necessary for the common safety.

c. Whenever the cost of handling or discharging cargo, fuel or stores is allowable as general average, the costs of storage, including insurance if reasonably incurred, reloading and stowing of such cargo, fuel or stores shall likewise be allowed as general average. The provisions of Rule XI shall be applied to the extra period of detention occasioned by such reloading or restowing.

But when the ship is condemned or does not proceed on her original voyage, storage expense shall be allowed as general average only up to the date of the ship's condemnation or of the abandonment of the voyage or up to the date of completion of discharge of cargo if the condemnation or abandonment takes place before that date.

RULE XI WAGES AND MAINTENANCE OF CREW AND OTHER EXPENSES PUTTING IN TO AND AT A PORT OF REFUGE, ETC.

a. Wages and maintenance of master, officers and crew reasonably incurred and fuel and stores consumed during the prolongation of the voyage occasioned by a ship entering a port or place of refuge or returning to her port or place of loading shall be allowed as general average when the expenses of entering such port or place are allowable as general average in accordance with Rule X(a)

b. For the purpose of this and the other Rules wages shall include all payments made to or for the benefit of the master, officers and crew, whether such payments be imposed by law upon the shipowners or be made under the terms of articles of employment.

c.(i) When a ship shall have entered or been detained in any port or place in consequence of accident, sacrifice or other extraordinary circumstances which render that necessary for the common safety, or to enable damage to the ship caused by sacrifice or accident to be repaired, if the repairs were necessary for the safe prosecution of the voyage, fuel and stores consumed during the extra period of detention in such port of place until the ship shall or should have been made ready to proceed upon her voyage, shall be allowed as general average, except such fuel and stores as are consumed in effecting repairs not allowable in genera average.

(ii) Port charges incurred during the extra period of detention shall likewise be allowed as general average except such charges as are incurred solely by reason of repairs not allowable in general average.

(iii) Provided that when damage to the ship is discovered at a port or place of loading or call without any accident or other extraordinary circumstance connected with such damage having taken place during the voyage, then fuel and stores consumed and port charges incurred during the extra detention for repairs to damages so discovered shall not be allowable as general average, even if the repairs are necessary for the safe prosecution of the voyage.

(iv) When the ship is condemned or does not proceed on her original voyage, fuel and stores consumed and port charges shall be allowed as general average only up to the date of the ship's condemnation or of the abandonment of the voyage or up to the date of completion of discharge of cargo if the condemnation or abandonment takes place before that date.

d. The cost of measures undertaken to prevent of minimise damage to the environment shall be allowed in general average when incurred in any or all of the following circumstances:

(i) as part of an operation performed for the common safety which, had it been undertaken by a party outside the common maritime adventure, would have entitled such party to a salvage reward;

(ii) as a condition of entry into or departure from any port or place in the circumstances prescribed in Rule X (a);

(iii) as a condition of remaining at any port or place in the circumstances prescribed in Rule XI(c), provided that when there is an actual escape or release of pollutant substances the cost of any additional measures required on that account to prevent or minimize pollution or environmental damage shall not be allowed as general average;

(iv) necessarily in connection with the discharging, storing or reloading of cargo whenever the cost of those operations is allowable as general average.

RULE XII DAMAGE TO CARGO IN DISCHARGING, ETC.

Damage to or loss of cargo, fuel or stores sustained in consequence of their handling, discharging, storing, reloading and stowing shall be allowed as general average, when and only when the cost of those measures respectively is allowed as general average.

RULE XIII DEDUCTIONS FROM COST OF REPAIRS

a. Repairs to be allowed in general average shall not be subject to deductions in respect of "new for old" where old material or parts are replaced by new unless the ship is over fifteen years old in which case there sall be a deduction of one third. The deductions shall be regulated by the age of the ship from the 31st December of the year of completion of construction to the date of the general average act, except for insulation, life and similar boats, communications and navigational apparatus and equipment, machinery and boilers for which the deductions shall be regulated by the age of the particular parts to which they apply.

b. The deductions shall be made only from the cost of the new material or parts when finished and ready to be installed in the ship. No deductions shall be made in respect of provisions, stores, anchors and chain cables. Dry dock and slipway dues and costs of shifting the ship shall be allowed in full

c. The costs of cleaning, painting or coating of bottom shall not be allowed in general average unless the bottom has been painted or coated within the twelve months preceding the date of the general average act in which case one half of such costs shall be allowed.

RULE XIV TEMPORARY REPAIRS

a. Where temporary repairs are effected to a ship at a port of loading, call or refuge, for the common safety, or of damage caused by general average sacrifice, the cost of such repairs shall be allowed as general average.

b. Where temporary repairs of accidental damage are effected in order to enable the adventure to be completed, the cost of such repairs shall be allowed as general average without regard to the saving, if any, to other interests, but only up to the saving in expense which would have been incurred and allowed in general average if such repairs had not been effected there. Provided that for the purposes of this paragraph only, the cost of temporary repairs falling for consideration shall be limited to the extent that the cost of temporary repairs effected at the port of loading, call or refuge, together with either the cost of permanent repairs eventually effected or, if unrepaired at the time of the adjustment, the reasonable depreciation in the value of the vessel at the completion of the voyage. exceeds the cost of permanent repairs had they been effected at the port of loading, call or refuge.

c. No deductions "new for old" shall be made from the cost of temporary repairs allowable as general average.

RULE XV LOSS OF FREIGHT

Loss of freight arising from damage to or loss of cargo shall be allowed as general average, either when caused by a general average act, or when the damage to or loss of cargo is so allowed.

Deduction shall be made from the amount of gross freight lost, of the charges which the owner thereof would have incurred to earn such freight, but has, in consequence of the sacrifice, not incurred.

RULE XVI AMOUNT TO BE ALLOWED FOR CARGO LOST OR DAMAGED BY SACRIFICE

a. The amount to be allowed as general average for damage to or loss of cargo sacrificed shall be the loss which has been sustained thereby based on the value at the time of discharge, ascertained from the commercial invoice rendered to the receiver or if there is no such invoice from the shipped value. The value at the time of discharge shall include the cost of insurance and freight except insofar as such freight is at the risk of interests other than the cargo.

b. When cargo so damaged is sold and the amount of the damage has not been otherwise agreed, the loss to be allowed in general average shall be the difference between the net proceeds of sale and the net sound value as computed in the first paragraph of this Rule.

RULE XVII CONTRIBUTORY VALUES

a. (i) The contribution to a general average shall be made upon the actual net values of the property at the termination of the adventure except that the value of cargo shall be the value at the time of discharge, ascertained from the commercial invoice rendered to the receiver of if there is no such invoice from the shipped value.

(ii) The value of the cargo shall include the cost of insurance and freight unless and insofar as such freight is at t he risk of interests other than the cargo, deducting therefrom any loss or damage suffered by the cargo prior to or at the time of discharge.

(iii) The value of the ship shall be assessed without taking into account the beneficial or detrimental effect of any demise or time charter party to which ship may be committed.

b. To these values shall be added the amount allowed as general average for property sacrificed, if not already included, deduction being made from the freight and passage money at risk of such charges and crew's wages as would not have been incurred in earning the freight had the ship and cargo been totally lost at the date of the general average act and have not been allowed as general average; deduction being also made from the value of the property of all extra charges incurred in respect thereof subsequently to the general average act, except such charges as are allowed in general average or fall upon the ship by virtue of an award for specia' on pensation under Art. 14 of the International Convention on Salvage, 1989 or under any other provision similar in substance.

c. In the circumstances envisaged in the third paragraph of Rule G, the cargo and other property shall contribute on the basis of its value upon delivery at original destination unless sold or otherwise disposed of short of that destination, and the ship shall contribute upon its actual net value at the time of completion of discharge of cargo.

d. Where cargo is sold short of destination, however, it shall contribute upon the actual net proceeds of sale, with the addition of any amount allowed as general average.

e. Mails, passengers' luggage, personal affects and accompanied private motor vehicles shall not contribute to general average.

RULE XVIII DAMAGE TO SHIP

The amount to be allowed as general average for damage or loss to the ship, her machinery and/or gear caused by a general average act be as follows:

a. When repaired or replaced,

The actual reasonable cost of repairing or replacing such damage or loss, subject to deductions in accordance with Rule XIII;

b. When not repaired or replaced,

The reasonable depreciation arising from such damage or loss, but not exceeding the estimated cost of repairs. But where the ship is an actual total loss or when the cost of repairs of the damage would exceed the value of the ship when repaired, the amount to be allowed as general average shall be the difference between the repairing damage which is not general average and the value of the ship in her damaged state which may be measured by the net proceeds of sale, if any.

RULE XIX UNDECLARED OR WRONGFULLY DECLARED CARGO

a. Damage of loss caused to goods loaded without the knowledge of the shipowner or his agent or to goods wilfully misdescribed at time of shipment shall not be allowed as general average, but such goods shall remain liable to contribute, if saved.

b. Damage of loss caused to goods which have been wrongfully declared on shipment at a value which is lower than their real value shall be contributed for at the declared value, but such goods shall contribute upon their actual value.

RULE XX PROVISION OF FUNDS

a. The capital loss sustained by the owners of goods sold for the purpose of raising funds to defray general average disbursements shall be allowed in general average.

b. The cost of insuring average disbursements shall also be allowed in general average.

RULE XXI INTEREST ON LOSSES ALLOWED IN GENERAL AVERAGE

a. Interest shall be allowed on expenditure, sacrifices and allowances in general average until three months after the date of issue of the general average adjustment, due allowance being made for any payment on account by the contributory interests or from he general average deposit fund.

b. Each year the Assembly of the Committee Maritime International shall decide the rate of interest which shall apply. This rate shall be used for calculating interest accruing during the following calendar year.

RULE XXII TREATMENT OF CASH DEPOSITS

Where cash deposits have been collected in respect of cargo's liability for general average, salvage or special charges such deposits shall be paid without any delay into a special account in the joint names of a representative nominated on behalf of the shipowner and a representative nominated on behalf of the depositors in a bank to be approved by both. The sum so deposited together with accrued interest, if any, shall be held as security for payment to the parties entitled thereto of the general average, salvage of special charges payable by cargo in respect of which the deposits have been collected. Payments on account or refunds of deposits may be made if certified to in writing by the average adjuster. Such deposits and payments or refunds shall be without prejudice to the ultimate liability of the parties.

RULE XXIII TIME BAR FOR CONTRIBUTIONS TO GENERAL AVERAGE

a. Subject always to any mandatory rule on time limitation contained in any applicable law:

(i) Any rights to general average contribution, including any right to claim under general average bonds and guarantees, shall be extinguished unless an action is brought by the party claiming such contribution within a period of one year after the date upon which the general average adjustment was issued. However, in no case shall such an action be brought after six years from the date of the termination of the common maritime adventure.

(ii) These periods may be extended if the parties so agree after the termination of the common maritime adventure.

b. This Rule shall not apply as between the parties to the general average and their respective insurers.

개정 상법 (제4절 해상보험 편)

제693조 (해상보험자의 책임)

해상보험계약의 보험자는 해상사업에 관한 사고로 인하여 생길 손해를 보상할 책임이 있다. 〈개정 1991.12.31.〉

제694조 (공동해손분담액의 보상)

보험자는 피보험자가 지급할 공동해손의 분담액을 보상할 책임이 있다. 그러나 보험의 목적의 공동해손 분담가액이 보험가액을 초과할 때에는 그 초과액에 대한 분담액은 보상하지 아니한다. 〈개정 1991.12.31.〉

제694조의 2 (구조료의 보상)

보험자는 피보험자가 보험사고로 인하여 발생하는 손해를 방지하기 위하여 지급할 구조료를 보상할 책임이 있다. 그러나 보험의 목적물의 구조료분담가액이 보험가액을 초과할 때에는 그 초과액에 대한 분담액은 보상하지 아니한다.

제694조의 3 (특별비용의 보상)

보험자는 보험의 목적의 안전이나 보존을 위하여 지급할 특별비용을 보험금액의 한도 내에서 보상할 책임이 있다.

제695조 (해상보험증권)

해상보험증권에는 제666조에 제기한 사항 외에 다음의 사항을 기재하여야 한다. 〈개정 1991.12.31.〉

1. 선박을 보험에 붙인 경우에는 그 선박의 명칭, 국적과 종류 및 항해의 범위
2. 적하를 보험에 붙인 경우에는 선박의 명칭, 국적과 종류, 선적항, 양륙항 및 출하지와 도착지를 정한 때에는 그 지명
3. 보험가액을 정한 때에는 그 가액

제696조 (선박보험의 보험가액과 보험목적)

① 선박의 보험에 있어서는 보험자의 책임이 개시될 때의 선박가액을 보험가액으로 한다.

② 제1항의 경우에는 선박의 속구, 연료, 양식 기타 항해에 필요한 모든 물건은 보험의 목적에 포함된 것으로 한다. 〈개정 1991.12.31.〉

제697조 (적하보험의 보험가액)

적하의 보험에 있어서는 선적한 때와 곳의 적하의 가액과 선적 및 보험에 관한 비용을 보험가액으로 한다. 〈개정 1962.12.12.〉

제698조 (희망이익보험의 보험가액)

적하의 도착으로 인하여 얻을 이익 또는 보수의 보험에 있어서는 계약으로 보험가액을 정하지 아니한 때에는 보험금액을 보험가액으로 한 것으로 추정한다.

제699조 (해상보험의 보험기간의 개시)

① 항해단위로 선박을 보험에 붙인 경우에는 보험기간은 하물 또는 적하의 선적에 착수한 때에 개시한다.

② 적하를 보험에 붙인 경우에는 보험기간은 하물의 선적에 착수한 때에 개시한다. 그러나 출하지를 정한 경우에는 그 곳에서 운송에 착수한 때에 개시한다.

③ 하물 또는 저하의 선적에 착수한 후에 제1항 또는 제2항의 규정에 의한 보험계약이 체결된 경우에는 보험기간은 계약이 성립한 때에 개시한다.

제700조 (해상보험의 보험기간의 종료)

보험기간은 제699조 제1항의 경우에는 도착항에서 하물 또는 저하를 양륙한 때에, 동조 제2항의 경우에는 양륙항 또는 도착지에서 하물을 인도한 때에 종료한다. 그러나 불가항력으로 인하지 아니하고 양륙이 지연된 때에는 그 양륙이 보통 종료될 때에 종료된 것으로 한다. 〈개정 1991.12.31.〉

제701조 (항해변경의 효과)

① 선박이 보험계약에서 정하여진 발항항이 아닌 다른 항에서 출항한 때에는 보험자는 책임을 지지 아니한다.

② 선박이 보험계약에서 정하여진 도착항이 아닌 다른 항을 향하여 출항한때에도 제1항의 경우와 같다.

③ 보험자의 책임이 개시된 후에 보험계약에서 정하여진 도착항이 변경된 경우에는 보험자는 그 항해의 변경이 결정된 대부터 책임을 지지 아니한다.

제701조의 2 (이로)

선박이 정당한 사유 없이 보험계약에서 정하여진 선로를 이탈한 경우에는 보험자는 그때부터 책임을 지지 아니한다. 선박이 손해발생 전에 원 항로로 돌아온 경우에도 같다.

제702조 (발항 또는 항해의 지연의 효과)

피보험자가 정당한 사유 없이 발항 또는 항해를 지연한 때에는 보험자는 발항 또는 항해를 지체한 이후의 사고에 대하여 책임을 지지 아니한다.

제703조 (선박변경의 효과)

적하를 보험에 붙인 경우에 보험계약자 또는 피보험자의 책임 있는 사유로 인하여 선박을 변경한 때에는 그 변경후의 사고에 대하여 책임을 지지 아니한다. 〈개정 1991.12.31.〉

제703조의 2 (선박의 양도 등의 효과)

선박을 보험에 붙인 경우에 다음의 사유가 있을 때에는 보험계약은 종료한다. 그러나 보험자의 동의가 있는 때에는 그러하지 아니하다.

1. 선박을 양도할 때
2. 선박의 선급을 변경한 떠
3. 선박을 새로운 관리로 옮긴 때

제704조 (선박미확정의 적하예정보험)

① 보험계약의 체결당시에 하물을 적재할 선박을 지정하지 아니한 경우에 보험계약자 또는 피보험자가 그 하물이 선적되었음을 안 때에는 지체 없이 보험자에 대하여 그 선박의 명칭, 국적과 하물의 종류, 수량과 가액의 통지를 발송하여야 한다. 〈개정 1991.12.31.〉

② 제1항의 통지를 해태한 때에는 보험자는 그 사실을 안 날부터 1월내에 계약을 해지할 수 있다. 〈개정 1991.12.31.〉

제705조

삭제 〈1991.12.31.〉

제706조 (해상보험자의 면책사유)

1. 선박 또는 운임을 보험에 붙인 경우에는 발항당시 안전하게 항해를 하기에 필요한 준비를 하지 아니하거나 필요한 서류를 비치하지 아니함으로 인하여 생긴 손해.
2. 적하를 보험에 붙인 경우에는 용선자, 송하인 또는 수하인의 고의 또는 중대한 과실로 인하여 생긴 손해.
3. 도선료, 입항료, 등대료, 검역료, 기타 선박 또는 적하에 고나한 항해 중의 통상비용.

제707조

삭제 〈1991.12.31.〉

제707조의 2 (선박의 일부손해의 보상)

① 선박의 일부가 훼손되어 그 훼손된 부분의 전부를 수선한 경우에는 보험자는 수선에 따른 비용을 1회의 사고에 대하여 보험금액을 한도로 보상할 책임이 있다.

② 선박의 일부가 훼손되어 그 훼손된 부분의 일부를 수선한 경우에는 보험자는 수선에 따른 비용과 수선을 하지 아니함으로써 생긴 감가액을 보상 할 책임이 있다.

③ 선박의 일부가 훼손되었으나 이를 수선하지 아니한 경우에는 보험자는 그로 인한 감가액을 보상할 책임이 있다.

제708조 (적하의 일부손해의 보상)

보험의 목적인 적하가 훼손되어 양륙항에 도착한 때에는 보험자는 그 훼손된 상태의 가액과 훼손되지 아니한 상태의 가액과의 비율에 따라 보험가액의 일부에 대한 손해를 보상할 책임이 있다.

第709条 (적하매각으로 인한 손해의 보상)

① 항해 도중에 불가항력으로 보험의 목적인 적하를 매각한 때에는 보험자는 그 대금에서 운임 기타 필요한 비용을 공제한 금액과 보험가액과의 차액을 보상하여야 한다.

② 제1항의 경우에 매수인이 대금을 지급하지 아니한 때에는 보험자는 그 금액을 지급하여야 한다. 보험자가 그 금액을 지급한 때에는 피보험자의 매수인에 대한 권리를 취득한다. 〈개정 1991.12.31.〉

第710条 (보험위부의 원인)

다음의 경우에는 피보험자는 보험의 목적을 보험자에게 위부하고 보험금액의 전부를 청구할 수 있다. 〈개정 1991.12.31.〉

1. 피보험자가 보험사고로 인하여 자기의 선박 또는 적하의 점유를 상실하여 이를 회복할 가능성이 없거나 회복하기 위한 비용이 회복하였을 때의 가액을 초과하리라고 예상될 경우
2. 선박이 보험사고로 인하여 심하게 훼손되어 이를 수선하기 위한 비용이 수선하였을 때의 가액을 초과하리라고 예상될 경우
3. 적하가 보험사고로 인하여 심하게 훼손되어서 이를 수선하기 위한 비용과 그 적하를 목적지까지 운송하기 위한 비용과의 합계액이 도착하는 때의 적하의 가액을 초과하리라고 예상될 경우

第711条 (선박의 행방불명)

① 선박의 존부가 2월간 분명하지 아니한 때에는 그 선박의 행방이 불명한 것으로 한다. 〈개정 1991.12.31.〉

② 제1항의 경우에는 전손으로 추정한다. 〈개정 1991.12.31.〉

第712条 (대선에 의한 운송의 계속과 위부권의 소멸)

제710조 제2호의 경우에 선장이 지체 없이 다른 선박으로 적하의 운송을 계속한 때에는 피보험자는 그 적하를 위부할 수 없다. 〈개정 1991.12.31.〉

第713条 (위부의 통지)

① 피보험자가 위부를 하고자 할 때에는 상당한 기간 내에 보험자에 대하여 그 통지를 발송하여야 한다. 〈개정 1991.12.31.〉

② 삭제 〈1991.12.31.〉

第714条 (위부권 행사의 요건)

① 위부는 무조건이어야 한다.

② 위부는 보험의 목적의 전부에 대하여 이를 하여야 한다. 그러나 위부의 원인이 그 일부에 대하여 생긴 때에는 그 부분에 대하여서만 이를 할 수 있다.

③ 보험가액의 일부를 보험에 붙인 경우에는 위부는 보험금액의 보험가액에 대한 비율에 따라서만 이를 할 수 있다.

第715조 (다른 보험계약 등에 관한 통지)

① 피보험자가 위부를 함에 있어서는 보험자에 대하여 보험의 목적에 관한 다른 보험계약과 그 부담에 속한 채무의 유무와 그 종류 및 내용을 통지하여야 한다.

② 보험자는 제1항의 통지를 받을 때까지 보험금액의 지급을 거부할 수 있다. 〈개정 1991.12.31.〉

③ 보험금액의 지급에 관한 기간의 약정이 있는 때에는 그 기간은 제1항의 통지를 받은 날로부터 기산한다.

第716조 (위부의 승인)

보험자가 위부를 승인한 후에는 그 위부에 대하여 이의를 하지 못한다.

第717조 (위부의 불승인)

보험자가 위부를 승인하지 아니한 때에는 피보험자는 위부의 원인을 증명하지 아니하면 보험금액의 지급을 청구하지 못한다.

第718조 (위부의 효과)

① 보험자는 위부로 인하여 그 보험의 목적에 관한 피보험자의 모든 권리를 취득한다.

② 피보험자가 위부를 한 때에는 보험의 목적에 관한 모든 서류를 보험자에게 교부하여야 한다.

(출처 : 상법 제10281호 2010.05.14. 일부개정)

참 고 문 헌

· 구종순　　해상보험, 유원북스, 2013.

· 권　오　　국제무역보험론, 두남, 2011.

· 김동훈　　보험론, 학현사, 2011.

· 김대래　　해상보험이론 및 실무, 한국보험아카데미, 1999.

· 김준헌·조현정　　신해상보험론, 법문사, 1994.

· 도중권·라공우　　해상보험론, 청람, 2012.

· 박병호　　신무역실무, 고시연구원, 2001.

· 박성철　　해상보험실무, 영민, 2014.

· 방갑수　　최신보험학, 박영사, 1999.

· 보험경영연구회　　보험과 리스크 관리, 문영사, 2010.

· 오시학·박종삼　　해상보험론, 두남, 2008.

· 이경재　　손해사정이론 제 1권, 제 2권, 보험연수원, 2008.

· 이기태　　해상보험, 법문사, 1992

· 이상선　　신선박보험약관해설, 보험연수원, 1983.

· 이시환　　해상적하보험약관론, 두남, 2010.

· 이은섭　　해상보험론, 신영사, 1997.

· 이재복　　손해사정이론, 두양사, 2011.

· 한낙현·박영배　　해상운송과 해상적하보험, 두남, 2009.

· Baglini, Norman A., Global Risk Management, New York: Risk Management Society Publishing Co., 1983.

· Bennett, Howard N., The Law of Marine Insurance(2nd ed.), Oxford: Oceana Pubs, 2007.

· Brown, Robert H., Analysis of Marine Insurance Clause, London: Witherby & Co. Ltd., 1982.

· ________________, Marine Insurance vol.1-Principles & Basic Practice(6th ed.), London: Witherby & Co. Ltd., 1998.

· Buglass, Leslie J., Marine Insurance and General Average in the United States(3rd ed.), Cambridge: Cornell Maritime Press, 1991.

· Chalmers, M. D., Chalmer's Marine Insurance Act 1906(10th ed.), London: Butterworths, 1993.

· Dorfman, Mask S., Introduction to Risk Management & Insurance(9th ed.), New Fersey: Prentice-Hall, 2008.

· Dover, Victor, Revised by R. H. Brown, A Handbook to Marine Insurance(8th ed.), London: Witherby & Co., Ltd., 1982.

· Hodges, Suan, Law of Marine Insurance, London: Cavendish, 1996.

· Hodges, Ray, Insurance Law: Text and materials, London: Cavendish, 1998.

· Ivamy, E. R. Hardy, Chalmer's Marine Insurance Act 1906, London: Butterworths, 1993.

· ________________, Marine Insurance(4th ed.), London: Butterworths, 1985.

· Jervis Barrie, Reeds Marine Insurance, London: Adlard Coles Nautical, 2005.

· Lambeth, R. J., Templeman on Marine Insurance(6th ed.), London: Pitman, 1985.

· Martin, Frederick, The History of Lloyd's and of Marine Insurance in Great Britain, New Jersey: The Lawbook Exchange, Ltd., 2004.

· Moore, Peter G. The Business of Risk, Cambridge Univ. Press, 1983.

· Nihaus, Gregory R., Insurance and Risk Management, New York: Edward Elgar, 2008.

· Noussia, Kyriaki, Principle of Indemnity in Marine Insurance Contracts: A Comparative Approach, London: Springer, 2007.

· Rejda, George E., Principles of Risk Management and Insurance (10th ed.), New York: Pearson Addison Wesley, 2008.

· Schmitthoff, Clive M., Schmitthoff's Export Trade (10th ed.), London: Stevens & Sons, 2000.

· Soyer, Baris, Warranties in Marine Insurance, London: Routledge, 2007.

· Thomas, D. Rhidian, the Modern Law of Marine Insurance, New York: Int' l Specialized Book Service inc., 2010.

· Trieschmann, James S., Hoyt, Robert E. and Sommer, David W., Risk Management & Insurance(12th ed.), Thomson, South-Western, 2005

국문색인

ㄱ

ㄴ

ㄷ

ㄹ

ㅁ

ㅂ

ㅈ

ㅊ

ㅌ

ㅍ

ㅎ

1, 2, 3

A

B

C

M

N

O

P

R

S

T

U

V

W

Y

저자 약력

계명대학교 사회과학대학 국제통상학부 교수(현)
계명대학교 동산도서관장(현)
계명대학교 산업경영연구소 소장
계명대학교 국제학·통상학 대학 학장
계명대학교 경제통상대학 통상학부장
섬유 패션 국제전문인 인력양성단 단장
계명대학교 계명문화대학교 신용협동조합(법인) 이사장
한국무역학회, 한국보험학회, 국제무역학회, Logos 경영학회 이사
일본 모모야마 까꾸인대학 초빙교수
미국 Long Island Univ. 초빙교수
미국 Southern Indiana Univ. 초빙교수
중국 연변과학기술대학 교수

저서

도해로 이해하는 무역결제 (유원북스, 개정판, 2014)
문답식 무역실무 도해 해설 (유원북스, 2014)
도해로 이해하는 무역실무 (유원북스, 2013)
무역영어 (유원북스, 2015) (공저)
무역실무의 이해 (두남, 2011) (공저)
INCOTERMS 해설 (두남, 2011) ((공저)
글로벌 시대의 무역상무 (계명대 출판부, 2010)
무역결제론 (박영사, 3판 2010)
국제통상의 이해 (박영사, 2015) (공저)
전자결제론 (계명대 출판부, 2004)
무역상무의 이론과 실제 (두남, 2000) (공저)
해상보험론 (법문사, 1992) (공저)

논문

Country Risk의 평가방법
이로에 대한 해상보험자의 책임문제에 관한 연구
선박보험에 있어서 보험자 책임
해상보험에 있어서 보험자의 책임기간
공동해손 손해에 대한 보험자의 보상책임에 관한 연구
요크 앤트워프규칙상의 규정적 문제점에 관한 연구
이 이외에 해상보험과 무역실무에 관한 다수의 논문발표

도해로 이해하는 **해상보험**

초판1쇄 인쇄 2016년 2월 15일
초판1쇄 발행 2016년 2월 19일

지 은 이 조 현 정
펴 낸 이 신 일 희
펴 낸 곳 계명대학교 출판부
주　　소 (42601) 대구광역시 달서구 달구벌대로 1095
전　　화 (053)580-6233
팩　　스 (053)580-6235
홈페이지 www.kmupress.com
출판등록 제347-1998-1호(1970. 9. 1.)

ISBN 978-89-7585-735-5　93320　정 가　30,000원
*잘못된 책은 교환하여 드립니다.

이 도서의 국립중앙도서관 출판예정도서목록(CIP)은 서지정보유통지원시스템 홈페이지(http://seoji.nl.go.kr)와 국가자료공동목록시스템(http://www.nl.go.kr/kolisnet)에서 이용하실 수 있습니다.
(CIP제어번호: CIP2016004246)